穹谷寥星

魏坚 著

魏坚北方考古文选·拾零卷

科学出版社
北京

内 容 简 介

本书是作者从事内蒙古中南部史前考古学文化研究和蒙古高原历史时期考古学研究的综合性文章自选集。全书分为始末篇、拾遗篇、补阙篇、评介篇、访谈篇、追念篇和岁月篇七个篇目。分别是对多年来若干重大考古发掘项目的始末介绍，对最新发表的西夏长城考古成果和四十年来辽金元考古的研究综述的汇集，对庙子沟、居延和元上都等重要考古遗址发掘、研究的工作回顾和学术感悟，还有对相关重要学术专著的评介，并通过学术访谈系统地阐释了对一些重大的历史问题的学术观点以及对已故学术前辈的追思与怀念。

本书可供历史、考古、文物、博物馆专业的师生、研究人员和文博爱好者阅读、参考。

图书在版编目（CIP）数据

穹谷寥星：魏坚北方考古文选. 拾零卷 / 魏坚著. —北京：科学出版社，2021.9

ISBN 978-7-03-069553-6

Ⅰ.①穹… Ⅱ.①魏… Ⅲ.①考古–北方地区–文集 Ⅳ.①K872-53

中国版本图书馆CIP数据核字（2021）第159501号

责任编辑：张亚娜　周　赐 / 责任校对：邹慧卿
责任印制：肖　兴 / 书籍设计：北京美光设计制版有限公司

科学出版社 出版
北京东黄城根北街16号
邮政编码：100717
http://www.sciencep.com

北京华联印刷有限公司 印刷
科学出版社发行　各地新华书店经销

*

2021年9月第 一 版　　开本：787×1092　1/16
2021年9月第一次印刷　印张：24 1/4
字数：575 000

定价：288.00 元
（如有印装质量问题，我社负责调换）

自　　序

在学界朋友和同仁的多次督促下，利用庚子年因疫情居家半年的时间，终于完成了《魏坚北方考古文选》三卷本的编选工作。

白驹过隙，岁月更迭。回想起来，自1978年进入吉林大学考古专业学习，我投身考古学门下已有42年。

1974年8月，我从呼和浩特第一中学高中毕业，随着当年上山下乡的洪流，以"厂社挂钩"的形式来到了母亲所在单位挂钩的土默特左旗兵州亥公社瓜房子大队插队落户，成为了一名知识青年。一年四季"战天斗地学大寨"，甚至于在冬季还要冒着严寒，每日凌晨出工深翻土地的"三出勤"的劳作和一周七个晚上政治夜校的学习，并没有让我厌倦和颓废，反倒锻炼了筋骨和毅力，激发了我想干一番事业的信念。从知青组长到知青标兵，从生产大队的村干部到人民公社的乡干部，正当我以"扎根农村干革命，争取奋斗六十年"的誓言准备在农村干一辈子的时候，随着十年"文革"的结束，"科学的春天"到来了。1978年，我在家人和中学老师的劝说下，参加了高考。高考前填报志愿的时候，我在允许填报的五所高校的十个专业中，几乎全部填报了考古和历史，因为我执着地认为只有这个研究方向才是真正的学问。

1978年10月，我结束了四年多的知青生活，踏上了东北的黑土地，进入了吉林大学历史系考古专业学习。吉林大学特有的气质就是朴实无华，注重实践，这种氛围润物无声地影响着每一个学生的日常学习及生活的各个方面。吉大考古的特色就是重视田野，我们大学本科四年的学习中，有三个学期是在田野度过的。考古学文化、区系类型、青铜器、古文字、西伯利亚考古……吉大的考古就是在两位朴实无华的老师——张忠培先生和林沄先生的带领下发展起来的。进入吉大学习考古，可以说是我人生中最重要的选择。

记得1982年临近大学毕业时，张忠培先生几次找我谈话，并在毕业实习的河北蔚县三关考古工地专门与我约谈，希望我能考虑留在吉大任教。但在当时，一则我离家多年，很想回到父母身边；一则我从事俄语教学和翻译工作的三舅陈弘法先生翻译了很多俄罗斯考古资料发表在内蒙古文物工作队的《文物参考资料》上，我有幸翻阅之余也较早地认识了内蒙古的考古前辈李逸友等先生，他们都建议我回到天地广阔的内蒙古开始我的考古生涯。由于我婉拒了张忠培先生的好意，并被先生说我"不够意思"，心里总有歉疚。时隔两年后的1984年8月，在苏秉琦先生倡导、内蒙古考古学会主办的"内蒙古西部原始文化座谈会"上，我展示了1983年在准格尔煤田考古调查所获资料，并初步排出了该区域的考古学文化年代序列。张先生对此颇为满意，对我说："看起来你选择回来是做对了呀！"这段纠葛才算释然。

目前看来，我的考古生涯大致可以粗略地划分为三个阶段。第一个阶段是1982年至1992年前后；第二个阶段是1992年前后至2004年；第三个阶段是2004年至2020年前后。

第一阶段 1982年7月，我大学毕业回到呼和浩特放下行李，就在田广金、郭素新两位老师的指派下去了凉城县的老虎山遗址，带领当时文物干部培训班的学员完成遗址发掘的收尾工作。这批学员后来成为内蒙古西部地区文物系统的领导干部和学术带头人。

自1982年至1992年前后的10余年间，我主要在内蒙古中南部的南流黄河两岸和黄旗海、岱海地区从事先秦时期原始文化的考古发掘与研究工作。

1982年10月主持发掘凉城县饮牛沟春秋战国时期墓地；1983年4～9月间先后三次组织实施准格尔煤田黑岱沟露天矿区的考古调查，5～7月间两次主持发掘凉城县崞县窑子春秋战国时期墓地；1984年6月随张郁先生进行了阴山以北地区北魏时期城址的调查；1985年3～7月参加国家文物局兖州田野考古领队培训班的学习，10～11月主持第一次发掘察右前旗庙子沟遗址；1986年5～7月在准格尔旗二里半遗址主持内蒙古文物普查领队培训班的实习培训，并主持发掘二里半古城梁遗址，7～10月主持第二次发掘庙子沟遗址；1987年5～9月主持第三次发掘庙子沟遗址并进行了黄旗海南岸丘陵地带的考古调查，9～10月主持发掘准格尔旗二里半二道梁遗址和第一次发掘寨子塔遗址；1988年5～6月主持第一次发掘察右前旗大坝沟遗址Ⅰ区，7～9月主持第二次发掘准格尔旗寨子塔遗址；1989年5～8月主持准格尔煤田丰（镇）—准（格尔）铁路沿线遗址点的复查，并主持发掘准格尔旗周家壕遗址，9～12月参加了国家文物局在北京大学举办的"中国考古学理论高级研讨班"的学习；1990年4～10月，丰（镇）—准（格尔）铁路沿线的考古发掘全面铺开，在调集各盟市文物干部参与发掘的前提下，主持准格尔旗白草塔、南壕、永兴店、高家坪、小庙和清水河县后城嘴、庄窝坪等遗址的考古发掘；1991年主持发掘准格尔旗小沙湾、官地和丰镇市八号地遗址；1992年主持发掘大坝沟遗址Ⅱ区和第二次发掘大坝沟遗址Ⅰ区。此后，为配合准格尔煤田的建设项目，1993年主持发掘准格尔旗鲁家坡和阳湾遗址；1994年主持发掘丰镇市北黄土沟遗址。

我在这一段疲于奔命的考古发掘和资料整理中，研究的重点主要集中在内蒙古中南部新石器时代至早期青铜时代遗址文化面貌特征辨识、考古学文化命名和编年体系的逐步建立上。这个阶段，由于大量田野工作和资料整理的需要，在国家文物局和内蒙古文化厅领导的支持下，我在内蒙古中南部察右前旗的庙子沟遗址和准格尔旗的二里半遗址，分别建立了野外工作站，以支撑冬春季节对发掘资料的整理工作。

自　序

在对一大批最新考古发掘资料尽快整理研究的基础上，先后发表的主要成果有：《内蒙古西部地区原始文化的编年及相关问题》（《文物》1985年第5期）、《凉城崞县窑子墓地》（《考古学报》1989年第1期）、《内蒙古察右前旗庙子沟遗址考古纪略》（《文物》1989年第12期）、《庙子沟文化聚落形态及诸相关问题研究》（《二十一世纪的中国考古学——庆祝佟柱臣先生八十五华诞学术文集》，文物出版社，2006年）、《试论庙子沟文化》（《青果集——吉林大学考古专业成立二十周年论文集》，知识出版社，1993年）、与曹建恩合著《庙子沟文化筒形罐及相关问题》（《青果集——吉林大学考古专业成立二十周年论文集》，知识出版社，1993年）、与崔璇合著《内蒙古中南部原始文化的发现与研究》（《内蒙古文物考古文集》第一辑，1994年）、《试论阿善文化》（《青果集——吉林大学考古系建系十周年纪念文集》，知识出版社，1998年）、与曹建恩合著《内蒙古中南部新石器时代石城址初步研究》（《文物》1999年第2期）、《试论永兴店文化》（《文物》2000年第9期）、《庙子沟与大坝沟——新石器时代遗址发掘报告》（中国大百科全书出版社，2003年）等。至此，内蒙古中南部新石器时代至早期青铜时代的考古学文化序列的框架基本建立起来。

进入20世纪90年代以来，随着农牧交融区域和阴山以北草原地带考古工作的逐步展开，我们更加感觉到了地处北疆、地域辽阔的内蒙古地区考古工作的复杂性、多样性和草原地带考古工作的薄弱性。我和当时担任文物处长的苏俊先生多次商讨后，提出了考古工作两个重心转移的基本思路，即：将阴山以南农业区域考古工作的重心转移到北方草原地带来；将史前考古研究的重心转移到历史时期北方民族考古，特别是蒙元时期上来。但沉浸在既往研究课题中的同事们似乎一时很难抽出身来，于是，作为当时内蒙古文物考古研究所分管业务的副所长，只能由我来率先垂范了。

第二阶段　1992年前后至2004年的10余年间，我除了加紧前十年考古发掘资料的整理外，考古发掘和研究的重心逐渐转向了以元上都和居延遗址为中心的草原大漠，而这些区域艰苦的环境和考古工作的难度都是难以想象的。由于地理环境和气候的差异，位于草原地带的元上都的发掘工作多集中在5～9月的春夏之际，而地处荒漠戈壁的居延遗址的考古工作则只能在秋后的9月下旬之后进行。

自1992年以处理正蓝旗羊群庙发生的盗墓事件为起因，我开始了长达13年的主持正蓝旗元上都遗址考古调查、测绘、发掘、文物保护和前期申遗的工作。这项工作大约可以分为三个时段。

第一，资料准备（1992～1994年）。主要做了元上都遗址的调查、测绘和城区周围祭祀遗址和墓葬的调查、清理工作。其中，1992年羊群庙元代祭祀遗址的发掘与确认和1993年对整个城址的测绘，让我们认识到了羊群庙祭祀遗址与元上都的密切关系和元上都作为13～14世纪国际大都会的重要性。

第二，发掘清理（1995～2000年）。首先对元上都宫城主要建筑基址、皇城角台、外城城门、南关部分遗址和城区周围被盗墓葬进行了发掘清理，获得了大批最新的考古资料。在此基础上，又完成了对元上都遗址城区及其周围地区祭祀遗址和墓地的考古发掘和航空遥感勘测，基本搞清了元上都遗址的整体布局和与周边遗存的关系。

第三，保护与整理（2001～2004年）。在申遗工作进行过程中，保护性清理和修复了350余米皇城东墙，部分清理和修复了皇城南门瓮城，调查了城内主要建筑，特别是基本确定了著名的失剌斡耳朵大型宫帐的位置所在，并在发掘资料的整理过程中，深刻理解了这座"拥抱着巨大文明的废墟"的价值所在。

由于居延大遗址保护规划的需要，我主持了从1998年至2004年额济纳旗居延遗址的考古调查、测绘和发掘工作。地处巴丹吉林沙漠边缘的居延地区，年平均降雨量不足40毫米，而年蒸发量却高达4000毫米，到处是枯死的胡杨和矗立的红柳沙包，在干透了的土地上的考古工作异常艰难。然而，在当地文化文物部门的支持配合下，七年的居延考古工作取得了重要的收获。

第一，在绿城子遗址的调查和发掘，清理出了房址、灰坑和墓葬等遗存，从出土的陶器和小件青铜器可以确认，这一处椭圆形城址应当属于青铜时代四坝文化晚期的遗存。

第二，通过对居延地区汉代城址和烽燧障塞的考古调查与发掘，基本搞清楚了这些城址、烽燧的分布规律及相互关系。发掘的5座烽燧出土了500余枚汉简，其年代从西汉晚期至东汉早期，为深入研究有关汉代边关行政设置、军事调动、规章制度、边关生活、生态环境和居民生业，探讨当时的汉匈关系提供了第一手资料。

第三，确认了绿城之南和城东两处共150余座夯土高台建筑遗迹的性质。在分别对绿城南和东部2座夯土高台遗迹进行发掘后认识到，这些夯土高台是墓上建筑，根据墓室结构和出土的陶灶判断，这类墓葬当为魏晋时期的砖室墓。

第四，唐代曾在居延筑大同城，对居延地区两重城垣的唐代宁寇军城址及周边相关唐代遗存予以确认。

第五，对西夏黑水城——元代亦集乃路城址规制和建筑遗存有了新认识，并调查获得了一批西夏时期村落和农田遗存资料，西夏红庙遗址考古发掘出土的佛像和壁画等取得了重要收获。

黑城文书和居延汉简的发现已逾百年，从外国探险队的一次次盗掠，到中国学者有计划的考古调查与发掘；从对文书与汉简的关注，到全面了解居延地区历史文化遗存，由于我们考古工作的深入，居延这部封存于戈壁荒漠之中的厚重史书，正在逐渐揭开其神秘的面纱。

这一阶段，除承担上述两项重要项目外，还发掘了一批两汉、鲜卑、北魏和金元时期墓葬。

自 序

主持发掘的汉代墓葬主要有：早在1989年曾配合基建项目发掘乌海市新地汉墓12座；1992～1993年，为配合在乌兰布和沙漠"开发第二个河套"的基本建设项目，发掘磴口县纳林套海、包尔套勒盖、沙金套海、补隆淖等四处汉代墓群，清理墓葬132座；1993年5月发掘准格尔旗鲁家坡汉墓1座，7～8月发掘包头市召湾汉墓8座；1995年9月发掘察右前旗呼和乌素汉墓11座，同时清理呼和浩特市郊区八拜汉墓3座。

主持发掘清理的鲜卑和北魏墓葬主要有：1994年10月清理准格尔旗二里半北魏墓葬1座；1995年9月清理察右前旗呼和乌素北魏墓葬1座；1995～1996年发掘察右中旗七郎山北魏墓葬20座；1998年9月发掘商都县东大井鲜卑墓葬18座；1999年8月调查清理二连盐池鲜卑墓葬1座。

主持发掘清理的金元时期墓葬主要有：1992年10月抢救清理正蓝旗羊群庙元代墓葬4座；1995年4～5月抢救清理四子王旗净州路城卜子古城两区金元时期墓葬32座，6月清理乌审旗三岔河古城河两岸元代墓葬9座，8月主持发掘正蓝旗一棵树元代墓地Ⅰ区墓葬8座、Ⅱ区墓葬11座；1996年7月发掘清理正蓝旗一棵树元代墓地Ⅱ区墓葬4座；1996年10月抢救清理达茂旗木胡尔索卜尔嘎古城金元墓葬10座；1998年8月清理正蓝旗卧牛石元代墓葬5座，清理正蓝旗一棵树元代墓地Ⅱ区墓葬3座；1998～2000年主持发掘多伦县砧子山西区元代墓葬102座；2000年6～7月抢救清理正镶白旗伊松敖包元代墓葬9座；2000年7月抢救清理正镶白旗三面井元代墓葬10座、镶黄旗乌兰沟元代墓葬2座、博克敖包山元代墓葬1座，8月清理锡林浩特市贝力克元代墓葬1座。

此外，在2000～2001年，主持发掘了锡林郭勒盟东乌珠穆沁旗的金斯太旧石器时代洞穴遗址，在丰富的地层堆积中，采集了大量的石器和动物骨骼遗存，获得了距今4.6万年至1.2万年四个阶段的^{14}C年代数据。

这一阶段，随着在草原大漠地带考古工作的展开，我们在正蓝旗的元上都遗址和额济纳旗的居延遗址又分别建立了野外工作站。因此可以说，这是我田野工作最为繁忙的一个时期，一年中几乎有三百天的时间是在考古调查、发掘和在工作站整理资料中度过的。

为了尽快发表这一阶段的学术成果，我们首先将配合准格尔煤田和丰（镇）—准（格尔）铁路基本建设所获考古发掘资料，集中收录在了两部文集之中，同时主要抓紧了大型考古发掘报告和专项研究成果的整理和出版。主编的文集有：与李逸友先生主编《内蒙古文物考古文集》第一辑（中国大百科全书出版社，1994年）、主编《内蒙古文物考古文集》第二辑（中国大百科全书出版社，1997年）。出版的大型考古报告和主要论著有：《内蒙古清水河县山跳峁墓地》（《文物》1997年第1期）、《内蒙古中南部汉代墓葬》（中国大百科全书出版社，1998年）、《二里半遗址发掘报告》（《考古学集刊》第11集，中国大百科全书出版社，1997年）、《元上都城址东南砧子山西区墓葬发掘简报》（《文物》2001年第9期）、《内蒙古地区鲜卑墓葬的发现与研究》（科学出版社，2004

年)、《元上都——拥抱着巨大文明的废墟》(《吉林大学社会科学学报》2005年第6期)、《元上都城址的考古学研究》(《蒙古史研究》第八辑,内蒙古大学出版社,2005年)、《额济纳汉简》(广西师范大学出版社,2005年)、《居延汉代烽燧的调查发掘及其功能初探》(《额济纳汉简释文校本》,文物出版社,2007年)、《元上都》(中国大百科全书出版社,2008年)、《羊群庙出土石雕像的族属与渊源》(《蒙古学问题与争论》第四期,国际蒙古文化研究协会,2008年)、《居延考古与额济纳汉简》(《新疆文物》汉唐西域考古—尼雅、丹丹乌里克国际学术研讨会专刊,2009年第3~4期)、《内蒙古金斯太洞穴遗址发掘简报》(《人类学报》2010年第1期)等。

总之,在内蒙古文物考古研究所从事考古工作的22年,是我经手发掘项目最多、内涵最为庞杂、考古发掘任务量最大、出版学术专著和相关研究成果相对较多的一段岁月。此外,由于客观机遇,从20世纪80年代中期开始,我经常代表内蒙古文物考古研究所出席国内的许多学术和业务工作会议,有幸较早地结识了国内最早从事考古学研究的前辈学者,并得到了苏秉琦、佟柱臣、徐苹芳、俞伟超、严文明、李伯谦等先生的教诲,受益匪浅。因此,我经常自我解嘲地说自己"出道较早,进步不大"。那些年内蒙古经常举办关于考古和文物的培训班,我作为主要业务人员,几乎参加了所有的培训和授课,因此和内蒙古各盟市旗县从事文博工作的专业人员一直保持着良好的关系。这些经历为我此后的学术研究和教学工作奠定了良好的基础。

第三阶段 2004年,经当时担任中国人民大学人文学院副院长兼历史系主任的成崇德教授和院长陈桦教授的多次盛情相邀,中国人民大学以"高级人才引进"的方式,于2004年6月将我作为学术带头人调入学校,筹建中国人民大学博物馆,并在历史学院创立"考古学及博物馆学"专业。2004年秋冬季节,为了给中国人民大学博物馆筹措展品,我和成崇德教授等连续四次出行,在北方地区征集文物约5500件(套);2005年1月,中国人民大学北方民族考古研究所成立,由我担任所长;同年,考古学及博物馆学专业开始招收博士、硕士研究生;2006年,启动了历史专业本科生和考古专业研究生的田野考古实习;2007年,中国人民大学博物馆"北国春秋"展览开幕,正式宣告了中国人民大学博物馆的建成,由我担任副馆长;2010年,获准设立考古学博士后科研流动站,开始招收博士后研究人员;2011年7月考古学获教育部博士一级学科学位授予权,同年9月设置"文物与博物馆专业硕士"学位授予点并开始招生;2012年,中国人民大学考古学科成为中国考古学会团体会员;2013年1月,获得国家文物局颁发的"中华人民共和国考古发掘资质证书";同年,经教育部批准,设置考古学本科专业并开始招生并正式成立中国人民大学考古文博系,我担任首任系主任。至此,中国人民大学考古学科形成了完备的本、硕、博学科培养体系。

高校考古学科的发展,离不开田野实习。我从2006年开始,在当时的历史系主任李小树和副主任刘后滨的支持下，倡导和组织实施历史专业本科生和考古专业研究生的田野考古实习。2006～2008年，得到了河北省文物局谢飞副局长和河北省文物研究所曹凯所长的鼎力相助，有四届学生在保定和邯郸进行了考古实习。2009～2011年，在北京市文物研究所宋大川所长的支持下，于北京市范围内进行了三届学生的考古实习。为了规范本科生的考古实习，我们开始尝试建立长久性的考古实习基地，在辽宁省文物考古研究所的通力配合下，我们于2012～2013年，在朝阳市的金宝岭遗址安排了两届学生的考古实习。至此，在其他老师和合作单位的配合下，我连续八年带领九个年级的本科生和研究生进行了田野考古实习，初步建立起了中国人民大学田野考古实习的基本规范。2014年，在国家文物局的支持下，我们在辽宁喀左县建立了"中国人民大学历史学院考古文博系田野考古实习基地"。五年后的2019年，我们根据需要又将实习基地移到了山西大同的吉家庄。

学科建设中最重要的支撑是人才引进和团队建设。自2004年始，在历史学院陈桦、孙家洲、黄兴涛三任院长的积极支持下，先后加入人大考古团队的师资有：2004年6月，郑州大学博士毕业从事秦汉考古并专门研究匈奴考古的马利清；2006年8月，北京大学博士毕业专攻夏商周考古的张明东；2008年8月，中国人民大学博士毕业研究长城地带汉魏考古的王晓琨；2010年8月，吉林大学博士毕业专攻体质人类学的张林虎；2011年8月，北京大学博士毕业研究城市与宋元考古的刘未；2011年9月，几经周折将专门从事东北地区新石器至青铜时代考古的辽宁省文物考古研究所副所长吕学明研究员调入；2012年8月，北京大学博士毕业专门从事两周考古的曹斌；2012年9月，聘任日本京都大学博士毕业专门从事历史时期城市考古和遥感考古的森谷一树；2013年初，由北京师范大学调入从事汉唐和北朝考古的李梅田副教授；2013年9月，从中国人民大学博士后出站专门从事西域和楼兰考古的陈晓露留校；2014年9月，聘任美国匹兹堡大学博士毕业专门从事区域性考古学调查研究的丁山（James Williams）；2015年8月，从中国人民大学博士后出站专门从事旧石器时代考古和动物遗存研究的仪明洁留校；2015年11月，由吉林大学调入专门从事旧石器时代考古和考古学理论研究的陈胜前教授；2018年8月，聘任英国伦敦大学和中国人民大学联合培养的专门从事汉学与东亚艺术史研究的比利时籍博士魏离雅（Lia WEI）；2018年3月，由北京联合大学调入专门从事新石器时代考古和早期中国研究的韩建业教授；2020年9月，由中国社会科学院考古研究所调入专门从事城市考古与古建研究的王子奇博士；2020年11月，调入从北京师范大学博士后出站专门从事北方民族考古和遥感考古的任冠。此外，为了加强博士生培养的规模，自2011年起，校聘北京市文物研究所所长宋大川研究员为教授、兼职博导；自2018年起，校聘北京联合大学陈悦新教授为兼职博导。

这个师资团队，覆盖不同年龄层次和专业方向，形成了合理的人才梯次和科研布局。因此在成立考古文博系之初就结合学术力量的实际，设立了北方民族考古、先秦考古、汉唐宋元考古、文博科技四个教研室，这一安排当时就得到了吉林大学林沄先生的赞扬。

在学术研究上，考古文博系不仅在北方民族考古研究方面学术力量集中、优势突出，有着令人瞩目的成就，同时在史前考古学文化、早期中国研究和考古学理论探索，以及汉唐考古和西域研究方面都有着突出的成果。本系教师曾先后承担国家社科基金各级别项目、北京市社科联和教育部项目等多项重大科研课题，取得了一系列重要的学术成果。基础研究之外，多年来本系师生主动参与南水北调、西部开发和多省区的配合基建考古项目和诸多遗址的考古发掘资料整理工作等，先后与北京、河北、湖北、上海、浙江、重庆、内蒙古、辽宁、新疆和江西等省区的兄弟单位合作，实际主持和参与的田野考古发掘和资料整理工作近60项，并在这些地区建立了"中国人民大学考古与文博实习基地"。获得考古发掘团体领队资格后，又从国家文物局申请到辽宁、河北、新疆、山西等地区的多项田野考古主动发掘项目。近些年，通过学术访问、合作研究、举办学术会议和讲座等方式，与俄罗斯、蒙古、美国、瑞士、比利时、日本、韩国等国和中国台湾、香港等地的研究机构建立了广泛的学术联系，同时开展了与蒙古、俄罗斯等国家研究机构和相关高校的境外考古发掘、调查项目。

经过十六年的发展，中国人民大学考古学科在师资建设、人才培养、学术研究、对外交流等方面已形成了自身的教学特色和研究专长。2014年，我被遴选为国务院学位委员会考古学科评议组成员，2019年被新成立的中国历史研究院遴选为学术咨询委员会委员。截至目前，我培养毕业的博士研究生有23人、硕士研究生80人。我要求我的研究生不止要经过严格的学术训练和田野实践，具有良好的学术素养，更要有高尚的道德修为和人文情怀。这些年他们在各自工作岗位上的表现和反馈回来的信息，让我感到满意和宽慰。

十六年来，在学校和学院的重视与支持下，仰仗考古学界和国内各高校同仁的鼎力相助，中国人民大学考古学科作为中国考古学界一支重要的新生力量，取得了相应的成绩，得到了学界同行的认可，具备了可持续发展的潜力。为此，根据全国高校考古学科的不同特色，我们确立了"立足北方，重视西域，挺进中原，发展长江流域"的教学与科研的基本定位，在此基础上，每个老师都可以根据自己的专业特长，在教学与科研方面取得相应的成果。

在考古教学与科研中，我依据以往的研究基础，主要以北方地区史前考古和北方民族考古为自己的学科研究方向。这些年来，在地方文物部门的支持下，我带领中国人民大学从事北方民族考古研究的师生，九次深入阴山南北地区进行考古调查，同时对该区域各级博物馆的重要遗址藏品做了专门研究，内容涉及新石器至青铜时代考古学资料、历史时期北方民族各阶段重要文物、战国秦汉塞防、汉代塞外列城、北魏六镇与长城、金陵与畿上塞围、西夏长城、金元古城、明代九边等；近几年由于在新疆北疆主动性考古工作的展开，我们进行了阿勒泰东喀腊希力克别特墓地和博尔塔拉泉水沟遗址的发掘、伊犁霍城县惠远新、老古城的调查钻探和清代伊犁九城调查、昌吉玛纳斯唐代古城调查和唐代北庭守捉城址调查、奇台唐朝墩和吐虎玛克古城主动性考古发掘与钻探等。

这一阶段的主要的成果有：《河套汉代边塞遗存的考古学研究》（《汉代文明国际学术研讨会论文集》，北京燕山出版社，2009年）、《青铜时代阴山岩画断代刍议》[《河套文化论文集》（四），内蒙古人民出版社，2009年]、《金陵与畿上塞围——左云北魏遗存初识》（《边疆考古研究》第9辑，科学出版社，2010年）、《阴山沧桑——乌拉特后旗历史文化遗存调查报告》（内蒙古人民出版社，2010年）、《蒙古高原石雕人像源流初探——兼论羊群庙石雕人像的性质与归属》（《文物》2011年第8期）、《居延汉代烽燧的初步研究》（《机张南山烽燧国际学术会议论文集》，韩国城郭学会，2012年）、《元上都的调查与建筑遗存的考古学研究》（《韩国文化财研究期刊》2012年第3期）、《秦汉九原—五原郡治的考古学观察》（《中国历史地理论丛》2012年第4期）、《阴山汪古与景教遗存的考古学观察》（《边疆考古研究》第14辑，科学出版社，2013年）、《额济纳汉简所见居延边塞交易与币值初探》（《庆祝张忠培先生八十岁论文集》，科学出版社，2014年）、《汪古部"按打堡子"及诸城址考辨》（《边疆考古研究》第15辑，科学出版社，2014年）、《集宁路城址布局的考古学研究》（《东北亚古代聚落与城市考古国际学术研讨会论文集》，科学出版社，2014年）、《蒙古早期遗存的考古学观察》（《中国人民大学复印报刊资料·历史学》2015年第1期全文转载）、《中国北方畜牧业起源新探——以朱开沟遗址为中心》（《早期丝绸之路暨早期秦文化国际学术研讨会论文集》，文物出版社，2014年）、《庙子沟遗址聚落形态与废弃原因再探讨》（《无限悠悠远古情——佟柱臣先生纪念文集》，科学出版社，2014年）、《元上都建筑遗存的考古学观察》（《王宫城——古代东亚都城与益山》，韩国国立扶余文化财研究所，2014年）、《北魏六镇城址的调查与初步研究》（《庆贺徐光冀先生八十华诞论文集》，科学出版社，2015年）、《庙子沟文化与马家窑文化比较研究》（《边疆考古研究》第18辑，科学出版社，2015年）、《楼兰LE古城建置考》（《文物》2016年第4期）、《京畿雄关：明万全右卫军事防御体系研究》（科学出版社，2016年）、《岩画的区域类型与年代学的考古学探索——以阴山、桌子山岩画为中心》（《俄罗斯、蒙古和中国毗邻地区古代社会文化的演变及其影响：中亚与中国北部地区岩画联合科考与论坛》，АдмонПринт出版公司，2017年）、《试论石虎山类型》（《边疆考古研究》第24辑，科学出版社，2018年）、《牛川古城与北魏六镇布列关系辨析》[《新果集（二）——庆祝林沄先生八十华诞论文集》，科学出版社，2018年]、《阴山以北的金元时期城址》[《内蒙古社会科学》（汉文版）2019年第1期]、《试论白泥窑文化》（《考古学报》2019年第1期）、《北魏长城考辨》（《文物》2019年第7期）、《试论老虎山文化》（《边疆考古研究》第26辑，科学出版社，2019年）、《北魏六镇军政地位的考古学观察》[《河北师范大学学报》（哲学社会科学版）2020年第4期]、《居延汉塞的考古学研究》（《彰化师范大学文学院学报》总

21期，2020年）、《唐朝墩古城浴场遗址的发现与初步研究》（《西域研究》2020年第2期）、《阴山汪古景教图像的初步研究》（《故宫博物院院刊》2020年第8期）、《公元前三千纪马家窑文化东向传播的考古学观察》（《考古》2020年第8期）、《试论朱开沟文化》（《考古学报》2020年第4期）、《中国北方农牧交融与畜牧业起源发展进程的思考》（《西域研究》2020年第4期）。

为筹建中国人民大学博物馆，编辑出版了《北国春秋——中国人民大学博物馆馆藏文物陈列图录》（中国人民大学出版社，2009年）。根据学科发展的需要，这一阶段组织召开了几届国际学术研讨会，已经出版的论文集有：与朱泓主编《中国·乌珠穆沁边疆考古国际学术研讨会论文集》（科学出版社，2014年）、与吕学明主编《东北亚古代聚落与城市考古国际学术研讨会论文集》（科学出版社，2014年）。以"中国人民大学考古文博学术系列丛书"的形式，将本系老师的学术专著和优秀的博士毕业论文逐步予以出版，自2016年以来，已经出版5部。为了促进北方民族考古研究的进展，我们采取以书代刊的形式，创刊《北方民族考古》，目前已出版了10辑。这些学术刊物和学术成果，在国内外学术界产生了积极的影响。

中国的二十四史，基本都是华夏正统秉持下的产物，即便是少数民族建立的政权，史书的编撰者也以中原人士为主。整个历史时期，由于边疆地区和少数民族的记载比较匮乏，所以经常被加上一些想象的成分，甚至篡改和诋毁。无有边疆，何以中国。中国的历史就是边疆民族不断融入和发展的历史，特别是由于北方民族的不断南下和交融，才使中国由原来的华夏逐渐形成了现在的中华，造就了今天的多元一体格局。有感于此，我有本即将付梓的书《碰撞与融合——蒙古高原文明探源》，探讨的就是北方民族不断南下，在与中原文化的交融中，逐渐形成今天中华民族共同体的历史进程。

正因为如此，我来人大工作之后，就特别注意招收有志于做北方民族考古研究的研究生，特别是少数民族学生。我希望考古学的研究能够探知古老的文明，能够纠正历史的谬误和补充缺憾，用考古学的视角，正确解读中国传统文化，传承和发扬中国优秀的文化基因，开创中国气派考古学的美好未来。

写下以上文字，也许并非我的初衷，但对四十多年考古发掘研究与教学生涯的回顾，也难免让我写成一篇流水账和备忘录。事已至此，权当为序。

魏坚

2020年11月10日
于人民大学人文楼

目　录

始末篇

《庙子沟与大坝沟——新石器时代遗址发掘报告》前言　　/ 002

《庙子沟与大坝沟——新石器时代遗址发掘报告》后记　　/ 010

《内蒙古文物考古文集（第二辑）》后记　　/ 013

掇拾那些依然光亮的文明碎片
　　——《草原文明：12集大型电视文化专题片插图解说词集》序　　/ 015

《内蒙古中南部汉代墓葬》前言　　/ 017

《内蒙古中南部汉代墓葬》后记　　/ 021

《额济纳汉简》后记　　/ 023

《内蒙古地区鲜卑墓葬的发现与研究》前言　　/ 026

《内蒙古地区鲜卑墓葬的发现与研究》后记　　/ 029

《鲜卑考古学文化研究》序　　/ 031

《阴山沧桑——乌拉特后旗历史文化遗存调查报告》前言　　/ 034

《阴山沧桑——乌拉特后旗历史文化遗存调查报告》后记　　/ 039

《北魏六镇学术研讨会论文集》后记　　/ 044

《秦风魏韵——固阳秦汉长城与北魏怀朔镇学术研讨会论文集》后记　　/ 046

《北国春秋——中国人民大学博物馆馆藏文物陈列图录》后记　　/ 049

返璞归真的洗礼——《历练与成长：中国人民大学历史学院田野考古
　　教学实习纪实》后记　　/ 052

《中国·乌珠穆沁边疆考古国际学术研讨会论文集》序言　　/ 057

《东北亚古代聚落与城市考古国际学术研讨会论文集》序言　　/ 060

《北方民族考古（第1辑）——中国人民大学考古学科建立十周年
　　纪念文集》序言　　/ 063

《匈奴文化与诺彦乌拉巨冢》序言　　/ 066

《古代蒙古城市》序 / 069

《蒙古与外贝加尔地区的石板墓文化》序 / 074

《奚族文化研究》序 / 079

《北京及周边地区辽代壁画墓研究》序言 / 082

《元上都》后记 / 085

钓鱼城遗址的遗产价值
——《全球视野下的钓鱼城遗址遗产价值研究》代序言 / 091

《元代北方金石碑刻集成·内蒙古、东北卷·鄂尔多斯
　蒙古源流博物馆藏专辑》序言 / 095

北纬四十一度线的征战与融合——《成吉思汗原乡纪游》序言 / 101

《元明清官窑番莲花纹饰之研究》序言 / 105

《走近万全右卫》序言 / 107

《京畿雄关——明万全右卫军事防御体系研究》序言 / 110

《京畿雄关——明万全右卫军事防御体系研究》后记 / 115

《芳林新叶——历史考古青年论集（第二辑）》序言 / 119

《延庆文物珍藏——北京市延庆区第一次可移动文物普查
　成果汇编》序言 / 122

《中蒙俄联合岩画科考与论坛论文集（2015—2017）》序言 / 124

拾遗篇

汉塞外列城与西夏长城的考古学观察 / 132

中国辽金考古研究四十年（上篇） / 167

中国辽金考古研究四十年（下篇） / 183

蒙元都城的考古发现与研究 / 201

开创运河考古研究的新局面——代"运河考古"专栏主持辞 / 213

考古研史三题 / 217

补阙篇

庙子沟聚落文明探源 / 224

去居延 / 229

目录

  草原都城与蒙元文明 / 235
  草原文化与元上都考古 / 249

评介篇

  《彩陶与青铜对话》：打破考古科普的寂寞 / 260
  直挂云帆济沧海——评《新疆洋海墓地》 / 263
  阴山考古的新篇章——评《辉腾锡勒草原访古》 / 269
  高原文明的历史见证——《蒙古高原考古研究》评介 / 272
  北方民族考古的新突破——《海拉尔谢尔塔拉墓地》评介 / 277
  《清代园寝制度研究》评介 / 280

访谈篇

  亦古亦今总执着——访考古工作者魏坚 / 284
  植根考古　开疆拓土——记中国人民大学考古文博系主任魏坚教授 / 289
  明其心志，远达彼岸——"百尺竿头多面手"魏坚教授访谈录 / 292
  基于全球视野下的钓鱼城遗址遗产价值
    ——访钓鱼城遗址申遗中国人民大学课题组组长魏坚教授 / 303
  魏坚：一个人，一座城——草原文明的守望者 / 307
  道阻且艰，吾心依然——中国人民大学魏坚教授专访 / 313
  访谈｜魏坚：不理解草原文明，就无法理解中国历史 / 318

追念篇

  高山景行　私所仰慕——忆苏秉琦先生与内蒙古文物考古二三事 / 334
  怀念老师张忠培先生 / 337
  缅怀内蒙古文物考古事业的拓荒者李逸友先生 / 341
  盖山林——矢志不渝的岩画考古学家 / 343

岁月篇 / 346

后　记 / 371

- ★ 《庙子沟与大坝沟——新石器时代遗址发掘报告》前言　002
- ★ 《庙子沟与大坝沟——新石器时代遗址发掘报告》后记　010
- ★ 《内蒙古文物考古文集（第二辑）》后记　013
- ★ 掇拾那些依然光亮的文明碎片——《草原文明：12集大型电视文化专题片插图解说词集》序　015
- ★ 《内蒙古中南部汉代墓葬》前言　017
- ★ 《内蒙古中南部汉代墓葬》后记　021
- ★ 《额济纳汉简》后记　023
- ★ 《内蒙古地区鲜卑墓葬的发现与研究》前言　026
- ★ 《内蒙古地区鲜卑墓葬的发现与研究》后记　029
- ★ 《鲜卑考古学文化研究》序　031
- ★ 《阴山沧桑——乌拉特后旗历史文化遗存调查报告》前言　034
- ★ 《阴山沧桑——乌拉特后旗历史文化遗存调查报告》后记　039
- ★ 《北魏六镇学术研讨会论文集》后记　044
- ★ 《秦风魏韵——固阳秦汉长城与北魏怀朔镇学术研讨会论文集》后记　046
- ★ 《北国春秋——中国人民大学博物馆馆藏文物陈列图录》后记　049
- ★ 返璞归真的洗礼——《历练与成长：中国人民大学历史学院田野考古教学实习纪实》后记　052
- ★ 《中国·乌珠穆沁边疆考古国际学术研讨会论文集》序言　057
- ★ 《东北亚古代聚落与城市考古国际学术研讨会论文集》序言　060
- ★ 《北方民族考古（第1辑）——中国人民大学考古学科建立十周年纪念文集》序言　063
- ★ 《匈奴文化与诺彦乌拉巨冢》序言　066
- ★ 《古代蒙古城市》序　069
- ★ 《蒙古与外贝加尔地区的石板墓文化》序　074
- ★ 《奚族文化研究》序　079
- ★ 《北京及周边地区辽代壁画墓研究》序言　082
- ★ 《元上都》后记　085
- ★ 钓鱼城遗址的遗产价值——《全球视野下的钓鱼城遗址遗产价值研究》代序言　091
- ★ 《元代北方金石碑刻集成·内蒙古、东北卷·鄂尔多斯蒙古源流博物馆藏专辑》序言　095
- ★ 北纬四十一度线的征战与融合——《成吉思汗原乡纪游》序言　101
- ★ 《元明清官窑番莲花纹饰之研究》序言　105
- ★ 《走近万全右卫》序言　107
- ★ 《京畿雄关——明万全右卫军事防御体系研究》序言　110
- ★ 《京畿雄关——明万全右卫军事防御体系研究》后记　115
- ★ 《芳林新叶——历史考古青年论集（第二辑）》序言　119
- ★ 《延庆文物珍藏——北京市延庆区第一次可移动文物普查成果汇编》序言　122
- ★ 《中蒙俄联合岩画科考与论坛论文集（2015—2017）》序言　124

始末篇

《庙子沟与大坝沟
——新石器时代遗址发掘报告》
前言

苍茫险峻的阴山山脉，以其雄浑的气势，横亘在内蒙古高原的中部。在其南侧阴山脚下的内蒙古中南部地区，丘陵起伏，河流曲折，湖泊星罗棋布。在这些地貌特征并不相同的地理单元内，分布着众多的原始文化聚落遗址。黄旗海南岸的丘陵地带就是这些远古文明孕育、发展的一个重要区域。本书公布的是这一区域中，庙子沟和大坝沟两地三处遗址的全部考古发掘资料和初步研究成果。

一、自然环境与历史沿革

（一）自然环境

黄旗海盆地所在的察哈尔右翼前旗，位于内蒙古自治区乌兰察布盟的中南部地区，其地东邻兴和县，南接丰镇市，西与卓资县相靠，北界察哈尔右翼后旗。地理坐标为东经112°49′～113°40′，北纬40°41′～41°43′。黄旗海盆地属于阴山山地两侧低山丘陵中的13个串联盆地之一，在白垩纪时形成坳陷盆地，沉积为紫红色、灰绿色、黄白色泥质页岩，粉砂岩，含砾砂岩等河湖相沉积物。盆地内海拔约为1230～1400米，周围环抱的低山丘陵和熔岩台地海拔1400～1700米左右。盆地内的岩层主要为下白垩系和较厚的第三系、第四系冲积湖积成的砂和沙砾石层，盆地周围为冲积洪积扇裙。主要山脉有岱青山、大敖包山、灰腾梁和琵琶梁等。

黄旗海盆地及其周围的地貌形态，基本上可以划分为五种类型，即湖泊、冲积湖积平原、黄土丘陵台地、熔岩台地、基岩丘陵等。盆地中心的黄旗海是内蒙古高原面积较大的内陆湖泊之一，东西长约20千米，南北宽约9千米，湖水面积约110平方千米，平均水深3～5米，最大水深约10米，蓄水量约5.3亿立方米。湖水补给除湖面降水外，主要来源于霸王河、泉玉林河、大喇嘛河、大河湾、呼和乌素河和磨子山河等19条河沟，这些河沟一般较为短小，河水暴涨暴落，有很强的季节性特征。盆地的冲积湖积平原在黄旗海四周有广泛分布，邻近湖泊的地区主要是湖积平原，在山前主要为坡—洪积平原和冲积平原。熔岩

台地海拔1500米左右，从中新世晚期开始经过多次熔岩流喷发形成，因长期遭受侵蚀，台面被深切的沟谷分割成面积不等的桌状山和剥蚀山。黄旗海南岸呼大公路（呼和浩特—大同）西南侧的主要地貌是基岩低山丘陵，其岩性主要为太古界的片麻岩和花岗岩。在基岩低山丘陵的山前地带及河谷的阶地之上，覆盖着厚约几米或十几米的黄土或黄土状土，形成黄土丘陵台地，这些黄土主要是在晚更新世以来由风力吹蚀而成，部分是流水再次搬运堆积的产物。黄旗海地区已经处于黄土丘陵分布的边缘地带。

黄旗海盆地为中温带大陆性季风气候区，是东南季风、西南季风与西风环流共同作用的地带，这三种大气环流的强弱变化，决定了该地区的气候，尤其是降水的状况。在内蒙古气候区划中，这一地区属于温凉半干旱偏润气候区，冬季受蒙古高压控制，夏季受大陆低压控制，多寒干燥，风多雨少，昼夜温差大，冬季长达5个月，年平均气温4.5℃，最高气温39.7℃，最低气温-34.4℃。年平均降水量为376.1毫米，多集中在夏季的7~8月上旬，平均相对湿度为40%~50%，年均无霜期131天。

该地区土壤属于草原栗钙土地带和暗栗钙土带，原生植被为半干旱区森林草原，其特征是草原、草甸和森林植被共存，其中多年生、旱生草本植物是主要类型，在低湿地区有盐生、中生、湿生的草甸植被。该地区地下水资源比较丰富，浅层水深约在2~5米之间。就气候条件而言，该地区本应为典型的草原地区，但是，由于广泛分布的草原、黄土丘陵和玄武岩台地的地形平坦，土层深厚，在人为作用下，大部分地区都已经开垦为农田。因此，该地区的土地利用方式表现为灌溉农业与旱地农牧业以交错的生产方式共存。

察右前旗所在的黄旗海地区，由于四周较高、中间低洼的地理环境，形成了多样性的经济生产结构。全旗经济以干旱、半干旱农业为主，适宜种植小麦、马铃薯、莜麦、胡麻等喜凉作物，还有谷、黍、甜菜等粮食和经济作物。该地区畜牧业历史悠久，曾是内蒙古高原著名的八大牧场之一。主要草场类型为山地干草原草场、丘陵干草原草场和低温草甸草场，大部分为优良牧草。现在仍利用山林草地和河滩沟畔从事畜牧业，主要牲畜有牛、羊、马、驴、骡等家畜。同时，还利用水库沟溪和大、小淖尔海子养殖鱼类，主要有青海湟鱼、鲤鱼、鲫鱼、草鱼等。此外，在黄旗海周围盛产芦苇，野生中草药亦分布较广，在丘陵山地间还存在着成片的天然和人工森林资源。

该地区交通发达，京包铁路（北京—包头）、集二铁路（集宁—二连浩特）和110国道、208国道纵横全境，形成交通干线。东进可与张家口相接，西入则进呼和浩特平原，北上即是广袤的锡林郭勒草原，南下丰镇、凉城与晋北相连。

（二）历史沿革

庙子沟和大坝沟遗址所在的察右前旗黄旗海地区，有着悠久灿烂的古代文化。在黄旗海南岸地区，目前发现的属于新石器时代仰韶晚期阶段的原始文化遗存，除已经发掘的庙子沟和大坝沟遗址外，还有徐家村、武家村、古楼村等多处，这是这一时期该区域原始文化最为发达的一个阶段。

商周以降，据先秦文献和出土的甲骨文记载，在该地区活动的主要有鬼方、土方，以及后来被称作北狄的林胡和楼烦等北方民族，其经济结构亦主要以从事畜牧业为主，文化遗存相对较少。进入战国阶段，随着韩、赵、魏"三家分晋"局面的出现，赵国逐渐向北扩张势力。公元前325年，赵武灵王雍即位后，"北破林胡、楼烦"，并且在其北境修筑长城，"自代并阴山下至高阙为塞"[1]，将赵国的势力拓至阴山脚下。这条长城自兴和县的西营子乡向西，沿阴山南麓进入察右前旗北部，经黄茂营、高宏店、弓沟、三成局、煤窑村、大土城，进入卓资县境内的哈达图乡。自此，该地区正式纳入赵国的版图，属赵国在北部设立的云中、雁门和代三郡中的雁门郡管辖。发现的呼和乌素、大九号及比邻的卓资县六苏木、丰镇市九墩沟战国墓地，卓资县城卜子、三道营子战国古城，以及在黄旗海周围地区出土的大量战国钱币等，反映的应当是这一阶段的历史事实。

汉魏时期，黄旗海地区是中原王朝与匈奴、鲜卑等北方民族往来征战、彼此融合，并先后控制的地区。西汉初年，匈奴的势力空前强大，有"控弦之士三十余万"[2]。到汉武帝时，汉朝发动了三次大规模的对匈奴的反击战，将匈奴逐至漠北，黄旗海地区再次归入汉朝的版图，归代郡管辖。同时，在黄旗海南部地区修筑了长城。该段长城由凉城县的麦胡图乡向东北进入察右前旗境内的老圈沟、呼和乌素，再入丰镇市的红沙坝乡向东而去。在察右前旗的呼和乌素现在还保存有该段长城和相应的障城，并在长城沿线发现了西汉时期的大量墓葬。东汉晚期，兴起于呼伦贝尔大兴安岭的鲜卑族，已经逐渐南迁至乌兰察布草原，他们在这里习武练兵，积聚势力，最终越过阴山，建立了北魏王朝。北魏建国后黄旗海地区属恒州之旋鸿县（县址在今内蒙古察右前旗和丰镇市交界处）管辖。黄旗海在北魏时称作南池或乞伏袁池。在察右前旗的下黑沟、呼和乌素等地，留有东汉和北魏时期的鲜卑墓葬。

隋唐之际，察右前旗先为突厥所占，后在隋王朝的辖境之内，属马邑郡之云内州（治所在今山西大同市）统辖，黄旗海称乞伏泊。唐王朝统一全国后，该地区属单于大都护府（治所在今内蒙古和林格尔县土城子）管辖。

辽设五京，黄旗海地区归辽西京道的丰州（今内蒙古呼和浩特东郊白塔村）管辖，黄旗海此时称白水泺。在察右前旗固尔班乡豪欠营子村西辽代家族墓地的六号墓中，出土了保存完好的契丹女尸，是我国辽代考古的重大发现之一。金朝建立后，沿袭辽制，该地仍属金西京路抚州之集宁县（治所在今内蒙古察右前旗巴音塔拉乡土城子古城）管辖。黄旗

---

[1]（汉）司马迁撰：《史记·匈奴列传》，中华书局，1959年，第2885页。
[2]（汉）司马迁撰：《史记·匈奴列传》，中华书局，1959年，第2890页。

海仍称白水泺。

元朝时期,这一地区属中书省集宁路(由金代集宁县升)和大同路平地县(治所在今内蒙古察右前旗三号地乡苏集村南)管辖。在集宁路古城及周围的墓葬当中,出土了大量精美的瓷器、丝织品,并发现了元代的钱币窖藏,反映了元代该地区经济的繁荣程度。明朝建立后,朱明王朝在黄旗海之南内蒙古与山西交界处修筑了明长城,蒙古贵族与明王朝严重对立,连年战争不断。黄旗海地区同整个蒙古草原一样,遭到了战争的毁灭性破坏,人口凋敝,农田荒芜。到16世纪中叶,蒙古俺答汗与明朝修好,这一地区才又逐渐开发为半农半牧区。清朝时,按满洲八旗建制,清廷将大同、宣化边外的蒙古诸部,编为察哈尔八旗,黄旗海地区分属正黄旗和正红旗统辖。黄旗海因此而得名。民国初年,仍袭清制,归察哈尔都统管辖。民国十八年(1929年),改由绥远省政府管辖,民国二十六年(1937年)沦为日伪蒙疆政府所属旗。民国三十四年(1945年)抗日战争胜利后,仍归属绥远省管辖。

1949年9月19日,绥远和平解放后,黄旗海地区隶绥远省。1954年,改设察哈尔右翼前旗,隶属于内蒙古自治区至今。

二、发现与发掘概述

1985年9～10月,察右前旗新风乡砖窑在庙子沟村南的山坡取土时,发现了部分陶器、石器和人骨,一名山东籍的民工,将这一情况向察右前旗文物管理所作了报告。文管所所长孙家潭和罗锦明、姚永宏随后到庙子沟砖窑取土现场进行勘查,证明是文物普查时已经发现的一处新石器时代遗址,随即安排保护遗址现场。10月初,文管所派罗锦明赴内蒙古文物考古研究所进行汇报。内蒙古文物考古研究所业务负责人李逸友先生和魏坚认定是一处仰韶阶段的文化遗存。10月10日,魏坚和郭治中等人前往察右前旗,偕同孙家潭、罗锦明到庙子沟遗址进行考察,对已经暴露的遗迹做了紧急清理,并决定对该处遗址进行发掘。10月20日,在内蒙古文物考古研究所的安排下,魏坚、郭治中会同乌兰察布盟文物管理站的崔利明、王新宇,察右前旗文物管理所的孙家潭、罗锦明、姚永宏以及技工张清秀等,对庙子沟遗址进行了全面的考古钻探,同时对遗址的沟沿部分进行了第一次清理发掘。由于气候的原因,钻探和清理发掘工作至11月5日结束。钻探面积3万平方米,清理发掘面积1500平方米。同年冬天即对发掘材料进行了整理,并根据钻探和发掘所获资料的分析,作出了对该遗址进行全面揭露的工作计划。

1986年7月28日至10月14日,历时两个半月,对庙子沟遗址做了第二次较大规模的发掘。发掘地点主要集中在遗址的南半部。发掘工作由魏坚主持,参加发掘工作的有王新宇、张清秀、李连顺、王庆华、杨春文等。由于遗迹距地表较浅,遗迹现象清楚,故采取布10米×10米探方的方法,共布探方31个(编号QMT1～T31),连同清理,共发掘4100平方米(图1)。

1987年5月7日至9月20日,用了近四个半月的时间,对庙子沟遗址做了第三次大规模的考古发掘。此次发掘主要在遗址的中北部和北部边缘。发掘工作仍由魏坚主持,参加发掘工作的有张清秀、王庆华、杨春文、李连顺、张晓云等。布10米×10米探方39个(编号QMT32～T70),连同清理的面积,共发掘4900平方米(图2)。

通过连续三年的发掘和整理工作,我们感到庙子沟一类遗存,在黄旗海地区绝非孤例,在地形条件相近的黄旗海南岸的丘陵地带,应当还会有同类遗存存在。于是,在1987年9月庙子沟遗址发掘过程中,我们组织进行了沿黄旗海南岸丘陵地带的考古调查工作,由东向西,发现了与庙子沟遗址文化面貌相近的庙子沟村北的庙子沟遗址Ⅱ区、古楼村遗址、徐家村遗址、武家村遗址、大坝沟遗址Ⅰ区、Ⅱ区6处遗址。

为了进一步搞清楚庙子沟一类遗存的分布范围、文化面貌和年代跨度,1988年5月,我们对调查中发现的大坝沟遗址Ⅰ区,在考古钻探的基础上进行了第一次考古发掘。发掘工作从5月10日开始,到6月23日结束,历时一个半月。发掘工作由魏坚主持,参加发掘工作的有张清秀、李连顺、王庆华、杨春文和张晓云等。本次发掘在Ⅰ区的北半部,共布10米×10米探方7个(编号QDIT1～IT7),包括扩方部分,总发掘面积约736平方米(图3)。

1992年5月2日至7月25日,又在大坝沟对Ⅰ区和Ⅱ区遗址进行了发掘(图4)。发掘工作由魏坚主持,参加发掘工作的有李兴盛、罗锦明、张清秀、杨春文、王庆华、陈爱旺、田栓钱、谢海英和张晓云等。对大坝沟遗址Ⅰ区的发掘,位于遗址的南半部,与1988年发掘区隔围沟毗邻。本次发掘布10米×10米探方41个(编号QDIT8～IT48),包括扩方和在

图1 庙子沟遗址远景(东—西)

1988年发掘区西侧的小面积清理，总揭露面积4830平方米。大坝沟遗址Ⅱ区的发掘区位于遗址中部，布10米×10米探方6个（编号QDⅡT1～ⅡT6），连同扩方，总揭露面积707平方米。

庙子沟与大坝沟遗址的发掘成果，曾以《内蒙古察右前旗庙子沟遗址考古纪略》（《文物》1989年第12期）和《庙子沟与大坝沟有关问题试析》（《内蒙古中南部原始文化研究文集》，海洋出版社，1991年）等简报和论文予以发表，经过十多年的整理工作，个别遗迹单位的编号或稍有改动，故上述文章若有与本报告内容相悖之处，以本报告为准。

庙子沟和大坝沟遗址的发现和发掘工作，曾引起学术界的高度关注。著名考古学家苏秉琦先生看了庙子沟遗址的发掘成果后指出：庙子沟遗址所代表的很可能是张家口以北地区一个新的文化类型（图5）。在遗址的发掘和资料整理过程中，国家文物局黄景略先生，故宫博物院张忠培先生，中国社会科学院考古研究所佟柱臣、乌恩、杨虎、刘晋祥先生，都先后到发掘现场考察，对发掘和整理工作给予了热情的关怀（图6）。北京大学李仰松、李伯谦教授都先后到工地指导工作，严文明先生更是几次亲临庙子沟和大坝沟，对发掘和报告的编写做了十分具体的指导（图7）。多年来，内蒙古文化厅和文物处的领导，乌兰察布盟和察右前旗的领导（图8），以及各级文化、文物部门的同事和朋友们，对这一原始文化的研究工作，给予了力所

图2　庙子沟遗址第三次发掘部分探方及遗迹（东—西）

图3　大坝沟遗址Ⅰ区第一次发掘探方（南—北，上方为黄旗海）

图4　大坝沟遗址Ⅰ区第一次发掘围沟内遗迹（南—北）

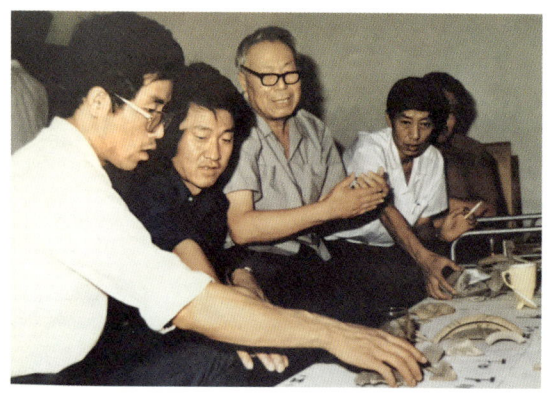

图5 苏秉琦先生观摩庙子沟出土器物（1986年）
左起：魏坚、刘幻真、苏秉琦、田广金

图6 专家和察右前旗领导考察庙子沟（1987年）
左起：王晓华、张郁、朱德华、佟柱臣、陆思贤、魏坚

图7 文博界专家和领导同工作人员在庙子沟工作站（1989年）
前排左起：王晓华、苏尔塔拉图、严文明、李逸友、乌恩、韩伟；后排左起：张清秀、杨春文、邵国田、李伯谦、杨虎、刘晋祥、苏俊、魏坚、哈达、索秀芬、王庆华、富占军

能及的关心和支持（图9）。苏俊、王晓华、王大方、梁志高、武锦仁、乌图雅等领导，李逸友、田广金、郭素新、张郁、葛精卫、陆思贤、丁学芸等前辈，都曾多次到过庙子沟，为遗址的发掘保护和深入研究，以及在遗址建立工作站的问题出谋划策（图10）。当我们今天回顾这段经历时，不能不为他们的无私和敬业而感动。还有许多领导和朋友对这一发掘和研究给予了关心和帮助，不能一一列出，在此一并致谢。

图8　内蒙古文博部门领导视察庙子沟遗址（1989年）
左起：苏俊、赛音嘎日布、李全喜、梁志高、郝存祥、陈棠栋、魏坚，等

图9　工作人员修复陶器（1986年）
左起：杨春文、邱国彬、张清秀、王庆华

图10　文物考古界专家和领导同发掘人员合影（1987年）
左起：王庆华、殷稼、李连顺、郭素新、王晓华、杨春文、李逸友、佟柱臣、张郁、丁学芸、孙建华、陆思贤、张清秀、田广金、张晓云

（原载《庙子沟与大坝沟——新石器时代遗址发掘报告》，中国大百科全书出版社，2003年，本次收录调整了部分图片）

《庙子沟与大坝沟
——新石器时代遗址发掘报告》
后记

  自1985年第一次发掘庙子沟遗址，至今已经整整18年了。到1992年结束第二次大坝沟遗址的发掘后，整理一部完整的发掘报告的责任就像重负一样，一直重重地压在我的心头。其实，庙子沟和大坝沟遗址资料的整理和陶器的修复工作，在连续几年的发掘中，也从来没有停止过。只是因为这两地三处遗址出土的遗物众多，涉及各种标本的测试和鉴定；1989年后又在庙子沟遗址建立了野外工作站（图1、图2），旁及周边地区的考古调查、发掘和文物保护工作，致使报告的编写工作延误了下来。当然，自己对这一类文化遗存认识的浮浅，也是造成我迟迟不能动笔的重要原因之一。

  时至今日，当这部厚厚的报告集即将付梓之时，我的心情久久不能平静。我要深深地感谢那些和我同舟共济、同甘共苦的领导、同事和朋友们，特别是考古研究所的领导和同事，是他们在十几年的发掘和整理工作中，始终如一地支持和帮助我，使我即便在遇到困难时，也能持之以恒的投入到研究工作中。忘不了李全喜厅长冒雨考察庙子沟，满怀激情地为我题写的诗句；忘不了焦学岱厅长正月十五赶赴工作站，和庙子沟村民共度元宵节的情景；忘不了苏俊处长不知多少次到庙子沟，给予我老大哥般的关怀和鼓励；忘不了治中

图1　庙子沟工作站标本室（1995年）

图2　庙子沟工作站（2001年）

图3　庙子沟遗址公布为第五批全国重点文物保护单位立碑揭牌仪式（2001年）

图4　在全国重点文物保护单位庙子沟遗址保护标志前留影（2001年）

兄及众多师友在庙子沟酣畅把酒，赋予我的太多的激情和重托。我始终忘不了，在庙子沟发掘之初，我带领的技工张清秀、杨春文、王庆华、李连顺和张晓云，为了流水作业般的修复陶器，做到兴致处，经常工作到天亮，还有驾驶员那义忠、那玮父子，十几年来几乎与我终日相伴，饱尝了辛劳却从无怨言，他们是我20年考古生涯最主要的帮手；我始终忘不了乌盟文化局、博物馆和察右前旗文化局、文管所的领导和同事，他们在遗址的发掘保护和工作站的建立过程中，努力创造条件，用无微不至的关爱和真挚的友情，温暖了我们这些工作第一线的考古人的心肠，庙子沟遗址2001年被公布为全国重点文物保护单位，他们功不可没（图3、图4）。

庙子沟与大坝沟遗址的人骨、动物骨骼、石器石料的鉴定，古生态环境地理学的考察，以及绘图、照相等资料整理方面的工作，得到了众多师友的鼎力相助。1989年7月，吉林大学朱泓先生即对庙子沟出土的人骨材料作了鉴定，并由林雪川为庙子沟的古代居民作了头像复原；1990年4月，北京大学黄蕴平老师对庙子沟和大坝沟遗址出土的动物骨骼作了鉴定，又在2001年6月补充完成了大坝沟1992年出土的动物骨骼鉴定；1991年10月，山西省考古研究所的李夏庭先生完成了庙子沟和大坝沟1988年出土的完整陶器及部分小件标本的绘图；1999年5月，北京大学莫多闻教授在环黄旗海地区作了环境调查和取样；2001年5月，敖汉旗博物馆刘海文完成了大坝沟遗址1992年出土陶器，以及庙子沟和大坝沟遗址大量小件的绘图；2001年和2002年春，吉林大学李言老师和汤卓炜老师分别完成了器物摄影和石器及软体动物的鉴定工作。至此，庙子沟与大坝沟遗址发掘报告中相关学科的标本鉴定工作和资料准备工作基本就绪。在此，我对他们不辞辛劳的工作精神和严谨的治学态度，表示由衷的钦佩和感谢！

2000年冬，由我主持发掘报告的具体编写工作。首先确定了报告的编写体例并完成了编写大纲，由鄂尔多斯博物馆的杨泽蒙负责遗迹记录的复审和编写，乌兰察布博物馆的李兴盛负责遗物的核对和文字编写，郝晓菲负责陶器标本的绘图和遗迹、遗物墨线图的绘制。李兴盛和郝晓菲完成了遗迹墨线图版的制作，杨泽蒙完成了遗物墨线图版的制作并复核了遗物描述和文中插图。其余各章节的编写和图版制作由我完成，并最后审核校对全文。需要说明的是，这部发掘报告集的最后完成，如果没有上述三位挚友的全力相助，是根本无法做到的。杨泽蒙日常工作繁忙，大量的文字稿和遗物墨线图版是靠晚上和节假日输入电脑和拼贴出来的，兢兢业业，勤恳至极；李兴盛和郝晓菲经常抽时间忙碌在庙子沟工作站，昼夜加班，任劳任怨，做了许多繁杂细碎而又必不可少的工作。还有庙子沟工作站的技工杨春文、陈爱旺、王庆华、王灯良和徐枫，他们作了大量核对、拣选、统计、后勤等事务性的工作。因此可以说，这部报告集是众多师友共同劳动的结晶。

感谢恩师张忠培先生百忙中拨冗为这部报告集作序。

英文提要由张中伏翻译。

本报告集的出版得到国家文物局的资助。

2002年11月于庙子沟

（原载《庙子沟与大坝沟——新石器时代遗址发掘报告》，中国大百科全书出版社，2003年，本次收录增加了图片）

《内蒙古文物考古文集（第二辑）》后记

  为了集中展示近年来内蒙古文物考古工作所取得的新资料、新成果，反映我区文博战线学术研究的新进展，内蒙古文物考古研究所决定编辑出版《内蒙古文物考古文集》第二辑，以此作为向内蒙古自治区成立五十周年献上的一份厚礼，以表达辛勤耕耘在这块学术领域的几代学人的拳拳之心。

  美丽富饶的内蒙古，地域辽阔，历史文化悠久，不同时期的古代文化遗存十分丰富。近年来，随着文博事业的发展，作为自治区龙头单位之一的内蒙古文物考古研究所，学术研究水平也在不断提高，研究领域正在逐步拓宽；同时，各盟市旗县文博部门的业务水平也取得了相应的提高。最近几年，由于配合经济建设和抢救性清理发掘的任务日渐繁重，我所和各地区文博部门都积累了一大批珍贵的文物资料，将这些资料尽快结集出版，是广大文物工作者的共同心愿。如今，这本文集在大家的共同努力下终于面世了，这或许会对今后的考古学术研究起到一定的推动作用。

  内蒙古地区文物考古工作的重点，很久以来主要集中在中南部的黄河和东部区的西拉木伦河这"两河流域"，随着考古研究工作的逐步展开，近年来加强了对阴山以北和大兴安岭两侧草原丘陵地区的北方民族文化的发掘和研究工作，使文物考古工作呈现出百花纷呈的新局面。本文集收录了区内外有关单位和专家学者的田野调查简报、发掘报告和论文共65篇，其中，中南部和东部区原始文化的发掘报告和论文占了较大的篇幅；青铜时代考古学和战国秦汉以来北方民族文化的研究也有新资料和新成果发表；辽、金、元三代是我区考古研究的重点课题之一，特别是辽代和元代考古取得了较大的进展，这本文集收录的这一阶段的文章，亦较前占有了较大的比重。

  在本书结集之际，承蒙我国著名考古学家、北京大学考古学系教授严文明先生为本文集题辞，使我们在长城地带原始文化和北方民族文化的研究工作中受益匪浅；内蒙古文化厅副厅长、内蒙古考古博物馆学会理事长赵芳志同志在百忙中为本文集作序；天津市历史博物馆韩嘉谷先生，河北省文物研究所郑绍宗先生，中国社会科学院考古研究所朱延平先生，吉林大学朱泓、朱永刚先生和内蒙古大学曹永年先生为本文集提供了具有很高学术价值的论文，使本文集增色不少；在这本文集的编辑过程中，得到了内蒙古文化厅有关领导的热情关怀和积极支持，李兴盛和田丽同志为本书的编辑工作付出了辛勤的劳动，谨此一并致谢！

本文集集稿时间较短，审稿和编辑工作是在十分仓促的情况下完成的，疏漏与不足之处在所难免，恳请学术界专家学者斧正。

1997年4月5日

［原载《内蒙古文物考古文集》（第二辑），中国大百科全书出版社，1997年］

掇拾那些依然光亮的文明碎片
——《草原文明：12集大型电视文化专题片插图解说词集》序

  内蒙古自治区地跨东北、华北、西北三大自然地理单元，大部分疆域处在北纬四十一度线以北，由东向西燕山连绵，阴山横亘，中国历代长城也基本分布在这条山系南北。特殊的地理环境，多变的气候条件，形成了形态各异的自然经济类型，也孕育出源远流长、色彩纷呈的古代民族文化。

  内蒙古的古代文明，从其发端便是以农业与牧业、狩猎与畜牧等多种经济形态相互交错的形式，在这一区域萌生和发展。旧石器时代"大窑人"石器撞击的火花，与"北京人"燃起的火焰同样耀眼。地处西拉木伦河两岸的原始村落，同一曲黄河的新石器时代文化，并称为内蒙古的"两河流域"文明，在中华文明起源的"满天星斗"中，应是最耀眼的星座之一。夏商之际，随着北方地区气候的干燥和变冷，畜牧业便逐步兴起，伴随着游牧民族登上了历史舞台，北方草原的青铜文明也翩然而至。周、秦、西汉以降，东胡、匈奴、鲜卑、乌桓、突厥、契丹、党项、女真、蒙古、满等北方民族，如浪潮般一次次地飙起。他们走出兴安岭，跨过草原、大漠，在与中原王朝的长期对峙和较量中，不断充实和壮大自己，一旦时机成熟，便越过阴山，入主中原。

  草原民族在大漠苦寒的环境下，长期过着逐水草而居的生活，养成了胸襟开阔和坚忍不拔的性格。他们在融入中华文明后，便为之带来了新鲜的活力和蓬勃的生机。草原民族铁马金戈、明月天涯的豪迈气概和气吞万里的勇猛搏杀，也打通了欧亚大陆上的壁垒，犹如一座桥梁，使中西文化得以传播和交流。与此同时，雄浑壮阔的草原文明也在这种互动中得以发展和繁荣。其独树一帜的文明成果，又被其他民族吸收借鉴，使草原文明成为全人类的财富。

  因此，我们没有权利不去正视和肯定草原文明深厚的积淀，否则，我们就无法去认知历史长河里那个完整意义上的中国。

  为了鉴古知今、继往开来，为了使草原文明在新的时空环境下焕发出盎然的生机，我们经过深思熟虑，策划摄制了十二集的大型电视文化专题片《草原文明》。其宗旨，就是要以内蒙古草原物质文化的发展为脉络，掇拾那些依然光亮的文明碎片，将其拼读成音像

图1 摄制组在阿拉善右旗曼德拉山拍摄岩画（1998年）
左起：刘强、宋国英、魏坚、巴格纳、姜树文

图2 魏坚与张阿泉在昭君墓
（1999年）

版的教科书，还历史以真实，还生命以过程，将草原文明在中华民族多元一体格局形成过程中所发挥的作用，充分展现在世人面前。

《草原文明》摄制组的几位同仁，历时两年，行程万余里，足迹踏遍内蒙古自治区十二个盟市。担任总编导的国英君和担任总摄像的刘强君，饱尝了跋山涉水的艰辛。他们两上居延戈壁，曼德拉山留下了他们疲惫的脚步（图1）；他们曾被洪水阻隔，在嘎仙洞拍下了鲜卑人的刻铭；他们还曾陶醉于元上都闪电河畔的金莲川草原，攀登过老牛湾明长城护水楼的悬崖峭壁。年轻的那玮君，既做司机，又搞后勤，一路辛苦，无怨无悔，甜酸苦辣，自不待言。阿泉君是我此番在文海中新结识的挚友，其儒雅之气、君子之风，令我钦佩（图2）。他在明日香园宾馆闭居苦读，日夜笔耕不辍。解说词经他文字润色，一手玉成，真乃脱胎换骨一般有了灵气。此外，为这部电视片出谋划策、劳心费神的还有内蒙古自治区文博界、广播电视界的诸多领导和师友，在此一并致谢！

在《草原文明》解说词集付梓之际，谨受诸友嘱托，写下以上文字，胸臆直抒，略述原委，表达我的喜悦之情。

二〇〇一年十二月三日，写于庙子沟

（原载《草原文明：12集大型电视文化专题片插图解说词集》，中国文史出版社，2002年，本次收录增加了图片）

《内蒙古中南部汉代墓葬》前言

所谓内蒙古中南部，是指北起阴山南麓，南抵晋陕，东接张北坝上草原，西迄鄂尔多斯高原西北的河套平原，行政区划上包括伊克昭盟和乌海市全境，以及巴彦淖尔盟、包头市、呼和浩特市和乌兰察布盟的阴山以南地区。近年来，随着这一地区汉代考古工作的逐步加强，获取的汉代考古资料，特别是汉墓的发掘材料不断增加，使我们对这一地区汉代考古学文化面貌的认识有了进一步提高，从而有可能在以往工作的基础上，对这些年来新出土的大量汉墓发掘资料进行分析类比和整理研究，并结合文献史料，建立起内蒙古中南部地区汉代考古学文化的编年体系，以促进学术研究的发展。

内蒙古中南部地区，因其特殊的地理位置和自然条件而成为农耕文化与游牧文化交互发生和冲击碰撞的地区，成为历史上中原王朝和北方少数民族政权的必争之地。商周之际，土方、鬼方和猃狁等北方民族的名字经常见诸甲骨文和金文。战国时期，匈奴崛起于大漠，不断南逾阴山，侵扰中原，形成"冠带战国七而三国边于匈奴"的对峙局面。随后，赵武灵王"胡服骑射"，将赵国的势力拓展到阴山山脉大青山、乌拉山的山前地带，并在阴山脚下修筑长城，以御匈奴。秦时，蒙恬将兵30万北击匈奴，夺取河南地（今内蒙古鄂尔多斯高原西北部），内蒙古中南部阴山之南尽纳入秦的版图。为了进一步加强北方地区的军事防御，秦始皇在燕、赵长城的基础上，修筑了举世闻名的万里长城。在内蒙古中南部境内，这段长城以石块垒砌保存较好。长城蜿蜒于巴彦淖尔盟和包头市北部阴山山脉之狼山和什尔腾山北坡，向东经武川县南折入呼和浩特北部，与战国赵长城相交，再向东进入卓资县，经乌兰察布盟察右前旗兴和县东去。同时，秦还修筑自云阳（今陕西淳化林光宫遗址）至九原（今内蒙古包头南郊麻池古城北城）的直道。经秦末农民大起义和楚汉战争，汉初中原王朝无暇北顾，匈奴乘势占领了蒙恬所夺河南地，并引兵南下。汉高祖七年（前200年），刘邦亲自将兵迎击匈奴，发生了历史上有名的"平城（今山西省大同市东）之围"。之后，汉王朝被迫对匈奴采取和亲政策。西汉王朝经过六七十年的休养生息，到武帝时期，国力渐趋强盛，于是自元光二年（前133年），开始了对匈奴的反击。元朔二年（前127年），卫青击败盘踞河南地的楼烦、白羊王，夺取河南地，汉在此立朔方和五原二郡，并移民屯边，穿渠引水，加强对这一地区的建设。此后，武帝元狩二年（前

121年）及四年（前119年），汉对匈奴又发动两次决定性的打击，匈奴大败，右地浑邪王率4万余人投汉，单于及左贤王亦皆走，河西走廊平定，从此"幕南无王庭"。在汉武帝多次用兵追击下，匈奴只得往西北迁徙。此后，匈奴左部迁到余吾水（今蒙古国土拉河），直对汉云中；右部迁到蒲类海（今新疆哈密西北巴里坤湖），直对汉酒泉、敦煌。单于的主力直对五原至鸡鹿塞（今内蒙古狼山西段磴口县与乌拉特后旗交界的哈隆格乃沟）一带。为了适应这一军事格局的变化，武帝太初三年（前102年），光禄勋徐自为筑五原塞外列城，游击将军韩说将兵屯守。徐自为所筑之城称汉外长城，有南北两条。两条长城相距5～50千米，其中靠南的一条东起今武川县境内，经固阳县、乌拉特中旗、乌拉特后旗，伸入蒙古国境内靠北的一条，东起武川县境内，经达茂联合旗、乌拉特中旗、乌拉特后旗，穿越蒙古国，再折向西南，与今额济纳旗境内的汉长城相接。汉初以来，北边地区烽火不绝，人民生活尚不十分安定。宣帝甘露二年（前52年），南匈奴呼韩邪单于款塞称臣，以求和亲，汉王朝采取了怀柔政策，后宫良家女王昭君出塞和亲，终于结束了北边长期战争的局面，从此"边城晏闭，牛马布野，三世无犬吠之警，黎庶亡干戈之役"。北方人民获得休养生息达60余年。到新莽时期，由于王莽对匈奴实行错误政策，加之十二部兵久屯不出，数年之间，北边虚空，野有暴骨，北方人民安定的生活局面遭到破坏。东汉初，匈奴支持安定郡三水县（今宁夏固原县北）的卢芳，"册封"他为"汉帝"，使居九原，建立割据政权。卢芳控制着五原方、云中、定襄、雁门五郡，内蒙古中南部地区尽在其掌握之中，直至光武帝建武十六年（40年），这一地区才回归汉王朝，建武二十四年（48年），南、北奴分裂，南奴附汉，先设庭帐（南庭）于五原西部塞八十里处，随后又入居云中郡，不久再迁至西河郡的美稷县（今内蒙古准格尔旗纳林镇古城）。同时，又列置诸部于朔方、五原、云中、定、雁门、代郡，为汉捍边。从此，内蒙古中南部出现汉族与南匈奴杂居错处的局面。南匈奴内附之后汉朝采取了一些措施，一面修补城垣，一面发给边民路费和粮食，令北地、朔方、五原、云中、定襄、雁门、代、上谷八郡人民各还本土，北边经济渐趋恢复。为彻底解决北匈奴对汉王朝的胁，东汉王朝于和帝永元元年（89年），开始了征伐北奴的战争。经过连续三年的出击，北匈奴政权彻底瓦解，匈奴从此退出漠北地区，鲜卑代之逐渐成为大漠南北最为活跃的民族。到东汉末年，缘边郡县内徙，内蒙古中南部地区尽为鲜卑及融入鲜卑的匈奴余部所居。

盛极一时的汉王朝，在抵御匈奴、屯垦戍边的三四百年间，于阴山以南广大地区置郡县，修障塞，留下了诸多的古城和墓葬遗存。当时涉及内蒙古中南部地区的边郡有朔方、五原、云中、西河、定襄和雁门诸郡，在这些郡治及所辖的各县，如临戎、窳浑、三封、五原、云中、定襄等古城周围，都发现了大量的汉代墓葬。而对于这些墓葬的发掘整理和研究工作，一直是内蒙古中南部地区汉代考古工作的重要环节之一。

内蒙古中南部地区汉墓的调查和发掘清理工作，早在20世纪50年代便已开始，当时的内蒙古文物工作组做了大量的工作。此后，从20世纪60年代至90年代，内蒙古文物工作队及现今的内蒙古文物考古研究所、包头市文物管理处（所）、巴彦淖尔盟文物工作站、鄂尔多斯博物馆、乌兰察布博物馆、呼和浩特市文物管理处等，都陆续做了较多的工作。以往经发掘清理或调查的汉代墓葬的地点有：临河市黄羊木头[1]、五原县乌登云圪旦[2]、乌拉特前旗公庙子[3]、三顶帐房[4]、朝阳乡[5]、磴口县包尔陶勒盖[6]、包头市召湾[7]、麻池[8]、西壕口[9]、孟家梁[10]、上窝尔吐壕[11]、古城湾村北[12]、杭锦旗哈劳柴登[13]、乌兰陶勒盖[14]、扎尔庙[15]、伊金霍洛旗红庆河[16]、东胜市漫赖[17]、达拉特旗哈庆壕[18]、敖楞陶勒亥[19]、准格尔旗古城村[20]、敖包梁[21]、托克托县闵氏墓[22]、和林格尔县东汉壁画墓[23]、王墓梁[24]、呼和浩特市格尔图[25]、讨思浩[26]、塔布陶勒亥[27]、昭君墓[28]、凉城县北营子[29]和丰镇市西官村[30]等。这次公布的主要是近几年来配合基本建设进行抢救性清理发掘的主要资料，计有：1992年至1993年，

---

[1] 张郁：《临河县黄羊木头汉墓》，《内蒙古文物资料选辑》，内蒙古人民出版社，1964年，第97页。
[2] 张郁：《五原县乌登云圪旦汉墓》，《内蒙古文物资料选辑》，内蒙古人民出版社，1964年，第98页。
[3] 李逸友：《乌拉特前旗公庙子汉墓》，《内蒙古文物资料选辑》，内蒙古人民出版社，1964年，第98页。
[4] 巴彦淖尔盟文物工作站普查资料。
[5] 巴彦淖尔盟文物工作站普查资料。
[6] 巴彦淖尔盟文物工作站调查清理，内部资料。
[7] 李逸友：《包头市郊汉墓》，《内蒙古文物资料选辑》，内蒙古人民出版社，1964年，第89页；包头市文物管理所：《包头郊区召湾汉墓清理简报》，《内蒙古文物考古》创刊号，1981年。
[8] 李逸友：《包头市郊汉墓》，《内蒙古文物资料选辑》，内蒙古人民出版社，1964年，第89页。
[9] 李逸友：《包头市郊汉墓》，《内蒙古文物资料选辑》，内蒙古人民出版社，1964年，第89页。
[10] 李逸友：《包头市孟家梁汉墓》，《内蒙古文物资料选辑》，内蒙古人民出版社，1964年，第92页。
[11] 李逸友：《包头市窝尔吐壕汉墓》，《内蒙古文物资料选辑》，内蒙古人民出版社，1964年，第93页。
[12] 陆思贤：《包头市古城湾村的古城与墓葬》，《包头文物资料》（第一辑），包头市文物管理所，1979年。
[13] 鄂尔多斯博物馆调查清理，内部资料。
[14] 伊克昭盟文物工作站：《杭锦旗乌兰陶勒盖汉墓发掘报告》，《内蒙古文物考古》总5期，1991年。
[15] 鄂尔多斯博物馆普查资料。
[16] 鄂尔多斯博物馆普查资料。
[17] 鄂尔多斯博物馆普查资料。
[18] 鄂尔多斯博物馆普查资料。
[19] 鄂尔多斯博物馆普查资料。
[20] 鄂尔多斯博物馆普查资料。
[21] 鄂尔多斯博物馆普查资料。
[22] 《托克托县东汉闵氏墓》，《内蒙古文物资料选辑》，内蒙古人民出版社，1964年，第94页。
[23] 内蒙古自治区文物考古研究所：《和林格尔汉墓壁画》，文物出版社，2007年。
[24] 和林格尔县文物管理所普查资料。
[25] 内蒙古博物馆：《内蒙古呼和浩特市郊格尔图汉墓》，《文物》1997年第4期。
[26] 1996年，公路部门在秋季施工时将部分墓葬破坏，内蒙古文物考古研究所派员清理。
[27] 李逸友：《内蒙古文化局调查土默特旗境内的文物古迹》，《文物参考资料》1955年第9期。
[28] 李逸友：《呼和浩特市昭君墓》，《内蒙古文物资料选辑》，内蒙古人民出版社，1964年，第87页。
[29] 内蒙古文物考古研究所、乌兰察布盟文物工作站：《凉城县北营子汉墓发掘简报》，《内蒙古文物考古》总5期，1991年。
[30] 1997年因挖菜窖破坏一墓，乌兰察布博物馆派员清理，文物现存乌兰察布博物馆。

内蒙古文物考古研究所和巴彦淖尔盟文物工作站联合发掘的乌兰布和沙漠中磴口县的纳林套海、包尔陶勒盖、沙金套海和补隆淖四批墓葬；包头市文物管理处（所）自20世纪80年代以来在包头市南郊召湾、张龙圪旦、召潭、观音庙、上窝尔吐壕和下窝尔吐壕陆续清理的一批墓葬，以及和内蒙古文物考古研究所共同发掘的包头市召湾90～97号墓葬；鄂尔多斯博物馆1988～1992年清理的鄂托克前旗三段地墓葬和1990、1992年清理的鄂托克旗凤凰山墓葬；1989年，内蒙古文物考古研究所和乌海市文物工作站发掘的乌海新地墓葬；内蒙古文物考古研究所1993年发掘的准格尔旗鲁家坡墓葬；内蒙古文物考古研究所1995年清理的呼和浩特八拜墓葬和托克托县古城村墓葬；乌兰察布博物馆1991年发掘的和林格尔县城麻沟墓葬和内蒙古文物考古研究所1995年发掘的察右前旗呼和乌素墓葬。

  此次公布的墓葬材料，还不够系统，就其分布地域来看，还不能全面反映整个内蒙古中南部地区汉代墓葬的文化面貌，但结合汉代古城、长城的研究成果以及以往发表的墓葬资料，进行综合分析研究，我们还是可以基本复原这一地区两汉时期的社会生活图景，并初步建立起内蒙古中南部汉代考古学文化的编年体系。故而不揣冒昧，将此尚不成熟的成果公诸于世，以就教于学术界前辈与同仁。

（原载《内蒙古中南部汉代墓葬》，中国大百科全书出版社，1998年）

《内蒙古中南部汉代墓葬》
后记

  在内蒙古从事文物考古工作之始，便经常接触到一些两汉的考古资料，其中又以阴山以南的内蒙古中南部的汉墓资料较为丰富。也许是无形中受"古不考三代以下"遗风的影响，也许是内蒙古地区汉、唐以后的辽代墓葬考古更使人感到绚丽多彩，而使汉代考古，特别是两汉墓葬的考古学研究，始终不为大多数考古工作者所重视。虽然前考古学者也做了一些发掘和研究工作，但与其他各段考古相比，仍属薄弱环节。殊不知，中国历史上真正的大一统帝国的形成，乃始于秦王朝；而由于秦王朝的迅速瓦解，中国北部疆域的确定，又是由继之而起的强大的汉王朝完成的。正由于有汉一代阴山以北的几大战役、阴山以南的戍边屯垦，才使汉匈关系逐渐由战争到和平、由抄掠寇边到入塞和亲。汉王朝为中华民族多元一体格局的逐步形成奠定了坚实的基础。

  有感于此，在内蒙古中南部从事了多年的原始文化研究之后，总想将这一地区的汉代墓葬资料，先做一个粗浅的整理研究，以期建立起内蒙古中南部这一特殊区域的汉代考古学编年体系。正值此时，国家为建立商品粮油基地，开始实施开发第二个河套的经济战略。为配合经济建设，并打击盗墓之风的蔓延，近年来，我们有计划地在河套及其以东的内蒙古中南部地区进行了系列的抢救性发掘清理工作，获得了一批较为系统的汉墓资料，方使多年的愿望得以实现。在这本专题报告即将面世的时候，我们要特别感谢中国社会科学院考古研究所研究员、著名考古学家徐苹芳先生，他在百忙中欣然为本书作序，对我们的工作提出了指导性的意见。我们感谢内蒙古文化厅及有关盟、市的业务主管部门的鼎力相助，感谢巴彦淖尔盟文物工作站、包头市文物管理处、乌海市文物工作站、鄂尔多斯博物馆、呼和浩特市博物馆、呼和浩特市文物管理处和乌兰察布博物馆，没有他们的积极支持配合和友情帮助，这本专题报告是无法完成的。特别是巴彦淖尔盟文物工作站，在野外发掘和资料整理过程中，投入了大量的人力和物力，其对事业的奉献精神，令人难以忘怀。

  这本报告的完成，是参加发掘的许多年轻同志集体合作的结晶。虽然她可能失之粗疏、稚嫩，难免出现纰漏，但这毕竟是许多人付出了辛勤劳动的一个成果。本书每一编的各章，都是由参加发掘工作的同志分头整理并参与编写的，现分列于后。前言：魏坚、张海斌；第一编：魏坚、胡延春、张海斌、连吉林、赵占魁、王德荣；第二编：杨泽蒙、尹春雷、张海斌、魏坚、连吉林、王志浩、包青川；第三编：张海斌、魏坚、李虹、李彩霞；第四编：魏坚、曹建恩、连吉林、胡晓农、赵杰、李兴盛；第五编：魏坚、曹建恩、李兴盛；第六编：魏坚；结论：魏坚。最后，由魏坚统纂定稿。本书的器物底图和墨线图主要由田丽、李宁、刘园同志绘制，郝晓菲、刘建华、李彩萍同志也参加了部分配图的绘制工作。器物摄影梁京明、董永军、杨泽蒙。拓片李威、赵占魁、杨君、石碧霞、李三、史庆玲等。

　　本书是在较短时间内完成的，因参与资料整理工作的人员较多，又难以集中工作，故而疏漏和错误在所难免，恳请专家学者给予斧正。

1997年6月22日

（原载《内蒙古中南部汉代墓葬》，中国大百科全书出版社，1998年）

《额济纳汉简》后记

承蒙内蒙古师范大学历史系、中国社会科学院历史研究所和中国文物研究所的鼎力相助，这本研究报告集终于在短短不到一年的时间里得以完成。当我们掩卷静思时，深深地为那些在调查发掘和整理研究中付出辛勤劳动的师友、同行和相关领导的敬业精神而感动，而欣慰。

居延的探险与考古发现，肇始于二十世纪初。当一位二十五岁的瑞典考古学者将居延考古的发现公之于世时，中国的学者们便永远记住了贝格曼这个名字。时光又走过了七十余年，中国的考古学家们在居延又发现了数万枚汉简，汉简的研究已经成为一门新兴的学科并引起学术界的普遍关注（图1）。

作为居延汉简出土地的额济纳旗，在学术界可以说是人所共知。但是，作为内蒙古自治区的额济纳旗却常常被人忽略。由于种种原因，时至二十世纪末，内蒙古自治区各级博物馆和研究所仍然没有一枚汉简收藏。

有感于此，内蒙古自治区文物考古研究所在内蒙古文化厅的积极支持下，于一九九八年，同阿拉善盟博物馆、额济纳旗文物所组成联合考古队，连续五年深入沙漠戈壁，考古队员几乎踏遍居延的每一个角落，在对居延遗址各个时期的文化遗存进行全面调查测绘的同时，主要对两汉的烽燧、障塞作了详尽的调查和重点发掘，取得了初步的成果（图2）。

居延地区干旱少雨，年降雨量不足四十毫升，而年蒸发量却高达三千多毫米。恶劣的条件，多变的气候，给考古工作造成了极大的困难。沙漠荒原之上，或骄阳似火，烤得人头昏脑涨；或狂风大作，滴水成冰。常记起文物

图1　甲渠第十六燧出土"专部士吏典趣辄"简册

所的纳森德力格尔，他像活地图一般，熟悉居延遗址内的每一个角落和每一个人；常记起绿城子荒漠中的尼玛大叔一家，鲜美的羊肉、浓烈的白酒，让我们忘记了夜晚地铺的寒冷（图3）。忘不了文物所的策仁扣、宝勒道、付兴业、巴图和裴海霞，作为这片古老土地的主人，几年的艰苦工作，他们总是默默承受，从无怨言（图4）；忘不了文化局的郭富宗、李彦、白丽萍、花金红和刘奋军，他们总是尽可能地为我们创造一切条件，在我们受困于沙海，无水断炊时，解救我们于危难之中。我们更忘不了几年来旗和盟的领导对我们工作给予的无微不至的关心和帮助（图5）。

居延遗址的考古研究和保护工作，经过几年的努力后，仍然可以说是刚刚起步，这批汉简的整理研究还远远没有列上日程。然而，二〇〇二年九月，内蒙古师范大学历史系白音查干教授的一个电话，却使这项研究工作突然提速了。当他讲到可以请中国社会科学院历史研究所的谢桂华研究员和中国文物研究所的李均明研究员，两位国内外知名的汉简研究专家来做共同研究，以便使这批资料早日面世时，我便欣然从命了。

时值深秋，三位师友放弃了国庆假日，与我相聚在乌兰察布盟右前旗的庙子沟工作

图2　居延甲渠候官障城遗址调查测绘

图3　额济纳旗绿城子尼玛大叔家的聚餐

图4　考古调查中的野餐

图5　参加居延遗址调查的部分队员（1999年）

站——一个只有十几户人家的寂静的小山村里。无言的承诺、笃学的嗜好，使来自京城的大家们日夜遨游在简牍的文海中而乐此不疲；简陋的住房，粗淡的茶饭，却因一简一字的解读而让学者们忘乎所以，开怀畅饮。诸位师友在三上呼和浩特、两进庙子沟之时，我在与他们促膝交谈中获益良多，受益终生（图6）。其间，年轻的特日格乐，辛勤劳作，尽职尽责，多次往返于北京和呼和浩特之间，做了许多工作。我的好友、专职摄影师孔

图6　在庙子沟工作站参加汉简整理的学者（2002年）
左起：白音查干、谢桂华、李均明、魏坚

群，尽管业务繁忙，但还是在百忙之中将一百多幅图版的汉简一次赶就，其为人之实、业务之精，令人叹服。当这本研究文集即将付梓之时，请允许我对著名学者李学勤先生、著名考古学家林沄先生在百忙之中为本书作序，表示深深地谢意！让我再一次感谢那些和我在居延戈壁风餐露宿、同甘共苦的同仁们；再一次感谢几位和我在庙子沟苦心研读、日夜辛劳的师友们。感谢广西师范大学出版社的朋友，是他们独具慧眼确定了这个选题，并付诸实施；感谢中国社会科学院历史研究所的邬文玲博士为本书所作的英文提要。

二〇〇三年八月三十一日于庙子沟

（原载《额济纳汉简》，广西师范大学出版社，2005年，本次收录增加了图片）

《内蒙古地区鲜卑墓葬的发现与研究》前言

鲜卑是中国历史上一个古老的北方民族，活跃于汉晋北朝时期，其名称首见于《后汉书·乌桓鲜卑列传》。依地理位置，鲜卑分为东部鲜卑和北部鲜卑（拓跋鲜卑）两大部。由于史书记载较为简略，因而使我们对这个在历史上曾产生过巨大影响的民族的物质文化面貌缺乏全面的了解。所以，考古学的材料在这里就显得尤为重要。近年来，随着北方地区田野考古工作和学术研究的不断深入，经常有新的资料和新的成果问世，促使鲜卑的考古学研究有了新的进展。

就地望而言，鲜卑兴起于大兴安岭一带。《后汉书·乌桓鲜卑列传》称："别依鲜卑山，故因号焉。"《魏书·帝纪·序纪》载："国有大鲜卑山，因以为号。"内蒙古呼伦贝尔市（原呼伦贝尔盟）完工[1]、扎赉诺尔墓地[2]和大兴安岭北段的阿里河附近嘎仙洞石刻祝文[3]的发现，已为明证。东汉晚期，鲜卑首领檀石槐被推为各部大人，建立了鲜卑军事大联盟。在高柳（今山西阳高县）北三百里的弹汗山歠仇水设立庭帐，兵马甚盛。史载他"南抄缘边，北拒丁零，东却扶余，西击乌孙，尽据匈奴故地"，控制着"东西万四千余里，南北七千余里"[4]的广大地域，漠北草原悉为所有。其统治中心弹汗山以地望推论，当在今乌兰察布市境内。历年来，在乌兰察布及其邻境地区不断有鲜卑遗存发现，见诸报道的有：达茂联合旗的百灵庙墓地[5]、察右后旗的二兰虎沟墓地[6]、赵家房村墓葬[7]、三道

---

[1] 内蒙古自治区文物工作队：《内蒙古陈巴尔虎旗完工古墓清理简报》，《考古》1965年第6期。
[2] 内蒙古文物工作队：《内蒙古扎赉诺尔古墓群发掘简报》，《考古》1961年第12期；王成：《扎赉诺尔圈河古墓清理简报》，《北方文物》1987年第3期；陈凤山、白劲松：《内蒙古扎赉诺尔鲜卑墓》，《内蒙古文物考古》总11期，1994年；内蒙古文物考古研究所：《扎赉诺尔古墓群1986年清理发掘报告》，《内蒙古文物考古文集》（第一辑），中国大百科全书出版社，1994年，第369～383页。
[3] 米文平：《鲜卑石室的发现与初步研究》，《文物》1981年第2期。
[4] （南朝宋）范晔撰：《后汉书·乌桓鲜卑列传》，中华书局，1965年，第2989页。
[5] 〔日〕江上波夫：《内蒙古百灵庙砂凹地的古坟》，《アシア文化史研究·论考篇》，东京大学东洋文化研究所，1967年。
[6] 郑隆、李逸友：《察右后旗二兰虎沟的古墓群》，《内蒙古文物资料选辑》，内蒙古人民出版社，1964年，第99页。
[7] 盖山林：《内蒙古察右后旗赵家房村发现匈奴墓群》，《考古》1977年第2期。

始 末 篇

湾墓地①，兴和县叭沟村墓地②，察右前旗下黑沟墓葬③和托克托县的皮条沟墓葬④等。这些墓葬的年代大抵都在东汉晚期，有的可晚至魏晋，有力地印证了这一区域就是檀石槐军事大联盟统治时期的中心活动区域。

据史籍分析，拓跋鲜卑的前期经历了两次大规模的迁徙。第一次是宣皇帝推寅由大鲜卑山南迁大泽，即是由今鄂伦春自治旗境内的大兴安岭嘎仙洞一带，迁到今呼伦池附近。第二次即推寅下传七世而至邻，以"此土荒遐，未足以建都邑"，谋更南迁，乃命其子诘汾率部众继续南移，"山谷高深，九难八阻"，赖神兽导引，"历年乃出，始居匈奴之故地"⑤，因为邻继承了推寅南迁的政策，故族人亦称他为推寅，即第二推寅。这个匈奴故地，应是今内蒙古阴山以北包括乌兰察布和锡林郭勒草原在内的广大地区。《三国志·魏志·乌丸鲜卑东夷传》裴注引王沈《魏书》，檀石槐"分其地为中、东、西三部。……从上谷以西至敦煌，西接乌孙为西部，二十余邑，其大人曰置鞬落罗、日律、推寅、宴荔游等，皆为大帅，而制属（于）檀石槐"。由此可知，在拓跋鲜卑第二次南迁匈奴故地之前，漠北草原已被以檀石槐为首的另一支鲜卑部众所占据。因此第二推寅率领部众亦加入了檀石槐的大联盟，并成为其中的西部大人之一。檀石槐这支鲜卑的成分比较复杂，它的主体应是汉初被匈奴冒顿所破、远窜辽东塞外的东部鲜卑。史载，东汉光武帝时，南北单于更相攻伐，匈奴损耗，鲜卑于是辗转进入西拉木伦河流域。"和帝永元中（91年），大将军窦宪遣右校尉耿夔击破匈奴，北单于远遁，鲜卑由此转徙其地，匈奴余种留者尚有十余万落，皆自号鲜卑。"⑥鲜卑由此渐盛，这也许就是东部鲜卑进入漠北之始。自此，鲜卑逐渐融合了匈奴部族的成分，檀石槐得以在此基础之上建立起强大的军事联盟。其后联盟瓦解，东部鲜卑退保辽东，析为宇文、慕容、段氏三部。拓跋鲜卑则在檀石槐牙庭的基础上发展壮大起来，最终入主中原，建立了北魏封建政权。

有鉴于此，目前摆在我们面前的一个重要的研究课题，应该是注意区分拓跋鲜卑和东部鲜卑各自具有的文化面貌和特征，同时也要注意区分两者之间，以及匈奴部众加入鲜卑集团后相互交流，乃至融合的历史进程中的渐进变化因素，力求从考古学遗存的文化因素分析上有所发现和突破。

近年来，我们在呼伦贝尔市的海拉尔区，锡林郭勒盟的正蓝旗、二连浩特市，乌兰

---

① 乌兰察布博物馆：《察右后旗三道湾墓地》，《内蒙古文物考古文集》（第一辑），中国大百科全书出版社，1994年，第407～433页。
② 兴和县文物普查组：《兴和县叭沟村鲜卑墓葬》，《内蒙古文物考古》总6、7期，1992年。
③ 郭治中、魏坚：《察右前旗下黑沟鲜卑墓及其文化性质初论》，《内蒙古文物考古文集》（第一辑），中国大百科全书出版社，1994年，第434～437页。
④ 金学山：《内蒙古托克托县皮条沟发现三座鲜卑墓》，《考古》1991年第5期。
⑤ （北齐）魏收：《魏书·序纪·成帝纪》，中华书局，1974年，第2页。
⑥ （南朝宋）范晔撰：《后汉书·乌桓鲜卑列传》，中华书局，1965年，第2986页。

察布盟的商都县、察右前旗、察右中旗和兴和县，包头市的九原区、固阳县、土右旗和鄂尔多斯市的准格尔旗①等地，陆续发现和发掘了一批鲜卑墓葬，并对过去已经发现但一直未做报道的鲜卑墓葬进行了整理。同时，在整理这批新的发掘资料时，我们又对既往发现的内蒙古地区的鲜卑遗存进行了比较研究，力图通过对鲜卑考古学文化面貌的比较分析，结合体质人类学和人种学方面的研究，以及对出土的金属器进行成分和金相分析的研究，拓宽对鲜卑考古学文化认识的视野，从多学科的角度阐释鲜卑创造的灿烂文化。本文集即是在整理研究一批新的发掘资料的基础上，对以往发表的有关内蒙古地区出土的鲜卑墓葬材料，重新检索整理，在前人工作的基础上，对目前发现的内蒙古地区的鲜卑墓葬进行分期、分区的探讨，并在此基础上，对分布在内蒙古地区的鲜卑的渊源关系、迁徙路线、社会经济状况以及和其他各族的关系等方面内容做初步的分析与研究，以期取得一个阶段性的成果。

（原载《内蒙古地区鲜卑墓葬的发现与研究》，科学出版社，2004年）

---

① 参见本书上编各有关章节。

《内蒙古地区鲜卑墓葬的发现与研究》后记

记得在大学进行考古学的系统学习时，就对北方民族的考古学文化颇感兴趣，常常为那些带有浓厚游牧和征战色彩的马具和兵器而着迷，也因那些鲜活的动物形饰牌和精美的金银制品而引起无尽遐想。匈奴的径路刀、鲜卑的步摇冠，辽墓的壁画、元代的都城……然而在我最初参加考古工作的10余年间，竟然几乎与此无缘，仅在凉城县的饮牛沟[①]和崞县窑子[②]发掘了两处属于春秋战国时期的北方民族墓地，此外便了无收获。

近10年来，随着我们工作重心的有意识北移，历史时期北方民族考古的课题也就自然地摆在了面前，同时也有机会发掘了一批不同时期的古代北方民族的墓葬。这当中，鲜卑墓葬的材料相对要丰富一些，这就使我重新燃起了研究北方民族物质文化的欲望，萌发了编撰一本反映内蒙古地区鲜卑考古学文化研究的阶段性成果专题报告的念头。但是，从1995年第一次发掘七郎山墓地至今，已经过了8个年头，当我和同事们整理出手头的发掘资料，又搜遍全区各地新发现的鲜卑墓葬资料，编撰完成这本专题报告后，才发现无论从资料的量与质上，还是在研究的深度上，都无法达到预期的目的，若不是几位学兄和同行从其他学科的角度给予深入研究论证，以为弥补，恐怕遗憾就会更大了。

这本报告集中，上编的东大井和七郎山是我主持发掘的两处规模较大的墓地；呼和乌素和二里半则是在做其他考古工作时顺便清理的墓葬；和日木图与盐池是正蓝旗的珊丹和二连浩特的宁培杰等人调查、清理所得；包头的阿善沟门等4处墓葬和团结墓地是由张海斌和陈凤山等负责整理的；三道湾和叭沟两处墓地的材料曾经发表过，此次为研究方便收入本集，并且尽量补充了新的内容。下编的第十一章《内蒙古地区鲜卑墓葬的初步研究》，本是由北京大学晁华山教授和我指导孙危所作的硕士论文，曾摘要发表，这次又做了较多的补充和修订。其余各章：人种学的三篇研究报告是由吉林大学的朱泓教授和他的研究生完成的，金属器的金相分析报告和玉石类装饰品的质料分析报告则分别由北京科技大学的李秀辉女士和吉林大学的汤卓炜先生执笔。最后由我统校审定全文。

---

① 内蒙古自治区文物工作队：《凉城县饮牛沟墓葬清理简报》，《内蒙古文物考古》总3期，1984年。
② 内蒙古文物考古研究所：《凉城崞县窑子墓地》，《考古学报》1989年第1期。

在本报告集即将付梓之时，我要特别感谢我的导师林沄先生在百忙之中拨冗为本书作序。可以说，这本报告集是众多同事共同研究劳作的结晶。李兴盛、郝晓菲、孙危、王新宇和何荣等同事，他们做了大量的整理编写和资料核对工作。李兴盛、郝晓菲和孙危分别完成了上、下编有关章节的配图和拼版制作工作，郝晓菲绘制了大部分的器物图和全部墨线图。北京大学的唐仲明帮助查阅了有关百灵庙砂凹地墓地的资料，并帮助翻译了英文目录和英文提要，在此一并致谢。

本报告集的出版得到国家文物局的资助。

2003年5月11日于庙子沟

（原载《内蒙古地区鲜卑墓葬的发现与研究》，科学出版社，2004年）

《鲜卑考古学文化研究》序

孙危博士嘱我为他的《鲜卑考古学文化研究》一书作序，书稿的电子版发给我已经快一年了，但却始终没有动笔。这里一者是出版计划似乎不是很急，且我难得有余暇；二来是对近年许多新的出土资料了解不多，故也颇多踌躇。这次科学出版社的编辑张亚娜把纸本打印清样寄给了我，我便再不能拖延了。

自大学毕业算起，我在内蒙古高原做了22年的考古发掘与研究工作。特别是从20世纪90年代以来，更致力于草原地带的北方民族考古学文化的研究，这似乎逐渐成为了我后半生不能释怀亦不能释手的主要研究方向。

中国古代北方民族长期活动的地域，主要在广阔的蒙古高原。这个地区北界西伯利亚，西接阿尔泰山，东连大兴安岭，南逾阴山，基本上包括了清朝以来所称的内、外蒙古。因在内、外蒙古之间，有一片史书常称之为大漠或瀚海的大戈壁，故而也将这个地区分别称作漠北和漠南。

漠北多山，著名的杭爱山、肯特山等，钟灵毓秀，气势宏伟。山岭之间河流纵横，湖泊星罗棋布，水草肥美，宜于畜牧。然北国亦是苦寒之地，西汉时投降匈奴的李陵曾致书苏武，书中说："胡地玄冰，边土惨裂，但闻悲风萧条之声。凉秋九月，塞外草衰。夜不能寐，侧耳远听，胡笳互动，牧马悲鸣，吟啸成群，边声四起。"漠北的色楞格河、鄂尔浑河、鄂嫩河和克鲁伦河等，多水面宽阔，流速湍急，流域面积大，沿岸绿草丰盛，野花烂漫；湖泊则如宝石镶嵌，碧波荡漾，故历代北方民族都在这个地区生息繁衍。成吉思汗时期的长春真人丘处机途径漠北时，曾赋诗云："极目山川无尽头，风烟不断水长流，如何造物开天地，到此令人放马牛。"

漠南草原，北接大戈壁，此地牧野辽阔，碧草如茵，在一望无垠的草原上，牧马奔驰，牛羊布野，呈现出独特而美丽的塞外风光。东部的大兴安岭古木参天，西部的阴山西北多沙漠、盐湖，而阴山以南是沃野千里的河套平原、土默川平原和鄂尔多斯高原。横亘在漠南中部的阴山山脉，长约800千米，海拔1500~2000米。河套及阴山一带，在秦汉时期就是水草丰美，树木茂盛的丰饶之地。西汉时"习边事"的郎中侯应上元帝书中有云："臣闻北边塞至辽东，外有阴山，东西千余里，草木茂盛，多禽兽。"[①]漠南西部最大的

---

① （汉）班固撰：《汉书·匈奴传下》，中华书局，1962年，第3803页。

河流是环绕鄂尔多斯高原的黄河大回折,东部重要的河流是较长的西辽河,它的上游老哈河由西南向东北汇入著名的西拉木伦河,始称西辽河。这也是漠南孕育古代文明的"两河流域"。

辽远广袤的中国北方草原地带,由东向西,有东北—西南向的大、小兴安岭,其南端燕山连绵,阴山横亘,向西是同样东北—西南向的贺兰山,穿过辽阔的阿拉善戈壁,再向西是天山、阿尔泰山至帕米尔山结,其北方是连接欧亚的草原地带。以这条山系为界,南方宜农,北方宜牧,同时,也是华夏民族和北方民族聚居的自然分界线,而中国北方的历代长城也基本分布在这条山系的南北。因此,这里也就成为了北方民族与中原民族往来征战,相互融合的一个舞台。特殊的地理环境,多变的气候条件,形成了形态各异的自然经济类型,也造就了源远流长,色彩纷呈的灿烂古代民族文化。

文献与考古资料表明,这一地域的古代文明,从其发端便是以农业与畜牧,牧业与狩猎等多种经济形态相互交错的形式孕育和发展。周、秦、两汉以降,东胡、匈奴、鲜卑、乌桓、突厥、契丹、党项、女真、蒙古、满族等北方民族,不断地发展壮大,靠着强大的骑兵,如浪潮般一次次地兴起,他们跨过草原、大漠,走出兴安岭,在与中原王朝的长期交流与较量中,充实和壮大自己,一旦时机成熟,便越过阴山,入主中原,建立王朝,为中华民族多元一体文化的形成,不断注入新鲜血液。

北方民族在大漠苦寒的环境下,长期过着逐水草而居和射猎的生活,养成了胸襟开阔和坚韧不拔的性格,他们在融入中华文明之时,便为中华文化带来了蓬勃向上,生机盎然的发展动力。同时,北方民族金戈铁马、气吞万里的豪迈气概,也打通了欧亚大陆上的壁垒,犹如一座桥梁,使中西文化得以交流。与此同时,草原文明也在这种交流中发展繁荣,其独树一帜的文明成果,又被其他民族吸收借鉴,使其成为全人类共同的财富。

在诸多的北方民族中,鲜卑虽不若匈奴在中国北部的兴起和西迁那样,在欧亚大陆产生了十分广泛的影响,但从中华文明发展的历史角度看,鲜卑的"渗入王朝"却比匈奴为我们留下了更多珍贵的文化遗产。鲜卑不仅在中国北部建立过地域广袤的军事大联盟,而且还在"十六国"时期建立了一系列政权。其后由"北魏统一了中国的北部,把广大的北方草原游牧区和黄河流域传统的农耕区置于同一政权之下"[①]。

孙危博士是我在内蒙古工作期间的同事,20世纪90年代中期以来,曾随我参加过几次鲜卑墓地的发掘和资料整理工作,在田野考古和综合研究方面有过一定的专门训练。这也可能是他在北京大学读研究生期间,选定鲜卑考古作为他的研究方向的一个重要因素。孙危肯钻研,不管多么生疏的研究课题,只要给他讲明白了,他就会去查、去找、去写,而且动作迅速,从不偷懒;孙危乐助人,无论是学术研究资料,还是日常工作所需,他都

---

① 林沄:《序》,《内蒙古地区鲜卑墓葬的发现与研究》,科学出版社,2004年,第 i 页。

始末篇

愿意在第一时间拿出来与大家共享，从不吝啬；孙危有韧劲，多年来的孜孜不倦，持之以恒，终于使他今天有了这样一本专著问世，也算是对他辛勤劳作的补偿吧！

鲜卑历史文化的考古学研究，几十年来已经有了长足的进步。宿白师和林沄师的论述如先哲引路；陈雍、乔梁、田立坤、许永杰和郑君雷等诸位方家也都有力作问世，为这一研究奠定了厚实的基础。

《鲜卑考古学文化研究》一书，就是在上述研究的基础上所做的一次资料更为全面的再研究。这部书稿的第三章"其它鲜卑遗存研究"和第四章"从考古学文化上看鲜卑与各国（族）的文化互动"，是在作者原来研究的基础上新增加的内容。新的资料把研究的视野从内蒙古和辽宁，扩大到了青海和山西；把研究的对象从墓葬延伸到了居址、城址、长城和窖藏；把对墓葬的分期、分区研究，发展到了从马具、服饰、金步摇等探讨鲜卑对中原、匈奴、高句丽和夫余的影响，以及从城市建筑、葬俗、动物饰牌、金银器、玻璃器和棺画等方面，分析中原、匈奴、高句丽及西域诸国对鲜卑的影响。在此基础上，又对鲜卑与各国（族）的文化互动形式和原因作了简要的分析研究。应当说，各不同族群之间的交流与互动关系，是一个颇为复杂的问题，限于目前资料的掌握程度，这些分析研究还是初步的，甚至于是浅层次的。但是，毋庸讳言，这是一次有益的尝试，而且有可能为我们以后的研究走出一条新的路子来。

匆匆写就，以为序。

2006年12月15日
于中国人民大学静园

（原载《鲜卑考古学文化研究》，科学出版社，2007年）

《阴山沧桑——乌拉特后旗历史文化遗存调查报告》前言

乌拉特后旗位于内蒙古自治区西北部，北与蒙古国接壤，西临阿拉善左旗，南接磴口县、杭锦后旗，东与乌拉特中旗相邻。地理位置在东经105°8′20″～107°38′20″，北纬40°41′30″～42°21′40″的区域内。全旗面积24925平方千米，下辖3镇2苏木50个嘎查村，人口8.7万。乌拉特后旗处于中温带，属高原大陆性气候。年平均气温4.9℃，年降水量171毫米。境内地势北高南低，南面是东北西南走向的我国著名气候分界线——阴山，北面是相对低平的辽阔蒙古高原，全旗地形可分为山地、低山丘陵、砂砾石戈壁高原、沙丘戈壁沙地、山前冲积平原。

内蒙古的阴山、河套地区，因其特殊的地理位置和自然条件而成为农耕文化与游牧文化交互发生和不断冲击碰撞的地区，也成为历史上中原王朝和北方民族政权之间的必争之地。阴山中广泛分布的不同时期猎牧民创作的岩画，生动地体现了当时人们的生产方式、宗教信仰和审美情趣。自商周之际，土方、鬼方和猃狁等北方民族的名字更是经常出现于甲骨文和金文之中。特别是战国至秦汉时期，为了占有阴山、河套这处极具军事意义和经济价值的战略要地，抵御匈奴的南下侵扰，中原王朝曾耗费大量人力和物资，在阴山南北先后三次大规模地修筑长城。这些古代先民们创造的历史文化遗存，集中反映了当时中原王朝与北方民族之间的往来征战和交互融合的历史事实。

乌拉特后旗历史悠久，灿烂的河套文化和多彩的草原文明承载着历史的沧桑岁月。这里有七亿年前的巴音满达呼恐龙化石区，有极具考古和美术价值的阴山岩画，也有闻名遐迩的战国高阙塞、秦汉长城和西汉朔方、五原等著名古城址，这些重要的自然和历史文化遗存，多年来一直吸引着古生物学家和考古学家的目光。

应内蒙古自治区巴彦淖尔市乌拉特后旗旗委宣传部和乌拉特后旗文体局的邀请，2007年3月26日～4月2日和2009年10月13日～18日，中国人民大学北方民族考古研究所所长、历史学院教授魏坚，带领考古学及博物馆学专业的研究生，与巴彦淖尔市和乌拉特后旗的业务人员联合组成乌拉特后旗历史文化考察团，在河套地区的阴山南北先后进行了两次重点区域的专项野外考古调查，并取得了丰硕的成果。

始末篇

2007年的考察是在2006年巴彦淖尔市于北京召开的"第二届河套文化研讨会"的基础上，由乌拉特后旗旗委、政府组织宣传部和文体局具体实施的。同时，这个项目也是中国人民大学历史学院考古专业田野考古调查实践的一个重要内容。这次考察受到了巴彦淖尔市和乌拉特后旗各级领导的高度重视，对乌拉特后旗文物保护和开发利用工作起到了积极的推动作用。本年度调查除对过去发现的少数遗址如高阙塞等进行重点复查外，还对过去许多无人涉足的地区首次进行了正式的考古调查。考察前，乌拉特后旗相关部门、当地的武警、边防和中国人民大学历史学院师生都作了充分的准备和周密的安排。为了考察工作的顺利进行和及时报道考察成果，当地政府配备了6辆越野车和十几名业务人员，以及部分新闻媒体的记者等参与考察。考察团利用全球卫星导航仪，通过定点测量、考古绘图、照相和录像、文字记录等手段，对诸遗址进行了细致、准确的调查和记录（图1）。

图1　2007年考察团在塞外列城

2007年考古调查的区域，主要集中在乌拉特后旗东南部阴山山地和北部靠近中蒙边境线的地区。调查的文化遗存，从时代序列上说，主要有阴山岩画群、铜矿冶炼遗址、战国秦汉的长城及其障塞（图2）、突厥时期的墓葬等。本次考察取得了圆满成功，在获得了许多新的重要成果的基础上，对过去的一些认识也有了进一步的深化和提高。

图2　2007年塞外列城调查

图3　2009年考察团领导部署工作

图4 2009年德格都毛赖西夏古城调查

图5 2009年考察团人民大学师生在高阙塞
左起：毕德广、李冀洁、曾祥江、王琳玮、苗逸飞、魏坚、
陈姝婕、李国华、白婷婷、祝笋

2009年考察的重点，是对2007年考察过的乌拉特后旗境内阴山以北荒漠戈壁上的两条长城遗存，及其南线长城内侧诸多古城的年代和性质，作进一步的确认（图3）。经过仔细的考察和测量，参考地表采集的遗物，基本确认了这两条长城即为汉武帝遣光禄勋徐自为所筑之"塞外列城"，这是利用考古学手段对该段长城年代的进一步认定。在确认该段长城分布、走向和具体构筑方式的基础上，又对南线长城内侧十几座古城的性质进行了认定。通过对形制、修筑方式及采集遗物的考察后认为：除少量古城和障塞为史籍记载的汉光禄塞上的边城外，其余近十座古城应为西夏时修筑（图4）。这是西夏政权为防御成吉思汗大军南下而在汉"塞外列城"的基础上，重新修缮加固的西夏长城，并在长城沿线的内侧，增筑了一系列的屯兵御敌的边城。西夏长城的认定是此次考察最重要的收获，也是我国长城研究领域的重大突破。

2009年的考察，是继2007年的田野考古调查之后对该区域重点历史文化遗存的又一次深入调查（图5）。通过此次考古调查，不但对现存古代文化遗存的性质与年代做出了更为可信的考证，同时在两次共同研究探索的基础上，合作双方进一步达成了今后长期合作的协议。2009年10月18日上午10时，中国人民大学历史学院田野考古河套实习基地、北京科技大学冶金考古河套实习基地的揭牌仪式在乌拉特后旗文化中心举行（图6）。中国人民大学历史学院院长孙家洲教授专程从北京赶赴乌拉特后旗参加揭牌仪式（图7）。中国人民大学北方民族考古研究所所长魏坚教授，巴彦淖尔市委常委、宣传部部长张明中（图8）、副部长贾杰，乌拉特后旗旗委书记苏和巴图（图9）、副书记杜振荣、宣传部部长赵敏，巴彦淖尔市文物站站长胡延春，以及巴彦淖尔市、乌拉特后旗相关部门的领导和考察团成员参加了揭牌仪式。

始 末 篇

图6　中国人民大学田野考古河套实习基地揭牌仪式

图7　中国人民大学历史学院院长孙家洲教授致辞

田野考古河套实习基地的建立，为中国人民大学北方民族考古研究所与乌拉特后旗，以及巴彦淖尔市文博部门的合作研究，搭建了一个坚实的平台，同时为中国人民大学考古学及博物馆学专业研究生的教学实习，提供了一个良好的场所和强有力的后方支撑。这对

图8 巴彦淖尔市委常委、宣传部部长张明中讲话

图9 乌拉特后旗旗委书记苏和巴图讲话

提高同学们的田野考古实际操作能力、丰富实践经验人有裨益。同时也在提升乌拉特后旗文物考古部门的业务能力,促进河套文化的繁荣与发展,扩大河套文化的影响力方面具有实际的意义。

本书发表的是2007年和2009年两次考古调查的主要收获。全部资料按照文物遗存的大致类别和年代顺序,分阴山岩画、铜矿冶炼遗址、战国赵长城及高阙塞、汉塞外列城与光禄塞、突厥时期墓葬、西夏长城及古城,以及乌拉特后旗历史与民族文化研讨会等几个部分予以介绍。本次发表的资料,因大部属野外调查所得,故难免有不够详尽及错漏之处,不当之处,敬请谅解。

(原载《阴山沧桑——乌拉特后旗历史文化遗存调查报告》,
内蒙古人民出版社,2010年,本次收录增加了图片)

《阴山沧桑——乌拉特后旗历史文化遗存调查报告》后记

巍巍阴山，千里河套。当我们编完了这篇内容并不算全面，资料也谈不上丰富的考古调查报告时，才更加体会到乌拉特草原的辽阔和阴山河套的雄浑，以及其历史文化底蕴的深厚与博大。即便如此，当把这积压在心头三年多的任务最终完成，也还是体会到了一种交差后如释重负的感觉：我们似乎可以对乌拉特后旗人民有一个交代了。

两次考察的时间是短暂的，当年参加考察的研究生有的甚至已经毕业离校，走上了工作岗位。但是，大家的心还常常地眷恋着那河套之滨的美丽乌拉特后旗。草原深处，春夏一湾碧水，草原与苍穹一体；阴山脚下，秋冬硕果金黄，历史与现实交融。这片土地宛如一块不同色调的锦缎，为我们展示了自然与历史的沧桑。

乌拉特后旗具有丰富的自然资源与文化宝藏，尤其是以边塞文化为代表的历史文化，更让人难以抑制那壮怀激烈的情怀。

滴水沟（图1）、宝尔汗山（图2）、巴嘎毛都（图3），那凿刻在黝黑岩石上的一幅幅岩画，是先民们艺术情操和审美情趣的表达。骑马、习射、捕猎、生育等纷繁的图案，更是万余年来她们生产、生活的直接记录。

图1　滴水沟岩画调查

图2　宝尔汗山南坡岩画调查

烽火硝烟的战国时代，赵武灵王变胡服，习骑射，锐意改革进取，故有破林胡、楼烦，直把长城与高阙扩建到了阴山西端的狼山脚下，高阙塞也从此为军旅、史家所传唱，位于呼和温都尔镇那仁乌博尔嘎查北侧山脚下的高阙塞故址，依山扼险，城高墙厚，向我们展示了战国变革的雄风（图4）。

那穿行于阴山与戈壁的秦汉、西夏长城，仿佛似一座露天的长城博物馆，向我们展示着几千年来的风云际会（图5）。一段段残墙，一块块条石，作为中国最北端的这段就地取材由石片垒砌的长城，宛若沉睡的巨龙，蜿蜒起伏，历经沧桑而巍然屹立（图6）。残阳如血，大漠孤寂之时，整个乌拉特草原更彰显出它的凝重！

回望西尼乌素、朝鲁库仑、赫日敏扎木那夕阳下的一座座烽火台（图7），仿佛腾起当年战争的狼烟，胡笳号角之声，仍在耳畔回响（图8）。在那漫长而遥远的年代，有多少个猎牧民族在这里繁衍、驰骋，诸如匈奴、鲜卑、柔然、突厥、党项、契丹、女真、蒙古等

图3　巴嘎毛都岩画调查

图4　高阙塞（西南—东北）

图5　南线汉长城川井苏木土筑墙体

图6　北线西夏长城巴音努如段墙体结构

民族，无不在这块草原上留下过深深的足迹，谱写出惊天动地的壮丽诗篇（图9）！传唱千古的"但使龙城飞将在，不叫胡马度阴山"的壮美诗句，恰好写尽了阴山脚下，乌拉特草原那劲风千里的雄姿。

当我们在寒风中艰辛跋涉于高山、戈壁，当我们一天的工作后合衣熟睡于牧民家的土炕，每一个考察队员都知道自己肩负责任的重大。有过为测量古城到下午三点才吃上午饭的疲惫经历，也有在荒原中的小屋手把羊肉开怀畅饮的酣畅情怀。忘不了地方领导期望的眼神和郑重的嘱托，更会记住在奔波的日日夜夜同事之间结下的深厚情义。现谨将两次参加调查的人员名单录于此。

参加2007年3月25日～4月2日第一次考察的有：中国人民大学魏坚教授，博士生王晓琨、魏婧，硕士生昌硕、丁利娜、杨玥、董方旭（图10）；内蒙古社科院历史研究所舒振

图7　圐圙敖包汉代烽火台南侧房址

图8　南线汉长城宝音图苏木土筑烽火台

图9　宝尔汗山的突厥墓调查

图10　参加2007年考察的中国人民大学师生
左起：王晓琨、杨玥、董方旭、丁利娜、魏坚、昌硕、魏婧

图11　参加2007年考察的部分人员

图12　参加2009年考察的中国人民大学师生在阿日库伦古城

图13　参加2009年考察的全体人员在阿日库伦古城

邦研究员、副所长何天明研究员；包头市博物馆原馆长刘幻真研究员、包头市文物管理处主任张海斌研究员；巴彦淖尔市文物站站长胡延春副研究员、原站长王德荣副研究员。陪同考察的有巴彦淖尔市文体局副局长马爱梅，乌拉特后旗旗委副书记杜振荣，旗委常委、宣传部部长赵敏，宣传部副部长陈玉晶，文体局局长思沁高娃，副局长霍建国，旗政协原秘书长达来，文化馆馆长额尔德尼等20余位专家和相关领导，以及后旗宣传部记者贾霞等（图11）。

参加2009年10月14日~19日第二次考察的有：中国人民大学魏坚教授，博士生毕德广，硕士生陈姝婕、李国华、曾祥江、李冀洁、祝笋、白婷婷、王琳玮、苗轶飞（图12）；乌拉特后旗文化局副局长霍建国，文物所萨日娜、包文亮，宣传部记者贾霞等（图13）。

中国人民大学历史学院院长孙家洲教授、北京科技大学李延祥教授及其研究生参加了部分考察。

早在2007年的考察结束不久，就由魏坚、王晓琨执笔完成了第一次考察的《乌拉特后旗历史文化遗存调查报告》初稿。这一成果，得到了乌拉特后旗旗委和政府的重视，苏和巴图书记几次电话询问是否可以编辑出版。为了调查材料的尽量完整和准确，在旗委宣传部的组织安排下，我们又进行了2009年第二次主要针对"光禄塞"及沿线古城址的专项考古调查，并获得了重要的学术成果。随后，便在《阴山沧桑——乌拉特后旗历史文化遗存调查报告》编辑委员会的领导和参与下，加紧了调查报告的整理与编写工作。这期间，李国华整理了"光禄塞"沿线古城址的文字记录，并参与了部分编写工作；毕德广和陈姝婕整理核对了调查拍摄的大量照片；王晓琨设计了全书的体例并完成了初稿及配图；最后由魏坚校订、修改和审定全文。

乌拉特后旗丰厚的历史文化遗存，源远流长，凝聚了中华民族文明史的发展历程。换言之，它是中华文明史的一个精彩缩影。随着历史的进程，中华民族文化的内容与占有的空间都不断变化。每一个历史阶段，中华民族都要面对周围的人群及其缔造的文化，经过不断的接触与交融，或迎或拒，终于改变了"自己"，同时也改变了那些邻近族群的文化，甚至自己和别人融合成一个新的"自己"。这一自己与他者之间的互动，使得中华民族文化在不断创新中成长与壮大。从新石器时代以来，历经数千年，一个多元的中华民族文化体系终于成形！美丽的乌拉特后旗，正处在中原华夏和北方民族交流融合的最前沿，因而其文化面貌也最为精彩纷呈，这里厚重的历史文化遗存是中华民族多元一体文化体系中的一个重要组成部分。

乌拉特后旗的文化遗存，是历史的见证，是历史发展的界标。目前，我们正面临着深入改革开放和创建和谐社会的伟大历史任务，我们应当继续以这种坚忍不拔，勇于创新的精神，在推动经济继续快速、健康、和谐发展的同时，积极打造乌拉特后旗特有的边塞文化品牌，有效保护和展示祖先留给我们的宝贵物质文化和精神文化遗产，让它成为我们进行爱国主义、英雄主义教育的基地，让更多的人了解乌拉特，促进乌拉特后旗社会与文化的和谐健康发展。

2010年8月1日

（原载《阴山沧桑——乌拉特后旗历史文化遗存调查报告》，
内蒙古人民出版社，2010年，本次收录增加了图片）

《北魏六镇学术研讨会论文集》后记

北魏六镇的相关研究,在北宋以来就渐成风气,后经元明清各代及近世以来的诸多文献考据和田野踏查,不断有新的成果问世,一些模糊的认识也逐步得以澄清,促使多学科的研究不断推向深入。

有鉴于此,包头市固阳历史文化研究会,在与包头大漠文化艺术中心多次交流协商后,又得到了内蒙古河套文化研究会的大力支持,大家一致认为适时召开"北魏六镇学术研讨会",对于集中展示北魏六镇学术研究成果,全面分析北魏六镇学术研究现状,明确今后一个时期北魏六镇学术研究方向,公布最新研究成果等都将起到积极作用。固阳县在北魏六镇学术研究上有着自己独特的优势,怀朔镇作为北魏六镇的西部重镇,其在历史、考古、军事、民俗和边塞文化等方面有着大量的珍贵史料和考古遗迹,选取固阳作为这次会议召开地,对于追本溯源北魏六镇历史有着重要的意义。最终决定由固阳县委、县政府,内蒙古河套文化研究会和包头大漠文化艺术中心联合主办"北魏六镇学术研讨会",该会议于2014年8月初在固阳县召开。《北魏六镇学术研讨会论文集》即是此次研讨会的重要成果之一,收录了国内知名专家、学者及当地和友邻旗县的文史爱好者的论文38篇,涉及六镇的考古学与历史学研究、北魏长城及于镇戍的关系、历代长城保护与文化遗产利用、历史上北方各族关系的探讨和六镇历史文化与当地民俗等方面的内容。

北魏六镇学术研讨会筹备期间,固阳县委、县政府给予了高度重视和人力支持,从人力、物力、财力等方面提供了诸多便利,为学术研讨会的顺利举办提供了必要的物质条件。

各级文化与文物部门的领导、许多专家学者云集固阳,共同研讨北魏六镇的历史文化价值和当前保护、开发和利用的诸多问题。

中国社会科学院考古研究所徐光冀先生专门为研讨会的召开发来贺信,并就怀朔古城的保护和开发利用提出了中肯的意见和建议。

固阳县老领导、内蒙古自治区政协原副主席、内蒙古敕勒川文化研究会会长伏来旺先生亲自到会祝贺,并为参会人员做了《文化与固阳文化》的专题讲座。

中国岩画学会会长、内蒙古河套文化研究会会长王建平先生出席了开幕式,并就打造

图1 北魏怀朔镇考察（2014年）

图2 "北魏六镇学术研讨会"代表合影（2014年）

和繁荣地域文化，促进地域文化建设做了专题发言。

包头大漠文化艺术中心理事长、包头市西口文化研究会会长郑少如老师，包头大漠文化艺术中心副理事长、包头市西口文化研究会副会长朱丹林老师积极参与了本次研讨会的策划，并亲自到会参与会务组织，付出了大量的辛勤劳动。

中国人民大学北方民族考古研究所的师生们为此次研讨会的召开做了充分准备，他们预先组成考察队，从考古学层面对包括怀朔镇在内的北魏六镇的古城址进行了详细的考古调查，掌握了大批第一手资料（图1）。同时从学术研讨会的筹备、参会人员的邀请，到会议的组织及《北魏六镇学术研讨会论文集》的编辑出版，他们都付出了极大的心血。

北魏六镇学术研讨会的筹备和顺利召开，以及《北魏六镇学术研讨会论文集》能够编辑出版，固阳历史文化研究会的刘昊征、李春、郝双文、岳建军、牛犇等地方文史爱好者在力所能及的范围内做出了最大的努力，他们各司其职，做了大量艰苦而细致的幕后工作，让我们对他们一并表示感谢（图2）！

作为一本学术论文集，在编撰过程中，我们对于研讨领域的不同层面，本着"仁者见仁，智者见智"的原则，尽量保留了原作者的本色。在这本论文集即将付梓之时，我们仍然感到其中的错误与遗漏之处在所难免，真诚欢迎有识之士不吝赐教、批评指正！

2015年5月16日

（原载《北魏六镇学术研讨会论文集》，
内蒙古人民出版社，2015年，本次收录增加了图片）

《秦风魏韵——固阳秦汉长城与北魏怀朔镇学术研讨会论文集》后记

地处阴山北麓的包头固阳县历史悠久，物产丰饶，境内秦汉长城沿阴山北麓蜿蜒延伸，北魏怀朔古城雄踞平川沃壤，这里深厚的历史文化积淀，成为我们研究历史上中原王朝和北方民族往来征战、碰撞与融合的鲜活素材。

2017年10月13日至15日，由固阳县委、县政府和县委宣传部主办的"固阳秦汉长城与北魏怀朔镇学术研讨会"在固阳县政府举行。来自中国人民大学、北京大学、郑州大学、内蒙古大学、山西省考古研究所、内蒙古文物考古研究所、包头博物馆、包头市文物研究院和包头大漠文化艺术中心等10余家单位的30多位专家学者应邀出席了会议。参会学者围绕北魏六镇及怀朔镇、秦汉长城以及相关研究等三个方面进行了研讨。在会议主办方和与会学者的共同努力下，会议取得了圆满成功（图1）。

如今会议已经过去两年有余，但会场上专家们源于考古资料和文献研究的精辟论述和精彩的演讲仍萦绕在我耳旁。现在回过头来看，一些重要的学术观点已经产生了较大影响力，一些争论的话题正在逐步得以澄清（图2）。

图1 "固阳秦汉长城与北魏怀朔镇学术研讨会"会场

图2 与会学者发言

记得是2014年8月，我参加了由固阳历史文化研究会牵头召开的"北魏六镇学术研讨会"，并全程参与了会议的组织、筹备、考察和研讨活动，在固阳县委、县政府的大力支持下，研讨会成功举办并出版了论文集，在学术界也产生了一定的影响。有鉴于此，大约在2017年的春夏之际，固阳县委宣传部专门派人赴京，

图3　包头和固阳县领导出席研讨会

与我联系再次筹办学术会议一事（图3）。内蒙古是我的家乡，是我多年从事学术研究的地方，感情非同一般，当即欣然应允。于是我们在中国人民大学商讨了举办学术会议的具体事宜，并确定了会议日期。为了保证会议的学术性和前沿性，我随后联络邀请了山西省考古研究所张庆捷教授、北京大学韦正教授、内蒙古大学王绍东教授、王萌老师，郑州大学孙危教授，内蒙古文物考古研究所张文平研究员，包头博物馆的刘幻真、张海斌研究员，包头市文物研究院的苗润华研究员等秦汉北朝考古及历史方面的专家学者（图4）。

会议的顺利召开和取得学术成果，离不开许多幕后默默工作的热心人。包头大漠文化艺术中心的负责人郑少如女士，身为在固阳工作半生的老干部和文化工作的先行者，积极为会议出谋划策；博士研究生郝园林先期赶到固阳协助指导会议的筹办工作，保证了会议筹备和会序册的制作完成；会后，硕士研究生李思佳同学根据会议学术总结，撰写了《固阳秦汉长城与北魏怀朔镇学术研讨会综述》一文在《中国文物报》发表，进一步扩大了会议影响力。2018年6月，我们完成了会议论文集的组稿和初步的编辑工作，郝园林、李思佳两位同学完成了论文集摘要的英文翻译工作。

可以说，这个文集终于能够成功出版，既离不开会议主办方固阳县委、县政府和宣传部不遗余力的支持和协调，也离不开会务工作人员和人大师生的共同努力。同时，包头当地的领导及学者如李孝、刘昊征等，也都给予了会议大力支持。当然，最重要的还是不吝赐稿的各位专家学者，他们在百忙之中不辞辛劳，欣然赴会，并在会后尽快发来了发表审定稿。在此对各位的支持和付出表示诚挚的谢意！

目前成书的文稿，共有16篇文章，都是关于秦汉长城、北魏六镇及怀朔古城的最新研究成果，既有历史学方面的研究，也有考古调查的收获，还有一些跨学科的综合研究。相信相关成果经本次发布面世，必能嘉惠学林，使固阳地方史志的研究能够更进一步，也能为中国秦汉和北魏的学术研究增添光彩。

包头是我从事考古工作以来一直非常关注的地方，并多次在固阳进行考古调查和学

图4 与会领导与专家学者合影

术研究。这里地处黄河大回折以北,阴山横亘,阡陌相连,从新石器时代的阿善和西园遗址,到秦汉魏晋时期的长城及边塞古城,再到蒙元时期的燕家梁遗址,都体现了塞外草原的深厚历史文化底蕴。《秦风魏韵——固阳秦汉长城与北魏怀朔镇学术研讨会论文集》的出版,让我们再次感受到了历史上固阳的雄风万里和如今塞上固阳人对古老历史文化的痴迷和追求。让我们祝福不屈不挠、追求卓越的固阳文化事业蒸蒸日上、人民幸福安康!

2020年4月20日于北京

(原载《秦风魏韵——固阳秦汉长城与北魏怀朔镇学术研讨会论文集》,
内蒙古人民出版社,2020年,本次收录增加了图片)

《北国春秋——中国人民大学博物馆馆藏文物陈列图录》后记

和煦的春风吹起来了，柳梢新绿，草坪斑驳，经历了一段持续的料峭春寒之后，学校诸子百家园里，出席"2008中日青少年友好交流年"开幕式时胡锦涛主席亲手栽下的白玉兰和樱花也竞相绽放了。

春天是播撒希望的季节，同时也是艰苦跋涉的开始。2004年春天，为建立考古学及博物馆学学科，我由内蒙古文物考古研究所调入中国人民大学。短短不足五年间，从最初学科、学位点的建立和文物征集，以及博物馆的筹建和展览的陈列设计，到2009年1月的寒假前，萌发了为我校博物馆的第一个文物陈列编辑出版一本图录的想法，直至今天一本200多页的《北国春秋——中国人民大学博物馆馆藏文物陈列图录》的彩色校样即将付梓，这里面实在是凝聚了太多领导的心血和同事、同学们的辛勤劳动。

中国人民大学是一所以人文社会科学为主的研究型大学，在人文社会科学领域有着雄厚的实力和令人骄傲的思想文化积淀，特别是近年来在学科建设和校园人文环境改善方面，产生了日新月异的变化。因此，建立一座与中国人民大学实力和地位相当的，以传播历史文化知识，弘扬优秀民族文化和科学精神，丰富高校精神文化生活，提高学生人文素质，促进国际文化交流的综合型博物馆，便成为了当务之急。

筹建博物馆首先要有藏品。为此，学校领导和相关部门多次召开专门会议研究部署。感谢纪宝成校长和袁卫副校长亲自过问，为文物征集和展品收藏几次拨出专款，使博物馆的建设取得了实质性的进展；感谢成崇德、陈桦教授、刘文鹏博士和周高亮、田宝强等同仁，2004年冬，他们冒着严寒，先后四次分赴内蒙古东、西部和山东省等地征集文物，获得不同时期各类珍贵文物1000余件（组），共计5000余件，为博物馆的建设奠定了基础（图1）。

办好博物馆要有好的领导集体。感谢冯惠玲副校长和倪宁校长助理，作为主管领导，他们在博物馆筹建和文物陈列筹展过程中为排除困难作出了多方努力；感谢我的同事吕小明和潘平两位副馆长，在几年来的具体工作中，他们始终如一、不畏困难地勤奋工作，和他们的

图1 中国人民大学博物馆赴内蒙古征集文物在庙子沟工作站合影（2004年）

图2 商讨"北国春秋"展陈方案（2007年）
左起：邵清隆、潘平、魏坚

图3 内蒙古博物馆专家与中国人民大学考古学专业研究生修复展品（2007年）

愉快合作是取得今天工作成果的保障。

博物馆要依托学科才可以发展。几年来，考古学及博物馆学学科的发展，是我校博物馆建设的基础保证。感谢历史学院给予博物馆筹建和展陈工作的积极配合和大力支持；感谢内蒙古博物馆邵清隆馆长（图2），以及贾一凡、汤宝珠、铁达、纪烁、郭兆、刘春波、史利琴等诸位同仁，他们在展陈设计、文物修复和布展过程中日以继夜的艰苦工作令人钦佩（图3）；感谢考古学及博物馆学专业已经毕业和在读的博士、硕士研究生魏婧、王晓琨、昌硕、丁利娜、董方旭、杨玥、张文静、陈姝婕、何京、仲叙莹、杨洋、高伟、李仕、杨思、曾祥江、李国华、李冀洁和伊萨等同学，他们除了参与此次展览和文物陈列图录制作的具体工作外，几年来博物馆的筹建与展出过程中的藏品登记造册、整理修复和大量的日常管理工作都是由他们来完成的（图4）。

这本图录选取了"北国春秋——中国人民大学博物馆馆藏文物陈列"的所有展品，并根据编排体例的需要适当增加了部分未展出的藏品，总计有264件（组）文物，基本上代表了我校博物馆目前文物藏品的水平（图5）。当然，这只是我们的第一个文物陈列，相信我们以后会做得更好（图6）！

在匆匆写下这些文字的同时，我们得知我校博物馆经北京市文物局专家组的实地考察，已经被正式注册列为北京市属博物馆的好消息！在高兴与感慨之时，我还是要感谢纪宝成校长兼博物馆名誉馆长在百忙之中为本图录写下的热情洋溢的序言；感谢校长助理郝立新教授在图录编辑出版过程中给予的

始 末 篇

图4　中国人民大学校领导与考古专业筹展师生合影（2007年）

图5　"北国春秋"文物展厅一角（2007年）

图6　国外高校学者参观"北国春秋"文物陈列（2008年）

积极支持和协助；感谢中国人民大学出版社的鼎力相助和沈小农先生、王宏霞女士为图录的编辑出版所付出的辛勤劳动。

2009年4月6日于人文楼

（原载《北国春秋——中国人民大学博物馆馆藏文物陈列图录》，中国人民大学出版社，2009年，本次收录增加了图片）

返璞归真的洗礼
——《历练与成长：中国人民大学历史学院田野考古教学实习纪实》后记

时光荏苒，从2004年始，中国人民大学考古学科已经走过了七个年头。至2010年的秋天，历史学院历史学专业本科生和考古学专业研究生共进行了六届田野考古实习。这本编写略显粗陋，但却充满真情实感的图文集，是老师们对田野考古教学实践的点滴感悟，更是同学们对考古实习生活满怀激情的真实记述。

为高校历史专业的本科生安排一门规范的田野考古实习课程，这在全国高校中似乎并不多见，也不容易做到，但在中国人民大学历史学院老师们的努力下，我们做到了（图1）。实践证明，这样的田野考古实习，不仅仅是解决了历史学专业本科生的教学实习问题，更重要的是，实践了近代前辈学者梦寐以求的"上穷碧落下黄泉，动手动脚找东西"，利用"二重证据法"研究古史的美好愿景。

作为既往田野考古实习的亲历者，我认为其可总结者至少有三。

一、掌握了考古学方法和基本技能

一个学期的"田野考古与历史研究"课程的课堂教学，使同学们初步掌握了考古学的基本理论与方法。一个月的田野考古实践，从布方、刮平面、辨认遗迹、清理灰坑与墓葬，到照相、绘图、整理遗物、编写发掘记录，使大家对考古再不陌生，再不会把考古简单地理解为"挖墓"。而更为重要的是，把书本中学来的知识带到广阔的田野中去印证，使将来可能成为史学研究者的青年学子懂得关注和解读最新的考古研究成果，并将其运用到史学研究中去（图2）。

二、创造了了解社会的机会

中国是个人口众多的农业大国。可以说，不了解中国的农村，不了解中国的农民，就不能了解中国。20世纪80至90年代出生的大学生，以独生子女为多，他们感受了中国发展带来的巨大变化，同时经受着商品经济大潮的强烈冲击。中国人民大学的学生，大多来自

图1　2006年河北徐水东黑山考古实习驻地上课

图2　2009年北京延庆西屯考古实习动员会

图3　2006年河北徐水东黑山考古实习布方取表土

图4　2006年河北徐水东黑山考古实习探方发掘

城市，对农村和基层了解较少。我们的田野考古实习，使他们住农家的土房，走乡间的土路，吃农家饭大锅菜，了解还存在着的贫困和改革开放带来的富裕，这对有志于报国的学子们来说，实在是难得的经历（图3、图4）。

三、磨炼了年轻人的意志品质

和平发展的社会环境、物质充裕的社会生活，往往会成为产生软弱和奢侈的温床。这一代大学生的父母，是20世纪50年代的"大跃进"和60年代自然灾害及"文革"时期出生的人，他们肯定不希望自己的孩子再经历那样的岁月。于是，高考造就的"四体不勤，五谷不分"和家庭对物质生活的尽量满足；社会充斥的道德缺失、唯利是图和当今高校教育体制存在的诸多问题，使得一部分学生胸无大志，理想淡泊，甚至于以"追星"为乐。而田野考古实习给予我们的是什么呢？是贯穿始终的严谨学术思想和互相帮助的协作精神；是烈日下挥汗如雨而从不抱怨的坚毅品格；是同学们用心回味的"人生在世，当以情义为重"的朴素情怀；是在举杯同贺时山呼海啸般的那一声"干杯"的畅快淋漓！这或许就是我们的初衷，是每个人都要经历的一次返璞归真的洗礼（图5～图8）。

回顾这几年走过的路，回想起每一次田野实习，仿佛就在昨天，历历在目。忘不了2006年10月和刘后滨教授坐班车赴保定徐水县东黑山第一次考察考古实习工地（图9）；忘不了河北省文物研究所曹凯所长为我们安排的第一批实习备品（图10）；忘不了考古专业的马利清、张明东、杨春文、王晓琨、张林虎等老师为每一次实习付出的辛劳和汗水；忘不了为调整实习时间，2005级的同学在7月天40多度高温下的艰苦工作；忘不了前来看望实习同学的老师们曾因汽车故障半夜三更才赶回北京……

当这本记载着前六次田野考古实习，凝聚着老师和同学们深刻记忆，满载着真挚情意的图文集即将呈现之时，我们要特别感谢为中国人民大学考古实习提供了实习基地和实习

图5　2007年河北磁县双庙考古实习写探方日记

图6　2008年河北磁县双庙考古实习绘平剖面图

图7　2009年北京延庆西屯考古实习整理发掘资料

图8　2010年北京通州砖厂村考古实习刮平面

经费的河北省文物研究所和北京市文物研究所！感谢河北省文物局的谢飞副局长和张文瑞副处长（图11）！感谢河北省文物研究所的曹凯所长和北京市文物研究所的宋大川所长！

感谢在中秋之夜给考古工地发来慰问信的纪宝成校长！感谢关心考古专业建设并专程探望参加田野实习同学的杨慧林副校长！感谢为中国人民大学考古学科的建立和发展做出过不懈努力的陈桦教授、成崇德教授、李小树教授！感谢一贯支持考古学和文博专业发展的学校教务处、科研处、研究生院和历史学院的领导和老师们（图12）！

没有你们的支持与呵护，人民大学考古学科的发展不会有今天！

图9　和刘后滨老师赴河北徐水县东黑山村安排考古实习事宜（2006年）

图10　河北省文物研究所曹凯所长一行与中国人民大学历史学院老师看望实习师生（2006年）

图11　河北省文物局谢飞副局长一行与中国人民大学历史学院孙家洲院长等老师看望实习师生（2008年）

图12　历史学院陈桦书记一行看望北京通州砖厂村考古实习师生（2010年）

最后，要再次真诚感谢为中国人民大学的发展做出突出贡献，在即将光荣卸任时为本书题写书名的尊敬的纪宝成校长！

历史学院本科2003级的何京、周锟同学，2004级的杨延同学，2005级的李抒忆同学，2006级的李昀同学，2007级的郭晓晗同学，2008级的聂飞、魏运高丽、韩光透、温雅棣同学，分别撰写了本年级的考古实习纪实；2007级潘慧同学的《考古传奇》，以漫画的形式记录了考古实习的浪漫趣事。

文博专业的李雨濛同学为本图文集后期的设计和编辑付出了辛勤劳动。

本图文集所收是历史学院2006年至2010年的田野考古实录，今后的实习纪实将会陆续付梓。

2011年11月24日

（原载《历练与成长：中国人民大学历史学院田野考古教学实习纪实》，中国人民大学历史学院，2011年，本次收录增加了图片）

《中国·乌珠穆沁边疆考古国际学术研讨会论文集》序言

20世纪90年代后期，当我在内蒙古元上都的考古调查、测绘和发掘工作做得十分紧要之时，有幸在锡林浩特看到了锡林郭勒盟文体局和文物站举办的一个锡林郭勒盟文物展览，这个展览第一次把锡盟地区文物的概况和工作成果展示给了公众。以这次展览提供的线索为契机，在与当时分管文物工作的锡林郭勒盟文体局副局长齐白乙拉和文物站站长德力格尔的商讨筹划下，我们集中对锡林郭勒全盟境内的重点文物点进行了复查，其中就包括在文物展览中被称作"神秘的山洞"的金斯太洞穴遗址。

金斯太洞穴遗址，位于锡林郭勒盟东乌珠穆沁旗阿拉腾合力苏木的草原深处，北距中蒙边境线不到20千米。遗址所在地是一处孤立的花岗岩构造的凸起山体，山体的中央自然形成了一个封闭的长条形"院落"，"院落"后方高大石壁下方即是洞穴遗址。在洞穴遗址的山顶部竖立着一块卵形巨石，十分醒目，宛若清代官帽上的顶珠一般，蒙古语称作"金斯"，故而此处山体及遗址被称作金斯太（图1）。

2000年内蒙古文物考古研究所联合锡林郭勒盟文物站和东乌珠穆沁旗文管所，对这处洞穴遗址进行了第一次发掘，获得了旧石器时代不同阶段的多层堆积，出土了大量的石器和古生物化石，同时在遗址的上层还发现了含"蛇纹鬲"的商代遗存；2001年，我们邀请了吉林大学的汤卓炜教授全程参与了第二次发掘工作，同时与吉林大学的滕铭予教授合作对山体和洞穴遗址进行了全面的测量。经^{14}C测定，金斯太洞穴遗址旧石器时代的堆积，分属距今3.6万、2.4万和1.2万年的三个不同阶段，特别是被称作"勒瓦娄哇"制作技术石器及大量细石器的存在和披毛犀、普氏野马骨骼化石的发现，对研究北方草原地带旧石器时代晚期人类文化的传播及生态环境的变迁具有十分重要的意义。而含"蛇纹鬲"一类遗存的发现，对于探讨朱开沟文化与南西伯利亚早商阶段同类遗存的关系也提供了新的路径（图2）。

由于深感金斯太洞穴遗址发现和初步研究的重要性，我有意将洞穴口部一侧保存最好的几十平方米堆积予保留，以便将来具有更科学的技术手段时再做发掘研究。有鉴于此，

图1　金斯太洞穴遗址（2009年）

图2　金斯太洞穴遗址保留的发掘探方（2009年）

图3　与会代表考察金斯太洞穴遗址（2009年）

当发掘工作结束向当地文物主管部门及地方政府汇报发掘收获时，我特别强调：用不了10年，金斯太洞穴遗址发掘的学术意义和其作为文化遗产保护、开发利用的价值将充分体现出来。为此，我特意用考古发掘剩余的经费，做了一个铁栅栏将洞口封闭起来（图3）。

2008年北京奥运会前夕，时任东乌珠穆沁旗旗委书记乌力吉、政府旗长贺希格布仁及文化文物部门的领导专程来北京找我，希望能够就金斯太洞穴遗址的发现与研究，召开一次学术会议，同时能够对金斯太遗址的保护和开发利用规划提出意见。至此，我们终于等来了金斯太洞穴遗址发掘研究的春天！作为对地方政府积极性的回馈，经中国人民大学历史学院同意，我与吉林大学边疆考古研究中心的朱泓教授协商，决定联合锡林郭勒盟行署和东乌珠穆沁旗旗委、政府，共同召开"2009中国·乌珠穆沁边疆考古国际学术研讨会"。2009年7月下旬，来自中国内地和港澳台地区著名科研院所、高校的50余名学者，以及来自日本、韩国、蒙古国的20位学者参加了在东乌旗首府乌里雅斯太举行的这次盛会（图4）。时隔8年，我们最初的愿望终于得以实现！2013年，金斯太洞穴遗址被公布为全国重点文物保护单位。

中国人民大学考古学科自2004年建立以来，虽然也和其他国内外高校学术团体举办过国际学术研讨会，但这次会议却是由中国人民大学历史学院和北方民族考古研究所在吉林大学边疆考古研

图4 "2009中国·乌珠穆沁边疆考古国际学术研讨会"开幕式

图5 "2009中国·乌珠穆沁边疆考古国际学术研讨会"会场

究中心及东乌珠穆沁旗旗委、政府的鼎力支持下,自己组织和主导的第一次大型国际学术研讨会,并在国内外学术界产生了深远的影响(图5)。

编辑出版这次国际学术研讨会的论文集是组织本次会议时的初衷。然而,由于近年来学科的迅速发展和专业的不断扩大,再加上逐年增加的田野考古发掘项目和发掘资料的整理工作,致使论文集的编辑出版一再耽搁。此番藉中国人民大学考古学科建立10周年之际,我们为学界同仁奉献上这本早该问世的成果,并以此作为对中国人民大学考古学科走过10年的一份献礼!

这本论文集最早由王晓琨收集编撰并列出了目录,仪明洁完成了文稿的后期编辑整理。

如果真的可以说"酒香不怕巷子深",那么我便希望这本有关金斯太洞穴遗址和边疆民族专题研究的论文集能够愈久弥新,带给大家醇浓的享受。

写下以上文字,以追溯这本论文集形成的缘由,是为序。

2014年9月1日
于辽宁喀左黄家店考古实习基地

(原载《中国·乌珠穆沁边疆考古国际学术研讨会论文集》,
科学出版社,2014年,本次收录增加了图片)

《东北亚古代聚落与城市考古国际学术研讨会论文集》序言

东北亚作为一个地理概念，范围应包括亚洲东北部地区的日本、韩国、朝鲜、蒙古国全境、中国的东北和华北地区，以及俄罗斯远东沿海的滨海边疆区、萨哈林岛等地，即整个环亚太平洋地区。东北亚地区的旧石器时代人类遗存多有发现，各国之间的早期文化有着十分密切的联系；进入历史时期后，中国各朝代的文化对这个地区影响深远，在近代以前，中国在这个地区一直扮演着重要的角色。

东北亚地区的考古与历史文化研究，一直是该区域各国学者共同关心的问题。进入21世纪来，我曾多次受邀参加在俄罗斯远东、日本北海道和在中国吉林大学举办的相关专题的东北亚考古学术会议。中国人民大学北方民族考古研究所作为这个研究领域的一个新的成员，自2005年初成立起就致力于东北亚地区考古的学术研究：2007年10月与日本北海道大学大学院及北方地区教育研究中心、龙谷大学国际文化交流学部在中国人民大学联合举办了"2007东北亚考古学学术信息网构建国际学术研讨会"，会议邀请了日本、俄罗斯以及中国的相关专家学者，就"各国数据库及GIS在考古学的应用"和"东北亚考古学的发现及研究"两个主题展开深入交流和讨论；2011年12月与日本札幌学院大学综合研究所在中国人民大学联合召开了"2011中国·东北亚早期铁器时代考古国际学术研讨会"，重点就公元前1千纪后半到公元1千纪前半的东北亚各地早期铁器时代的考古发现研究进行了探讨，来自日本、韩国、俄罗斯和中国相关高校及科研院所的学者参加了本次研讨会。

从应邀赴国外参加东北亚考古学界的学术活动，到与国外高校合作在国内举办相关考古学术会议，我们在不断学习、探究、积累和提高的过程中历练与成长。几番风雨，几番收获过后，无论从我们自身，还是从国内外学者，都希望我们能够独立举办一次一定规模的学术会议。于是，经过历史学院充分酝酿和相应的准备后，"2012东北亚古代聚落与城市考古国际学术研讨会"于2012年10月中旬在中国人民大学如期召开了（图1）。来自韩国、日本、蒙古国、俄罗斯和中国内地、台湾、香港的约60位知名学者参加了会议（图2），其中有46位学者作了学术发言，内容主要涉及聚落城市考古的新进展、聚落与城市考古的理论探讨、

始末篇

邻近区域的文化交流与融合、历史时期相关城址的个案研究等方面（图3）。从某种意义上可以说，这是东北亚地区史前聚落考古和历史时期城市考古的一次高水平学者的大聚会、最新成果的大检阅，是东北亚跨国界区域考古合作交流的一个里程碑（图4）。

谈到东北亚考古的进展，让我想起了2004年2月在北海道的东北亚会议之后，2005年6月底和中国文物研究所的大学同窗乔梁去俄罗斯符拉迪沃斯托克参加东北亚考古会议的一次经历。为了能够有时间考察遗址，我俩在会议报到的前两天就从哈尔滨飞到了海参崴，而且谁也没有注意去看签证上的入境日期。飞机落地后我们的护照被拿走，许久不能通关，直到来接我们的俄罗斯滨海边疆区考古研究所的伊夫里耶夫先生进来告知，才知道是我们的入境比签证日期提前了两天，我们面临着被遣返回中国的结果。好在经俄罗斯滨海边疆区考古研究所出面与海关进行交涉，我们才在一间可以睡觉的小屋被"扣押"三个小时后，得到了"释放"。当铁门打开时，伊夫里耶夫用汉语大喊："你们被解放了！"欣喜之情溢于言表。随后的两天，我们考察了绥芬河边上著名的辽金古城遗址，以及女真末年建立东夏政权19年的浦鲜万奴的"开平"城，还有市区公园里硕大的金代龟趺。其间，考察的面包车曾经陷在泥坑里等待救援；大学博物馆类似金斯太洞穴遗址的旧石器和大量辽金遗物让我有了深刻的印象；伊夫里耶夫家郊外的小菜园给了我展示农家技艺的机会；俄罗斯学者家简朴的招待晚宴让我们品尝了伏特加的浓烈。

于是，在研讨会闭幕式上，我满怀激情地讲道："东北亚的考古与历史研究是一个跨国界、跨地域的研究，需要我们的学者有更广阔的视野和彼此交流的决心。

图1 "东北亚古代聚落与城市考古国际学术研讨会"开幕式

图2 "东北亚古代聚落与城市考古国际学术研讨会"会场

图3 与会学者发言

图4 "东北亚古代聚落与城市考古国际学术研讨会"与会学者合影（2012年）

所以，我想请诸位站在高高的兴安岭上，把目光朝向广阔的蒙古高原，我们的研究范围应该扩展至贝加尔湖，扩展至中国的长城地带，扩展至草原游牧文化带。我希望下一届的东北亚考古学术会议能够在中国召开！"一言既出，引来一片掌声的同时，也确定了下一届的会议将在中国举办。但是，以当时中国人民大学考古学科的实力，实在难以独立承担如此重要的会议。经与吉林大学林沄先生和朱泓教授商讨，决定了2006年的东北亚考古学术会议由吉林大学边疆考古研究中心和中国人民大学北方民族考古研究所在长春联合举办。这可以说是中国人民大学考古学科参与组织学术会议的开端。

承蒙我的母校吉林大学边疆考古研究中心多次鼎力相助，仰仗学界诸多师友一贯的支持，"2012东北亚古代聚落与城市考古国际学术研讨会"取得了圆满的成功！当这本论文集即将付梓之时，我要感谢为这本论文集的稿件收集、编辑付出辛苦的吕学明老师，感谢为筹备会议和在会议期提供服务，并为论文翻译英文提要的老师和同学们！

学科之发展绝非一日之力可为，事业之成功更需后来者勠力同心。

2014年9月2日
于辽宁喀左黄家店考古实习基地

（原载《东北亚古代聚落与城市考古国际学术研讨会论文集》，科学出版社，2014年，本次收录增加了图片）

《北方民族考古（第1辑）——中国人民大学考古学科建立十周年纪念文集》序言

2014年，中国人民大学考古学科的建立已经走过了十年。

十年，对于一个学科的发展来说，留下的不过是弹指一挥间的短暂记忆；十年，对于长年从事田野考古发掘与研究的我来说，进入高校则无疑是丢下了原来拥有的一切而选择了艰难的二次创业。

2002年深秋之时，时任中国人民大学历史学院副院长、清史研究所所长和历史系主任的成崇德教授，作为北京市"居延沧桑"摄制组的学术顾问，与正在内蒙古居延遗址进行考古发掘的我盘桓数日。事后我才知道，那是中国人民大学为建立考古学科引进人才而对我进行的一次专门的考察。随后，便是与当时历史学院院长陈桦教授和学校领导的几次长谈，他们对建立考古学科的迫切期望和欢迎我加盟的殷切之情，使我打消了疑虑。2004年6月18日，我在学校人事处报到，正式成为了中国人民大学考古学科的一员。

学科的建立与发展，离不开学校和院系领导及学术团队的支持。多年的工作实践和科研历程也使我深刻理解了"欲要领导重视，必先重视领导"的辩证关系。中国人民大学考古学科之所以在十年间能够有所发展并取得一定进步，恰恰是由于学校领导坚定不移发展考古学科的决心、历史学院几任领导班子的积极支持、考古学专业师生的不懈努力和把握住了几次机遇的结果。

2004年秋，我们在历史学院创立了"考古学及博物馆学"学科点，并于2005年1月组建了中国人民大学北方民族考古研究所，以推进考古学科教学和科研活动的起步；同年设置考古学专业的博士、硕士学位授予点，并开始招收研究生；2006年启动历史专业本科生和考古专业研究生的田野实习，并开始在各地设立田野考古实习基地；2007年成立中国人民大学博物馆并开始举办文物陈列展览；2010年获准设立考古学博士后科研流动站，开始招收博士后研究人员；2011年7月，考古学获教育部一级学科授予权；同年增设的"文物与博物馆专业硕士"学位点开始招生；2012年成为中国考古学会的团体会员；2013年1月，获得国家文物局颁发的"考古发掘团体资格"；同年经教育部批准，设置考古学本科专业并开始招生；同年10月，中国人民大学考古文博系正式成立；2014年在国家文物局的支持下，我们在辽宁喀左县建立了中国人民大学历史学院考古文博系田野考古实习基地。至此，中国人民大学考古学科形成了完备的本、硕、博学科培养体系。

考古学科建立之初，我们就明确制定了立足中国北方，逐步发展新疆与欧亚草原考古的基本方针，而且注意招收边疆地区和少数民族的考生，目前部分研究生已经毕业返回新疆、内蒙古等地从事考古和文博工作。近年来，我们不但加强了新疆、东北和内蒙古地区的考古发掘和调查工作，同时，随着师资队伍的扩大和科研力量的加强，我们也开始注意在长江流域和中原地区的学科布局，目前已经在河北、北京、内蒙古、辽宁、新疆、湖北、重庆和江西等省（直辖市、自治区）建立了田野考古实习基地，以期建立更为完备的学科培养体系。

经过十年的发展，学科建设和教学、科研都取得了令人瞩目的成就。目前考古文博系设有先秦考古、汉唐考古、宋元考古和文博科技考古四个教研室。现有专职教师11人，其中教授3人、副教授2人、讲师6人，全部拥有博士学位。另有专聘校外兼职博士生、硕士生导师9人，博士后进站研究人员3人，师资队伍覆盖不同年龄段和专业方向，形成了合理的人才梯次和科研布局。经过几年的培养，目前已毕业博士研究生8名、学术型硕士研究生27名、专业硕士研究生26名。现有在读博士研究生10名、学术型硕士研究生27名、专业硕士研究生42名，其中有留学生3名。

在学术研究上，考古文博系教师先后承担国家社科基金项目、教育部项目和北京市社科联项目等多项重大科研课题，2014年更是一次获得4项国家社科基金项目。基础研究之外，多年来考古学科师生主动参与南水北调、西部开发、北京市基建项目和上海广富林等诸多遗址的考古发掘和资料整理工作20余项，同时受邀与各地相关部门合作，签订专项课题研究协议，责成专人负责，为研究生培养找到了新的模式。此外，通过学术访问、合作研究、举办国际学术会议、研究生论坛和学术讲座等方式，与中国内地和台湾、香港地区，以及美国、俄罗斯、蒙古国、日本、韩国等高校、研究机构建立了广泛的学术联系。

紧紧抓住田野考古实习是高校考古学科发展的根本。2006～2014年，我们成功地举办了10届历史专业本科生和考古文博专业研究生的田野考古实习。考古实习不但可以使学生掌握考古学的方法和基本技能，也给他们创造了一个了解社会的机会，同时也在实践中磨练了年轻人的意志品质。记得我在为前六届考古实习的同学编辑的《历练与成长——中国人民大学历史学院田野考古教学实习纪实》那本书的后记里曾写过这样几句话：田野考古实习给予我们的是什么呢？是贯穿始终的严谨学术思想和互相帮助的协作精神；是烈日下挥汗如雨而从不抱怨的坚毅品格；是同学们用心回味的"人生在世，当以情义为重"的朴素观念；是在举杯同贺时山呼海啸般的那一声"干杯"的畅快淋漓！这或许就是我们的初衷，是每个人都要经历的一次返璞归真的洗礼。时至今日我依然认为，这样的洗礼对于我

始末篇

们今天的年轻学子来说,实在是受益良多。

这本论文集是中国人民大学考古学科十年发展的见证与总结,汇集了每个教师和部分同学的研究成果。目前看起来,集子中论文涉及的研究领域还不够宽展,有些论文甚至还显得单薄、稚嫩。但这毕竟是以《北方民族考古》文集的形式,给学界交出的第一份答卷。恳请学界前辈和同仁在呵护之余,提出中肯的批评和建议。

在这本文集即将付梓之际,我要感谢为中国人民大学考古学科建立、成长而奔波、操持的陈桦、成崇德教授!感谢为考古学科发展、为田野考古实习规范化出谋划策的刘后滨、李小树教授!感谢为考古学科壮大和人才引进不遗余力的孙家洲、黄兴涛教授!感谢在考古学科走过的十年中,一直伴随着我们,并一如既往地支持我们的历史学院老师和同仁们!

在此,我要感谢我们团结、和谐、共同奋斗的考古团队和已经毕业或在读的同学们,学科的发展和壮大有着每一个人的心血!还要感谢为这本文集的稿件收集、前期编辑付出辛苦的马利清老师!感谢科学出版社考古分社为本文集的如期出版做出巨大努力的王琳玮编辑!

十年磨一剑。经过十年的发展,中国人民大学考古文博系在师资建设、人才培养、学术研究和对外学术交流等方面已形成了自身的教学特色和研究专长,逐渐成长为中国考古学界的一支重要力量,并具备了可持续发展的潜力。让我们期待这棵扎根于北方沃土的小树,在下一个十年里,栉风沐雨,枝繁叶茂。

2014年9月29日
于中国人民大学人文楼

[原载《北方民族考古(第1辑)——中国人民大学考古学科建立十周年纪念文集》,科学出版社,2014年]

《匈奴文化与诺彦乌拉巨冢》序言

匈奴兴起于蒙古高原的大漠南北，有关其称谓，大约在公元前4世纪的战国晚期阶段，就已经出现在中国的史籍当中了。当时的秦、赵、燕三国都在北界修长城以防匈奴，故有"冠带战国七，而三国边于匈奴"①的记载。

西汉初年，匈奴成为汉王朝最大的威胁，曾屡次南下寇边。为了抵御匈奴的侵扰，高祖七年（前200年），刘邦亲率30万大军迎击匈奴，在平城白登山（今山西省大同市东）被匈奴围困达七日之久，后用陈平"密计"，以重金贿赂匈奴单于的阏氏，才得以解脱。"白登之围"后，刘邦便采用娄敬的建议，对匈奴采取和亲政策。直至汉武帝元光二年（前133年）始，汉朝开始对匈奴进行反击。武帝派马邑人聂壹，诱匈奴单于取马邑，又命李广、韩安国等率兵30余万埋伏于城外，俟机出击，但被匈奴识破，引兵而去。此后，经元朔二年（前127年）的河南之战，"击胡之楼烦白羊王于河南，得胡首虏数千，牛羊百余万，于是汉遂取河南地"②；元朔五年至六年（公元前124～前123年）的漠南之战、元狩二年（前121年）的河西之战、元狩四年（前119年）的漠北之战，汉武帝大败匈奴，迫使匈奴退至漠北草原③。汉朝自武帝之后的宣、元之世，由于南匈奴呼韩邪单于的"款塞和亲"，赢得了60年无烽烟之警的和平局面，这从在内蒙古河套地区汉代朔方郡发掘出土的大量汉墓资料中可见一斑④。东汉早期，匈奴虽曾一度中兴，但随着永元五年（93年）东汉王朝和南匈奴、鲜卑联军对北匈奴的沉重打击，匈奴主力退到了漠北与中亚一带，至东汉晚期，崛起于大兴安岭的鲜卑大联盟迫使北匈奴西迁后，匈奴就从中国的历史文献中销声匿迹了。

虽然自战国晚期到东汉晚期，匈奴在中国北方活跃了近五百年，对中国历史及世界历史均产生过重大的影响。但在19世纪末之前，国内外对这个曾经引起过世界民族大迁徙的古老民族的物质文化面貌却知之甚少，匈奴的研究仅仅局限在历史文献和语言学的层面上。同时，由于这些材料也多是语焉不详，导致在对匈奴诸多问题的研究上存在着严重的分歧。其中，关于匈奴的起源、习俗和信仰，匈奴与其他诸民族的关系，匈奴的物质文化

---

① （汉）司马迁撰：《史记·匈奴列传》，中华书局，1959年，第2886页。
② （汉）司马迁撰：《史记·匈奴列传》，中华书局，1959年，第2906页。
③ （汉）司马迁撰：《史记·匈奴列传》，中华书局，1959年，第2911页。
④ 徐苹芳：《序》，《内蒙古中南部汉代墓葬》，中国大百科全书出版社，1998年，第1页。

始末篇

特征，匈奴的南北分裂和西迁等问题，更是学术界争论的焦点。

自1896年俄国人类学者塔里克·格林采维奇在外贝加尔地区的伊里莫瓦谷地的苏吉墓地发掘匈奴墓葬，并在1900年和1901年两次发掘了外贝加尔的色楞格地区吉达河左岸的德列斯图伊匈奴墓地，到索斯诺夫斯基1944年再次对伊里莫瓦谷地的匈奴墓葬进行考古发掘，在这两处匈奴墓地发现的墓葬总数已近500座①。

1912年夏，为了寻找金矿，蒙古国黄金工业协会技师E.巴勒洛德在富含黄金矿藏的诺彦乌拉地区发掘了第一座匈奴墓葬。1924年，科兹洛夫和他的助手康德拉梯耶夫率领的考察团，对诺彦乌拉墓地进行了调查，并发掘了其中的一座被命名为"巴勒洛德"的木椁墓，就此拉开了诺彦乌拉匈奴墓葬发掘与研究的序幕。目前在诺彦乌拉发现的匈奴墓地共有三处，计有200余座，但经过科学发掘的墓葬不足30座。2002年秋季，我在蒙古国做短暂考古调查时，曾考察过诺彦乌拉墓地。至今，墓地所在山谷依旧森林茂密，当年发掘后的墓葬底部原木搭建的木椁仍清晰可辨。

匈奴考古肇始于19世纪末期，诺彦乌拉墓葬的发掘与研究，至今也走过了近百年的历程。回顾匈奴考古的发展，大体可分为三个阶段。

第一个阶段，19世纪末至20世纪中叶。这一阶段是对匈奴遗址和墓葬进行辨别和发掘的初级阶段，此阶段的考古发掘主要集中在俄罗斯外贝加尔地区的城址、墓葬以及蒙古国境内的诺彦乌拉墓地。

第二个阶段，20世纪中叶至20世纪80年代。这一阶段匈奴墓葬被大量发现并发掘，地点主要集中在外贝加尔地区、蒙古国境内以及中国北方长城沿线地带。这个阶段匈奴城址的发现亦取得了巨大的进展，特别是在蒙古国中部地区发现了十几座匈奴城址。

第三个阶段，20世纪90年代至今。这一阶段的考古发掘主要集中在哈萨克斯坦的七河流域和中国的黄河中上游地区。这两个地区相继发现了1世纪至2世纪的匈奴墓葬。

从匈奴研究的角度看，正是因为有大量考古材料不断被发现，才使得有关匈奴的许多学术问题的研究取得了长足的进展。在大量的匈奴考古资料中，诺彦乌拉墓地的发掘资料无疑是十分重要的。这处年代在公元前1世纪至公元1世纪阶段的匈奴墓地，反映的正是匈奴由盛转衰的关键时期的物质文化面貌，是这一阶段匈奴历史的一个缩影，墓内出土的大量随葬品为研究匈奴的历史文化、社会生活、汉匈关系以及中西交通等方面内容提供了珍贵的实物资料。

但长期以来，诺彦乌拉墓地的发掘材料并没有得到科学、系统地整理。特别是发表的

---

① 〔苏〕尤·多·塔尔克-格林采维奇：《伊尔莫夫河口苏吉史前墓地》，《俄罗斯地理协会特罗伊茨萨夫斯克-恰克图分会著作集》第1卷第2辑，1898年；〔苏〕塔里克·格林采维奇：《外贝加尔地区古代民族学资料》，《俄罗斯地理协会阿穆尔分部特罗伊茨克-萨夫斯克分会著作集》第3卷第2、3辑，1900年；〔苏〕格·比·索斯诺夫斯基：《伊里莫瓦谷地的发掘》，《苏联考古学》第8卷，1946年。

材料因出自不同人之手而比较零散，且多为俄文、日文和斯拉夫蒙文写成，中国的学者多数没有完整地看到这些材料，这实属一个遗憾。苏联著名学者鲁金科（Руденко）所著的《匈奴文化与诺彦乌拉巨冢》是考古学界颇负盛名的学术专著，是匈奴考古资料最重要的报告之一，也是研究匈奴物质文化、汉匈文化交流必不可缺的一部著作，在匈奴考古研究领域占有重要地位。该书出版于1962年，书中较为完整和系统地介绍了科兹洛夫率领的考察团所发掘的诺彦乌拉匈奴墓葬资料，还附有详细的出土器物图版，并作了相对客观详细的分析和研究。因此，将该书全部译出具有非常重要的意义和价值。

《匈奴文化与诺彦乌拉巨冢》全书约有15万字，这部由郑州大学历史学院孙危博士翻译，西北大学文化遗产学院马健博士校注，倾注两位年轻学者4年心血，查阅大量资料，在众多师友及其团队全力支持下完成的译著，作为"国家社科基金后期资助项目"就要出版了，这实在是为众多研究者完成了一个夙愿。通读这部译著，我认为有以下三点值得一提。

一、就百年来诺彦乌拉匈奴墓的考古来说，这是我们所见用中文表述的最为科学、完整和全面的考古资料，而且配发了全部插图和图版，这不但保证了原著资料的完整性，同时也给阅读和研究者提供了极大的方便。

二、翻译者并没有仅仅满足于原著的翻译，而是将全书分作上、下两编。上编是原著的翻译，下编则是针对原著的不足，在收集大量以往发表和翻译的有关资料的基础上，做出的重要的材料补充，计分为墓葬资料整理、译名对照表、参考文献举要和特列维尔著作图版四部分，对研究者理解原著并补充原著的不足有诸多益处。

三、由于原著作者并没有参加诺彦乌拉匈奴墓的发掘，在对原始材料的理解和描述中，存在一定的错误和不足。译者在深入研究这批墓葬材料，并参照其他研究者发表材料的基础上，对原著中出现的明显错误都以"译者注"的形式，一一指出，并对描写不清楚的地方作了大量的补充。这种严谨治学的态度和学风值得提倡。

"他山之石，可以攻玉"。著名民族史研究专家林幹先生在《中国古代北方民族通论》一书中，在展望中国古代北方民族研究的未来时曾经提出：要重点翻译或介绍国外学者研究北方民族史的著作，以便参考其精华，批判其糟粕。孙危、马健等年轻学者翻译整理《匈奴文化与诺彦乌拉巨冢》一书，正是后辈民族学研究者践行前辈学者教诲的一次极好尝试。

希望开启了通往智慧之门的年轻学者们，利用他们外语和学术方面的优势，翻译和介绍更多好的学术著作给学术界，使我们的研究再上新台阶。

2010年8月9日
于中国人民大学人文楼

（原载《匈奴文化与诺彦乌拉巨冢》，中华书局，2012年）

《古代蒙古城市》序

20世纪40～50年代，苏联著名考古学家C. B. 吉谢列夫率领的考古队，在今蒙古国境内进行了一系列的考古调查和发掘工作，1965年出版了著名的研究报告——《古代蒙古城市》，该书370余页，约20万字，并附有大量插图和彩图[①]。该成果无疑将蒙古高原的蒙古古代历史文化遗存研究推向了一个新的阶段。但对中国学者而言，由于汉文史料记载语焉不详，遗址又远在蒙古国境内，多数学者不能亲临考察，加之语言、文字方面的障碍，对已发表的俄文资料不能直接译读，致使哈拉和林等遗址的考古发掘状况长期以来鲜为国人所知。在20世纪的70～80年代，著名俄文翻译家陈弘法先生曾将该书的目录、前言、引言和第三章"康堆宫殿"部分精心翻译，并在内蒙古文物工作队的《文物考古参考资料》上以内部资料的形式予以发表[②]，在学术界颇受好评，对内蒙古的考古与历史研究工作起到了积极的推动作用，但囿于当时的历史条件，该书一直未能全部翻译发表，因而成为我国学界长期以来的憾事。

大约半年前，郑州大学历史学院的孙危将经几年辛勤劳作翻译完成的《古代蒙古城市》一书的译稿交给了我，并嘱我为之作序。书稿在手令我喜难自禁，彻夜通读后，更加感到了该书在蒙元考古研究领域的重要性。

从某种意义上说，蒙古族是中国古代北方草原民族的集大成者，鼎盛时期的版图曾横跨欧亚大陆，并在其统治的草原地区兴筑了一定数量的城市。就考古学而言，对此类遗存研究的重要性自不待言，又恰值国家"蒙古族源与元朝帝陵综合研究"项目正式启动之时，因此，此书中文版的问世，在一定程度上不但缓解了国内学者长期以来无法窥知这批资料的尴尬状况，同时也为近年来不断发展的中蒙考古合作研究提供了必要的基础材料。

孙危本科毕业于厦门大学考古学专业，是我在内蒙古文物考古研究所工作时的同事，曾与我一起做过内蒙古地区鲜卑墓葬的发掘与整理工作。其后，孙危考入北京大学考古文博学院深造，师从晁华山教授。我作为校外特聘指导教师，协助指导了孙危关于鲜卑考古

---

① С. В. Киселев. ит. д, Древнемонгольскиегорода, М. Наука, 1965.
② 〔苏〕С. В. 吉谢列夫等著，陈弘法译：《古代蒙古的城市（引言）》，《文物考古参考资料》1984年第6期，第114～129页。

学文化遗存研究的硕士、博士论文，并合作完成了《内蒙古地区鲜卑墓葬的发现与研究》一书[1]，当时就对孙危深湛的俄文基础和凡事认真、刻苦钻研的精神有深刻的了解。故当孙危博士毕业调入郑州大学任教后，我便将陈弘法先生当年复印的《古代蒙古城市》俄文原稿交给了他，希望他在条件允许时能将其翻译出版。时隔几年，当我们这些从事北方民族考古研究多年的学者们的愿望即将变为现实时，我岂能不欣然提笔作序。

该书原作者С. В. 吉谢列夫教授，是苏联考古学史上最著名的考古学家之一。在田野考古工作之外，他本身又是一位严谨的历史学家，对于古代的历史文献有着相当程度的掌握，他把这些古代文献资料与实地考察、发掘的资料相结合，因此在苏联考古学界取得了相当的成就。在数十年的学术生涯里，他曾任莫斯科大学教授、苏联国立物质文化史研究所（今俄罗斯科学院考古研究所）高级研究员、苏联《古代史通讯》杂志主编、苏联科学院通讯院士等职务，还主持了哈拉巴勒嘎斯、哈拉和林、康堆古城、西勒西勒古城等诸多古代遗址的调查与发掘工作，并出版了一系列学术著作，内容涉及青铜时代、南西伯利亚、蒙古古代史等领域。《古代蒙古城市》即是其中较为知名的一部著作，也是俄罗斯和蒙古国考古同行从事蒙元时期草原城市研究的案头常备之书。

《古代蒙古城市》一书，其研究内容包含了13～14世纪漠北草原地区的西勒西勒古城、德尧—杰列克古城、康堆古城和哈拉和林古城等四座蒙元时期的城市遗址。其中前三座属地方城市，哈拉和林则是蒙古汗国建造的第一座都城，也是此书着墨最重之章节。

蒙元历史上曾先后建造过四座都城，分别为窝阔台建于太宗七年（1235年）的现蒙古国哈拉和林；忽必烈建于宪宗六年（1256年）的现内蒙古自治区锡林郭勒盟正蓝旗元上都；忽必烈建于至元四年（1267年）的现北京元大都；海山建于大德十一年（1307年）的现河北省张北县元中都。蒙元这四座都城中，对于位于漠南的元上都、元大都和元中都三座古城遗址，国内外学者都曾不同程度地做了调查、勘探和发掘工作，并有研究成果发表[2]。而作为蒙元历史上修筑年代最早且唯一位于漠北的都城哈拉和林，虽然苏联学者在20世纪中叶即进行了发掘并发表了研究成果，却因没有中文译本而"不识庐山真面目"。

实际上，《古代蒙古城市》一书中重点涉及的哈拉和林和鄂尔浑河河谷文化景观已于2004年被列为世界文化遗产。世界遗产委员会对其评价是：这里的遗迹反映了游牧、畜牧社会与其政治、宗教中心之间的共生关系，以及鄂尔浑河河谷在中央亚细亚地区历史上的重要性。2012年，元上都亦被列为世界文化遗产。而今天的北京就是在元大都的基础上发展起来的，同时北京也是世界上世界文化遗产最多的城市之一。

---

[1] 魏坚：《内蒙古地区鲜卑墓葬的发现与研究》，科学出版社，2004年。
[2] 魏坚：《元上都》，中国大百科全书出版社，2008年；河北省文物研究所：《元中都——1998～2003年发掘报告》，文物出版社，2012年；中国科学院考古研究所元大都考古队、北京市文物管理处元大都考古队：《元大都的勘查和发掘》，《考古》1972年第1期。

哈拉和林（Qara-qorum），蒙古语意为"黑色的石头"，是元太宗窝阔台时期修建的蒙古汗国都城。我因当年主持元上都遗址发掘和申遗的需要，于1993年和2002年两次考察哈拉和林古城。该遗址位于蒙古国乌兰巴托西南220千米的前杭爱省北流的鄂尔浑河右岸平原上，著名的额尔德尼召（汉名"光显寺"）即位于古城南端。鄂尔浑平原南北长约100千米，东西宽约30千米，水草丰美，气候宜人，自古以来便是"匈奴、鲜卑、柔然、突厥、回鹘等北方游牧民族活动的舞台"①，在哈拉和林城址西南部的万安宫基址下，就曾出土属于8～9世纪回鹘汗国时期的网格形印纹灰陶片，可见哈拉和林很可能是蒙古汗国在回鹘宫殿的基础上修建的一座都城②。蒙古人早在太祖铁木真时期便选定了鄂尔浑河流域作为驻牧之地，但直到窝阔台即汗位七年后，才"城和林，作万安宫"③。如果从太祖铁木真时代算起，历太宗窝阔台、睿宗托雷、定宗贵由、宪宗蒙哥四世，夸张点说，大概也可以称得上是"前后五朝都焉"④。全盛时期的哈拉和林"不仅有大汗的宫殿、穆斯林的市场，还有佛寺、道观、清真寺等，是中原儒家文化、草原游牧文化、藏传佛教文化、伊斯兰文化相互交流相互学习的产物"⑤。1260年，忽必烈在开平即汗位，后"升开平府为上都"⑥，称燕京为中都，实行两都制，哈拉和林的蒙古汗国都城史由此中断，开始成为地方首府。但有元一代，哈拉和林一直是漠北地区最重要的城市。元亡后，元顺帝妥欢帖木儿之子爱猷识理达腊北走哈拉和林，在此即皇帝位，继续沿用国号"元"，史称"北元"。其后，作为北元都城的哈拉和林在跌宕的军事战争中先后被明军和瓦剌骑兵几次攻陷和破坏，已经衰落的哈拉和林城在北元小朝廷败亡后迅速沦为废墟。这座游牧民族都城繁荣和衰败的历程，留给了我们对游牧文明发展的规律与特点的诸多思考。

吉谢列夫及其团队在"哈拉和林"这一章用言12万字之多，内容涉及哈拉和林的历史、宫殿及发掘现状、万安宫基址及壁画、手工业及商业区等。此外，古城遗址出土的钱币、铁器、瓷器、骨器、建筑材料等遗物，也在书中各节得到了较好的阐释。可以说，哈拉和林考古的收获，对于从事考古学、历史学、城市史学、古建筑学的研究者来说，都是一批难得的基础资料。

关于蒙元时期城市的研究，不仅是国内考古与历史学界的重要课题，也是俄罗斯、蒙古国、德国、日本等许多国外学者的重要研究领域。实际上，研究蒙元时期的城市，不仅要重视这几座都城的规制和布局研究，也要关注都城周边与城市经济生活息息相关的关厢地带的研究，同时更要加强对大量不同性质的地方城市的研究，以期能了解更多基层以及

---

① 〔蒙古〕浩日勒丹巴：《蒙古人建立的世界之都》，蒙古国科学院历史研究所哈拉和林协会，2002年，第15页。
② 〔日〕白石典之：《モンゴル帝国史の考古学的研究》，同成社，2002年。
③ （明）宋濂：《元史·太宗纪》，中华书局，1976年，第34页。
④ （明）宋濂：《元史·地理志二》，中华书局，1976年，第1382页。
⑤ 林梅村：《和林访古（下）》，《紫禁城》2007年第8期。
⑥ （明）宋濂：《元史·世祖纪二》，中华书局，1976年，第92页。

民族与时代的特点。吉谢列夫就注意到了蒙元时期地方城市的重要性,将其多次带队调查发掘的蒙元时期地方城市的成果编入此书,此举着实难能可贵。诸如西勒西勒古城遗址、德尧—杰列克古城遗址、康堆古城遗址等地方城市,之前并未引起国内外学者的多少关注,但事实上这批地方城市资料对于蒙元考古和蒙元史研究都有着非同寻常的意义。

毋庸讳言,我国史学界既往对于蒙元城市的研究,因囿于汉文史料记载的粗陋与偏见,见于笔端的往往是蒙元统治者对城市的破坏和禁止建城的记录[1]。譬如,陈正祥先生即认为:"蒙古人是粗野的游牧部族,对妨碍他们横冲直撞的城,当然没有好感。在《元史》和《元一统志》一书,绝难看见造城的记载。"[2]《古代蒙古城市》的前言中也指出:"古代蒙古城市从来既未有人做过专门的考察,而从寥寥无几的文字史料中所获得的有关资料又使人半信半疑。甚至威廉·德·鲁布鲁克生动描述过的赫赫有名的蒙古国第一个都城哈拉和林也是如此。"[3]

近年来,虽然我国蒙元都城考古逐步取得了许多重要的进展,但有关更大范围内的地方城市的研究长期处于不被重视的状态。事实上,元朝建立后曾在边疆地区兴筑了不少新的城市,元末时又组织全国各地对城墙进行了不同规模的修筑,《元史》中也有修筑城墙的记载。在详细勘阅史料后,成一农先生就把元代修建城池的政策分为三个时期[4]。虽然元朝在某阶段存在禁止或不主张筑城的政策,但我在北方长城地带调查发现的大量蒙元时期古城址,足以证明蒙元时期构筑城池的史实。孙危这部译著中关于漠北地区几座蒙元地方城址调查发掘的第一手材料,更是从考古学上证明了这一时期地方城市的存在和考古学研究的重要性。

作为一个考古工作者,我在北方长城地带和草原地区从事了30余年的田野考古工作,特别是从1992年至2004年在元上都所做的调查、测绘、发掘和申遗的工作,直至《元上都》[5]报告的编写,使我深知草原地区考古调查、发掘与资料收集之艰难。在20世纪中叶的苏联,吉谢列夫能够坚持不懈、克服困难,完成学术研究,实在是今人学习的榜样。在新近启动的国家社科基金重大委托项目"蒙古族源与元朝帝陵综合研究"的课题中,我和我的同事们负责内蒙古达茂旗金元时期敖伦苏木古城和阴山汪古部诸城址的考古研究工作。我想,无论对我还是对各位研究者而言,C. B. 吉谢列夫教授的经验在一定程度上仍可以给我们启示。

考古学的发展有赖于资料的不断积累,特别是对于连接欧亚草原的中国北方长城地

---

[1] 史卫民:《元代社会生活史》,中国社会科学出版社,1996年,第193页。
[2] 陈正祥:《中国文化地理》,生活·读书·新知三联书店,1983年,第59页。
[3] 〔苏〕C. B. 吉谢列夫等著,陈弘法译:《古代蒙古的城市(引言)》,《文物考古参考资料》1984年第6期,第115页。
[4] 成一农:《宋、元以及明代前中期城市城墙政策的演变及其原因》,《中日古代城市研究》,中国社会科学出版社,2004年,第161页。
[5] 魏坚:《元上都》,中国大百科全书出版社,2008年。

带的考古学研究而言，需要从更广阔的地域获取资料，其中最为关键的就是掌握第一手资料，而获取这些资料最便捷的手段便是掌握其文字和语言。在把考古学作为自己毕生事业，静下心来潜心钻研的众多学者中，孙危根据自己的所长，做了自己最为正确的选择。他在北京大学攻读硕士、博士学位时即已选定北方民族考古作为自己的兴趣培养点和研究方向，毕业后任职郑州大学历史学院以来，更是坚定地执行了这一既定目标。孙危在完成《鲜卑考古学文化研究》①这部专著后，便发挥自己的俄文优势，开始执着于翻译许多国内学者鲜有接触的俄文考古专著，既为国内学界介绍了俄罗斯考古学界的知名学术成果，也为自己将来更大范围的研究打下了基础。实际上他是承担起了别人不愿做、不敢做、不能做的事情，多年坚持，默默耕耘。他先后翻译出版了《匈奴文化与诺彦乌拉巨冢》②、《伊犁河流域塞人和乌孙的古代文明》③等苏联学者的著作及大量研究论文，其另一译作《俄罗斯滨海地区切勒尼雅季纳5号墓地2003—2004年考古发掘报告》④也于近期面世，连同这部厚重的《古代蒙古城市》的出版，真是成果喜人！而他的学术领域也涉及匈奴、乌孙、大宛、鲜卑、渤海、蒙古诸族的许多方面。因着这些丰硕的成果，他本人也在去年晋升为教授。这可谓是对他长年默默无闻，执着钻研与辛勤劳作的回报与慰藉。对于他近十年来取得的成就，我感到十分欣慰！

环顾在考古这条道路上的同行者，我时常为自己身边不为尘世纷扰所动的同事对北方民族考古执着追求的精神所感动和激励，也为身为其中的一员而骄傲和自豪。经由前辈学者的艰苦奋斗和我们的不断探索，北方民族考古领域的研究已经取得了不小的成绩，并展现出了前所未有的发展前景。真诚希望本学科领域的后来学者们，在秉承前辈学者优良传统、严谨学风和认真态度的基础上，与时俱进，适当汲取域外学者的研究精华，把中国北方民族考古学的研究推向更新、更广、更高的层面。

匆匆写就，以此为序。

2014年12月7日
于世纪城时雨园

（原载《古代蒙古城市》，商务印书馆，2016年）

---

① 孙危：《鲜卑考古学文化研究》，科学出版社，2007年。
② 〔苏〕С.И.鲁金科著，孙危译，马健校注：《匈奴文化与诺彦乌拉巨冢》，中华书局，2012年。
③ 〔苏〕К.А.阿奇舍夫、Г.А.库沙耶夫著，孙危译：《伊犁河流域塞人和乌孙的古代文明》，兰州大学出版社，2013年。
④ 〔俄〕Ю.Г.尼奇季、郑熺培著，孙危译：《俄罗斯滨海地区切勒尼雅季纳5号墓地2003—2004年考古发掘报告》，《东北亚考古资料译文集》（8），哈尔滨地图出版社，2014年，113～201页。

《蒙古与外贝加尔地区的石板墓文化》序

辽远广袤的欧亚草原地带是中国北方古代民族生息繁衍的摇篮，同时也是畜牧业产生和发展的主要区域。近年来，随着我国"一带一路"倡议的提出，国内考古学界和国外，特别是和"一带一路"沿线国家在学术研究领域的交流与合作日渐深入，许多过去的学术热点课题又被重新予以重视，新的研究成果不断涌现。其中，来自俄罗斯、蒙古国的考古资料也在学界同仁的努力下，不断被翻译和出版，对我国考古学界的学术研究起到了积极的推动作用。孙危翻译的俄罗斯考古学家А.Д.策比克塔洛夫所著《蒙古与外贝加尔地区的石板墓文化》（1998）一书的出版，就是极好的例证。

石板墓作为中央亚细亚东部地区古代居民遗留的一种最为普遍和独具特色的文化遗存，大约在18世纪初就引起了俄罗斯和蒙古国考古学者的注意，其后的考古发掘与研究一直没有中断，到20世纪末，经过发掘的石板墓数量已接近700座，而对这类文化遗存的相关研究也主要是由俄罗斯和蒙古两国的考古学家来完成的。

1743年，大学生А.郭尔拉诺夫受Г.Ф.米列尔和И.Г.格梅林的委托，首次对石板墓进行了具有学术目的的考古发掘。及至19世纪，Г.И.斯帕斯基、М.格杰尼什托尔姆、М.А.卡斯特列尼、К.里特尔和В.В.拉德洛夫继续对石板墓展开调查、发掘和研究[1]。作为俄罗斯外贝加尔地区和蒙古国森林草原地带最常见的考古遗迹之一，进入20世纪以来，苏联和蒙古国的考古学者逐步开始关注这类属于青铜时代至早期铁器时代的石板墓遗存。特别是在20世纪30至60年代，诸多学者对石板墓遗存的发掘和研究表现出了极大的热情，开始对外贝加尔和蒙古国境内的石板墓进行有针对性的综合研究。苏联科学院布里亚特—蒙古考古调查团在著名考古学家Г.П.索斯诺夫斯基的率领下，曾对布里亚特境内的石板墓遗存进行了大规模的调查和发掘工作，并在对石板墓遗存特点做出较为全面总结的基础上，进行了初步的类型学研究。这期间，在对若干墓地中的上百座墓葬材料综合研究的基础上，开始就石板墓的分期、年代范围和民族属性等问题提出了多种观点。Ю.Д.达里

---

[1] 〔苏〕Ю.С.格里申：《外贝加尔森林草原地带发现的新石器时代、青铜时代和早期铁器时代的遗迹》，科学出版社（莫斯科），1981年，第6～12页。

科-格林采维奇、Г.И.波洛弗卡和Г.П.索斯诺夫斯基对于石板墓的研究均做出了非常重要的贡献。而著名考古学家А.П.奥克拉德尼科夫和С.В.吉谢列夫也对石板墓的相关学术问题投入了极大的兴趣和关注[①]。

但是，至20世纪70年代以后，由于欧亚草原东部的亚洲草原地带，即萨彦岭—阿尔泰、哈卡斯—米努辛斯克盆地、西西伯利亚以及哈萨克斯坦青铜时代至早期铁器时代遗存的发掘与研究均取得了重大的进展，从而对中央亚细亚地区，即蒙古国和外贝加尔地区草原地带所进行的青铜时代至早期铁器时代研究的关注度有所降低。显而易见，这与石板墓考古的基础材料相对薄弱是紧密相关的。由此，针对石板墓遗存及相关问题所提出的观点也是五花八门，莫衷一是。这实际是由于众多学者对中央亚细亚地区青铜时代至早期铁器时代发生的诸多历史事件认识有所不同所致。所有这些，都给我们解决中央亚细亚、南西伯利亚乃至整个欧亚草原地带青铜时代至早期铁器时代的一些重要学术问题造成了比较大的困难。毫无疑问，А.Д.策比克塔洛夫所著《蒙古与外贝加尔地区的石板墓文化》（1998）一书的出版，对于解决中央亚细亚地区青铜时代至早期铁器时代各类型遗存的年代，以及它们之间的相互关系等诸多具有争议性的问题而言，具有非常重要的学术价值。

А.Д.策比克塔洛夫，历史学博士，布里亚特国立大学历史系教授，俄罗斯联邦布里亚特共和国功勋文化工作者。1955年出生于俄罗斯联邦布里亚特共和国赤塔区夏尔郭勒村，1977年毕业于托木斯克国立大学，1977~1979年就职于布里亚特共和国科学院历史、民族和考古研究室，任助理研究员，1980~1990年就职于赤塔民族志博物馆，1990~1995年任教于托木斯克州，从1996年至今任教于布里亚特国立大学历史学院布里亚特历史与文化系。《蒙古与外贝加尔地区的石板墓文化》（1998）一书是策比克塔洛夫于1989年在苏联科学院考古研究所的副博士学位论文。此后他还著有《布里亚特史（从远古到17世纪）》（1999）、《青铜时代早期的中央亚细亚（公元前第三个千年末到公元前第二个千年中叶）》（2006）等，另编有《布里亚特通识（第一卷）》（2009）和诸多相关学术论文等。因此策比克塔洛夫是中央亚细亚考古研究领域的专家，主要研究方向为外贝加尔和蒙古国的方形石板墓、赫列克苏尔以及其他青铜时代至早期铁器时代的考古学文化遗存。

在策比克塔洛夫的这部专著中，作者将此前近三个世纪以来发掘的，广泛分布于贝加尔湖沿岸、外贝加尔和蒙古国境内的共计约600座石板墓（其中542座石板墓、18座形象墓，40个赫列克苏尔遗存），进行了全面收集和系统化的整理研究。因这些材料来自不同时期很多学者的考古发掘，他们所使用的方法也存在较大的差异，而策比克塔洛夫的整理

---

① 〔苏〕Н.Н.季科夫：《外贝加尔地区的青铜时代》，布里亚特图书出版社，1958年；〔苏〕Ю.С.格里申：《外贝加尔森林草原地带发现的新石器时代、青铜时代和早期铁器时代的遗迹》，科学出版社（莫斯科），1981年；〔俄〕В.В.沃尔科夫：《蒙古北部的青铜时代与早期铁器时代》，舒阿特和出版社，1967年；〔俄〕Э.А.诺芙格罗多娃：《古代蒙古》，科学出版社（莫斯科），1989年；〔苏〕Д.纳瓦安：《蒙古的青铜时代》，舒阿特和出版社，1975年。

研究则最大限度地复原了原貌，并尽量弥补了田野考古工作中出现的偏差。若对策比克塔洛夫的这部专著所获成果做一个归纳的话，可以概括为以下几点：

第一，石板墓在绝大多数墓地中的数量并不多，而且这些石板墓有些成行排列，有些则分布无序。策比克塔洛夫将与石板墓共存的赫列克苏尔，以及石板墓周围的圆形、方形和呈辐射状分布的遗存和石板墓区分开来，并认为成行排列的石板墓具有祭祀的功能。

第二，石板墓文化与外贝加尔地区与蒙古国境内发现的青铜时代至早期铁器时代的其他考古遗存之间具有年代、文化上的联系。这些遗迹有早已为人所熟知的赫列克苏尔、德沃尔措夫类型墓葬以及形象墓，形象墓从属性上来说亦属于石板墓文化的范畴。

第三，由于盗掘，在已发掘的542座石板墓中，约有半数发现有人骨，但仅有41座的人骨保存相对完整。石板墓的死者的埋葬方式表现出了很大的一致性，即均为仰身葬，头向东。策比克塔洛夫认为石板墓文化的居民从体质人类学的角度来看属于蒙古人种，并与该文化所在地区之前的新石器时代居民及之后的匈奴人极为相似。

第四，策比克塔洛夫根据石板墓所出遗物的不同而将其分为六种类型。从数量上来看，无随葬品的和仅随葬装饰品、衣饰的石板墓要更多一些。但有4%的石板墓出有武器、带饰、项链和胸饰等，所出的遗物具有权力的特点，策比克塔洛夫认为这类石板墓的墓主乃是享有特权的居民。但这些遗物同样也见于围墙内的相对狭小空间中，因此他也认为，目前还缺乏直接的证据来解释围墙的规模与权力象征物之间的关系。

第五，就武器而言，在石板墓中的随葬品中非常罕见。在这本专著所使用的542座石板墓中，仅有25座出土了这类遗物，即占墓葬总数的4.6%。策比克塔洛夫由此认为，战争和其他军事行为在石板墓的葬仪中还体现得不是很明显，因而很少在墓葬中出现。

第六，对石板墓进行编年和分期在这部专著中占据了相当大的篇幅。作者在细致分析所获材料的基础上，辅之以各种断代方法，得出：该文化存在的年代为青铜时代晚期和早期斯基泰时代，即公元前13至公元前6世纪。

第七，策比克塔洛夫最重要的成果也体现在其对赫列克苏尔一类遗存的研究上。对于其亲自发掘的乌勒兹特6号墓地，他明确指出石板墓叠压在赫列克苏尔的围墙之上，因而石板墓的年代要更晚一些，且二者代表了两种不同的文化。但他也认为，将赫列克苏尔文化和鹿石文化区分开来还为时尚早，而且与赫列克苏尔文化相关的普通遗存的情况目前还不是很清楚。

第八，据墓葬类型和出土随葬品，策比克塔洛夫认为石板墓文化居民的基本经济活动是从事畜牧业。

当然，也有学者对策比克塔洛夫的一些观点表示了不同的看法。比如，胡加科夫认为：在蒙古国北部地区石板墓中就发现过不少的青铜头盔，这种防护武器足以证明石板墓文化居民的军事已经发展到了相当高的水平，而石板墓中武器类遗物之所以非常罕见，可能与大规模的盗墓活动有关；用于断代的武器，策氏仅仅关注到了两叶状的青铜镞，其年代为公元前2千纪末期，即早期斯基泰时代，但石板墓中出土的三叶状和四棱青铜镞的时代均为斯基泰时代，而弓弭的时代更是要晚至晚期斯基泰时代；形象墓与石板墓分布的范围几乎完全相同，因而可能属于同一类文化遗存。但从德沃尔措夫类型墓葬所出土的遗物来看，其年代与石板墓文化可能不属同一时期，例如青铜三棱镞与中国汉代及匈奴的镞几乎完全相同，因而其既不属于青铜时代晚期，也不可能属于早期斯基泰时代；就赫列克苏尔文化而言，该文化居民中的平民阶层的墓葬广布于中央亚细亚地区，其在年代上早于石板墓遗存，应与石板墓不属于同一个考古学文化[1]。因此，石板墓文化的年代应在公元前10至公元前3世纪。

然而毋庸讳言，《蒙古与外贝加尔地区的石板墓文化》一书，是一部对中央亚细亚地区青铜时代至早期铁器时代考古学文化进行综合研究的论著，书中收集了非常完整的与石板墓文化相关的材料，并对与该文化相关的一些最重要的问题进行了细致入微的研究，同时亦对中亚细亚地区的民族文化发展进程进行了全方位的剖析。因此可以说，策比克塔洛夫的这部著作是以往三个世纪以来关于石板墓文化研究的独具特色的系统研究论著，并很可能成为对其他地区青铜时代至铁器时代考古学文化遗存进行研究的参照标尺。

本书的译者孙危20世纪90年代毕业于厦门大学，曾在内蒙古文物考古研究所从事田野考古工作，硕士、博士就读于北京大学，目前任职于郑州大学历史文化学院，主要研究方向为北方民族考古。教学和培养研究生之余，孙危一直致力于俄文考古学资料的翻译工作，这些年已先后出版了《匈奴文化与诺彦乌拉巨冢》[2]、《伊犁河流域塞人和乌孙的古代文明》[3]、《古代蒙古城市》[4]等学术专著和《乌苏里斯克地区新发现的铭文资料》[5]、《希腊化时代恰卡尼安的筑城方法》[6]、《斯基泰野兽风格艺术与洛雷斯坦青铜器艺术》[7]、《七河地区发现的乌孙时期（公元前2世纪—公元5世纪）游牧人遗迹民族属性研究》[8]等十几篇重要译文。这些资料的翻译出版，部分改善了国内学者在欧亚草原地带考古学研究中，长期短缺俄罗斯和蒙古国第一手考古资料的困境，同时也极大地促进了我国北方民族考古研究的发展。

---

[1]〔俄〕Ю. С. 胡加科夫：《评А. Д. 策比克塔洛夫的〈蒙古与外贝加尔地区的石板墓文化〉》，《东方学杂志》2001年第3期。
[2]〔苏〕С. И. 鲁金科著，孙危译，马健校注：《匈奴文化与诺彦乌拉巨冢》，中华书局，2012年。
[3]〔苏〕К. А. 阿奇舍夫、Г. А. 库沙耶夫著，孙危译：《伊犁河流域塞人和乌孙的古代文明》，兰州大学出版社，2013年。
[4]〔苏〕С. В. 吉谢列夫等著，孙危译：《古代蒙古城市》，商务印书馆，2016年。
[5]〔俄〕Н. Г. 阿勒杰米耶娃、А. Л. 伊弗里耶夫著，孙危译：《乌苏里斯克地区新发现的铭文资料》，《北方文物》2007年第1期。
[6]〔苏〕Б. А. 杜尔古诺夫著，孙危译：《希腊化时代恰卡尼安的筑城方法》，《飞翔的中国凤凰：中西文化交流史译文集萃》，清华大学出版社，2016年，第20~31页。
[7]〔俄〕Г. Н. 古洛奇金著，孙危译：《斯基泰野兽风格艺术与洛雷斯坦青铜器艺术》，《欧亚译丛》（第二辑），商务印书馆，2016年，第60~92页。
[8]〔俄〕Ю. А. 扎德涅普洛弗斯基著，孙危译：《七河地区发现的乌孙时期（公元前2世纪—公元5世纪）游牧人遗迹民族属性研究》，《欧亚译丛》（第三辑），商务印书馆，2017年，第1~15页。

当今，中国考古学的研究已经大大地拓宽了视野，在不断利用高科技手段促进考古研究向深度和广度发展的同时，涉外考古合作项目逐年增加，表现出迅速发展的势头，特别是在俄罗斯和蒙古国的合作考古和研究已经取得了不错的成绩。此等情势之下，对于既往基础研究资料的需求就显得更为迫切。近几年来，《欧亚译丛》《边疆考古研究》《北方民族考古》等书刊，都相继搭建起了发表翻译论著的平台，推出了一批国外学界的最新研究成果，有力地配合了当下"一带一路"倡议的深入推进。我们有理由相信，有老一辈陈弘法和新一代孙危这些致力于国外最新考古成果译介的学者不断的努力，中国考古学必将在21世纪走向世界。

拖欠已久，匆匆写就，以为序。

2019年2月3日
于中国人民大学人文楼

（原载《蒙古与外贝加尔地区的石板墓文化》，商务印书馆，2019年）

《奚族文化研究》序

连接欧亚的中国北方草原地带，地处蒙古高原的南缘，横跨中国的东北、华北、西北三大自然地理单元。其地东起大、小兴安岭，西迄阿尔泰山至帕米尔山结，南端有燕山与阴山东西横亘，属于典型的农牧交错地带，自古以来就是北方游牧民族与中原农耕民族往来征战、相互融合的历史舞台。

由西拉木伦河和老哈河等支流汇集而成的西辽河，是中国北方草原东南部的一条主要水系，从旧石器时代开始已有古人类在这一流域繁衍生息。进入新石器时代，西辽河流域先后出现兴隆洼文化、赵宝沟文化、富河文化、红山文化、小河沿文化，可与中南部黄河流域的白泥窑文化、庙子沟文化、阿善文化、老虎山文化、永兴店文化等新石器时代文化，并称为中国北方的"两河流域"文明，其在中华文明起源的"满天星斗"中，应是最耀眼的星座之一。夏商阶段，随着北方地区气候逐渐干燥和变冷，畜牧业便悄然兴起，伴随着游牧民族登上历史舞台，北方草原地带的青铜文明也翩然而至。西周以降，北方少数民族遂见载于史籍，东胡、匈奴、鲜卑、乌桓、突厥、契丹、党项、女真、蒙古和满族等相继崛起，他们在各自的历史进程中，不但创造了异彩纷呈的本民族历史与文化，形成了各具特色的自然经济类型，而且不断地越过崇山峻岭和长城，南下黄河流域，建立政权，有的甚至入主中原，建立王朝，为中华民族多元一体格局的形成与发展，不断注入新鲜的血液和不竭的发展动力。

北方民族及其创造的文化，不但为我们留下了珍贵的遗产，同时也将自己民族的名字与历史永久地镌刻在了人类文明史册上。然而，除了这些对中华民族乃至世界历史产生过重大影响的强大民族外，还有一些相对较小的北方草原民族，同样为中华民族一体化进程作出了重要贡献，只因文献记载的匮乏和考古资料的不足，使得我们仍对其知之甚少。

鲜卑与乌桓同出于东胡，鲜卑曾建立了强大的军事大联盟，其军事联盟解体后，在中国北方又建立了一系列政权，其中的拓跋鲜卑在南下西迁后，建立了北魏王朝，将广袤的北方草原地带和农耕区置于同一政权的统治之下。经过近一个世纪的考古工作，鲜卑历史文化遗存的考古学研究取得了长足的进步，但乌桓历史文化遗存的研究仍处在探索与推测阶段。

无独有偶，据文献记载，契丹与奚均出自宇文鲜卑，契丹建立了统一整个中国北方地区的强大政权，在中华文明发展史上留下了浓墨重彩的一笔。契丹与辽代考古学文化研究是中国历史时期考古和北方民族考古的重要领域,相关考古发现与研究持续而深入,取得了累累硕果。但奚仅仅在历史文献记载中留下了不菲的成就,而关于奚族历史文化遗存的考古发现与研究则基本是白纸一张。这固然与历史久远,许多古老民族多被淹没在了历史长河之中有关,但究其原因,也与考古学界多年忽视乌桓、奚一类北方少数民族的考古学文化研究不无关系。有唐一代,奚与契丹并称为"两蕃",长期成为唐王朝东北边境防御与安抚的重点对象。唐晚期之前,契丹与回纥尚曾依附于奚王。即使到辽代,奚仍然是契丹统治集团内的重要政治与军事势力。史载,奚也创造了灿烂的物质文化,如奚人所造车称为"奚车",不但是草原地区出行与游牧迁徙的重要交通工具,而且还流行于中原地区。

鉴于奚族研究在北方民族考古研究中具有的重要意义,又借河北省青龙县邀我考察传为大奚国皇宫的铁瓦乌龙殿遗址的契机,遂将奚族考古学文化研究这一课题交给毕德广来做,当时他刚读博士研究生不到半年。

毕德广在本科与硕士研究生阶段都是学历史的,到博士研究生阶段才转到考古学专业来。作为历史时期的考古来说,他的强项是有一定的史学功底,相对应的就是考古学的基础要差一些,他自己也很清楚这一点,所以在学习考古专业知识方面下了很大的功夫。在他博士研究生入学前,我就利用假期把他派到了河北临城的考古发掘工地上,要求他扑倒身子,虚心和所有的行家学习。后来又安排他陆续参加了几次较大规模的考古发掘工作,基本上掌握了田野考古的基础知识和基本技能。毕德广天生谨慎,为人很谦虚,做事情兢兢业业,很多事都是自己主动去做,在师弟师妹面前态度随和,从不摆架子,跟大家相处得很融洽,这是一种很值得称道的做人态度。他平时学习刻苦,读书认真,有不懂的就问,非常善于向别人请教。在发掘工地上,作为一个博士生,遇见不懂的问题就去请教硕士生甚至本科生的师弟师妹。田野考古的学习是一件实实在在的事,德广的勤恳努力和虚心求教极大地弥补了他在考古基础知识上的先天不足,对他日后的学术发展也极有益处。当然,对于德广的一些不足,我也曾在实践中专门给予弥补和提高,为的就是他在走上工作岗位以后,能够做个敢作敢为、有自信、有担当,且知进退的人。

这篇博士论文的完成仰仗了多次亲临现场的考古调查和很多人的帮忙。毕德广能够顺利完成这篇博士论文,并通过答辩,我是很欣慰的。现在,经过几年的打磨,能够将它整理出版,实在是一件很好的事。

《奚族文化研究》一书,是在充分占有文献资料和尽可能地收集可以利用的相关考古资料的基础上完成的。也正以为如此,本书没有用"考古学研究"的字眼。所以,这是在前人研究的基础上作的一次更全面的再研究。该书首先探讨了奚族聚居地及其生态环境的变迁,运用历史文献与考古资料相结合的研究方法,系统地考证了北魏至辽金时期奚人居地的范围及其变迁过程,这应该是当前这一研究领域具有创新性的研究成果。对于奚人居

始 末 篇

住地生态环境的研究,体现了作者在解决影响奚人生业方式形成与变化的自然地理因素方面所做的努力。由于作者没有受过古气候学及相关学科的训练,因此这一部分的研究尚显不够深入。其次是对相关奚人历史文化遗存的考察与考证,作者提出了一些独到的见解,例如综合采用文化因素分析法、比较法与排除法,从辽代墓葬中识别出一批相异于典型契丹人墓葬因素的奚人墓葬。虽然结论还有待验证,但在奚人考古学文化面貌尚不清楚的情况下,不失为一种有益的探索。再次是在综合运用文献资料、出土的碑刻资料和实地调查获得的资料的基础上,对奚人的生业方式、居住形态与风俗习惯进行了探讨,其中对奚人农业的兴起与发展及奚车制造业的探讨,颇见新意。但限于考古资料的缺乏,相关研究分析不免仍偏重于文献史学的考释。奚的研究已有几十年的历史,单纯依靠文献的研究很难有所突破,新的进展有赖于奚族考古上的新发现。我们一方面期待新的相关考古资料的出现,一方面要做些必要的奚人历史文化遗存的识别工作,正如《奚族文化研究》一书所做的那样。毋庸讳言,该书对于奚人及其历史文化的研究做出了新的有益尝试,但目前的研究仍是初步甚至是浅显的,需要加强的地方还有很多,奚研究的路还很长。

2016年6月8日
于中国人民大学

(原载《奚族文化研究》,科学出版社,2016年)

《北京及周边地区辽代壁画墓研究》序言

  辽代墓葬和辽墓壁画的发掘与研究，是考古学和美术史学研究的重要课题之一。20世纪20年代，法国传教士闵宣化最先调查了位于内蒙古东部的辽上京、庆陵和怀陵，以及祖州、庆州、怀州等辽城、辽陵和奉陵邑。20世纪30年代，日本东亚考古学会的江上波夫、田村实造又调查了庆陵。随后，鸟居龙藏、小林行雄等人也相继对庆陵进行了调查、测绘、墓葬清理和壁画临摹。在1952～1953年出版的《庆陵》（全两册）报告中，虽然因当年条件所限，其中的壁画临摹存在一些错误，但这应当是关于辽墓及壁画的第一本大型学术报告。这一时期，外国传教士和考古学者在辽代考古和墓葬壁画研究上取得的成果，引起了中国学术团体和中国学者对于辽代城址、墓葬，特别是辽墓壁画的关注。

  20世纪50～70年代，伴随着新中国考古事业的发展，辽代壁画墓的发掘资料逐渐增多，库伦旗辽代壁画墓等一批考古发掘报告和相关的研究论文相继发表。进入20世纪80年代后，随着中国考古事业的不断推进，辽代墓葬的考古发掘工作也相继取得了丰硕的成果。内蒙古东部地区通辽奈曼旗陈国公主墓、赤峰阿鲁科尔沁旗耶律羽之墓和宝山辽墓的发现和发掘，以及辽西地区和燕山以南地区辽代墓葬的不断发现，将辽代考古工作推向深入。同时，对辽代墓葬分期与分区、丧葬习俗及文化交流的综合性研究逐渐增多，先后有王秋华、李逸友、杨晶、冯恩学、董新林、彭善国、刘未、张帆等学者的相关论著发表；在辽墓壁画研究方面，则有俞剑华、郑绍宗、董新林、张鹏、贺西林与李清泉等以专著或分卷本，从艺术题材和绘画技法方面，阐释了辽代绘画艺术的兴起、发展、完善及不断汉化的历史过程，使辽代考古和墓葬壁画的研究达到了一个新的高度。

  迄今为止，我国发掘和清理的辽代壁画墓已达百余座。就其分布而言，可分为包含了燕山以北的内蒙古东部、辽西地区的北区，以及北京、河北和山西北部地区的南区。在这两大区域之中，重要的且具代表性的壁画墓主要集中在辽上京和辽中京的契丹腹心地带，而且基本都是契丹贵族的墓葬，年代上包括了契丹至辽代的早、中、晚期各个阶段。而发现于辽南京和辽西京一带的壁画墓则汉文化特征明显。从北京和宣化等地发现的辽代墓志看，这一区域的辽代墓葬都是汉人的墓葬，年代上多在辽代中、晚期阶段。这种分布区域的差异、不同区域墓葬年代分布的差异和考古工作进行的先后差异，造成了考古学界和美术史学界对于辽代墓葬考古和壁画研究工作，在地域和专题研究等方面均呈现出不平衡的状态，即北京及周边地区辽代壁画墓的研究较为零散，缺乏综合性的研究成果。

黄小钰的《北京及周边地区辽代壁画墓研究》一书，是在我指导她完成的博士学位论文的基础上，经过补充和修改后的学术论著。做博士论文选题时，就是考虑到了辽代壁画墓研究的不平衡性，选取了燕山以南的北京及周边地区发现的辽代壁画墓作为研究对象，期望能对辽代该区域汉人壁画墓的研究做一个全面的梳理和补充。实际上这个范围基本相当于辽宋时期石敬瑭割让给辽朝的幽云十六州地区，即今天的北京、天津、河北西北部以及山西北部地区。

在这部论著中，黄小钰运用了考古类型学方法和艺术史的图像分析法，将考古资料与历史文献相结合，对幽云地区辽代壁画墓的墓葬形制、壁画内容等进行全面系统的梳理：按照墓葬主室数量的不同分为单室墓、双室墓和多室墓三类；根据壁画题材和区域性特征，将墓葬壁画分为出行归来、备侍、宴饮、散乐、启门、劳作侍女、门吏武士、升天祥瑞、星宿和家居陈设十类。论著在充分归纳幽云地区辽代汉人壁画墓的形制特征和壁画的区域性特色的基础上，与内蒙古东部及辽西地区辽代汉人壁画墓进行了对比研究，并结合文献史料和对该区域壁画所反映的时代背景和文化渊源进行了很有价值的探讨。此外，她还十分注意吸收前人的研究成果，比如很好地借鉴了我指导过的研究生何京的硕士学位论文《北京地区辽金墓葬壁画研究》。该文对保存较好的北京地区辽代和金代的墓葬壁画进行了考古学的观察和美术史学的图像分析，总结了辽金时期墓葬壁画不同的时代特点和发展变化的原因，为黄小钰的写作拓展了思路。应当说，这部论著在前人既往研究的基础上，对北京及周边地区辽代壁画墓进行了系统的梳理和分期、分区研究，初步建立起了这一区域辽代壁画墓发展演变的时空框架，不但梳理总结了辽代幽云地区汉人壁画墓的基本特征和文化面貌，同时填补和完善了该区域辽代墓葬壁画研究的不足和缺憾。

黄小钰对学术有一股执着的韧劲。她2005年毕业于中央民族大学历史学专业，获学士学位。2008年毕业于中央民族大学考古学及博物馆学专业，获硕士学位，随后就职于首都博物馆，从事展览策划与研究工作。2011~2015年就读于中国人民大学考古文博系，取得博士学位。目前是首都博物馆副研究馆员。十几年来，她以勤奋刻苦的精神投入到工作中，先后担任过《南海遗珍——西沙华光礁沉船宝藏展》、《楚风汉韵——南水北调中线工程渠首水源地南阳文物展》以及《回望大明——走进万历朝》等展览的责任人。同时协助展览责任人参与过多项重大展览的策划与实施，如《早期中国——中华文明起源展》《大辽五京——内蒙古出土文物暨辽南京建城1080年展》《台北世界宗教博物馆宗教艺术文化展》《北京的胡同四合院展》《白山·黑水·海东青——纪念金中都建都860周年特展》《地域一体 文化一脉——京津冀历史文化展》。并担任《香江雅集——香港回归祖国20周年特展》《器作·匠心——中国当代陶瓷艺术展》《巴林左旗辽代壁画》《巴林左旗辽代葬俗》等展览的内容设计。在展览工作之余，她还笔耕不辍，发表了十几篇关于博物馆陈列和壁画墓研究的学术论文。在完成博士论文期间，她还实地考察了内蒙古、山西、辽宁和河北宣化等地的辽代遗址，以及博物馆和考古所收藏的辽代壁画与辽代文物，为后续的写作打下了坚实的基础。

这部论著收集资料较为翔实，多学科方法论运用得当，逻辑推理严密，系统性强，既是以辽代墓葬壁画为主题的学术性探讨，也是对北京及周边地区的区域文化所做的专门研究，强调了该区域历史地位的重要性，对建立文化自信具有现实意义。若要说不足之处，在论述社会背景与文化渊源一节，还可以利用出土器物和文献记载做得更加深入、细致一些，以便在前人研究的基础上能有新的突破。

一个年轻学者的学术之路已经起步，我相信，无论远方是诗情画意，还是艰难险阻，她都会坚定地走下去！

受黄小钰之托，时间急迫之中，匆匆写就以上文字，权且为序。

2019年8月5日于长春南湖

（原载《北京及周边地区辽代壁画墓研究》，科学出版社，2019年）

《元上都》后记

辽阔无垠的锡林郭勒，如诗如画的金莲川草原，宛若彩练般的闪电河和那承载着大元王朝百年兴衰的元上都古城，是我考古生涯中永恒的记忆！

望着书案上两摞厚厚的文字和图版的最后打印稿，回想在元上都考古的日日夜夜和所经历的酸甜苦辣，那些人、那些事又浮现在了眼前，我的思绪又一次飞向了魂牵梦绕的元上都（图1）。

1992年7月，锡林郭勒盟正蓝旗羊群庙发生了盗墓事件。作为内蒙古自治区人大教科文卫委员会、文化厅和公安厅组成的联合调查组的一员，我与内蒙古自治区文化厅文物处苏俊处长一行，在正蓝旗旗委副书记甘珠尔的带领下，来到了水清草美的锡林郭勒草原。那是我第一次到真正的草原深处来。当时正值盛夏时节，起伏的丘陵草原，烂漫的遍野鲜花，清澈弯曲的河流，悠闲散漫的牛羊，热情好客的基层干部和牧民，特别是元上都遗址雄浑壮美的景色和她埋藏的鲜为人知的历史真谛，实在让我流连忘返。从那时起的16年来，我的心再没有离开锡林郭勒草原，我的考古研究也再没有离开金莲川上的元上都（图2）。

然而，一座在中国乃至世界历史上产生过重要影响的帝国都城的考古工作，绝非靠一个部门或几个人的力量和智慧可以完成。因此可以说，时至今日元上都考古所取得的成

图1　元上都遗址南的闪电河（滦水）

图2　作者在元上都金莲川草原（2004年）

就，以及即将出版的这本著作，是国家文物局、内蒙古自治区各级政府，以及内蒙古自治区文化、文物行政主管部门领导和文物考古部门的相关专业人员共同努力工作的结晶。

元上都位于蒙古高原的南缘，平均海拔高度在1200米以上，地处高寒地带，又兼交通不甚便利，因此，每年在此进行考古工作的有效时间往往不足4个月。回顾我们在元上都的考古工作，大致可以分为三个阶段。

第一阶段是准备阶段，从1992年至1994年。做了元上都遗址的调查、测绘和城区周围祭祀遗址和墓葬的调查、清理工作。1992年羊群庙元代祭祀遗址的发掘与确认，让我们认识到了其与元上都的密切关系和元上都考古研究的重要性。其后两年的城址及其四关的测绘和小范围的调查清理，结合前人的研究成果，使我们初步了解了城址的布局和城区墓葬的分布规律，并逐渐掌握了在草原地区进行古城遗址考古的基本要领，为下一步的工作打下了基础（图3）。

第二阶段是发掘清理阶段，从1995年至2000年。首先，对元上都宫城主要建筑基址、皇城角台、外城城门、南关部分遗址和城区周围被盗墓葬进行了发掘清理，获得了大批最新的考古资料；在此基础上，又完成了对元上都遗址城区及其周围地区祭祀遗址和墓地的航空遥感勘测。其次，逐步扩大调查研究的范围，基本摸清了元上都周边正镶白旗、镶黄旗和锡林浩特市等地元代墓葬的分布情况，并清理了部分严重被盗的墓葬，获得了一批可资对比研究的珍贵资料（图4）。

第三阶段是遗址保护和资料整理阶段，从2001年至2008年初。配合元上都申报世界文化遗产的工作部署，在国家文物局、内蒙古自治区文化厅和盟旗两级政府的努力下，完成了对居住在元上都遗址内的内蒙古畜牧厅下辖五一种畜场四分场一百多户职工的搬迁，整治了周围环境，划定了元上都遗址和金莲川草原的重点保护范围，并建立了保护围栏；在调查研究的基础上，保护性清理修复了350余米皇城东墙（图5），并部分清理和修复了皇

图3　元上都遗址南关东区发掘清理（1998年）

图4　元上都砧子山墓地M8墓道测绘（1998年）

左起：李兴盛、杨春文

图5 皇城东墙修复对比（南—北）

图6 作者及滕铭予教授等与小扎格斯台牧民合影（2004年）

城南门瓮城；同时，对考古调查、测绘、清理发掘和保护修复所获资料，进行了科学细致的系统整理研究，直至完成这一阶段性考古报告。

上都城在元末的战火中沦为一片废墟，而它昔日的辉煌却永远地留在了马可·波罗及许多人的记述中。正如西方一位学者所言"这是一座拥抱着巨大文明的废墟"。探寻和解读这一"文明的废墟"的过程，给我留下了许多难以抹去的记忆。忘不了初夏时节金莲川醉人的花香和百灵鸟的悦耳鸣唱，蜿蜒流淌的闪电河畔的考古发掘现场，曾给了我们多少对那个远逝王朝的无尽遐想；忘不了龙岗后面茂密的原始森林的探秘和山岗之巅元代敖包的踏查，水鸟云集的小扎格斯台湖畔的畅饮，让我和同事们忘记了全身的疲惫并领略了真正的牧场风光（图6）；忘不了骄阳似火的普查途中，牧民家里端上的甘甜的奶食和清香的奶茶；忘不了秋雨连绵的蒙古包里，当夜晚的寒意袭来时品尝的手把肉和蘑菇汤；忘不了冰封雪盖的元上都明德门旁，为了申报世界文化遗产我们十冬腊月还在为规划奔忙。

我深深地怀念16年来为我排忧解难、与我同甘共苦的那些领导、同事和朋友们，由于他们始终如一的支持和帮助，才能使我初步完成这项旷日持久的工作，并交上一份可能还很难令人满意的答卷。曾记得项目启动之初，为了在元上都建立野外工作站，苏俊处长和甘珠尔副书记四处奔走，苦心谋划，终于使我们在四分厂低矮的民房苦熬三年后有了一处明亮的栖身之所，从而奠定了元上都考古工作的基础（图7）；曾记得在调查、测绘和抢救性清理的考古资料积累过程中，我的同事李兴盛、陈永志、曹建恩、王晓琨、王新宇、罗金明、张运平、胡延春和内蒙古测绘局的张秉刚工程师等，头顶烈日，忍着蚊虫叮咬，先后所付出的艰辛劳动；曾记得正蓝旗文体局满达、哈丰嘎、孟克巴特尔、乌云达来、刘学民和文物所哈达、特木尔、珊丹、董丽萍等，在元上都工作期间始终给予我们的无私关照与配合；曾记得多伦县文体局吴克林、谷建华、徐文芝、韩淑清、张少英等，为了砧子

图7 自治区人大、公安、文博系统领导考察元上都（1992年）
左起：拉希栋鲁布、莫日根、巴特尔、魏坚、甘珠尔、斯钦巴图、苏俊、查干莲花、王兰、那义忠、哈达

山墓地的清理发掘和元上都相关遗址的清理保护，在和我们共同辛劳之余，给予了我们太多的关怀和体贴；曾记得锡林郭勒盟委宣传部、文体局季华、齐白乙拉、金莺、吉雅和文物站斯钦巴图、德力格尔、赛佳、刘洪元、王洪江等，为了元上都及其周边地区的考古调查和保护工作排忧解难，尽心尽力；曾记得我带领的技工杨春文、王庆华、王灯良、陈爱旺、张清秀、徐枫、邢建钧、徐刚等人，特别是驾驶员那义忠、那玮父子，十几年与我朝夕相处，苦乐相随。元上都考古使我们情深义重，每一份成就的取得，都有着他们不可磨灭的功绩。

难忘记学界前辈宿白、徐苹芳、张忠培、林沄先生亲访元上都，从城市布局到遗址保护的谆谆教诲，使我在感到肩上的担子沉重的同时，也更加坚定了完成这项工作的信心；难忘记国家文物局张文彬局长、杨志军司长以及郭旃、杨林、王军诸师友带领的国家文物局考察团对元上都考古和遗址保护工作的肯定和支持；难忘记阿宝钢、韩志刚、斯钦毕力格、李少锋、张武、查干莲花、那顺孟克、包志群、哈斯海日汗等正蓝旗几届领导强有力的支持和不懈的努力。金莲川草原多少次的迎送，蒙古包里多少次的举杯畅饮，那醉人的蒙古长调和悠扬的马头琴声时时回荡在耳边（图8）。

元上都考古和申报世界文化遗产工作的进展，引起了各级领导的高度关注。全国人大常委会副委员长盛华仁一行和全国政协副主席张思卿一行都曾考察元上都，给予了我们极大的鼓舞和关怀；内蒙古自治区领导储波、杨利民、陈朋山、任亚平和锡林郭勒盟领导刘卓志、荣天厚、邓月楼等都曾几次考察元上都，并在现场办公，实地解决搬迁和保护经费

始末篇

图8　2003年新建的元上都工作站及部分石刻

等具体问题，为申报世界文化遗产扫清障碍；内蒙古自治区文化厅焦雪岱、高延青、赵芳志、刘兆和等领导除实地考察元上都外，还多次召开专门会议研究元上都的文物保护和开发利用问题。在此，让我对他们表示由衷的感谢和敬意！

　　元上都遗址的考古学研究及对周边地区墓葬人骨、金属器的分析鉴定，城市生态系统的环境背景考察，以及绘图、照相等资料整理方面的工作，得到了众多师友的鼎力相助。其中，《元上都》上编中的《元上都的考古学研究》一文，是我在林沄教授指导下完成的博士论文，文章在写作过程中多次得到徐苹芳先生的悉心指导，在此，对两位先生的提携和厚爱表示深深地谢意！上编的其余3篇则主要是由专门的研究者完成的。吉林大学边疆考古研究中心朱泓教授几次到元上都工作现场和庙子沟工作站采集人骨标本，并指导方启和魏东等完成了人骨研究报告；北京科技大学冶金与材料史研究所李秀辉副教授完成了金属器物的分析鉴定报告；吉林大学边疆考古研究中心汤卓炜教授完成了元上都城市生态系统的环境背景研究报告。对他们卓有成效的研究一并表示感谢！下编13篇报告中的《正蓝旗羊群庙元代祭祀遗址及墓葬》一文曾经发表过，为保证元上都相关材料的完整性，这次再作个别订正后编入本书。其余12篇发掘报告是在庙子沟工作站两年多的整理工作中，由杨春文、陈爱旺、王灯良作了大量整理核对、拣选统计等准备工作，再由李兴盛据发掘记录写出初稿，郑燕负责录入，郝晓菲绘制了器物图和全部墨线图，最后由我审核定稿。其中，李兴盛和郝晓菲为初稿的完成，几乎放弃了所有节假日。为此，让我对他们付出的辛劳和友情，表示诚挚的谢意！

我于2004年调入中国人民大学从事教学工作，工作的变动给尚未完成的报告编写带来了诸多的困难。感谢三年来中国人民大学历史学院和北方民族考古研究所提供的必要的整理条件和经费支持；感谢王晓琨、魏婧、何京、刘珊、丁利娜、卢祥亮等博士和硕士研究生在报告的后期整理阶段废寝忘食地努力工作。

最后，我要感谢我的妻子计红女士，我20多年的考古生涯，始终有她给予的关爱和理解。在我常年在外的日子里，她孝敬长辈，和睦弟妹，课教幼子，独立承担了几乎全部家务而从无怨言，而且还经常提出一些合理化的建议使我获益良多。我所取得的每一点成绩都饱含着她默默的支持。

著名书画家、内蒙古文化厅厅长高延青先生为本书题写书名。

恩师林沄先生百忙中拨冗欣然为本书作序。

英文提要和目录由何京翻译。

华翰轩雅文化发展有限公司为出版提供经费赞助！

本书还存在诸多遗憾和不足，如对一些资料的研究不够深入，考证还显粗浅，特别是关于元代城市发展演变规律的认识，以及与蒙元时期其他都城布局的对比研究仍付阙如，只能留待以后与众位方家共同探讨了。

2008年2月6日除夕夜
于中国人民大学人文楼

（原载《元上都》，中国大百科全书出版社，2008年，本次收录增加了图片）

钓鱼城遗址的遗产价值
——《全球视野下的钓鱼城遗址遗产价值研究》代序言

钓鱼城，位于重庆市合川区嘉陵江南岸的钓鱼山上，三江锁钥，易守难攻，史称"蜀口形胜之地莫若钓鱼山"[①]。

公元13世纪中叶，南宋王朝为抵御蒙古军队的南下，在西南地区兴建了由近百座城堡组成的防御体系。钓鱼城不仅与其他七座重要的城堡并称为"川中八柱"，而且由于地处涪江、渠江、嘉陵江三江交汇地的特殊地理位置，成为宋蒙（元）战争中宋军山城防御体系的重要支撑和联络枢纽，也是左右战争局势的关键所在。百余年间，人们对传世文献的整理与诸多考古遗迹的调查发掘，使钓鱼城之战的过程更加清晰，对于我们今天认识那段历史起到了重要作用。同时，钓鱼城作为重要的文化遗产，在中国古代军事战争史和军事防御体系的研究上，留下了浓墨重彩的一笔。近年来，随着文物考古发掘力度的加大，钓鱼城的本来面目逐渐为世人所了解。在国家文物局和当地政府的积极倡导和文物考古部门的艰苦努力下，钓鱼城申报世界文化遗产的工作提上了日程（图1）。

关于钓鱼城遗址的文化遗产价值，我们认为主要体现在如下几点。

第一，山、水、城合一的军事防御体系，是中国军事战争史上的伟大创举。钓鱼城位于三江交汇的半岛之上，全城以"万仞危岩环壁垒，百弘活水蓄层巅"的钓鱼山为中心，周边涪江、渠江、嘉陵江交汇环绕，形成了"以山为城、以水为池"的固若金汤的布局结构，这是在特殊的历史环境中，中国古代传统的"天人合一"思想指导下的军事杰作。

图1 在重庆市合川区召开的钓鱼城国际学术会议（2015年）

[①]（元）脱脱等：《宋史·余玠传》，中华书局，1977年，第12470页。

第二，多重构筑、内外相接的城防设施，体现了中国古代杰出的军事智慧。钓鱼城并不局限于钓鱼山之山顶环绕的两个城圈，在主城之外，还设有南、北一字城墙通向环绕东城半岛的嘉陵江边，在钓鱼山南还结合水军码头营建了南外城，有效地将战略纵深扩大到了整个东城半岛，发展出利于步兵阵地战的多重防御体系。钓鱼城除城墙、城门等完备的城防设施外，还保留有用于攻城的古地道、水军码头、运兵暗道等，这在世界军事史上都极为少见（图2）。

第三，依山就势、据险固守的务实布防策略，奠定了影响世界历史进程的军事战略地位。1243年至1279年，钓鱼城历经200余次战斗，抵御了当时世界上最强大的蒙古精锐之师，创造了守城36年这一古今中外战争史上的奇迹。钓鱼城经过实战洗礼而成为中国古代山地城池防御的典范，其鲜明的军事文化内涵、优秀的自然人文景观、突出的忠毅勇武精神，已升华为冷兵器时代影响深远的杰出军事防御标志与象征（图3）。

第四，考古发掘揭露出的大量实物遗存，是钓鱼城真实性和完整性的集中体现。钓鱼城城垣、一字城墙、西城门、炮台、墩台、蓄水池、泉井、水军码头、武道衙门、石照衙门、古隧道、军营、校场、皇宫、脑顶坪等遗存都完整再现了南宋钓鱼城攻防兼备的城寨体系（图4）。城内的护国寺、忠义祠、摩崖石刻、佛教造像、历代碑刻等遗存，共同构成了钓鱼城完整而真实的历史文化内涵。

鉴于钓鱼城独有的历史地位，钓鱼城遗址也越来越受到人们的重视。1961年，钓鱼城遗址被列为四川省重点文物保护单位；1982年被列为国家重点风景名胜区；1996年被国务院公布为全国重点文物保护单位。2013年以来，伴随着钓鱼城考古工作的持续深入，钓鱼城文化遗产的保护工作也逐步提上日程。

我国从1985年12月12日加入《保护世界文化和自然遗产公约》的缔约国行列以来，截

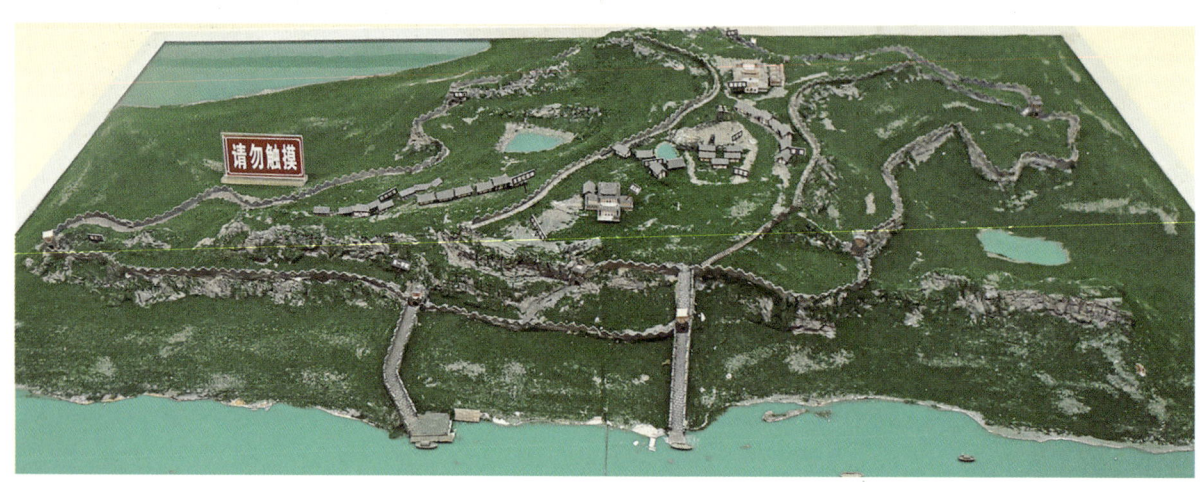

图2　钓鱼城多重构筑防御系统沙盘模型

图3　钓鱼城外围石砌墙体

图4　考古发掘出的衙署基址

至2019年7月5日，经联合国教科文组织审核被批准列入《世界遗产名录》的世界遗产总数已达55项，居世界第一。根据《保护世界文化和自然遗产公约》的规定，申请世界文化遗产必须遵守严格的标准，就其文化价值而言，需要有如下几种特征：

其一，代表人类创造智慧的杰作；

其二，展现人类在一定时期价值观念的重要交流；

其三，表现出一定时期内人类的文化交流；

其四，能为现存或已消失的某一文化传统提供唯一或独特的证据。

钓鱼城因战争而闻名，汉、蒙民族都对其具有浓烈的情感。宋蒙（元）钓鱼城之战双方的艰苦与钓鱼城军民36年的勇敢坚守告诉我们的是：虽然战争造成了巨大的破坏和生命财产的损失，但却也因此促进了社会的发展和民族的融合。因此，钓鱼城遗址的申遗也在提示我们：我国是一个多民族国家，几千年来，我们曾有过万邦来朝的和平盛世，也经历过内部的动乱和战争，历史上冲突与共融同在，动乱与和平并存。战争不是人类发展进程中的必须选项，各民族终将在历史的长河中忘却伤痕而走向共荣与进步。中华民族以其特有的方式呈现出多元一体的文化格局，并成为我们民族得以长久发展的基础，这是我们在无数次战争的洗礼中仍屹立不倒的历史经验。钓鱼城遗址经历了700余年的时空演变，其深厚的历史文化内涵正日益为人们所知（图5）。钓鱼城的申遗，不仅仅会体现出钓鱼城的历史价值和考古价值，更是对其历史上承载的民族精神和人文情感的肯定。

钓鱼城遗址申遗是一项艰巨而意义深远的工作，功在当代，利在千秋。"文物承载灿烂文明，传承历史文化，维系民族精神，是老祖宗留给我们的宝贵遗产，是加强社会主义精神文明建设的深厚滋养。"[①] 2016年4月，习近平总书记对文物工作作出重要指示，强

---

① 新华社：《习近平对文物工作作出重要指示》，《中国文物科学研究》2016年第1期。

图5　考古发掘揭露出的建筑基址

图6　钓鱼城遗址申遗领导小组办公室主任罗利旻与中国人民大学考古文博系主任魏坚签订《基于全球视野下的钓鱼城遗址遗产价值研究》课题项目协议，魏坚教授任首席专家（2015年）

调要全面贯彻"保护为主、抢救第一、合理利用、加强管理"的工作方针。这是党和国家在政策层面对文物保护工作提出的最新要求，也成为钓鱼城在申遗的过程中必须贯彻的方针。近年来，习近平总书记关于文物保护工作的一系列重要论述，充分展现了中国共产党人的历史责任和文化自信，为文物工作注入了强大的思想动力。钓鱼城遗产价值背后所体现的民族融合过程，也符合"一带一路"倡议所提倡的国家与民族关系。我们应当在全球化的背景之下，走出一条使世界上不同种族、不同信仰、不同文化背景的国家可以共享和平、谋求共同发展的道路。从文化遗产与历史研究中，提炼出对于现今国家与民族发展有益的历史经验，是钓鱼城遗址能够揭示的最大遗产价值。在我国多民族共同发展的今天，我们有理由相信，申遗工作将会逐步步入轨道，钓鱼城终将会因为历史而创造新的历史。

在重庆市文化与文物部门和合川区政府及合川区申遗事务中心的领导下，中国人民大学北方民族考古研究所、中国人民大学历史学院考古文博系的师生十分荣幸地加入到了钓鱼城遗址申遗的工作中，参与了相关课题的整理与研究（图6），本书就是现阶段的课题研究的初步成果。通过对钓鱼城遗址的考古学观察和对传世文献的梳理，我们试图从考古学与文献史学的角度扩大钓鱼城遗址的影响，发掘出钓鱼城这一重要遗产所体现出的历史文化价值，为钓鱼城遗址申遗工作增添些许力量，也由衷祈盼钓鱼城遗址能成为我国又一世界瞩目文化遗产，并使其成为人们观察今日世界的历史借鉴。

2019年8月于新疆奇台

（原载《全球视野下的钓鱼城遗址遗产价值研究》，重庆出版社，2020年，本次收录增加了图片）

《元代北方金石碑刻集成·内蒙古、东北卷·鄂尔多斯蒙古源流博物馆藏专辑》序言

2011年夏,内蒙古自治区鄂尔多斯市伊金霍洛旗组建的鄂尔多斯蒙古源流文化产业园区,本着继承历史文化传统,弘扬民族精神的宗旨,从民间征集了一批包括碑刻、墓志、经幢、画像石、石像生及建筑构件在内的177件石刻,随即聘请我和北京大学林梅村、张帆教授,中央民族大学潘守永教授,首都博物馆黄雪寅研究馆员进行了鉴定分析,并计划成立专题博物馆对其进行保护展示与研究。

一

2012年年初,鄂尔多斯蒙古源流文化产业园区与中国人民大学历史学院、中国人民大学北方民族考古研究所签署协议,委托我组建中国人民大学课题组,对鄂尔多斯蒙古源流博物馆馆藏石刻进行整理与研究工作(图1)。

2012年6月至12月的第一阶段整理工作,由历史学院刘未老师带领课题组成员赴鄂尔多斯蒙古源流博物馆,逐一拍摄了石刻的原状照片,为后期持续的工作奠定了基础(图2)。参加本次整理工作的有博士研究生赵立波,硕士研究生李雨濛、姜思怡和谢梅影,主要完成了每件石刻的编号、测量和大部分石刻的录文,并制作了器物登记表,对每件石刻的基本情况做了较详尽的记录(图3)。

2013年6月至12月的第二阶段整理

图1　作者在鄂尔多斯蒙古源流博物馆征集元代石刻前

图2 鄂尔多斯蒙古源流博物馆征集元代石刻之一

图3 鄂尔多斯蒙古源流博物馆征集元代石刻之二

图4 课题组参加"大元华章——蒙元石刻艺术精品展"的展陈筹备工作
左起：赵文、魏坚、徐光辉、李雨濛、文严

工作，由硕士研究生李雨濛、文严、赵文、郭雅楠和王昕然负责，主要进行了对石刻铭文的补录与校对工作，并委托乌兰察布博物馆的郝晓菲副研究馆员，带领赵杰、郝红非、赵永茂等完成了这批石刻的拓片制作。同时，课题组精选出100件石刻，按功能分为墓葬石刻、宗教石刻和建筑石刻三个单元，协助鄂尔多斯蒙古源流博物馆完成了"大元华章——蒙元石刻艺术精品展"的展陈筹备工作（图4）。由我负责撰写展览大纲，课题组完成了器物说明与展览陈设诸项事宜。这一阶段的工作推进了研究成果的进一步完成。

2014年以后，石刻的整理逐渐进入到后期研究阶段。在此期间，本课题研究受到主持国家社科基金重大项目"元代北方金石碑刻遗存资料的抢救、发掘及整理研究"的南开大学历史学院李治安教授的关注，希望将其纳入到此课题的出版项目之中。

2015年5月的第三阶段整理工作，由博士研究生李雨濛和硕士研究生李童赴鄂尔多斯蒙古源流博物馆，对新征集的一批石刻资料进行了补录工作，并由郝晓菲团队同赴园区，对这批石刻进行了补拓。硕士研究生孟燕云协助进行了铭文补录。

2016年1月，经过协商，鄂尔多斯蒙古源流文化产业园区授权中国人民大学历史学院、中国人民大学北方民族考古研究所课题组，负责该成果的整理出版事宜。同年，南开大学历史学院与中国人民大学历史学院签署协议，将其正式列入拟出版的《元代北方金石碑刻集成·内蒙古、东

北卷》中,定名为《鄂尔多斯蒙古源流博物馆藏专辑》。

2017年3月,博士研究生李雨濛和硕士研究生公雪赴呼和浩特,协助内蒙古博物院孔群研究馆员对全部石刻拓片进行拍照。同年6月,在多年整理研究的基础上,由我和李雨濛完成了本专辑的编撰工作。

二

鄂尔多斯蒙古源流文化产业园区征集到的石刻共有177件,包括墓碑、墓志、墓幢等墓葬类石刻和佛教、道教、儒学等宗教类石刻,以及部分雕塑与石构件等。经整理研究可知,该批石刻存有铭文者逾120件,我们甄选出有明确元代纪年的石刻93件收录于本书中,该批石刻铭文均属首次公布。其中年代最早者为至元二年(1265年)的圆雕石瑞兽,年代最晚者为至正二十三年(1363年)的康里氏铁著家族墓志铭,年代跨度近百年,基本覆盖了有元一代。从石刻款识分析,原立石地点主要为今山东、河北、河南北部与山西东部等地,大体属元代中书省直辖之"腹里"地区,因此,该批石刻主要反映的应是这一时空范畴内的社会生活及文化现象。

墓碑、墓志、墓幢等墓葬类石刻,在本卷收录的石刻中可逾半数。这些石刻记录了墓主与其家族的相关事迹,反映了元代北方地区的社会组织、丧葬礼俗和宗族形态,是研究元代社会阶层和地方历史与宗族文化的可贵资料(图5)。

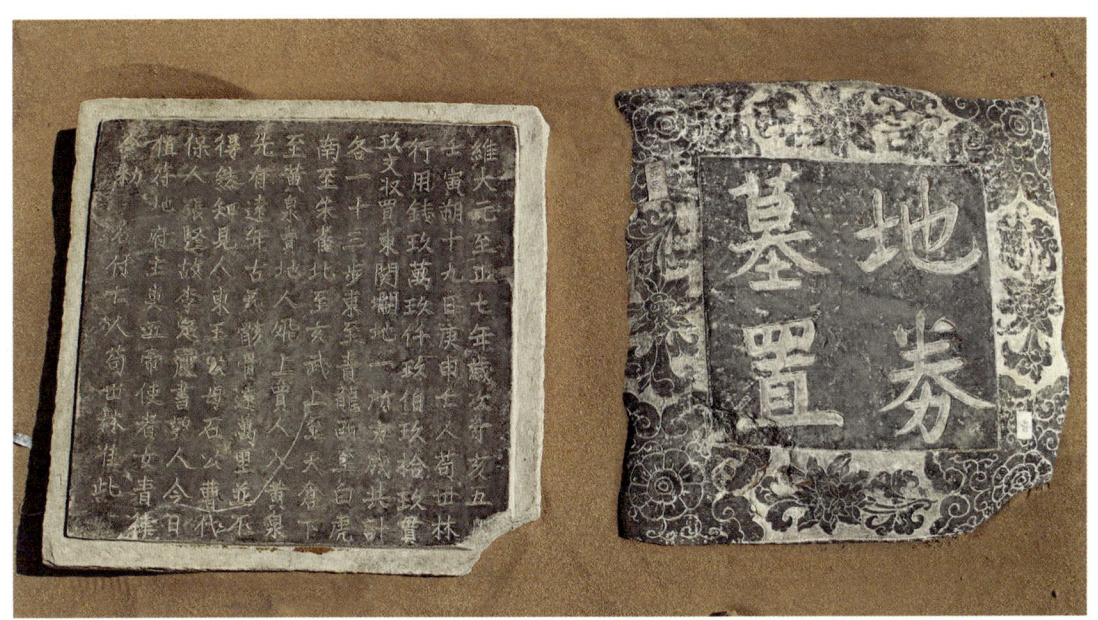

图5　鄂尔多斯蒙古源流博物馆征集元代石刻买地券

在墓葬类石刻中，我们发现了一些见于传世文献中的碑主和志主。如立于元贞二年（1296年）的《大元故河东陕西道提刑按察使李公神道碑》，碑主李惟简为元初名臣，在忽必烈时期有过一定影响，特别在金元之际河北地区的治安上发挥过重要的作用，该神道碑即记载了这一史实及李氏的家族脉络，可与史载互补。又如延祐四年（1317年）的《大元故光禄大夫大司徒领田公墓志铭》，志主田忠良家族原为河北地区武装地主，后转仕元廷，田氏一门也逐渐由武职转为文职，该墓志与传世文献所记的田氏家族状况可互为印证（图6）。另如至正二十三年（1363年）的西域康里氏父子墓志铭，即《赠云中郡公铁著墓志铭》、《故康里氏改的公墓志铭》与《故承直郎崇祥规运提点所大使卜颜帖木儿墓志铭》，记录了康里阔奇端礼拔实丁氏家族，自先祖于成吉思汗西征时归顺，直到元末顺帝时效忠于蒙元帝国约150年间的历史，其家族世为宿卫，为皇帝近侍（图7）。这三方墓志记述人物众多，为研究元代入华西域人入仕状况补充了珍贵史料，且对了解元代政治制度和元上都、元大都的社会生活具有重要价值。

墓葬类石刻中还有以家族先祖为祭祀对象的"先茔碑"。在金末元初之际，北方先茔碑广泛流行，后人通过在家族墓地中竖立先茔碑，追溯先祖创家兴业的经过，描述家族经营建置的历程，并以"宗派之图"记录家族支系脉络（图8）。如至元四年（1267年）的《肥南于氏先茔之记》、至元十八年（1281年）的《大元国平定州东回村田氏墓碑》、至治三年（1323年）的《马氏新茔碣铭》等。诸先茔碑文字记述形式相似，所言多为各姓先人或逃亡于战乱，或散佚于天灾，待得局势平稳子孙安逸之时撰文刻谱、立碑纪念的经由，反映出金元之际北方地区的动荡局面及社会安定后人们更加强烈的宗族意识。此类的墓碑之主不乏在地方事务上有影响的家族或个人，对了解元代普通民众的宗族与生存状况及思想意识颇具意义。

佛教、道教、儒学等宗教类石刻，也是本卷收录石刻中的重要内容。元代宗教氛围宽松，宗教形态多样，鄂尔多斯蒙古源流博物馆收藏的此类文物亦能体现这一特点（图9）。

图6　鄂尔多斯蒙古源流博物馆征集元代石刻田公墓志盖

图7　鄂尔多斯蒙古源流博物馆征集元代石刻康里氏墓志盖

图8　鄂尔多斯蒙古源流博物馆征集元代石刻王氏先茔碑

如至元二十六年（1289年）的《保定路祥定寺传戒照公道行碑》、大德四年（1300年）《尼福理觉灵塔》石幢，记述了主人一心向佛，出家修行的经历和善行。如至正六年（1346年）的《重建修真万寿宫碑铭并序》、泰定五年（1328年）的《创修天圣马鸣王三仙姑之碑》等道教类碑刻，从中既可见以全真教为主流的道教文化印迹，又能发现具有鲜明地方特色的宗教信仰。另有如延祐七年（1320年）的《岱岳回护大王庙创立碑》、至正元年的《重修岱岳庙记》诸碑，反映出鲜明的岱岳崇拜思想。而至元十四年（1277年）的《真定路赵州赞皇县创建宣圣庙晓喻通知》、大德七年（1303年）的《太学生朴斋杨先生懿行序》等，则可印证出儒学在元代得到崇尚的一些现象。

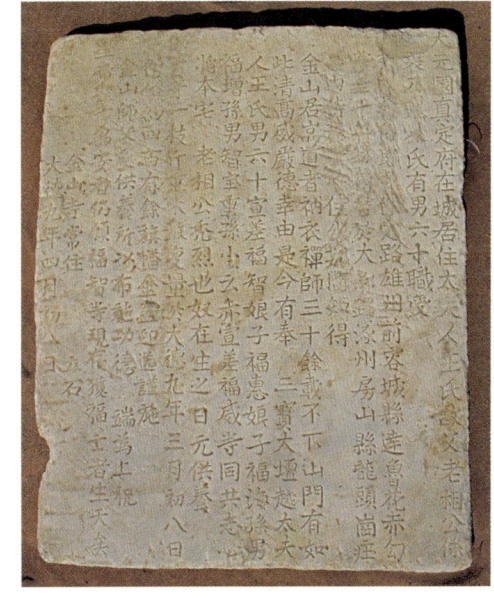

图9　鄂尔多斯蒙古源流博物馆征集元代石刻佛教碑

此外，该批石刻中的雕塑和石构件等，从铭文看也多为捐赠庙宇之物，具有宗教类石刻的属性。可以说，这些宗教类石刻在一定程度上能使我们对元朝的宗教政策及民间的宗教信仰环境有进一步的认识。

如上所述，鄂尔多斯蒙古源流博物馆馆藏石刻，蕴含了丰富的历史文化内涵，具有较大的历史价值。作为新见的传世石刻文献，该批石刻中尚有其他有价值的内容，既可补传世文献之不足，又可为社会学与民俗学的研究增加新的资料。

三

鄂尔多斯蒙古源流博物馆隶属于伊金霍洛旗鄂尔多斯蒙古源流文化产业园区管理委员会。该馆筹建于2011年年初，成立于2013年9月，占地面积38222平方米，是我国目前唯一一所集中收藏、展示与保护元代石刻的博物馆。自2011年起，鄂尔多斯蒙古源流博物馆陆续从民间征集元代石刻，并举办了"大元华章——蒙元石刻艺术精品展"专题展览，通过展示元代及蒙古族物质文化遗存，达到保护历史文物、发掘历史信息、弘扬历史文化的目的，同时激励民族地区各族群众对传统文化的认识。鄂尔多斯蒙古源流博物馆在打造地方文化品牌、弘扬传统文化方面做出了积极的贡献，并力争在未来成为内蒙古自治区具有影响力的专业类博物馆。

鄂尔多斯蒙古源流博物馆自成立之初，便重视馆藏石刻的整理与研究工作，积极同高校及科研机构展开合作。2012年6月，鄂尔多斯蒙古源流文化产业园区与中国人民大学历史学院、中国人民大学北方民族考古研究所签订合作协议，在鄂尔多斯蒙古源流博物馆建立中国人民大学鄂尔多斯考古文博实习基地，并就此启动了元代石刻的整理工作（图10）。经过持续5年多的工作积累，在南开大学与中华书局"元代北方金石碑刻遗存资料的抢救、发掘及整理研究"项目的牵动下，鄂尔多斯蒙古源流博物馆馆藏元代石刻经过系统地整理终于汇集成册，这对学术界进一步了解元代物质文化遗存与元代社会文化面貌大有裨益。

图10　鄂尔多斯蒙古源流文化产业园区管委会主任丁向明与魏坚教授交谈

该批石刻的整理工作，由中国人民大学北方民族考古研究所课题组具体承担。从工作内容上看，这是个对传世石刻遗存的整理、对石刻文献的记录、使历史信息再次面世的过程。而从工作经历上讲，这一过程也是中国人民大学师生们接受挑战、克服困难，与研究生培养紧密结合的一次学术与社会实践经历。

在5年多的资料整理过程中，先后参与工作的课题组成员，发扬吃苦耐劳的工作作风和一丝不苟的学术精神，对每一件石刻都做了全面记录，不但厘清了这批石刻的主要内容，还最大限度地保留了最原始的数据，使这批石刻遗存成为当今学界研究元代社会的有力史证。

本专辑整理、编撰的完成，是诸多老师和研究生们辛苦工作的共同成果。感谢鄂尔多斯蒙古源流文化产业园区丁向明主任及诸多同仁在工作方面的信任和在园区整理期间生活方面给予的照顾！感谢内蒙古博物院的护和先生在该项目实施的初期阶段给予的积极引荐和热情帮助！感谢南开大学李治安教授将这批石刻资料纳入国家社科基金重大项目的出版计划。感谢出版单位在审稿、校对方面付出的辛劳！

2018年2月1日于北京

（原载《元代北方金石碑刻集成·内蒙古、东北卷·鄂尔多斯蒙古源流博物馆藏专辑》，中华书局，2021年，本次收录增加了图片）

北纬四十一度线的征战与融合
——《成吉思汗原乡纪游》序言

　　陈万雄先生是我的挚友，也可以说是内蒙古文博界的挚友。我们相识于二十多年前对"草原文化"的推广，并因此而结下了深厚的友谊。

　　记得是一九九四年的五月初，那时我在内蒙古文物考古研究所任副所长，正在主持南流黄河西岸鄂尔多斯寨子塔遗址的发掘。当时所里两位年轻的业务骨干参加了在郑州西山举办的国家文物局"田野考古领队培训班"的田野培训和考核，为了他们能够顺利过关，我决定去郑州西山一探究竟。那日下午，为了节省时间，我从遗址东侧的悬崖边下到高差约九十米的黄河岸边，跨过七〇一黄河战备大桥，搭上唯一的一趟长途班车赶回了呼和浩特，凑巧的是正好赶上当晚内蒙古文化厅为香港商务印书馆陈万雄总编辑举行的欢送晚宴，此乃与陈万雄先生酒桌初识。第二天，我搭航班飞郑州，没有想到陈万雄先生就和我邻座。有了前一晚喝酒的铺垫，飞机上自然交谈甚欢，借此我也了解了他对编写"草原文化"专题图录的主要构想和基本思路，此乃与陈万雄先生航班深聊，并从此开启了二十几年学术、文化的深入探究和友情的不断升华。

　　万雄先生行思敏捷，精力充沛，且性格豪爽，为人笃诚，言谈交往之中，常能感受到他的热情和大度。虽然他的粤式普通话讲得并不标准，常常会在讲话时把"我们这些做编辑的"说成是"我们这些做骗子的"，引起哄堂大笑，但是他极具感染力的为人之道，却使我们这些北方汉子个个对其折服，并愿意与他合作共事。二十世纪九十年代中期，他正积极筹划，为著名考古学家苏秉琦先生整理出版《中国文明起源新探》，同时在认真领会苏先生"考古学文化区系类型"学说的基础上，准备编撰一套图录，他称之为"中国地域文化大系"，即利用考古学的资料，将全国的考古发现与研究成果，以若干册图文并茂的大型图录完整呈现出来。这样一个浩大的文化工程，恐怕除了万雄先生的胆魄和气度，无人敢于承担起来。当时的《草原文化》和《东北文化》就在首刊发行之列。于是就有了万雄先生在这本书中提到的"成吉思汗原乡"的考察。那时，我们一辆面包车，一行八人：香港商务印书馆的陈万雄先生、张倩仪小姐、李家驹和温锐光先生；内蒙古方面有文物处苏俊处长、考古所的我和博物馆付宁先生、陶平顺师傅。西迄阴山脚下、黄河两岸的巴彦淖尔和鄂尔多斯，东至大兴安岭西麓的呼伦贝尔和赤峰红山（图1），在呼和浩特东郊探访

图1 香港文化出版界陈万雄一行在赤峰巴林桥（1995年）
左起：李家驹、张倩怡、温锐光、苏俊、付宁、陈万雄、魏坚

图2 香港文化出版界陈万雄一行考察元上都（1995年）
左起：温锐光、李家驹、陈万雄、张倩怡、魏坚、苏俊、韩志刚、张武、付宁、满达

过旧石器时代的大窑南山，在锡林郭勒草原拜谒了草原都城元上都（图2）……昼夜兼程，跋山涉水的劳顿和欢声笑语，温故知新的喜悦充斥了整个行程——那是一次东西五千里，上下八千年的历史文化巡礼！而勤奋、细心的万雄先生记下了考察中的所有这一切。现在奉献给大家的，就是他作为一个文化工作者，以赤子之心，"一生倾注中国历史文化的探索和思考的心路历程"。

诚如万雄先生书中所言，中国古代北方少数民族长期活动的地区主要在蒙古高原的大漠南北。这个地区疆土辽阔，东起大兴安岭，西接阿尔泰山，北界西伯利亚，南逾阴山，大体上包括清朝初年以来所称的内、外蒙古。辽远广袤的内蒙古自治区，就地处蒙古高原南缘的漠南之地，东西横跨东北、华北、西北三大自然地理单元，大部分疆域处在北纬四十一度线以北，由东向西，燕山连绵，阴山横亘，中国历代长城也基本分布在这条山系南北。特殊的地理环境，多变的气候条件，形成了形态各异的自然经济类型，也造就了源远流长、色彩纷呈的灿烂古代民族文化。

北方草原的古代文明，从其发端便是以农业与牧业、狩猎与畜牧多种经济形态相互交错的形式，在这一区域孕育和发展。旧石器时代"大窑人"石器撞击的火花，与"北京人"燃起的火焰同样耀眼。地处西拉木伦河两岸的原始村落，同一曲黄河的新石器时代文化，并称为内蒙古的"两河流域"文明，其在中华文明起源的"满天星斗"中，应是最耀眼的星座之一。夏商之际，随着北方地区气候的干燥和变冷，畜牧业便也悄然兴起，伴随着游牧民族登上历史舞台，北方草原的青铜文明也翩然而至。周、秦、西汉以降，东胡、匈奴、鲜卑、乌桓、突厥、契丹、党项、女真、蒙古、满族等北方民族，如浪潮般一次次地兴起，他们离开兴安岭、跨过草原、大漠，在与中原王朝的长期较量中，不断充实和壮大自己，一旦时机成熟，便越过阴山，入主中原，建立王朝。

中华民族就是在周边民族不断地融入中逐步形成，特别是在北方民族强势融入，并不断注入新鲜血液中日益更新和壮大。北纬四十一度线造成了农牧差异，也造成了征战和融合，而这种征战和融合恰恰是中华民族不断创造新历史的原动力。

中国历史的朝代序列在魏晋南北朝之后，常常以"唐宋元明清"一以贯之，这应当说是一种不完整的表述。北宋时北方有辽、西夏并存，"澶渊之盟"后的百年和平，造就了北方经济和社会的高度发展，以至于俄语至今仍以"契丹"称呼中国；南宋时北方仍有金、西夏并立，偏居东北一隅的海陵王甚至把都城迁到了北京，就此开创了北京建都的历史。但在以中原为中心的观念支配下，史家居然没有给辽、金、西夏修史，即便是后来补修的《辽史》和《金史》，也是十分简陋，错谬百出。今天看来，北宋的二百八十万和南宋的二百万平方千米土地显然不能代表当时的中国，但却依然有人对南宋的灭亡和元朝的统一发出"崖山之后无中国"的哀叹，站在历史发展的长河上看，这实在是狭隘的历史观和民族观。即便是享国二百七十六年的大明王朝，在永乐北征后不久，就在比汉长城更偏南的区域修建了"万里长城"，将北元—蒙古部落阻隔在了长城以北，实际上开启了中国历史上又一个南北朝时代。因此，我们没有权利不去正视和思考这一历史的真实。否则，我们就将永远无法去认识历史上一个完整意义上的中国。

草原民族在大漠苦寒的环境下，长期过着骑马射猎、逐水草而居的生活，养成了胸襟开阔和坚韧不拔的性格，他们在融入中华文明之时，便为中华文化带来了蓬勃向上、生机盎然的新鲜血液和发展动力。同时，草原民族金戈铁马、气吞万里的豪迈气概，也打通了欧亚大陆上的壁垒，犹如一座桥梁，使中西文化得以交流。与此同时，草原文明也在这种交流中发展繁荣，其独树一帜的文明成果，又被其他民族吸收借鉴，使草原文明成为全人类共同的财富。

一九九六年初，为了配合《中国地域文化大系》之《草原文化》和《东北文化》在香港出版的宣传推广，我和苏俊先生，以及辽宁文博界的徐炳琨和孙守道两位先生，受陈万雄先生之邀，赴香港参加了一次精心准备的学术推广活动（图3）。那次活动除学术讲座之外，有和媒体的恳谈见面会；有香港电台关于"草原丝绸之路"的录音访问；有报社记者对考古生活的单独采访；有晚餐的美酒，也有下午在咖啡馆的"快乐时光"。记得在一次学术讲座中，我以"中国的史前史应当重新架构——以兴隆洼—红山文化系列为例"为

图3　作者赴香港参加学术推广活动（1996年）
左起：苏俊、魏坚、李家驹、陈万雄

图4　作者在香港做学术讲座（1996年）
右起：魏坚、张倩怡、孙守道

图5　作者与陈万雄先生在香港商务印书馆书店（1996年）

题做了发言（图4）。这个议题引起了前来参加讲座的饶宗颐先生和香港学术界的热烈反响，饶先生随后做了长篇的讲话，认为以往对信史的认识只可以到中原的商周和北方的东胡，而考古的发现完全可以重建中国的史前史。会后的餐会中，饶先生热情地邀我"到香港来教书"，虽因种种原因此事未有结果，但饶先生对历史文化的重视和对晚辈的提携可见一斑。应当说，万雄先生策划的这次活动完全超出了预期的设想，香港媒体的大量报道，包括美国之音的相关播出，都充分说明了这一点。

万雄先生生在南国，读书做事也在南国，却因探寻中华文明的多个源头，来到了北方，投身于草原，完成了对"另一种文明的体验"（图5）。几年的奔波与不断地思考，用他自己的话说，"令我对中国历史和中华文明有重新的认识和理解"。这里反映出的是他对中华文明多元一体格局形成的深刻认识和对草原文化的执着热爱。转眼二十多年过去了，当这位精力过人、工作起来不知疲倦的文化学者在"重游大兴安岭和呼伦贝尔大草原，勾起旧忆，焕发了感情，又以退休之身，重新动笔"之时，这部凝聚着大半生感情与思考，饱含着诸多好友嘱托的"旧账"，终于要面世了！这或许是对历史的思考，或许就是对过往岁月的回忆，我相信，每一个经历过的人都会从中找到自己想要的东西。

老友所嘱，匆匆写就。是为序。

二〇一七年二月八日新春于呼和浩特

（原载《成吉思汗原乡纪游》，英属盖曼群岛商网路与书股份有限公司台湾分公司，2017年，本次收录增加了图片）

《元明清官窑番莲花纹饰之研究》序言

王怡苹是台湾逢甲大学刘良佑教授的高足，这本《元明清官窑番莲花纹饰之研究》，是她在良佑先生的指导下于2006年完成的硕士论文基础上，又经近十年的精研琢磨而最终定稿的学术专著。

"番莲花"与"西番莲"，从名称到实物所指并非属同一时期之植物图案。"番莲花"作为纹饰图案在中国战国以来的织品、陶瓷和金银器上均可以见到，并以"唐草纹"等称谓著称于世。只是到了中国陶瓷史上承前启后的元代，番莲花纹饰才成熟地应用到了青花瓷上，并成为那个时代的代表性纹饰。"西番莲"则是在元明之际随着西番莲实物传入中国，在明清时期的纹饰图案上迭加了新兴的工艺技法，才成就了创新后的番莲花纹饰图案。

应该说，这是一篇在前人研究的基础上，第一次以单一番莲花纹饰图案作系统性分析研究的学术论著。作者将自己的研究限定在番莲花纹饰图案最为成熟稳定的元明清三代，利用考古出土物和传世精品为实物资料，运用考古类型学的方法，结合工艺学、图案学、植物学的手段，以及对相关文献资料的分析，对不同时期的番莲花图案进行了细致缜密的梳理，使我们看到，番莲花作为一种富有寓意的特定纹饰，不但蕴含了中国古代社会、经济、文化等多方面的丰富内涵，同时其起源和流变的过程，也真实地反映了中西文化交流的脉动和源远流长。

我是在2006年受刘良佑先生之邀到台湾逢甲大学做客座教授，讲授《北方民族考古通论》时认识怡苹的。当时正值研三的她正在良佑先生的指导下完成关于"番莲花"的硕士论文，故而也时常来听我的课，并找我讨论毕业论文中的一些观点和看法，我也时常在良佑先生家闲聊和"蹭饭"。当有一次她把七八万字的论文初稿交给我，请我"提提意见"时，我不禁为如此篇幅和高质量的论文感到惊愕。嗣后，她用车载我去台北和席慕蓉教授谈话过程中，也曾把论文的一些主要观点向席慕蓉教授请教，其后她又把论文寄给了席慕蓉老师，她的许多精彩的论述得到了著名作家席慕蓉的高度赞扬。

怡苹因为家庭的原因，攻读硕士学位时间比较晚，但过重的经济和家庭生活负担，并没有磨褪她对知识和学术的追求，她是在一边自己办学生补习班赚钱养家，一边努力完成硕士论文的。良佑先生既是师长,又如父亲般地关心和引导着她,并鼓励她到大陆去读书。终于在2009年,她变卖了补习班的房子和车子,义无反顾地来到北京大学考古文博学院攻读博士学位,并以超出常人的毅力,于2012年顺利毕业,拿到了学位,并到厦门的华侨大学任教职,得遂所愿。

我与刘良佑先生相识于20世纪90年代初在上海博物馆举办的一次关于"秘色瓷"的考古研讨会上。那时的刘先生希望能对北方草原地带的考古学文化遗存进行考察,于是就有了他率领的"台湾考察团"几乎每年一次的大规模来大陆长途考察。在元上都古城,锡林河畔;在鄂尔多斯高原,成吉思汗陵寝之地;在乌兰察布草原,金元时期墓地……,到处留下了他不知疲倦的足迹。长久的深入接触和一次次的把酒言欢,我和良佑先生结下了深厚的友情,也使我就此拥有了一位令人尊敬的兄长。良佑先生身材魁梧,性格爽朗,脑后的"马尾辫"和略带严肃的面容,使他颇有几分"老大"的威严,每年的大陆考察,身边都有众多"粉丝"和仰慕者随行,大家都亲切地称他为"大刘老师"。良佑先生博学多才,治学严谨,他先后在台北故宫博物院、中国文化大学和逢甲大学从事研究和任教,在陶瓷烧制和研究、影像制作、香道探索、艺术品设计等方面都有独到的创建,更兼在陶瓷研究领域著作等身,造诣深厚。他编撰的五卷本《中国历代陶瓷鉴赏》,涵盖了从史前到清代的世界各地博物馆和私人收藏的陶瓷精品,且图文并茂,至今仍是陶瓷研究学界的重要参考书目。良佑先生言而有信,为人笃诚,那时的逢甲大学历史与文物研究所每年都会从大陆邀请考古学者赴台任客座教授,既传授考古文博知识,也促进了两岸的交流,相关事宜都是良佑先生亲自策划和安排,从无延误。刘良佑和罗曼丽夫妇自己没有孩子,他们对来求教的业余爱好者总是给予热情的鼓励和帮助,对于自己门下的弟子,更是极力提携,视为己出。于是,在他们的身边就有了一群不分年龄、不分社会阶层,钦慕夫妇二人的师友和学生们,有了像王怡苹这样勉力治学的后辈学者。

然而,就是这样一位才学过人,德艺双馨的学者,却于2007年秋季在青海考察时不幸长眠在了青藏高原!当时我正带领学生在河北邯郸进行田野考古实习,闻此噩耗,不禁扼腕痛惜!

眼下,这本《元明清官窑番莲花纹饰之研究》就要付梓了,这也许可以算是怡苹对亦师亦父的刘良佑先生最好的回报。为此,我也写下如上文字为本书作序,同时也以此表达我对刘良佑先生的缅怀之情!

2017年5月21日于韩国大田

(原载《元明清官窑番莲花纹饰之研究》,社会科学文献出版社,2017年)

《走近万全右卫》序言

万全县，地处北纬41度线上下的农牧交错地带，北有荨麻岭、虞台岭、野狐岭自西向东绵延横亘，地势北高南低，最大高差在千米左右。其境北抵坝上草原南缘，南连洋河直通中原腹地，处在蒙古高原向华北平原的过渡地带，东去可称京师之门户，西望实乃塞外之屏障，正所谓"前望京都，后控沙漠，左挹居庸之险，右拥云中之固"[1]的"万全"之地，地理位置极为重要。

优越的地理位置和自然环境，造就了丰厚的历史文化积淀。20世纪40年代北沙城南遗址的考古发掘[2]和近年洗马林前水关遗址的考古调查[3]均表明，早在新石器时代至商周阶段，这里就有先民生息繁衍。秦汉相沿，中原王朝在此设治统辖，以抵御不断南下的戎狄和匈奴等北方民族的侵扰，东汉时更设置护乌桓校尉于宁城。内蒙古和林格尔县发现的东汉护乌桓校尉壁画墓中的一幅完整的"宁城图"及其他附属建筑，应该是万全县境内行政设置的最早图像资料[4]。西晋北朝至隋唐五代时期，这里一直是历代中原王朝和先后迭兴的北方各族交相管领之地。辽、金、元三代，由于北方民族的不断强大，这里遂相继成为辽、金西京路和元上都路、大都路的辖境。

明王朝的建立，退出中原的北元势力的虎视眈眈，特别是明成祖的迁都北京，使作为京畿屏障的万全凸显出重要的战略地位。洪武二十六年（1393年），明廷设万全右卫，属山西行都使，并于当年筑右卫城[5]。永乐二年（1404年）移万全右卫治所于德胜堡（今万全城）[6]。自宣德四年（1429年）至成化十五年（1479年）的五十年间，明廷在右卫城北面险峻山岭的塞北通道口，又先后修筑了张家口堡、洗马林堡、新河口堡、新开口堡和膳房堡五个军事关堡[7]。随后，又在成化二十一年（1485年）和嘉靖二十五年（1546年）

---

① （明）孙世芳修，栾尚约辑：《宣府镇志》，嘉靖四十年刊本影印，成文出版社，1970年，第75页。
② 〔日〕水野清一：《万安北沙城》，《东方考古学丛刊》乙种第5册，东亚考古学会，1946年。
③ 刘建华：《张家口地区明代长城调查综述与分析》，《文物春秋》1990年第1期。
④ 内蒙古自治区文物考古研究所：《和林格尔汉墓壁画》，文物出版社，2007年。
⑤ （清）张廷玉：《明史·地理志一》，中华书局，1974年，第902页。
⑥ （清）顾祖禹撰，贺次君、施和金点校：《读史方舆纪要》卷十八《北直九》，中华书局，2005年，第801页。
⑦ （清）顾祖禹撰，贺次君、施和金点校：《读史方舆纪要》卷十八《北直九》，中华书局，2005年，第802~803页。

分别修筑了北段和西段长城和烽火台①。这样，就形成了以万全右卫城为中心，缘边五个军堡和长城东西相连的一个完整的军事防御体系。

万全右卫城，位于万全县德胜口南1.5千米处。城址方形，因受地形所限，城东北和西南角略呈锐角，边长880米，高12米，方向北偏东5度。城址设南北二门，外设瓮城；东西两侧设翼城，但无城门相通。城四角设角台，每面墙体设四个马面，城外有护城河环绕。墙主体以夯土与砾石分层夯筑，外侧以五层石条逐层收分叠砌，高约1.6米，其上均以青砖包砌。这座历经六百多年岁月沧桑的古城，至今城楼高耸，城门、角台依旧，墙体、马面保存完整。在笔者考察所见明代卫城中，万全右卫城是保存最为完整的一座，当真无愧于"京西第一卫"的美誉（图1）。

图1 万全右卫城西南角台及西墙（2012年）

纵观明代长城，可以说是中国历史上东西跨度最大，建造历时最久，修筑最为坚固，设施最为完善的军事防御体系，同时也是中国历代长城中位置最为偏南的长城。长城的修筑耗费了大量的人力和物力，一定程度上也起到了隔绝南北，阻挡蒙古骑兵南下的作用。但也同时造成了中国历史上又一次南北朝的局面。在明王朝270余年的历史上，长城沿线虽然互市贸易并不曾断，但重大战事也时有发生，从而使万全右卫城及其附属的军事设施，成为承载那段沉重而鲜活历史的最直接的载体。于是，梳理万全历史发展的基本脉络，揭开那段尘封历史的真实面目，就成了当今万全人最神圣的职责。

盛世修史。在万全县经济文化全面发展，社会和谐稳定的今天，县领导积极倡导，组织人力，配置资金，编撰一部反映万全历史、文化和民俗的学术专著，实在是一桩有魄力、有眼光的盛举。万全历史文化研究会的谢绍坤、倪昌有、杨翠萍三位学者，都是土生土长的当地专家。他们本着对家乡的热爱和对家乡历史文化的责任感，不辞劳苦，爬山涉水，在进行大量田野调查的基础上，查阅史料，遍访周谘，历经数年，终于完成了洋洋30余万字的《走近万全右卫城》一书，他们积极努力，谦虚务实的实干精神，令人感佩至深（图2）！

《走近万全右卫城》全书分为军事、文化、人物、民俗四篇，在充分占有文献史料和

---

① （清）张廷玉：《明史·余子俊传》，中华书局，1974年，第4738页；《明史·兵志三》，中华书局，1974年，第2240页。

图2 《走近万全右卫》书稿座谈会（2013年）

梳理大量民间传说的基础上，详尽叙述了万全右卫城及其所属五堡、长城、烽火台等军事防御体系，以及军事机制、战事、历史人物和民俗、宗教等事项，较为完整地反映了明代万全右卫及万全县的历史沿革、社会发展、经济生活和风土人情，是一部弥足珍贵的历史教科书。通读该书，仿佛置身于历史的烽烟和鲜活的现实生活之中，让人感知旧事，向往未来。相信这部专著的出版，对于大众了解万全的历史文化，增强热爱家乡的意识，推进万全社会经济和文化事业的全面发展，让长城脚下的万全右卫城成为万全县的一张引以为豪的名片都是大有裨益的。

前任中国考古学会理事长、著名考古学家苏秉琦先生在对燕山南北、长城地带的考古学文化的重要性进行论证时曾经指出："张家口是中原与北方古文化接触的'三岔口'，又是北方与中原文化交流的双向通路。"① "它在中国文化史上曾是一个最活跃的民族大熔炉，又是中国文化总根系中一个重要直根系。"② 苏先生这一论断，最直接的指出了把这一区域在中华民族多元一体格局形成过程中的重要作用，这或许可以成为我们今后进一步做好研究工作的动力。

承蒙万全县委、县政府和文化部门领导的信任，本人曾两次赴万全县进行学习考察，更是难以推脱本书三位作者的诚恳相邀，写下上述言语，以为序。

2013年1月19日

（原载《走近万全右卫》，九州出版社，2014年，本次收录增加了图片）

---

① 苏秉琦：《蔚县三官考古工地座谈会讲话要点》，《华人·龙的传人·中国人——考古寻根记》，辽宁大学出版社，1994年，第5页。
② 苏秉琦：《中华文明的新曙光》，《东南文化》1988年第5期。

《京畿雄关
——明万全右卫军事防御体系研究》
序言

万全县，位于河北省张家口市西南15千米处，地处北纬41度线上下的蒙古高原向华北平原过渡的农牧交错地带。县境内北有荨麻岭、虞台岭、野狐岭自西向东绵延横亘，南为洋河谷地，地势北高南低，最大高差在千米左右。其境北抵坝上草原南缘，南接洋河直通中原腹地，东去可称京师之门户，西望实乃塞外之屏障，正所谓"前望京都，后控沙漠，左扼居庸之险，右拥云中之固"①的"万全"之地，其对于北京而言，具有重要的军事战略意义。优越的地理位置和农牧咸宜的自然环境，造就了万全县丰厚的历史文化积淀，更因其作为游牧民族与农耕民族往来征战之地，而成为民族融合的广阔舞台（图1）。

万全县所在的张家口地区，很早就发现有大量旧石器时代人类活动的遗迹，并多集中在阳原盆地。在万全县发现的洗马林镇旧石器时代遗存，位于前水关村西北400米处，面积约50平方米，采集有石片、石块和动物遗骨等遗物，年代属旧石器时代晚期②。20世纪40年代北沙城南遗址的考古发掘③和近年洗马林前水关遗址的考古调查④均表明，从旧石器时代至商周阶段，这里一直有先民生息繁衍。在公元

图1 万全右卫城南门及瓮城（2012年）

---

① （明）孙世芳修，栾尚约辑：《宣府镇志》，嘉靖四十年刊本影印，成文出版社，1970年，第75页。
② 国家文物局：《中国文物地图集·河北分册（中）》，文物出版社，2013年，第160页。
③ 〔日〕水野清一：《万安北沙城》，《东方考古学丛刊》乙种第5册，东亚考古学会，1946年。
④ 国家文物局：《中国文物地图集·河北分册（中）》，文物出版社，2013年，第160页。

始末篇

前3000年至前2000年阶段，该地区发现了以怀安县西大崖遗址[①]、崇礼县石嘴子遗址[②]和怀安县水沟口遗址[③]为代表的遗存。西大崖遗址位于西洋河北岸的台地上，采集遗物以夹砂和泥质灰陶、灰褐陶为主，器表多饰篮纹和绳纹，可辨器形有鬲、斝、瓮、罐、钵、豆等。石嘴子遗址与西大崖遗址所发现器物呈现出相近的文化面貌，二者均应为龙山时代文化遗存。怀安县水沟口遗址属夏家店下层文化系统，年代为夏代至早商时期。

从春秋中期至战国中期，该地区主要为玉皇庙文化分布区。玉皇庙文化因北京市延庆区玉皇庙墓地的发掘而得名，并以该墓地东周时期墓葬为代表[④]。玉皇庙墓地的墓葬形制以长方形竖穴土坑墓为主，头向以东为主，流行殉牲，随葬品可分为容器、武器、工具、马具、饰品诸类，以陶器和青铜器为主。陶器以夹砂红褐陶为主，泥质灰陶亦较多，多素面，罐类居多；青铜器以直刃匕首式短剑、环首刀、长条形管具、马具和各种饰品最富特色。

这一区域人类文化遗存时代之久远，意义之深广，引起了学界的广泛关注。前任中国考古学会理事长、著名考古学家苏秉琦先生在对燕山南北长城地带的考古学文化的重要性进行论证时，曾经指出："张家口是中原与北方古文化接触的'三岔口'，又是北方与中原文化交流的双向通路。"[⑤]"它在中国文化历史上曾是一个最活跃的民族大熔炉，又是中国文化总根系中一个重要直根系。"[⑥]这一论断，最直接地指出了该区域在中华民族多元一体格局形成过程中所具有的重要地位（图2）。

战国晚期至秦汉时期，该地区属于上谷郡辖境。上谷郡始设于战国燕昭王二十九年（前283年）。秦汉时期，上谷郡下辖十六个县，万全属宁县境。西晋泰始十年（274年），分上谷郡属地置广宁郡，属之。唐贞观八年（634年）置妫州，后置文德县，隶之。辽代隶属西京道。金代设西京路，于宣平堡置宣平县，隶之。元代属宣德府宣平县。成书于明代正德年间的《宣府镇志》中，关于万全建置沿革的记载多有讹误，不足为据（图3）。

明王朝的建立和退出中原的北元政权的虎视眈眈，特别是明成祖的迁都北京，使作为京畿屏障的万全凸显出重要的战略地位。明廷从洪武二十六年（1393年）设万全右卫，并于当年筑右卫城[⑦]，一直到嘉靖二十五年（1546年）最后完成长城和烽火台的修筑[⑧]，最终形成了以万全右卫城为中心，缘边五个军堡和长城东西相连的一个完整的军事防御体系。

---

① 徐建中：《河北省怀安县新石器时代遗址调查简报》，《文物春秋》1993年第3期。
② 贺勇：《河北崇礼石嘴子发现新石器时代遗址》，《文物春秋》1989年第1期。
③ 徐建中：《河北省怀安县新石器时代遗址调查简报》，《文物春秋》1993年第3期。
④ 北京市文物研究所：《军都山墓地：玉皇庙》（一），文物出版社，2007年，第8页。
⑤ 苏秉琦：《蔚县三官考古工地座谈会讲话要点》，《华人·龙的传人·中国人——考古寻根记》，辽宁大学出版社，1994年，第5页。
⑥ 苏秉琦：《中华文明的新曙光》，《东南文化》1988年第5期。
⑦ （清）张廷玉：《明史·地理志一》，中华书局，1974年，第902页。
⑧ （清）张廷玉：《明史·余子俊传》，中华书局，1974年，第4738页；《明史·兵志三》，中华书局，1974年，第2240页。

图2　万全县学术座谈会（2014年）

图3　作者在万全右卫城学术会议上发言（2012年）

图4　万全右卫城保护标志（2012年）
左起：特尔巴依尔、李雪欣

图5　中国人民大学师生等在万全右卫城西南角台
（2013年）
左起：郝园林、黄燕妮、魏坚、殷双进、谢绍坤、特尔巴依尔

万全右卫城位于万全县德胜口南1.5千米处，城址方形，设南北二门，外设瓮城；东西两侧设翼城，但无城门相通，城外有护城河环绕。这座历经六百多年岁月沧桑的古城，至今城楼高耸，城门、角台依旧，墙体、马面保存完整。在明代卫城中，万全右卫城是保存最为完整的一座，当真无愧于"京西第一卫"的美誉（图4）。

明长城是中国历史上东西跨度最大，建造历时最久，修筑最为坚固，设施最为完善的军事防御体系，也是中国北方历代长城中位置最为偏南的长城。长城和卫、所边堡的修筑耗费了大量的人力和物力，一定程度上也起到了隔绝南北，阻挡蒙古骑兵侵扰的作用，但同时也造成了中国历史上的又一次南北朝局面。在明王朝270余年的历史上，长城沿线虽然互市贸易并未间断，但重大战事也时有发生，从而使万全右卫城及其附属军事设施，成为了承载那段沉重而鲜活历史的最为直接的载体。于是，梳理万全历史发展的基本脉络，揭开那段尘封历史的真实面目，就成为我们当代人最神圣的职责（图5）。

始末篇

图6　洗马林堡西北角台及城墙（2012年）

  近年来，随着国家文化、文博事业的蓬勃发展，万全县委和县政府也更加重视和加强了对该县历史文化遗产的保护和开发利用，积极组织当地文史工作者编写了《走近万全右卫》[①]一书。该书在进行大量田野调查和查阅史料的基础上，叙述了万全右卫城及其所属五堡、长城、烽火台等军事防御体系，以及边关战事、历史人物、民俗和宗教等事项，较为完整地反映了明代万全右卫城的历史沿革、建筑特点、社会发展、经济生活和风土人情，是一部反映当地历史文化的百科全书。2012年10月，编者因参与《走近万全右卫》书稿的审阅，受邀考察了万全县境内万全右卫城、洗马林堡、新河口堡、新开口堡、膳房堡和老龙湾汉墓群等重要遗存。通过考察，编者和当地领导达成共识：万全县有着如此丰厚的文物资源，有必要从深入的考古调查入手，在详细搜集查阅文献资料的基础上，对明代万全右卫军事防御体系进行系统的研究和阐释，以提高学术界与当地民众对这类基本保存完好的军事建筑遗存的遗产价值的认识，推动万全右卫城及相关建筑遗存的文物保护和开发利用工作。基于此，2013年1月，万全县文化部门与中国人民大学历史学院·北方民族考古研究所正式签订了"万全右卫军事防御体系研究"项目合作协议，随即启动了项目研究。本书稿即是经过三年不懈努力的最终成果（图6）。

---

① 万全历史文化研究会：《走近万全右卫》，九州出版社，2014年。

本书分为两部分。前一部分为"明万全右卫军事防御体系研究"。这是通过对万全右卫城、洗马林堡、新河口堡、新开口堡、膳房堡和张家口堡以及长城等建筑遗存的考古学调查和测量，而对每处建筑的建置沿革、建筑布局和保存现状的阐释和研究。在此基础上又对万全右卫军事防御体系的特点、职官系统、兵力武备和著名战役概略作了必要的论述。后一部分"附录"为"明万全右卫军事防御体系资料长编"。这是在查阅辑录了八十多万字文献史料的基础上，经过删繁考异后留下的史料精华。长久以来，对明代长城、卫所、边堡的研究，多限于古建筑学领域，近年来考古调查与测量所得基础资料虽有所增多[1]，但考古学研究仍相对较少。本书即是在大量田野工作的基础上，运用考古学的研究方法，结合对大量繁杂文献史料的梳理，对万全右卫军事防御体系所做的一次尝试性研究。

明朝修筑万里长城的目的是阻挡蒙古骑兵的南下，如今弥漫在山巅上的烽烟早已散去，只有残败的军事建筑静卧在山峦隘口之间，成为了北方民族与中原王朝往来征战的历史见证。万全右卫军事防御体系作为明朝京师西北最为重要的屏障，有明一代，与明政权的生死存亡息息相关。有鉴于此，编者对这处京畿重镇进行了深入的考古学调查与研究，通过对考古资料与文献记载的比对梳理和相互印证，编成此书，以飨读者。由于时间仓促，许多研究尚待完善，其中定有诸多错谬疏漏之处，恳请各路方家指正。

2016年3月22日
于中国人民大学

（原载《京畿雄关——明万全右卫军事防御体系研究》，科学出版社，2016年，本次收录增加了图片）

---

[1] 刘建华：《张家口地区明代长城调查综述与分析》，《文物春秋》1990年第1期。

《京畿雄关
——明万全右卫军事防御体系研究》
后记

张家口，这是我大学本科期间两次考古实习的地方，孰料30多年后我又回到了这里。2012年10月，在张家口学院佟健华教授的极力推荐下，受万全县委、县政府的邀请，我第一次来到张家口市的万全县，参加由万全历史文化研究会主编、万全县文史学者谢绍坤、倪昌有、杨翠萍撰稿的《走近万全右卫》一书的审稿会。因书中所涉内容的关系，我们就便考察了万全县境内明万全右卫城、洗马林堡和老龙湾汉墓群等重要遗存。意外的是，万全县丰厚的历史文化积淀，大量保存完好的文物古迹，给我们带来了极大的震撼，使这次考察犹如尊享盛宴。在考察后的座谈会上，当地领导和文史工作者都表达了加强当地文物保护、学术研究和开发利用的强烈愿望，就此促成了中国人民大学北方民族考古研究所和当地文化部门的一次为期三年的合作研究（图1）。

三年中，我带领研究生五次赴万全县，在当地文化和文物部门的热心安排和积极配合下，逐步深入考察了万全县的史前考古学文化遗存和秦汉设置遗留的古城址及汉墓群，特别是重点考察了明代万全右卫城防和下辖的五个城堡，为本书的编著获得了大量的第一手资料。为不使忘记，兹将历次参加万全考察的相关人员和考察及会议内容记述如下：

第一次（2012年10月8日～10日）：8日，我带硕士研究生特尔巴依尔和李雪欣赴万全县，参加《走近万全右卫》一书的审稿会，在县旅游文化体育广电新闻出版局李学宏局长主持下，与县里相关领导和作者交换了修改意见，并允诺为该书作序。随后在万全县历史文化研究会杨翠萍女士和文物管理所殷双进所长的带领下，参观了县文物所的文物藏品，随即对万全右卫城址及附属设施进行了调查测量（图2）。9日，在张振山、卢奋博副局长的陪同下，考察了洗马林堡、前水关遗址及石堆

图1　万全右卫城西南角台（2012年）

图2　作者参观万全县文物管理所文物藏品（2012年）　　图3　万全右卫城文物考察研讨会（2013年）

墓群和老龙湾大型封土汉墓群。考察归来，县委和政府随即召开了有考察人员和县文化、文史工作者参加的"万全右卫城学术研讨会"。万全县委常委、宣传部部长赵勇琳主持会议，张春霞副县长介绍了万全县的基本情况，我就万全县的文物遗存做了基本的评估，并就今后的保护、开发利用谈了自己的看法，提出了发挥双方优势，合作研究万全右卫军事防御体系的基本构想。此议得到万全当地领导和文史工作者的积极响应。10日，返程。

第二次（2013年1月30日～31日）：30日，会同张家口学院佟健华教授、中国人民大学历史学院曹新宇副教授，带硕士研究生郝园林赴万全县，在充分酝酿协商的基础上，中国人民大学历史学院·北方民族考古研究所与万全县旅游文化体育广电新闻出版局签订了"明万全右卫军事防御体系研究"协议书，计划用三年时间完成项目研究。31日，由于气候骤变，天降大雪，不便考察，改为同万全历史文化研究会的诸位学者研讨万全右卫城的价值内涵与形制特点，并就《走近万全右卫》一书样稿的体例和表述用语存在的问题充分交换了意见。返程。

第三次（2013年10月31日～11月2日）：31日，上午带硕士研究生特尔巴依尔、郝园林、黄燕妮赴万全县，了解万全境内汉代宁县相关资料及与内蒙古和林格尔县"护乌桓校尉墓"墓主关系，并就墓葬壁画反映的墓主在汉宁县任护乌桓校尉的问题展开讨论；下午，谢绍坤、殷双进二位带领考察明万全右卫膳房堡、新开口堡和新河口堡。1日，谢绍坤带领考察北沙城城址，初步确定明代北沙城下叠压的应为汉代宁县城墙基址。随后考察了阳门堡和宣平堡，此为金代所设阳门县和宣平县治所，阳门县元代废，明清为阳门堡；宣平县元代延置，明清为宣平堡。再次考察万全右卫城及西北烽火台。2日，返程考察堡子里，即明代所设张家口堡（图3）。

第四次（2014年9月13日～14日）：13日，带博士研究生郝园林、硕士研究生冯宝赴万全县，就"明万全右卫军事防御体系研究"项目完成的阶段性成果进行汇报。至此，该项目完成研究成果4.5万字、资料长编80万字。项目双方就研究成果的进一步补充和资料长编的删繁就简取得一致意见，并强调了项目成果版权归双方共同所有，商讨了研究成果的出版事宜。张春霞副县长对项目完成情况进行了充分肯定，并希望能够加快研究进度，让成果尽早面世。14日，返程。

第五次（2015年3月28日～29日）：28日，带博士研究生郝园林、硕士研究生王烜、赵函一行赴万全县，向万全县旅游文化体育广电新闻出版局交接研究项目成果。提交11万字研究成果和21万字资料长编纸质文本和电子版各一份。随后在李学宏局长、卢奋博副局长、谢绍坤、杨翠萍等学者的陪同下，考察了正在清理维修的万全右卫城的南门瓮城（图4）。29日上午，谢绍坤陪同再次考察了北沙城遗址，基本确认了在如今保留的明代城址北墙向西，还保留着汉代宁县北墙西段的建筑基址。下午返程。

自2012年10月至2015年3月，经过近三年的不懈努力，我们终于完成了"明万全右卫军事防御体系"项目的研究。之后，我们又用了近一年的时间，对项目成果进行修改、检校和核对，如今这个虽然仍不能算成熟的成果还是要面世了，心中不免有些忐忑不安。从2013年1月项目启动伊始，我便感觉到了工作的艰巨与繁琐。不但在明万全右卫军事防御体系的研究上，需要进行大量的田野调查和测绘工作，以掌握各类遗存数据，从而保障这一研究成果的学术性与科学性，同时，查阅和摘录浩繁的文献史料，编制一部精致的资料长编更是一项前人没有尝试过的基础性工作。

我带领研究生几次前往万全县进行的考古调查，多在春寒秋冷的季节，参与调查和测绘工作的研究生特尔巴依尔、郝园林、李雪欣、黄燕妮等同学和当地配合工作的李学宏、卢奋博、谢绍坤、杨翠萍、殷双进、张振山等干部和学者都饱受了艰辛和劳累，风霜雨雪自不待言，还常常为了完成一个调查和测绘而废寝忘食。这期间，每次调查都是万全县文广新局派车来京接送，开车的孙晓峰师傅有时都是一大早赶来，中午返回，任劳任怨，从无延误。

在项目研究中，万全县委和县政府始终给予了高度重视，县委宣传部赵勇琳部长、县政府张春霞副县长对每一次考察和研讨都要做出具体安排，并多次慰问参与工作的老师和同学们，嘘寒问暖，令人感动！正是万全县委和县政府及文化文物部门的大力支持与积极配合，保证了调查的顺利进行，为后续的研究工作打下了坚实的基础，在此谨表示诚挚的谢意！

完成一部有关明万全右卫军事防御体系的资料长编，是我在考察立项和研究之初就决心要完成的夙愿，因为作为一项基础性研究，资料长编的重要性是不言自明的。所以，在立项伊始我们便开始了资料长编的工作，主要是利用现有的数据库包括中国基本古籍库、明实录等进行检索，如此难免挂一漏万，但可覆盖涉及万全右卫城的基本文献。此后便对每一条目进行原文核对和标点工作，并且加注了页码，这样在将来的相关研究时，可简化甚至省去相关的文献资料搜集工作，这尤其为地方研究者提供了便利。但当郝园林和几位同学利用国家图书馆和中国人民大学图书馆丰富的数据库和藏书，面对海量数据，不分寒暑，经过近两年的查阅，汇集了80多万字的相关文献史料时，我还是为自己在项目初始阶段的估计不足而感到自责，同时也为这项工作的完成而感到欣慰。经过对史料来源及版本的查重考异，剔除大量转抄的重复，最终完成的20余万字的"明万全右卫军事防御体系资

图4 万全右卫城南门瓮城维修保护现场
（2015年）

图5 中国人民大学师生与万全县文化部门领导及专家
在万全右卫城南门（2015年）
左起：郝园林、杨翠萍、李学宏、魏坚、卢奋博、王烜、赵函、谢绍坤

料长编"部分，便是精练后的结果。这要感谢博士研究生郝园林，以及硕士研究生李雪、孟艳云、朱彦臻为此付出的心血。资料长编为本项目的研究提供了佐证，更为今后张家口万全县有关明代军事防御体系的研究、保护和利用提供了基础材料。

中国社科院考古研究所刘建国研究员、中国人民大学历史学院森谷一树博士提供了科罗纳（Corona）卫星照片，在此致以特别谢意。

将考古教学与研究同地方文物保护与开发利用的需要结合起来，无疑是高校人才培养模式的一个新的尝试。许多研究生通过参与这个项目得到了有效的学术训练，在考古学方法的实践上，在史料搜集和辨别能力上，在考古材料与文献资料的结合上，都有了显著地提高。由此我认为与地方进行项目合作不失为一种有效的科研和教学方式，尤其对于考古学这种非常务实的学科来说更是如此（图5）。

张家口地区地处京畿关要，历来民风淳朴，人杰地灵。随着时代的推移，明时的京师屏障，后逐渐演变为边贸重镇，从而突显开放与多元的特质。在此书编写的同时，欣闻北京市与张家口市将共同举办2022年冬季奥运会，而张家口市所在地正是明代万全右卫城属堡之一的张家口堡。这实在是人文历史与奥运精神的完美结合。希望我们的研究能为2022年冬奥会的成功举办贡献一份力量！

2016年4月1日
于中国人民大学人文楼

（原载《京畿雄关——明万全右卫军事防御体系研究》，科学出版社，2016年，本次收录增加了图片）

《芳林新叶
——历史考古青年论集（第二辑）》
序言

2017年11月17～20日，由中国人民大学历史学院考古文博系主办的第二届"历史考古青年论坛"在中国人民大学人文楼三层会议室隆重举办，来自北京大学、吉林大学等国内十多所高校的青年考古学者共聚一堂，交流切磋，充分展示了新时期青年学者的风采。这本刚刚编撰完成的论文集，就是出席此次论坛的国内高校考古学科的年轻教师和博士研究生最新研究成果的结晶。

"历史考古青年论坛"区别于目前学界频繁举办、主题各异的学术会议，从发起、策划到筹备、举办，主角都是清一色的80后学者。2014年，四川大学的王煜、中国人民大学的陈晓露、吉林大学的赵俊杰三位青年学者共同发起和组织了这一论坛。该项学术活动得到了四川大学历史文化学院的大力支持，并于2015年在四川大学举办了第一届研讨会。我本人有幸作为特邀嘉宾出席了该届论坛，亲自见证了青年学者们在现场充分交流、热烈讨论各种学术问题的场景，并感受到他们讨论的问题已经具有了相当的深度和广度。由此，我强烈意识到，考古学发展的今天，80后正在逐渐成长为中国考古学界的骨干和中坚力量。青年是事业发展的未来和希望，他们充满热情，有着更大的积极性和主动性，以及天马行空的想象力和颠覆陈规的创造精神，这些都是促使学术发展的必要条件。因而，在青年学者们的热情感染下，我全力支持第二届"历史考古青年论坛"在中国人民大学举办，并尽自己所能为他们提供各种便利和帮助。实际上，当第二届论坛召开之时，很多与会的青年学者已经在学术界各相关领域中崭露头角，有的甚至在社会上有了一定的影响和声望。他们的成长，正如刘禹锡所说："芳林新叶催陈叶，流水前波让后波。"王夫之也曾言："新故相推，日生不滞。"毋庸讳言，只有积极创造条件，推动青年人的锻炼与成长，才是保证学术一代一代传承与进步的根本。

"历史考古学"是国内外学术界公认的考古学分支学科之一，即以文献记载时期的考古资料为研究对象，与以文字记载以前时代的"史前考古学""原史考古学"共同组成了中国考古学研究的三个阶段。也有学者为避免歧义，或将其称为"历史时期考古学"，但"历史考古学"更为简洁，已经成为约定俗成的名称。在传统观念中，相对于史前考古学，历史考古学在考古学界一直处于较为弱势的地位。这种观念无疑是在长期的学科发展过程中形成的。众所周知，中国具有强大的历史记录系统，留下了大量的文献古籍，它们一直是人们了解古代社会、认识过去历史最重要的资料来源。历史考古学在相当长的一段时间内，不为人们所重视，即便有所发现也大多只能起到"证经补史"的辅助作用。然而，随着中国考古学的蓬勃发展，这一传统观念正在被改变。越来越多的学者清楚地指出，历史考古学绝不只是文献史学的附庸和材料提供者，而是作为考古学的分支之一，具有自己独特的理论方法和学科内涵，与文献史学有着完全不同的研究对象、研究路径和研究目的的独立学科。在认识历史方面，历史考古学应与文献史学具有同等重要的地位。

事实上，近年来历史考古学的发展态势也确实发生了很大变化。一方面，随着国家大规模基本建设的步伐逐渐放缓，抢救性发掘工作的急迫程度、新考古材料的累积速度都有所下降，以往那种依靠新材料推动的研究模式也不再适合新的发展趋势，考古学研究已经十分自然地走上精细化发展的道路。结合文献典籍对考古遗存进行深度的解析诠释、挖掘物质遗存背后所反映出的历史文化内涵正在成为历史考古学领域最主要的研究方向，有些学者将当前这一趋势称为"从归纳到解释"的研究范式转型。另一方面，随着考古学自身理论的发展与完善，历史考古学的研究领域也在不断扩张，原来多在史前考古学范畴内进行的研究课题也在陆续进入历史考古学研究视野之中，如环境考古、动物考古、植物考古、人类骨骼考古等分支学科，就纷纷把研究触角延伸到以往关注甚少的历史时期，从自然科学的角度，为文献所记载的人和事发生活动的空间背景提供了更多层面的信息，这无疑又能够推动历史考古学者对历史更为深刻的理解，从而揭示和描绘出更全面、更细微、更丰富的人类历史图景。本文集所收录的文章，十分明显地反映出了历史考古学界的这两个发展趋势。

我看到，本文集大多数文章都是立足于对考古学材料扎实分析的基础之上，但又不局限于此，在型式分析、分期断年、编排序列、总结规律等一系列基础工作之后，又充分结合文献古籍，或是尝试澄清和解决历史问题，或是对材料所涉历史给予不同于史学叙事的描述，或是探讨和揭示物质材料折射出的历史本质。本次论坛的发起人超越学科壁垒，专门邀请了与考古学高度相关的具有出土文献、历史地理等研究背景的历史学者参会，集中于具体问题的探讨。尤为值得称道的是，发起人还特别邀请了一位人类骨骼考古背景的研究者参会，引发了其他与会学者的极大兴趣，大家借助自然科学的方法、概念、思路，对相关考古材料进行了十分热烈的讨论。这些现象充分表明，青年学者们对于学术潮流的把

握是相当敏锐的，他们精力旺盛，视野开阔，思维活跃，善于学习和吸收，又处于这个环境宽松、科技发达、学术交流空前便利和繁荣的时代，他们的前途不可限量。为此，我衷心地为中国历史考古学的后继有人而感到骄傲和欣慰，同时也期待着年轻一代把中国考古学的研究推向更加广阔的未来。

2019年2月28日
于中国人民大学人文楼

［原载《芳林新叶——历史考古青年论集》（第二辑），上海古籍出版社，2019年］

《延庆文物珍藏——北京市延庆区第一次可移动文物普查成果汇编》序言

历史文物不但是一个地区悠久的文化记忆，更是一个民族的根与魂。保护和传承祖先珍贵的文化遗产，就是守护一个地区既往的辉煌、今天的财富和未来的希望。延庆区地处北京西北的燕山北麓，自古以来就是连接华北平原和北方草原地带的重要区域，因此也是历代北方游牧文明与中原农耕文明相互碰撞交融之地。悠久的历史、灿烂的文化，为延庆留下了丰富的历史文化遗存，这里不仅有军都山下的山戎墓地、幽深峡谷中的奚人古崖居和横关锁钥的历代长城，更有原始人类精磨细琢的石斧、青铜时代锈色斑驳的短剑和汉唐以来匠心独具的佛造像……这些珍贵的文化遗产，犹如源源不绝的妫水河，从远古奔泻而来，为延庆留下了厚重的历史积淀。

中华人民共和国成立以来，全国已经开展过3次大规模的不可移动文物的普查工作，基本摸清了重要历史遗存的家底，并初步建立起了完整的档案，为不可移动文物的保护和利用提供了重要保障。有鉴于此，从2013年开始，在国务院的统一部署下，我们面对浩如烟海的可移动文物开展了第一次全国文物普查，这是中华人民共和国成立后首次对馆藏文物进行的全国范围的专项普查工作，是全面、系统了解和掌握我国文物基本情况的一项重要举措。此次普查周期长，涉及多个行业和领域，文物数量大，藏品类型多，技术要求高，工作难度不比以往。为做好此项工作，延庆区专门成立了普查办公室，整合全区文博力量，对全区文物收藏单位工作人员进行系统培训，对所藏文物摸底登记，经过辛勤工作，最终摸清了延庆区文物的家底，圆满完成了普查工作，取得了新成果。

当下，让收藏在文物库房、摆放在博物馆展厅的文物活起来，是文博工作者的历史责任。因此，随着全国第一次可移动文物普查工作的结束，利用普查成果成为我们活化文化遗产的又一个重要活动。为了让广大民众能够了解延庆历史，一览延庆文化瑰宝，讲好延庆故事，传播妫川文化，增强民族自信，延庆区文化委员会组织业务人员，从近万件文物藏品中精心选择了253件/套文物精品，编辑出版了这本《延庆文物珍藏——北京市延庆区第一次可移动文物普查成果汇编》，奉献给社会，这既是延庆区可移动文物普查工作成果

始 末 篇

的一次精品展示,也是延庆区推进落实北京全国文化中心建设的切实举措。

我们要特别感谢延庆区广大文博工作者的辛勤付出!正是由于他们默默无闻的艰苦工作,才让历史长河的点点滴滴绽放星光,正是由于他们用心钻研的精挑细选,才让延庆灿烂的历史文化色彩纷呈。希望我们今后能够有更多这样的专业书刊出版,让我们在文化的道路上行而致远,不断书写美丽延庆的瑰丽篇章。

2019年5月8日

(原载《延庆文物珍藏——北京市延庆区第一次可移动文物普查成果汇编》,
北京美术摄影出版社,2019年)

《中蒙俄联合岩画科考与论坛论文集（2015—2017）》序言

地处欧亚大陆草原地带的中国、蒙古国和俄罗斯，不但有相互毗邻的地缘关系，也是历史上的友好近邻。目前中俄蒙三国都处于重要的历史发展阶段，特别是进入21世纪以来，谋求共同发展是三国政府和人民最美好的愿景。面对历史发展的重要机遇，顺应经济文化发展的需求，2015年7月9日，中俄蒙三国元首在俄罗斯乌法举行了重要的会晤，批准了《中俄蒙发展三方合作中期路线图》。这一举措，为增进三国政治上的互信，推动区域经济合作，加强在国际和地区事务中的协调配合铺平了道路。中国国家主席习近平指出，在人文领域"要密切民众交流和联系，巩固三方合作社会基础"[1]。

2015年2月，习近平总书记在陕西视察时强调："要保护好文物，让人们通过文物承载的历史信息，记得起历史沧桑，看得见岁月留痕，留得住文化根脉。"[2]鉴于中俄蒙三国经济文化发展的美好前景，为了推动和加强三国民间文化交流的深入，2015年7月，内蒙古巴彦淖尔市文化新闻出版广播电视局在与中国岩画学会多年致力于阴山岩画保护和研究的基础上，在市领导的积极支持下，提出了召开"中蒙俄联合岩画科考与论坛"的设想，并积极邀请中国人民大学北方民族考古研究所联络国内外相关学术机构，具体制定实施方案。经与蒙古国科学院历史与考古研究所和俄罗斯科学院物质文化史研究所等相关学术部门短暂协商后，初步决定由三国学术部门共同主办"中蒙俄联合岩画科考与论坛"，并且制定了"三国轮流主持，每年召开一次"，准备举办3～6年的活动计划，以期推动三方在学术研究领域的文化交流与互动。

岩画以各种图像构成了文字发明以前原始社会最初的"文献"，体现了史前人类社会的物质生活和对精神世界的追求；即便是在进入文字产生以后的历史时期，岩画仍然是人类社会宗教信仰、社会风俗、生业方式等诸多方面的重要记录。岩画作为古代人类文化遗存，在世界各地均有分布。岩画因所在地的自然环境、生业模式、文化传统和年代的不同而表现出较大的差异。在欧亚草原这一广袤的地域范围内，岩画遗存的共同性和差异性并

---

[1] 杜尚泽、林雪丹：《习近平出席中俄蒙三国元首第二次会晤》，《人民日报》2015年7月10日第2版。
[2] 《为了传承红色根脉——延安加强革命旧址保护纪实》，《陕西日报》2015年4月24日。

存，尤以地处欧亚草原中心地带的中蒙俄三国境内的岩画为代表。这里的岩画数量众多、内涵丰富，对于我们还原古代先民在欧亚大陆互动和交流的历史具有重要的意义。因此，以当前中方"一带一路"倡议下的丝绸之路经济带建设、俄方跨欧亚大通道的建设和蒙方"草原之路"倡议更加紧密对接为契机，在既有合作的基础上，中蒙俄三方的相关学术部门决定在古代岩画研究领域开展跨境科学考察和学术研究，以充分掌握三国欧亚草原地带岩画的分布、数量、类型和彼此间的异同，探寻古代先民在岩画中寄托的深刻寓意和情感；通过对这一学术研究平台的构建，来加强三国学者间的学术交流与互动，密切中蒙俄三方在学术与民众间的联系，巩固文化交流与合作的社会基础是十分必要和具有学术价值的。

按照中蒙俄三方学者预先的商定，2015年9月，由中国内蒙古巴彦淖尔市文新广局、中国河套文化博物院联合中国人民大学北方民族考古研究所主办的"中蒙俄联合岩画科考与论坛（2015—2017）"第一轮活动"2015中国内蒙古阴山岩画科考与学术论坛"，于9月11日至15日在阴山脚下的巴彦淖尔市率先拉开了序幕（图1）。来自中蒙俄三国的十几位岩画研究者，利用两天时间考察了属于阴山山脉的磴口县莫勒赫图沟（图2）、格尔敖包沟和乌拉特中旗几公海勒斯太沟（图3）岩画，9月14日在中国河套文化博物院举行了学术论坛（图4、图5）。2016年9月，由蒙古国科学院历史与考古研究所、中国人民大学北方民族考古研究所、俄罗斯科学院物质文化史研究所联合主办的"2016中国、蒙古国、俄罗斯毗邻地区古代社会文化的演变及相互影响：中亚与中国北部地区岩画"联合科考与论坛，于9月6日至12日在乌兰巴托蒙古国科技大学举办（图6、图8）。9月7日举行开幕式和学术论坛后，来自中蒙俄三国的二十余位学者即赴蒙古国鄂尔浑河流域考察（图7），先后三天考察了哈拉和林城址和额尔德尼昭、阙特勤碑和毗伽可汗碑、后杭爱省的蛮汗山岩画（图9）和匈奴墓地，以及匈奴"三连城"遗址和辽代古城遗址等。2017年8月，由俄罗斯科学院物质文化史研究所主办的"2017俄罗斯、蒙古国和中国北方邻境地区古代社会的变迁与文化互动"联合科考与论坛，于8月10日至14日在米努辛斯克盆地的哈卡斯共和国首府阿巴坎举办。8月11日参观了哈卡斯共和国博物馆老馆和新馆陈列的公元前三千纪至公元一千纪，即属于米努辛斯克盆地阿凡纳谢沃文化、奥库涅夫文化、安德罗诺沃文化的陶器和石器，以及卡拉苏克

图1　巴彦淖尔阴山岩画考察（2015年）

图2　磴口县莫勒赫图沟岩画考察（2015年）

图3　乌拉特中旗几公海勒斯太沟岩画考察（2015年）

图4　蒙古国学者向巴彦淖尔市中国河套文化博物院赠送图书（2015年）

图5　"2015中国内蒙古阴山岩画科考与学术论坛"会场（2015年）

图6 "2016中国、蒙古国、俄罗斯毗邻地区古代社会文化的演变及相互影响：中亚与中国北部地区岩画"联合科考与论坛在乌兰巴托蒙古国科技大学举办（2016年）

图7 渡过鄂尔浑河（2016年）

图8 "2016中国、蒙古国、俄罗斯毗邻地区古代社会文化的演变及相互影响：中亚与中国北部地区岩画"联合科考与论坛学者合影（2016年）

文化、塔加尔文化的青铜器和晚至早期契丹时期的陶器（图10）。8月12日，来自中蒙俄三国的四十余位学者在阿巴坎亚洲大酒店参加了开幕式和学术研讨会。随后两天考察了哈卡斯露天博物馆——伊特库勒湖畔的生态保护区和一处奥库涅夫文化的石棺墓地考古发掘现场、小巴雅尔斯克匈奴岩画（图11）和奥格拉赫提山青铜时代岩画（图12）、萨尔贝斯大墓冢和米努辛斯克博物馆等。

图9 蒙古国后杭爱省蛮汗山岩画考察（2016年）

图10 中国学者参观俄罗斯哈卡斯共和国博物馆（2017年）
左起：李永宪、胡延春、魏坚、张建林、汤惠生

图11 俄罗斯哈卡斯共和国小巴雅尔斯克匈奴岩画
（2017年）

  三年间考察与论坛的成功举办，仰仗巴彦淖尔市文化新闻出版广播电视局的鼎力相助，有赖于蒙古国和俄罗斯同行的积极筹备和勉励同行，因而促进了中蒙俄三国学者间的学术交流，同时也取得了丰硕的研究成果。现特将此三年学者们在论坛上发表的成果汇编为《中蒙俄联合岩画科考与论坛论文集（2015—2017）》正式出版，以供国内外相关领域的学者参考与共享。

  本论文集按年份分为2015、2016、2017三个部分，每一部分又以中、蒙、俄三国学者的顺序排列，每一国别下按讨论主题的年代早晚排序。这样的编排不仅方便读者了解每一个国家甚至每一个学者的研究动态，同时也展示了三年来岩画研究领域的总体发展趋势。就每一篇文章的编排而言，皆在文前置中文摘要，正文为作者原文，文后为英文摘要，以此方便国内外的读者了解文章要义。书中共收录了47篇文章，汇集了中国、蒙古国、俄罗斯三国学者对于欧亚草原地带岩画的分布、数量、类型和彼此间的异同等方面的最新调查和研究成果，展现了欧亚草原岩画研究领域的学科前沿动态，同时

图12　俄罗斯哈卡斯共和国奥格拉赫提山青铜时代岩画考察（2017年）

也收录了研究者提供的几篇最新考古学研究的成果，同样具有重要的学术价值。

本论文集的出版为"中蒙俄联合岩画科考与论坛（2015—2017）"第一轮活动画上了圆满的句号，但对于欧亚草原岩画的研究仍有很长的路要走。近年来不断发现的考古遗存逐渐表明，生活在欧亚草原地带的不同人群之间交流和互动的时间和程度已远超出我们原有的想象，草原地带早期人群的迁徙与交流，农牧业的起源与交融，以及畜牧业起源问题的研究仍是摆在我们面前的重大课题，通过岩画探索欧亚草原的历史仍需多学科、多领域的学者们的共同努力。

感谢为"中蒙俄联合岩画科考与论坛"第一轮活动和成果出版提供帮助的巴彦淖尔市领导和文化新闻出版广播电视局的同仁们！感谢在三年岩画考察和论坛期间付出辛劳和智慧的中蒙俄三国岩画考古学者！感谢为本书收集文稿并初步编辑不辞辛苦的中国人民大学考古文博系的师生们！感谢为本文集出版提供赞助的吉林省复善文化发展有限公司！同时感谢中国言实出版社编辑部的同仁，这部多种文字学术成果的出版也凝聚了你们的心血！

千里之行，始于足下。我们已经迈出了第一步，眺望北方草原，我期望着我们的研究能够在这一轮的基础上跨出新的一步。

为了说明本论文集出版的原委，特写下以上文字，是为序。

2020年7月29日于时雨园

［原载《中蒙俄联合岩画科考与论坛论文集（2015—2017）》，中国言实出版社，2020年，本次收录增加了图片］

- ★ 汉塞外列城与西夏长城的考古学观察　　132
- ★ 中国辽金考古研究四十年（上篇）　　167
- ★ 中国辽金考古研究四十年（下篇）　　183
- ★ 蒙元都城的考古发现与研究　　201
- ★ 开创运河考古研究的新局面——代"运河考古"专栏主持辞　　213
- ★ 考古研史三题　　217

拾遺篇

汉塞外列城与西夏长城的
考古学观察

摘　要：阴山以北的戈壁荒漠地带，有两条东西横亘的长城，在长城沿线分布有大小城障，它们一直被笼统地认为是汉代塞外列城。本文梳理了历年来在中国境内和蒙古国的考古调查资料，结合前人的研究成果和2016年的最新调查材料及Google Earth卫星图像，分别对中国境内的南、北两线长城和向西延伸至蒙古国境内的长城及沿线城障进行分析，重新确认了各段长城墙体及沿线城障的构筑年代，并结合史料记载，对汉代塞外列城的沿革和西夏长城的存在进行了讨论。

关键词：汉代长城　塞外列城　西夏长城

一、引言

内蒙古阴山以北广袤的戈壁荒漠地带，丘陵起伏，沟壑纵横，自然环境十分恶劣。经历年考古调查确认，在这里有两条东、西横亘的长城，呈一南一北大致平行分布。两条长城均东起内蒙古呼和浩特市武川县境内，向西经过包头市固阳县、达茂旗和巴彦淖尔市乌拉特中旗、乌拉特后旗，在乌拉特后旗境内西侧偏向西北方向延伸。其中南线长城终止于乌力吉苏木西北部，北线长城由乌力吉苏木西北部进入接壤的蒙古国南戈壁省境内。

两条长城自发现以来，我国的考古工作者在调查、发掘和研究方面做了大量工作。1974年，李逸友与贾洲杰考察了乌拉特中旗川井苏木和乌兰苏木的长城，李逸友又于1997年两次到武川县进行调查，基本确定了两条长城东南端的起点在武川县境[1]；1975年，唐晓峰和宝音陶克涛调查了乌拉特后旗等地的长城[2]；1975～1976年，陆思贤、盖山林调查

---

[1] 李逸友：《中国北方长城考述》，《内蒙古文物考古》总24期，2001年。
[2] 唐晓峰：《内蒙古西北部秦汉长城调查记》，《文物》1977年第5期。

了乌拉特后旗乌力吉苏木境内的长城，并在1976年发掘了朝鲁库伦城址[①]。诸位学者都将这两条长城遗迹认定为汉代塞外列城，此后这一观点一直为学界公认，并为《中国文物地图集·内蒙古自治区分册》所采用[②]，之后，瓯燕[③]、赵化成[④]等人的相关研究也是基于此观点。

关于蒙古国境内的长城，2005年和2007年，俄罗斯学者科瓦列夫和蒙古国学者额尔德涅巴特尔等对蒙古国南戈壁省的长城进行了实地调查，认为中国境内延伸至蒙古国境内的北线长城部分是由西夏建造的[⑤]。2011年，北京"长城国际之友"协会会长威廉·林赛（William Lindesay）调查了蒙古国境内的长城并提取样本进行碳十四测定，证明墙体的修筑使用是在西夏时期[⑥]；2011~2012年，日本森谷一树、白石典之和相马秀广等学者也对蒙古国南戈壁省的长城、城址进行了调查，通过对城址和长城墙体木头标本所做的碳十四测定，也认为这段长城为西夏所建[⑦]。

进入新世纪以来，中国人民大学北方民族考古研究所对这两条长城进行了多次实地调查。2007年和2009年，中国人民大学魏坚教授率队，联合巴彦淖尔市文物站和乌拉特后旗文管所共同调查，确认了一批长城沿线的汉代城址和西夏城址[⑧]，并对塞外列城的认定和沿革进行了讨论[⑨]。2012年，中国人民大学尹珊珊的硕士论文通过对沿线城址调查材料的统计分析，提出了汉塞外列城的认定和其后西夏长城沿用的看法[⑩]。2016年，中国人民大学魏坚教授再次组队，对乌拉特后旗境内南线长城沿线的17座城障进行了调查，其中有7座城址和1座障址是这次调查发现和记录的。通过几次调查，基本摸清了这两条东西延续的长城走向及所属城址、障址和烽火台的分布（图1）。通过梳理近年来国内外学者最新研究成果和分析重点调查的新材料，我们在逐步确认这些城址的年代和性质的基础上，对汉塞外列城和西夏长城的分布、构筑方式和沿线对应的城址有了一些新的认识[⑪]。

---

① 盖山林、陆思贤：《潮格旗朝鲁库伦汉代石城及其附近的长城》，《中国长城遗迹调查报告集》，文物出版社，1981年，第25~33页；盖山林、陆思贤：《内蒙古境内战国秦汉长城遗迹》，《内蒙古文物资料续辑》，内蒙古自治区文物队，1984年，第90~100页。
② 国家文物局：《中国文物地图集·内蒙古自治区分册（下）》，西安地图出版社，2003年，第51页。
③ 瓯燕：《我国早期的长城》，《北方文物》1987年第2期。
④ 赵化成：《中国早期长城的考古调查与研究》，《长城国际学术研讨会论文集》，吉林人民出版社，1995年，第238~249页。
⑤〔俄〕A. A. 科瓦列夫、〔蒙古〕Д. 额尔德涅巴特尔：《蒙古国南戈壁省西夏长城与汉受降城有关问题的再探讨》，《内蒙古文物考古》总39期，2008年。
⑥〔英〕威廉·林赛：《走失的长城》，《华夏地理》2012年第3期。
⑦〔日〕森谷一树、白石典之：《2011~2012蒙古国南戈壁省长城、城堡遗址调查报告》，《东北亚古代聚落与城市考古国际学术研讨会论文集》，科学出版社，2014年，第76~79页。
⑧ 魏坚：《阴山沧桑——乌拉特后旗历史文化遗存调查报告》，内蒙古人民出版社，2010年，第84~133页。
⑨ 魏坚：《河套地区战国秦汉塞防研究》，《边疆考古研究》（第6辑），科学出版社，2007年。
⑩ 尹珊珊：《西夏长城研究——汉代塞外列城再探讨》，中国人民大学硕士学位论文，2013年。
⑪ 结合目前已知调查成果，基于Google Earth卫星图像绘制，墙体的长距离中断已标示，因山脉、河流等形成的短距离中断均以实线带过。

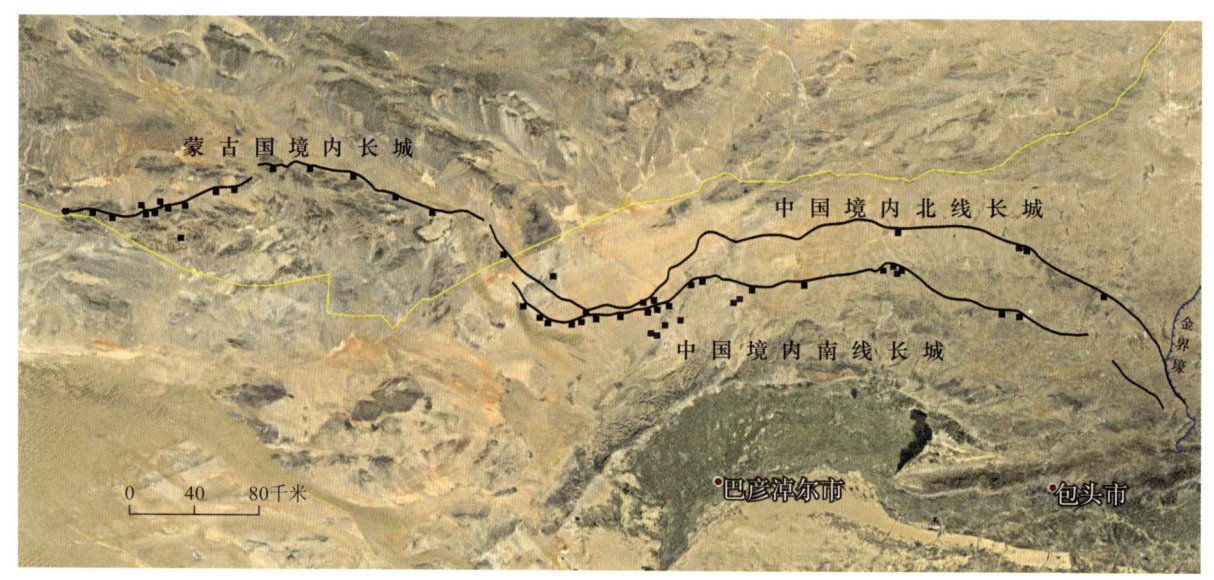

图1　中国境内与蒙古国境内长城及城址、障址分布示意图

二、中国境内的南、北两线长城及城、障

中国历代王朝修筑长城的目的，主要在于防御北方游牧民族的南下，故历代长城也均大致呈东西方向分布。阴山以北地区的南、北两线长城自东向西延伸，走向基本一致，相距3～40千米不等。依据实地调查材料并结合卫星图像搜寻，在南、北两线区域目前共计发现和记录城址30座、障址4座、烽火台11座，另有一些在卫星图像上新发现的城址，因缺少实地调查数据，目前暂不列入讨论。我们根据城址与长城墙体的相对位置，分为南、北两线叙述，即位于北线长城墙体南、北的城址归入北线范围，位于南线长城墙体以南的城址归入南线范围。

（一）北线长城及城、障

北线长城东南端起点在武川县哈拉合少乡后石背图村后的大山顶上，位于南线长城起点以东约7.5千米处。长城自起点向西北方向延伸至阿路康卜村，经乌日塔、火烧羊圈、二份子村、三份子村后伸入达茂旗境内，其中一段墙体已被后来的金界壕改筑沿用①。北线长城在进入达茂旗后经坤兑滩乡继续向西北行，至圐圙苏木村西进入乌拉特中旗桑根达来

---

① 国家文物局：《中国文物地图集·内蒙古自治区分册（下）》，西安地图出版社，2003年，第53页。

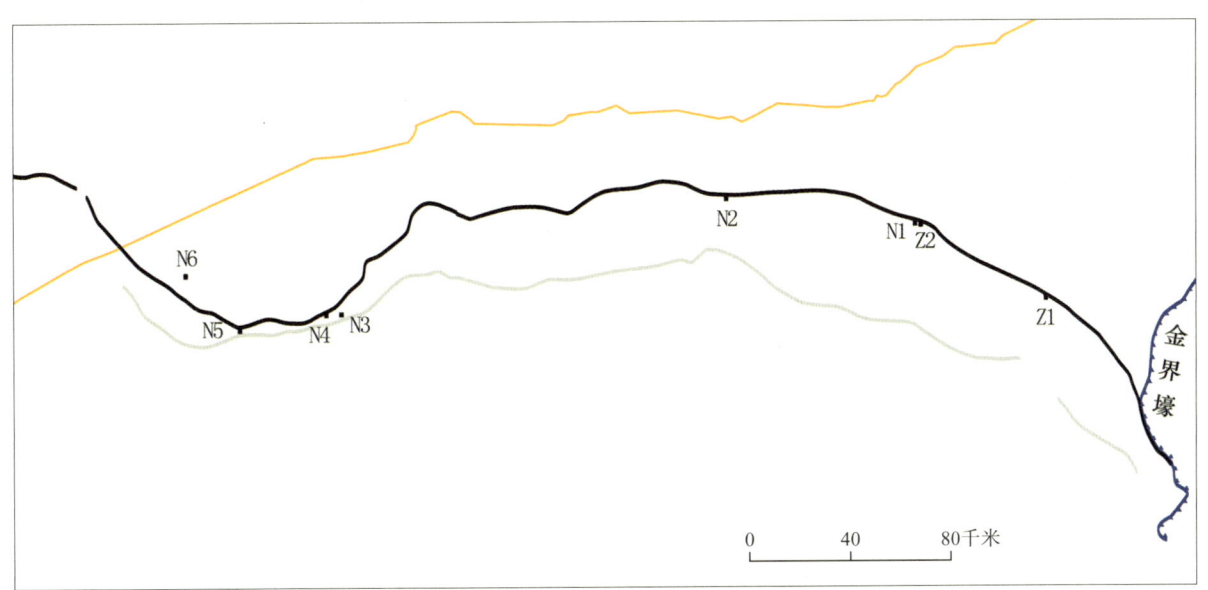

图2　北线长城及城址、障址分布示意图

北线长城沿线城址、障址（由东向西排序）：Z1 丹山障址；Z2 苏木图障址；N1 库伦苏木城址；N2 台郭勒城址；N3 哈日乌苏城址；N4 德格都毛赖城址；N5 苏亥城址；N6 巴音库伦城址

苏木，再向西至额和音查干西北方进入乌拉特后旗巴音前达门苏木境，又折向西南方向延伸，在苏亥西北方折向西北，行经五日特、呼仁陶勒盖等地，在乌力吉苏木西北部进入蒙古国南戈壁省瑙木冈县境内（图2）。

经调查确认，北线长城在中国境内全长为527千米[1]，墙体构筑皆因地制宜、就地取材。大部分地段为夯筑土墙，在达茂旗段局部为土石混筑，乌拉特中旗和乌拉特后旗段大多为石块砌筑。夯筑地段的墙体因坍塌和风蚀，地面调查已经很难了解墙体的宽度和实际高度；石块砌筑地段的墙体保存较好，乌拉特后旗巴音努如段底宽一般在2.3～2.4米，顶宽约2米，高约1.1～1.2米（图3-1、图3-2），在沟壑和低洼处墙体底部可见有水门遗迹（图3-3）。在靠近长城的山坡地段，发现有多处片石采石场[2]，当是修筑长城时开采石料的遗址（图3-4）。长城沿线散布有灰陶片、五铢铜钱等遗物。

北线长城沿线共发现有城址6座、障址2座，未见烽火台（附表1），其中除巴音库伦城址位于北线长城以北外，其余城障均位于北线长城以南沿线，目前保存情况较好的有德格都毛赖城址、苏亥城址和丹山障址。

---

[1] 国家文物局：《中国文物地图集·内蒙古自治区分册》，西安地图出版社，2003年，第53页。
[2] 魏坚：《阴山沧桑——乌拉特后旗历史文化遗存调查报告》，内蒙古人民出版社，2010年，第77页。

1. 德格都毛赖城址（N4）

位于乌拉特后旗潮格温都尔镇巴音努如嘎查的南北两线长城之间，北距北线长城约1千米，南距南线长城约3千米。地理坐标为东经106°48′00.0″，北纬41°43′38.8″，海拔1251米，方向为北偏东18°。城址基本方形，北墙长约115米，南墙长约104米，东、西墙均长约100米，墙基以土和砂石夯筑，宽约4米，存高0.5～1米。门址位于东墙中部，宽约8米，城墙四角设有角台，墙外有护城壕，壕宽9米，壕外有墙体，高约1米，宽约2.6米，壕外东墙中部设门，门宽7.6米。城内发现有龙泉窑瓷片（图4-1）。

图3 北线巴音努如段长城
1. 石砌墙体；2. 墙体细部；3. 石砌水门；4. 采石场

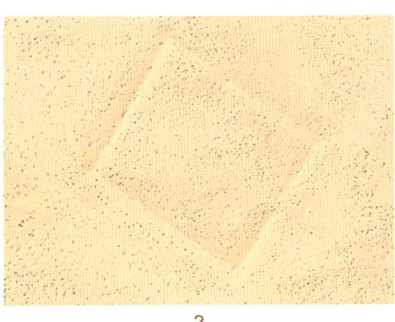

图4　北线长城沿线城址、障址举例
1. 德格都毛赖城址；2. 苏亥城址；3. 丹山障址
（采自Google Earth）

2. 苏亥城址（N5）

位于乌拉特后旗乌力吉苏木东北约8千米处，北距北线长城约1.3千米，南距南线长城1.6千米。地理坐标为东经106°26′29.5″，北纬41°41′09.8″，海拔1243米，方向为北偏东35°。城址基本呈长方形，北墙长131米，东墙长110米，墙基以土含沙石夯筑，残高1~1.5米，顶宽2.8米。东墙中部设门，城门宽7米，没有瓮城，城址四角设有角台，东北角台长6.2米，宽5米，城外隐约可见城壕遗迹。遗物很少，仅采集到黑釉瓷片（图4-2）。

3. 丹山障址（Z1）

位于达茂旗百灵庙镇西南2千米处的一个小山顶上。地理坐标为东经110°24′19.22″，北纬41°41′17.96″。障址呈底边平直，两侧弧线略对称的三角形，东墙为直线，长60米，西北墙和西南墙均对称外弧，各长75米。墙体由石块垒砌，基宽约4米，高约2.5米，西南墙正中设门，门道宽约4米。地表散见有灰陶片（图4-3）。

（二）南线长城及城、障

南线长城东南端起点位于武川县西乌兰不浪乡西南的马鞍山之山顶，向西北延伸经西红山乡老银哈达村、土城子村、杨树功村南进入固阳县大庙乡石兰哈达村北，再向西北延伸至边墙壕村北进入达茂旗乌兰忽洞乡，向西北经西河乡至巴音珠日和苏木进入乌拉特中旗新忽热苏木境内，继续向西北延伸至巴音杭盖苏木南面进入乌拉特后旗巴音前达门苏木南部，又向西至格日勒图苏木折向西南，于乌力吉苏木境内折向西北。关于之后的走向，学界有一种看法认为南线长城经海力素延伸进入了蒙古国境内[①]，根据蒙古国的考古调查

---

① 李逸友：《中国北方长城考述》，《内蒙古文物考古》总24期，2001年；国家文物局：《中国文物地图集·内蒙古自治区分册（下）》，西安地图出版社，2003年，第616页。

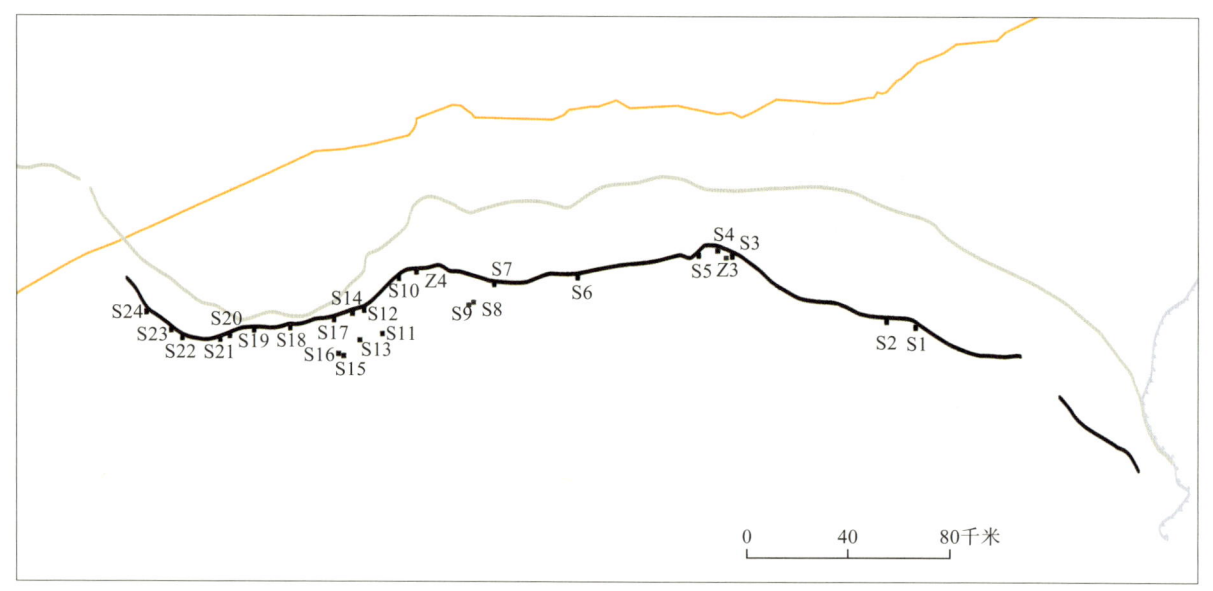

图5 南线长城及城址、障址分布示意图

南线长城沿线城址、障址（由东向西排序）：S1 库伦城址；S2 白生城址；S3 乌兰城址；Z3 东乌兰障址；S4 努和日勒城址；S5 乌兰西城址；S6 沃博尔忽热城址；S7 阿日库伦城址；S8 查干套海北城址；S9 查干套海南城址；Z4 海力素太障址；S10 哈那城址；S11 双城子城址；S12 查干朝鲁扎德盖城址；S13 红旗城址；S14 宝音图城址；S15 查干额日格城址；S16 乌兰呼舒城址；S17 哈登扎德盖城址；S18 乌兰呼都格城址；S19 乌力吉高勒城址；S20 呼鲁斯东城址；S21 呼鲁斯西城址；S22 乌兰库伦城址；S23 青库伦城址；S24 朝鲁库伦城址

资料和Google Earth卫星图像观察，我们认为南线长城在乌力吉苏木西北部，经朝鲁库伦城址北侧再向西北延伸约7千米后终止，地理坐标为东经105°57′9.68″，北纬41°47′25.45″（图5）。

经实地调查，南线长城在中国境内的全长约487千米[1]，略短于北线长城。南线长城墙体的构筑也是采取因地制宜的方法，大部分地段为夯土筑成，因水土流失严重，现观察底宽约4～6米，保存高度多在1米左右；局部为土石混筑或石块砌筑，在保存较好的乌拉特后旗乌力吉地段，墙体两侧由石片叠砌，中部填以砂土碎石，底宽3.4～3.5米，顶宽约是底宽的一半，高约2.2～2.3米[2]（图6-1、图6-2）。在南线长城南侧沿线发现有城址24座（图6-3）、障址2座、烽火台11座（图6-4），烽火台多位于长城南面的小山或高地上，间距5～10千米不等[3]（附表2）。

南线长城沿线保存较好的古城址有哈那城址、乌兰库伦城址、青库伦城址、朝鲁库伦城址等，介绍如下：

---

[1] 国家文物局：《中国文物地图集·内蒙古自治区分册》，西安地图出版社，2003年。
[2] 魏坚：《阴山沧桑——乌拉特后旗历史文化遗产调查报告》，内蒙古人民出版社，2010年，第72页。
[3] 李逸友：《中国北方长城考述》，《内蒙古文物考古》总24期，2001年。

图6　南线长城及城址、烽火台
1、2. 南线长城乌力吉段；3. 南线长城乌兰呼都格城址；4. 南线长城朝鲁库伦烽火台

1. 哈那城址（S10）

位于乌拉特后旗巴音前达门苏木阿布日勒图嘎查，北距长城约300米。地理坐标为东经107°11′8.08″，北纬41°50′55.8″，海拔1408米，方向为北偏西8°。城址平面呈方形，西墙长136.7米，南墙长133米，墙体以黄土夯筑，夯层清晰，墙底基宽3.3米，高约2～3米，城址四角有角台。南墙中部设门，宽7米，外有马蹄形瓮城，内径8.6米，墙体厚2.8米。根据现存墙体夯筑情况来看，墙体有加筑痕迹，城内发现有汉代红陶片和西夏时期的黑釉陶片（图7-1、图8-1）。

2. 乌兰库伦城址（S22）

位于乌拉特后旗潮格温都尔镇乌力吉苏木西尼乌苏嘎查，北距长城约100米。地理坐标

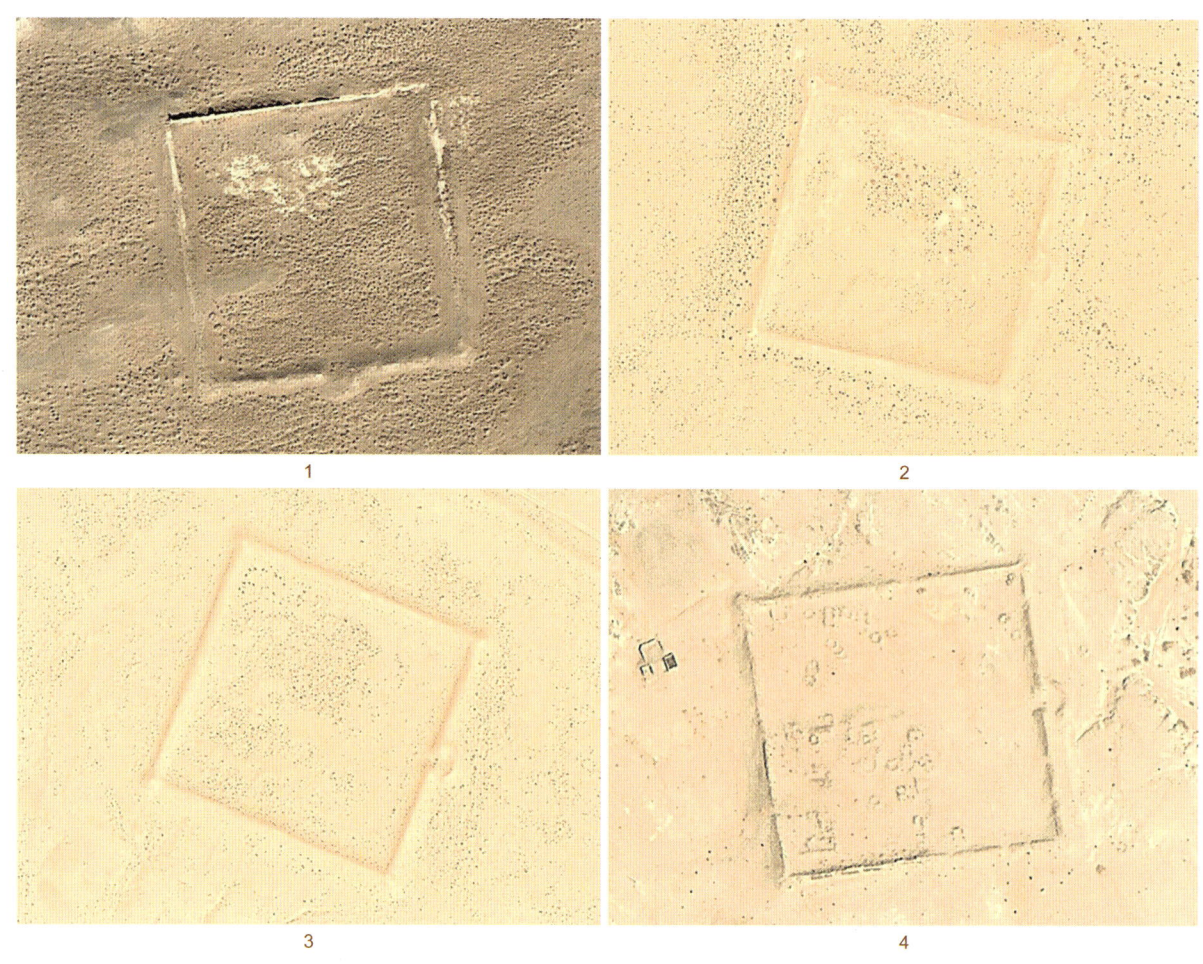

图7 南线长城沿线城址举例
1. 哈那城址；2. 乌兰库伦城址；3. 青库伦城址；4. 朝鲁库伦城址
（采自Google Earth）

为东经106°10′15.6″，北纬41°37′57.4″，海拔1171米，方向为北偏东20°。城址平面呈方形，东墙长约128米，北墙长约130米，墙体为土石混筑，顶宽3.4米，残高约1~1.5米。东墙中部开门，宽4.5米，外有马蹄形瓮城，内径10米，墙体厚4.3米，瓮城南墙设门，门道宽3米。城址四角有角台，东南角台长6.9米，宽6.9米；西南角台长约5.8米，宽6.4米，高约1.5米。城内发现有汉代石磨、釉陶片和西夏时期的瓷片（图7-2、图8-2）。

3. 青库伦城址（S23）

位于乌拉特后旗潮格温都尔镇乌力吉苏木西尼乌苏嘎查，北距长城约50米。地理坐标为东经106°06′26.7″，北纬41°40′13.4″，海拔1128米，方向为北偏东20°。城址平面呈方形，每边长约131米，墙体由黄土掺和少量沙粒混合夯筑而成，基宽5.8米，顶宽5.6米，存

图8 南线长城城址
1. 哈那城址南墙及瓮城；2. 乌兰库伦城址全景（东北—西南）；3. 青库伦城址东门瓮城（北—南）；
4. 朝鲁库伦北墙及东墙（西—东）

高1~2米。东墙中部开门，宽约6米，外设马蹄形瓮城，内径11米，南北长11米，墙厚5.1米，瓮城南墙设门，宽3.3米。城址四周有角台，东北角台长6.5米，宽6.4米。城内地表发现有汉代和西夏时期的陶片，1976年试掘出土有石夯、木橛和马、牛、羊骨骼，以及黑白瓷片等西夏时期遗物（图7-3、图8-3）。

4. 朝鲁库伦城址（S24）

位于乌拉特后旗乌力吉苏木西尼乌素嘎查宝力格小组，北距长城500米。地理坐标为东经105°59′53.5″，北纬41°44′06.5″，海拔1026米，方向为北偏西10°，城址平面呈方形，北墙和东墙长128米，西墙和南墙长126.9米，四边墙体均为大、小石块垒砌，两侧平齐，中间填以碎石和泥土。墙体大部分保存较好，西墙南段基宽5.5米，残高2.7米，顶宽2.6米，四角有方形角台，边长4.8米。东墙中部设门，宽4.5米，外有弧形瓮城，东西径8.5米，南北最宽处9.5米。城门两侧、城内四角都砌有登城的踏道，在城内西南部为一"子

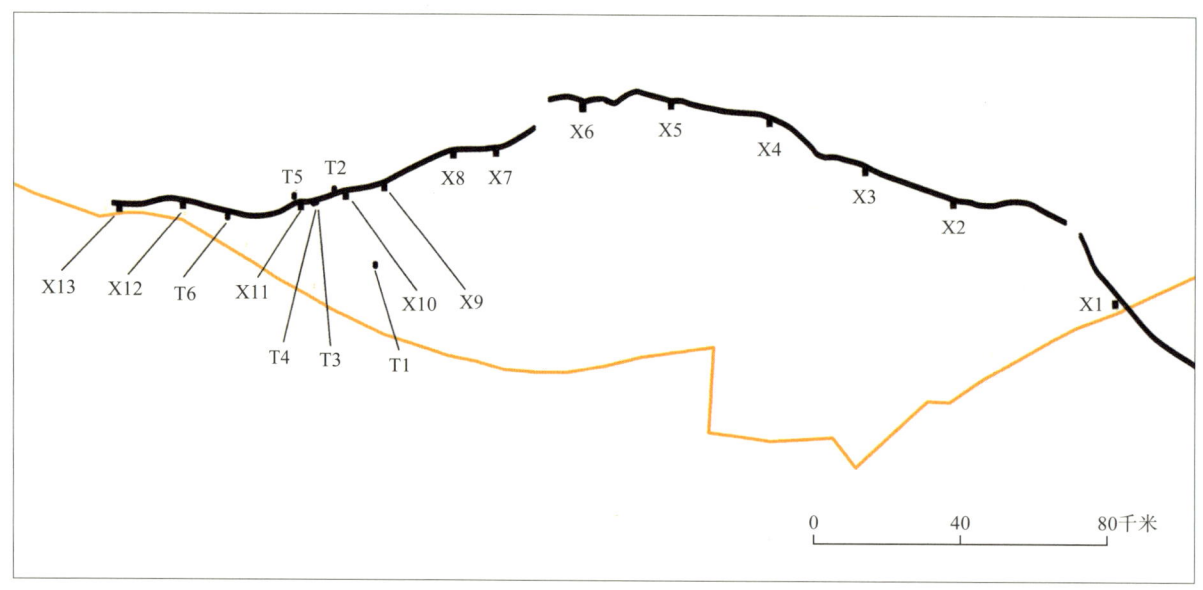

图9 蒙古国境内长城及城址、障址分布示意图

蒙古国境内长城沿线城址、障址（由东向西排序）：X1 乌兰什沃特城址（Ulaan Shiveet）；
X2 甘查毛顿胡图克城址；X3 德尔森乌苏城址（Dersen Us）；X4 赫日门查干城址（Khermen Tsagaan）；
X5 阿尔善城址（Arashaan）；X6 无名城址①；X7 赫日门呼都格城址（Kherem Khudag）；X8 无名城址②；
X9 哈拉西沃城址；T1 查干乌拉山障址；X10 百兴图城址；T2 百兴图札答盖障址；T3 无名障址①；T4 无名障址②；
X11 赫日门温都尔城址；T5 西沃哈塔布齐障址；T6 无名障址③；X12 亦和浩特格尔城址；X13 阿拉嘎城址

城"状院落，内有散布的石砌房址。1976年，内蒙古考古工作者对该城址进行了发掘①，发现大量的布纹板瓦、筒瓦、"千秋万岁"文字瓦当和陶器残片，出土铜镞、铜弩机、铁制盾鼻、铁釜、铁剑、铁镢残片和砺石等西汉中期遗物。此外，在发掘中发现有西夏房屋遗址，地表还发现有西夏遗物（图7-4、图8-4）。

三、蒙古国境内的长城

北线长城于乌拉特后旗乌力吉苏木西北部进入蒙古国南戈壁省瑙木冈县境内，通过Google Earth卫星图像观察，确认长城与中蒙两国边界的交叉点地理坐标为东经105°52′28.29″，北纬41°59′12.12″。长城沿宝日德中格戈壁荒漠南缘向西北延伸，至乌兰德勒山转向西南方向，经赫日门温都尔山至西沃哈塔布齐，继续向西经和尔门县、巴彦达赖县、诺彦县，至阿拉嘎乌拉山以北终止，西部端点在东经102°24′51.44″，北纬42°10′24.90″附近，目前观察，并未向西南进入中国额济纳旗境内。

---

① 盖山林、陆思贤：《潮格旗朝鲁库伦汉代石城及其附近的长城》，《中国长城遗迹调查报告集》，文物出版社，1981年，第25~33页。

图10　蒙古国境内长城沿线城址举例
1. 阿尔善城址；2. 无名城址①；3. 无名城址②；4. 赫日门温都尔城址
（采自Google Earth）

据蒙古国学者的计算，其境内长城的长度不少于315千米。根据对瑙木冈县、和尔门县和巴彦达赖县实地调查，我们可知长城的构筑方式有两种，建造在山上的为石砌墙体，平原上的由夯土构成或梭梭夹杂着夯土层构成，均为因地制宜、就地取材。有些地段的石砌墙体高达3米，梭梭和夯土墙体高度超过2.5米，其余地段墙体高度约为1米，宽约3米。墙体两侧均有壕沟，宽2～3米，深达1米。通过对西沃哈塔布齐障址附近的长城墙体所做碳十四测定，可知其建造年代不晚于13世纪初期[①]。

长城沿线发现有13座城址、6座障址（图9）和2座烽火台。其中保存情况较好或具有准确的碳十四测定数据的有阿尔善城址、无名城址①、无名城址②、赫日门温都尔城址和西沃哈塔布齐障址等（附表3）。

[①]〔俄〕A. A. 科瓦列夫、〔蒙古〕Д. 额尔德涅巴特尔：《蒙古国南戈壁省西夏长城与汉受降城有关问题的再探讨》，《内蒙古文物考古》总39期，2008年。

1. 阿尔善城址（X5）

位于蒙古国瑙木冈县，北距长城约500米，地理坐标为东经104°19′24″，北纬42°28′25″，方向为北偏东9°。城址基本呈方形，东西长137米，南北宽120米。东墙中间设门，四角有角台，城墙外围设有城壕（图10-1、图11-2）。城址内采集有磁州窑系瓷片。

2. 无名城址①（X6）

位于蒙古国和尔门县，北距长城130米，地理坐标为东经104°1′51″，北纬42°28′19″，方向为北偏西20°。城址略呈长方形，南北长143米，东西宽128米，南墙正中设门，四角有角台，墙外有城壕。采集有白釉、黑釉残片（图10-2）。碳十四年代测定结果是公元1216～1257年[①]。

3. 无名城址②（X8）

位于蒙古国和尔门县，北距长城530米，地理坐标为东经103°36′54″，北纬42°20′24″，方向为北偏西38°。城址基本呈方形，西墙长115米，北墙长108米，东墙中部设门，四角有角台，墙外有城壕。北墙经发掘，墙体为沙土与梭梭逐层混筑，宽2.6～2.7米，高1.5米（图10-3、图11-3）。碳十四年代测定为公元1047～1166年[②]。

4. 赫日门温都尔城址（X11）

位于蒙古国巴彦达赖县，北距长城2.5千米，地理坐标为东经103°0′44.13″，北纬42°09′2.04″，方向为北偏西15°。城址略呈菱形，每边墙体长约95米，四角有角台，高约2.5米，东南墙中部设门，门道宽约7米。城墙外有城壕，宽约5米，深约1米（图10-4）。通过对城墙上的红杨（疑为胡杨）木桩进行碳十四测定，年代在公元10～13世纪末[③]。

5. 西沃哈塔布齐障址（T5）

位于蒙古国巴彦达赖县，属长城以北的障址，南距长城3.1千米，地理坐标为东经102°58.453′，北纬42°11.640′。障址坐落在一个小山包之上，平面略呈椭圆形，东西长25

[①]〔日〕森谷一树、白石典之等：《2011～2012年蒙古国南戈壁省长城、城堡遗址调查报告》，《东北亚古代聚落与城市考古国际学术研讨会论文集》，科学出版社，2014年，第76～79页。

[②]〔日〕森谷一树、白石典之等：《2011～2012年蒙古国南戈壁省长城、城堡遗址调查报告》，《东北亚古代聚落与城市考古国际学术研讨会论文集》，科学出版社，2014年，第76～79页。

[③]〔俄〕A.A.科瓦列夫、〔蒙古〕Д.额尔德涅巴特尔：《蒙古国南戈壁省西夏长城与汉受降城有关问题的再探讨》，《内蒙古文物考古》总39期，2008年。

图11　蒙古国境内长城沿线城、障址
1.西沃哈塔布齐障址；2.阿尔善城址角台外侧城壕；3.无名城址②梭梭混筑墙体

米，南北宽16米。城墙高约4米，内壁垂直，外壁漫坡状，西城墙内有1.5米宽的登墙踏道（图11-1）。对障址内探沟出土木头所做碳十四测定，校正年代为1220～1275年[①]。

四、讨论

长城作为中国历史上重要的军事防御体系，是诸多中原王朝为抵御北方民族南下而修筑的宏大建筑工程。历史上无论朝代更迭，还是技术创新，其由高大坚实的墙体、沿线城址、亭障址和烽火台及道路交通网络共同构成的基本体系则基本是不变的。墙体阻挡外来之敌，沿线城障是戍卒驻扎之所，烽火台则起到烽火瞭望、传递信息的作用。此外，长城作为中国北方的农牧分界线，由于其建筑工程浩大，耗费大量人力和财力，所以后代王朝根据需要，部分沿用前代长城的情况在考古调查中也屡有发现。

（一）长城墙体及沿线城址年代的判定

本文所涉及的长城墙体，以中国境内南线和北线长城中用片石砌筑的墙体保存较好并具有代表性。北线长城乌拉特后旗巴音努如的呼伦陶勒盖一段，墙体是在小山包裸露的山岩上就地取材，以片状石块交错叠砌，中部填以土石而成，墙体底宽2.3～2.4米，高约1.1～1.2米，顶宽约2米；南线长城保存较好的乌拉特后旗乌力吉苏木宝力格小组段，也是利用小山包的片状岩石，就地取材，以石片叠砌，两侧平齐斜收，中部填砂土碎石砌筑而成，墙体底宽3.4～3.5米，高约2.2～2.3米，顶宽约是底宽的一半。据汉代规制和内蒙古中南部汉墓考古发掘出土实物[②]，一汉尺约为23厘米，考虑到在实际应用中的误差，北线墙

[①]〔俄〕A.A.科瓦列夫、〔蒙古〕Д.额尔德涅巴特尔：《蒙古国南戈壁省西夏长城与汉受降城有关问题的再探讨》，《内蒙古文物考古》总39期，2008年。
[②]魏坚：《内蒙古中南部汉代墓葬》，中国大百科全书出版社，1998年，第44、107页。

体的底宽和高度正好约是汉代规制的一丈和五尺；南线墙体的底宽和高度正好约是汉代规制的一丈五和一丈[①]。结合沿线调查所得实物，其为汉代所筑应无问题。

根据目前公布的蒙古国的调查数据，其长城墙体除了构筑方式因受条件所限也是就地取材以外，在很多方面与中国境内的长城存在有较大的不同。首先，蒙古国境内长城保存较好的石砌墙体的宽度、高度均约为3米，与中国境内南、北两线长城的规制有着较大差异；其次，蒙古国境内长城墙体的两侧多加挖有约3米宽的壕沟，这在中国境内南、北线长城上并未发现；再次，墙体构筑使用石块、泥土与梭梭混合砌筑的方法也与中国境内南、北线长城有所不同，而与阿拉善盟发现的许多西夏城障的构筑方式一致[②]。若以西夏一尺约为31.2厘米的规制计算[③]，则蒙古国境内长城墙体的高度、底宽和壕沟的宽度均约是西夏规制的一丈。西沃哈塔布齐障址附近长城墙体和无名城址②的碳十四测年数据也印证了其属于西夏时期这一推断。

中国境内南、北两线长城范围的城址大多没有进行考古发掘，但通过城址形制和采集的地表遗物还是可以大致确定其所属年代。就目前几次调查所见分析，凡仅有汉代遗物或既有汉代遗物，也有西夏遗物的城址当属汉代所建应无疑问；凡城址规模与汉代城址相当或略小，墙体外侧挖有城壕，城内只有西夏遗物的城址当属西夏时期所建。

就目前发现的城址分布来看，北线长城中，唯一位于北线长城北侧的巴音库伦城址和属于北线长城南侧东段的台郭勒、库伦苏木城址，以及苏木图、丹山障址等，从城址规制和仅发现汉代陶片看应属于汉代所建；北线长城西段的哈日乌苏和苏亥城址内只见西夏遗物，不见汉代遗存，德格都毛赖城址位于上述两城之间，城外挖有城壕，城内也发现了西夏遗物，因此，这3座城址应均为西夏所建。

南线长城南侧的城、障址分布相对较为密集，其中靠近长城沿线的多距长城在1千米之内，偏南一线区域的则多在9~16千米范围之内。为了叙述方便，我们将该段长城及城址分为东端向西北方延伸至乌兰城址（S3）的东段；从努和日勒城址（S4）向西延伸至哈那城址（S10）的中段；从查干朝鲁扎德盖城址（S12）向西南再折向西北至朝鲁库伦城址（S24）的西段。在南线长城以南的这些城、障址中，库伦（S1）、白生（S2）、努和日勒（S4）、沃博尔忽热城址（S6）和东乌兰障址（Z3）、海力素太障址（Z4）等，城址外不见城壕，城、障址内采集仅见汉代陶片或虽未有汉代陶片也未采集到西夏遗物，从建筑规制分析应属汉代城址和障址；阿日库伦（S7）、查干套海北（S8）、查干套海南（S9）、双城子（S11）、查干朝鲁扎德盖（S12）、查干额日格（S15）、哈登扎德盖

[①] 魏坚：《阴山沧桑——乌拉特后旗历史文化遗存调查报告》，内蒙古人民出版社，2010年，第72页。
[②] 内蒙古自治区文化厅（文物局）、内蒙古自治区文物考古研究所：《内蒙古自治区长城资源调查报告·阿拉善卷》，文物出版社，2016年，第145~159页。
[③] 史金波：《西夏度量衡刍议》，《固原师专学报》（社会科学版）2002年第2期。

（S17）、乌兰呼都格（S18）、呼鲁斯东（S20）和呼鲁斯西城址（S21）等，城外多见挖有壕沟，并在城址内采集有典型西夏瓷片，应为西夏时期所建；乌兰（S3）、乌兰西（S5）、哈那（S10）、红旗（S13）、宝音图（S14）、乌兰呼舒（S16）、乌力吉高勒（S19）、乌兰库伦（S22）、青库伦（S23）和朝鲁库伦（S24）等城址，既有汉代陶片也有西夏瓷片，应是汉代所建，又在西夏时期被利用的城址。其中的乌兰（S3）、乌兰西（S5）、乌兰呼舒（S16）和乌力吉高勒（S19）4座城址，既在城址内采集到汉代陶片，也在城墙外发现有城壕，说明这些汉代城址在西夏时期被重新利用时，按照西夏建城的规制，在城外挖建了城壕。其他西夏沿用汉代城址未见城壕者，也不排除早年调查时因未曾仔细观察而遗漏的可能。

蒙古国境内长城沿线发现的无名城址①（X6）、无名城址②（X8）和赫日门温都尔（X11）等城址的共同点是它们在建筑规制上都是在墙外挖有城壕，地表发现有白釉、黑釉瓷片，并未发现汉代遗存，根据测定的碳十四数据，可以判断城址应当修建于西夏时期。根据俄罗斯、蒙古和日本学者的调查材料和碳十四数据的测定[①]，目前蒙古国境内发现的长城，以及从最东端的乌兰什沃特城址（X1）到最西端的阿拉嘎城址（X13），其间共13座城址、6座障址和2座烽火台，就其长城建筑规制、城址外普遍挖有城壕和未曾发现任何汉代遗物的情况分析，其均属西夏时期所建应无问题。

通观中国境内南北两线长城沿线的发现，建于西夏时期的城址也大部分具有城壕，这与蒙古国境内发现的西夏时期城址建有城壕，长城墙体两侧挖壕的现象可以相互印证。说明西夏营建边城时，可能是将城壕内的土在里侧夯筑城墙，同时在城壕外侧也建有一定规模的外城墙体，这种筑城方式既省工省力，又加强了边城的防御能力。

综上所言，在分析了中国境内南、北两线长城和蒙古国境内发现的长城后，我们可以认为：目前中国境内的南、北两线长城及部分城、障址，确实为汉代所筑；北线与南线长城相距最近的中段、西段和内侧的城址，在西夏时期大多曾被再次利用，并增筑了部分城址；蒙古国境内的长城虽与中国境内的北线长城相连，但它应是始建于西夏时期的长城，而非以往认为的汉代长城（图12）。

（二）文献记载中的塞外列城

汉文帝时，匈奴灭月氏，定楼兰、乌孙、呼揭及其旁二十六国，"诸引弓之民，并为一家"[②]，其势力东接朝鲜，北至贝加尔湖，河西走廊和西域诸国都在其控制之下。经过汉

[①]〔俄〕А. А. 科瓦列夫、〔蒙古〕Д. 额尔德涅巴特尔：《蒙古国南戈壁省西夏长城与汉受降城有关问题的再探讨》，《内蒙古文物考古》总39期，2008年；森谷一树、白石典之等：《2011～2012年蒙古国南戈壁省长城、城堡遗址调查报告》，《东北亚古代聚落与城市考古国际学术研讨会论文集》，科学出版社，2014年，第76～79页。
[②]（汉）司马迁撰：《史记·匈奴列传》，中华书局，1959年，第2896页。

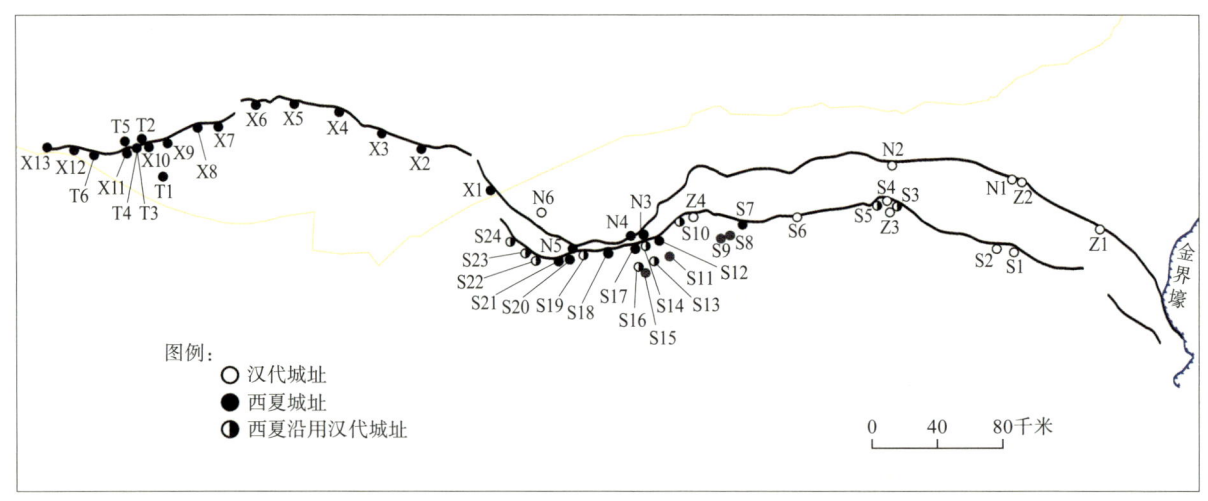

图12　中国境内南、北线长城和蒙古国境内长城及沿线城址、障址分布示意图

初的休养生息,到汉武帝时期已是府库充盈,国力强盛。汉朝军队从元光六年(前129年)开始主动出击匈奴,经元朔二年(前127年)的河南之战、元狩二年(前121年)的河西之战两役后,河套和河西地区尽为汉朝所控制,元狩四年(前119年)的漠北之战后,匈奴远遁,从此"幕南无王庭"[1],阴山山脉转而成为汉军的后方。太初三年(前102年),汉武帝遂"使光禄徐自为出五原塞数百里,远者千里,筑城障列亭至庐朐,而使游击将军韩说、长平侯卫伉屯其旁,使强弩都尉路博德筑居延泽上"[2]。光禄勋徐自为所筑"城障列亭",在《汉书》中又被称作"外城""塞外列城"。西汉之五原塞即今日包头市以西至河套地区朔方郡之间以北区域[3],也即南北两线长城之所在地。

文献史料中只有关于"塞外列城"的说法,并未见有关于南、北两条长城的记载。据《汉书》载,塞外列城自太初三年(前102年)夏四月开始修建,"其秋,匈奴大入云中、定襄、五原、朔方,杀略数千人,败数二千石而去,行坏光禄所筑亭障"[4],也即外城在修筑尚未完工的当年秋天,就遭到了匈奴的南下破坏。考古调查所见北线长城沿线的城址较少,未见烽火台,城址内所见遗物不多,说明使用时间不长,且长城墙体多处中断,规模也明显小于南线,故北线长城很有可能便是兴筑未久就被迫中断的"光禄所筑亭障"。

关于其后长城的修筑,史料中未有具体记载,但汉昭帝初年,有"匈奴三千余骑入

---

[1] (汉)班固撰:《汉书·匈奴传》,中华书局,1962年,第3770页。
[2] (汉)班固撰:《汉书·匈奴传》,中华书局,1962年,第3776页。
[3] 魏坚、郝园林:《秦汉九原—五原郡治的考古学观察》,《中国历史地理论丛》2012年第4期。
[4] (汉)班固撰:《汉书··匈奴传》,中华书局,1962年,第3776页。

五原，略杀数千人，后数万骑南旁塞猎，行攻塞外亭障，略取吏民去"①的记载。汉元帝时颇习边事的侯应曾对元帝道："臣闻北边塞至辽东，外有阴山，……至孝武世，出师征伐，斥夺此地，攘之幕北。建塞徼，起亭燧，筑外城，设屯戍，以守之，然后边境得用少安。幕北地平，少草木，多大沙，匈奴来寇，少所蔽隐，从塞以南，径深山谷，往来差难。边长老言匈奴失阴山之后，过之未尝不哭也。"②可见自汉武帝至西汉晚期，在北方边境一直存在有"外城"防线。考古所见南线长城墙体规模较大、保存较好，沿线城障分布密集，尤其是西段部分，城障之间的间距多在10~15千米，每隔5~10千米便建有烽火台，防御体系较为完善，从保存较好的朝鲁库伦等城址看，城内留存的汉代遗物也较多，说明使用时间较长，故南线长城极有可能是在北线长城被破坏后，又重新修筑的"塞外列城"。

至汉宣帝时，匈奴发生内讧，五单于争立，国势衰弱，无力寇边。地节二年（前68年）宣帝曾一度"罢外城，以休百姓"。匈奴单于得此消息，"召贵人谋，欲与汉和亲"。五凤四年（前54年），汉"以边塞亡寇，减戍卒什二"，再次减弱塞外列城的守卫力量。后匈奴呼韩邪单于朝见汉廷，归国时"单于自请愿留居光禄塞下，有急保汉受降城"③。至竟宁元年（前33年），呼韩邪再次入朝，娶王昭君为妻，再次提出保塞请求："愿保塞上谷以西至敦煌，传之无穷，请罢边备塞吏卒，以休天子人民。"④郎中侯应认为不可，指出："如罢戍卒，省候望，单于自以保塞守御，……小失其意，则不可测。"⑤汉元帝采纳了侯应的建议，谢绝了呼韩邪的保塞请求。但此后汉朝的北方边境一直处于稳定状态，塞外列城的军事防御作用也逐渐弱化了。

（三）西夏长城的认定

西夏从公元1038年建国，建都兴庆府（今宁夏银川），至1227年被成吉思汗攻灭，立国190年。据目前的文献和研究所见，未有西夏修建长城的记载。西夏军事体系的重点在于监军司，《宋史·夏国传》载："置十二监军司，委豪右分统其众。"⑥西夏监军司的设置一直随着政治形势与疆域边界的变化而有所变化，研究者历来分歧较大。但目前可以确定的是，西夏在北部地区设置有黑水镇燕军司和黑山威福军司两个监军司。黑水镇燕军司驻居延泽，治所在今内蒙古额济纳旗黑水城遗址⑦，早期防御契丹，后期防御蒙古；

---

① （汉）班固撰：《汉书·匈奴传》，中华书局，1962年，第3784页。
② （汉）班固撰：《汉书·匈奴传》，中华书局，1962年，第3803页。
③ （汉）班固撰：《汉书·匈奴传》，中华书局，1962年，第3797页。
④ （汉）班固撰：《汉书·匈奴传》，中华书局，1962年，第3803页。
⑤ （汉）班固撰：《汉书·匈奴传》，中华书局，1962年，第3804页。
⑥ （元）脱脱：《宋史·夏国传》，中华书局，1977年，第13994页。
⑦ 内蒙古文物考古研究所、阿拉善盟文物工作站：《内蒙古黑城考古发掘纪要》，《文物》1987年第7期。

黑山威福军司的地望所在一直有争议，过去一般观点认为是巴彦淖尔市新华镇古城村的高油坊古城①，近年来的考古调查资料显示，在地处阴山北麓的乌拉特中旗新忽热古城，曾经采集到具有唐和西夏两个时期特征的陶、瓷片，地理位置也正当西夏长城以南偏东之处，其很可能是西夏黑山威福军司的地望所在②。这个军司早期主要防备辽、金从天德或河清、肃州的进攻。随着北方蒙古的崛起，这里自然成为了西夏后期在长城以南，防御成吉思汗南下的前沿之地。

根据地理位置判断，黑水镇燕军司和黑山威福军司两个监军司地处西夏北境的东、西两地，彼此相距千里，其间基本为沙漠戈壁，若无其他军事建制，便成为缺少防御的真空地带。近年调查发现的内蒙古阿拉善左旗察汗克日木古城正好位于上述两军司之间，或许就是西夏十二监军司之白马强镇军司所在③。目前我们所发现的西夏长城正好位于蒙古高原的南缘和西夏国境的北边，因而也就成为了防御蒙古骑兵南下的战略要地。这一段西夏长城沿线城址的分布较为密集，城与城之间相距约30千米，亭障烽燧齐备，可以烽火候望，与监军司体系形成互补。西夏王朝就是利用了这一区域的汉代塞外列城的中段和西段，再向西北方向延伸，扩展了自己在西北边境的防线。

据史料记载，从1205年到1227年蒙古军曾先后6次攻打西夏，2次围困西夏都城中兴府，其中至少有3次是自北境南下进攻。以此看来，西夏修建长城防线的目的是防御蒙古的进攻，但这条长城作为军事防御体系，并没有成功抵御蒙古铁骑的南下。

五、结语

通过多次对阴山以北"塞外列城"的考古调查，在进一步梳理前人研究成果的基础上，我们通过对中国境内南、北线长城和蒙古国境内与北线长城衔接的长城遗迹，以及长城沿线的城址、障址和烽火台等的研究，可以得出如下认识：

1. 中国境内的南、北两线长城应是汉武帝遣光禄勋徐自为所筑之"塞外列城"。其中北线长城及沿线城障尚未修筑完成便遭匈奴破坏，之后又修筑了较为完善的南线长城及沿线城障及烽火台。

2. 汉宣、元之际，匈奴呼韩邪单于与汉和亲，留居塞外列城，此后塞外列城的军事防御作用逐渐弱化，其前后存在可能不足70年。

3. 西夏时期为防御蒙古南下，在汉塞外列城以西修筑了西夏长城的西段，西夏长城的

---

① 鲁人勇：《西夏监军司考》，《宁夏社会科学》2001年第1期；国家文物局：《中国文物地图集·内蒙古自治区分册（下）》，西安地图出版社，2003年，第615页。
② 中国人民大学2006年调查资料。
③ 中国人民大学2020年调查资料。

东段则利用了汉塞外列城北线与南线长城相距最近的中段和西段及内侧的城址,并增筑了部分城址加强防御。

4. 西夏长城与金界壕一样,都是为了抵御成吉思汗南下而修筑的军事防御体系。西夏长城的发现与确认,证实并填补了黑水镇燕军司和黑山威福军司之间边境防线上的空白。

5. 加强对中国北方历代长城的调查与辨识,对于我们研究农牧交融的历史,探讨中华民族多元一体格局形成的历史进程具有重要意义。

[本文与白晓璇合著,原载《北方民族考古》(第9辑),科学出版社,2020年]

附表1 中国境内北线长城沿线城址、障址登记表

编号	名称	位置	尺寸
N1	库伦苏木城址	达茂旗红旗牧场苏木图村东北1千米	平面呈方形，每边长89米
N2	台郭勒城址	108°45′49.88″E，42°9′16.15″N 北偏西15° 乌拉特中旗巴音苏木台郭勒嘎查西500米	平面呈长方形，南北90米，东西160米
N3	哈日乌苏城址	乌拉特后旗宝音图苏木哈日乌苏嘎查西南3千米	平面呈长方形，东西150米，南北100米
N4	德格都毛赖城址	106°48′00.0″E，41°43′38.8″N 海拔1251米，北偏东18° 乌拉特后旗潮格温都尔镇巴音努如嘎查 南、北线长城之间，北距北线约1千米，南距南线约3千米	平面基本呈方形，北墙115米，南墙104米，东、西墙100米
N5	苏亥城址	106°26′29.5″E，41°41′09.8″N 海拔1243米，北偏东35° 乌拉特后旗乌力吉苏木东北约8千米 南、北线长城之间，北距北线约1.3千米，南距南线约1.6千米	平面基本呈长方形，东墙长1米，北墙长131米
N6	巴音库伦城址	乌拉特后旗乌力吉苏木巴音努如西，长城北面山顶上	平面呈方形，每边长150米
Z1	丹山障址	110°24′19.22″E，41°41′17.96″N 达茂旗百灵庙镇西南2千米 位于山顶	平面呈底边平直，两侧弧线对的三角形。东墙为直线，长米，西北墙和西南墙均对称弧，各长75米
Z2	苏木图障址	达茂旗红旗牧场苏木图村东北2千米	平面呈五边形，周长165米

墙体	门址与瓮城	角台	城壕	遗物	年代	参考文献
筑城墙，基宽10米，高2.5米，夯层厚9～厘米	——	四角有角台	墙外40米有护城壕，宽20米	采集有弦断绳纹陶罐等残片	汉	①
土墙，残基宽8米，2米。外围有坞墙	东墙中部偏北设门，宽6米，外加筑瓮城	——	——	地表散布灰陶弦纹罐、盆等残片	汉	①
土墙，基宽3米，残5米	东墙中部设门宽6米	——	——	采集有白瓷碗、罐，黑瓷壶残片	西夏	①
以土和砂石夯筑墙宽，残高0.5～1米，北、西墙中部内侧有踏道	东墙中部设门，宽8米	四角有角台，西北、东南角台略清楚，其余不清	有护城壕，宽9米壕外有墙高1米，宽2.6米，东墙中部设门，宽7.6米	龙泉窑瓷片	西夏	③
沙石夯筑，残高1～米，顶宽2.8米	东墙中部设门，宽7米，没有瓮城	四角有角台，东北角台长6.2米，宽5米	城外隐约可见城壕遗迹	遗物绝少，仅见到西夏时的黑瓷一片	西夏	②③
砌筑，残基宽3米，米	南墙中部设门，宽3米	四角有角台	——	地表散布灰陶罐、盆等残片	汉	①
垒砌，基宽4米，高5米	西南墙正中设门，宽4米	——	——	地表散见有灰陶片	汉	①
筑城墙，基宽4米，残2米，夯层厚11厘米	——	——	——	采集有灰陶弦断绳纹盆、罐等残片	汉	①

附表2　中国境内南线长城沿线城址、障址、烽火台登记表

编号	名称	位置	尺寸
S1	库伦城址	109°36′53.39″E，41°40′28.57″N 方向10° 达茂旗新包力格苏木库伦村南约500米	平面呈长方形，长140米，宽128米
S2	白生城址	109°19′42.41″E，41°43′32.69″N 南北向 达茂旗巴音珠日和苏木白生村 紧邻长城南侧	平面呈方形，每边长140米
S3	乌兰城址	108°49′11.92″E，41°55′4.18″N 北偏东25° 乌拉特中旗乌兰苏木政府驻地东南4千米 北距长城约30米	平面呈方形，东墙长134米，南墙长131米，西墙长134米，北墙长130米。
S4	努和日勒城址	108°44′28.31″E，41°56′43.88″N 北偏东15° 乌拉特中旗乌兰苏木 东北距长城10米	平面呈不规则长方形，东墙长□米，南墙长133米，西墙长□米，北墙长133米
S5	乌兰西城址	108°39′23.08″E，41°56′34.39″N 北偏西20° 乌拉特中旗乌兰苏木政府驻地西11千米 北距长城约550米	平面呈方形，东墙长130米，南墙长135米，西墙长130米，北墙长127米
S6	沃博尔忽热城址	107°58′13.00″E，41°51′29.15″N 北偏东20度 乌拉特中旗川井苏木政府驻地西22千米 北距长城250米	平面呈方形，每边长135米
S7	阿日库伦城址	107°38′21.8″E，41°50′7.8″N 海拔1525米，北偏东2° 乌拉特后旗巴音前达门苏木与乌拉特中旗巴音杭盖苏木交界处 北距长城约60米	平面基本呈方形，东墙长13□米，北墙长133米
S8	查干套海北城址	107°31′45.96″E，41°46′42.22″N 北偏东32° 乌拉特后旗 北距长城约9千米	平面呈长方形，东墙长125米，南墙长140米，西墙长127米，北墙长140米
S9	查干套海南城址	107°31′40.05″E，41°46′39.09″N 北偏东42° 乌拉特后旗 北距长城约9千米	平面呈长方形，东墙长115米，南墙长125米，西墙长115米，北墙长130米
S10	哈那城址	107°11′8.08″E，41°50′55.8″N 海拔1408米，北偏西8° 乌拉特后旗巴音前达苏木阿布日勒图嘎查以北15千米 北距长城约300米	平面呈方形，西墙长136.7米，北墙长133米

墙体	门址与瓮城	角台	城壕	遗物	年代	参考文献
城墙，基宽4米	西、南墙上设门，宽7米	——	——	——	汉	①
城墙，基宽4米，残5米，夯层厚9厘米	门址不详	四角有角台	——	——	汉	①
土墙，残基宽4米，5米	南墙中部设门，宽6米，外加筑马蹄形瓮城	——	四周有环壕	采集有灰陶弦纹罐、盆等残片，以及酱釉釉陶碎片	汉·西夏	①⑥
保存较好，现存高度~2米。墙基处宽6.5高3米处宽4.5米	南墙正中设门，外马蹄形瓮城，瓮城门向东	四角有角台，高度高于墙体	——	地表遗物较少，采集有灰陶碎片	汉	⑥
土墙，残基宽4米，5米。南墙和西南角见夯层，夯层厚6~厘米	东墙中部设门，宽6米，外加筑瓮城，瓮城门向南开	四角有角台	北城墙外隐约可见有壕沟，宽10米	采集有灰陶弦纹罐等残片	汉·西夏	①⑥
土墙，残基厚5米，~3米	南墙中部开门，宽6米，外有瓮城	——	——	——	汉	①
夯筑，内含砂石。北层清楚，厚约9~12米。墙体厚2.6米，高米，北墙西段、南墙保存较好	南墙中部设门，宽8.6米，有马蹄形瓮城，内径6.4米，东墙设门，门道宽3.3米	四角有角台，西南角台黄土夯层厚6~7厘米，高3米，半径3.1米	四周有城壕，宽11米，壕外墙体宽3米，残高0.5~1米，瓮城门外环壕凸出呈弧形	少量白釉陶片、西夏时期的石磨、宋代钱币乾元重宝	西夏	③⑥
土筑，西墙墙体高厘米处，墙宽4米	东墙设门，宽4.5米，外无明显的瓮城遗迹	四角有角台，高度略高于地表	四周有环壕，宽10米	地表遗物较少，采集有少量酱釉陶碎片	西夏	⑥
保存较差，仅地表可迹，宽3.5米	东墙正中设门，流水冲刷严重，无明显瓮城遗迹	——	四周有壕沟，宽10米	地表遗物较少，采集有少量酱釉陶碎片	西夏	⑥
夯筑，风蚀严重，夯8~10厘米。北墙西保存较好，墙底基宽米，高2~3米，墙体筑痕迹	南墙中部设门，门宽7米，外有马蹄形瓮城，内径8.6米，东西长12.3米，墙体厚2.8米	四角有角台	——	汉代红陶片，西夏时期的黑釉陶片	汉·西夏	③

编号	名称	位置	尺寸
S11	双城子城址	东城107°7′57.82″E，41°39′56.52″N 西城107°7′54.06″E，41°39′56.19″N 均为北偏西约40° 乌拉特后旗 北距长城约16千米	两城平面均呈方形，东城西[...] 被西城打破。 东城东墙长134米，北墙长[...] 米；西城东墙长134米，南[...] 132米，西墙长134米，北[...] 132米
S12	查干朝鲁扎德盖城址	107°03′37.4″E，41°44′43.3″N 海拔1432米，北偏东20° 乌拉特后旗巴音前达门苏木巴音哈少嘎查 北距长城1千米	平面略呈方形，北墙长128.6[...] 西墙长132米
S13	红旗城址	107°2′13.67″E，41°38′54.33″N 北偏东10° 乌拉特后旗 北距长城约10千米	平面呈方形，东墙长124米，[...] 长140米，西墙长124米，[...] 135米
S14	宝音图城址	107°0′12.34″E，41°44′26.65″E 北偏东12° 乌拉特后旗宝音图苏木 北距长城约100米	平面呈方形，东墙长137米，[...] 长125米，西墙长136米，[...] 140米
S15	查干额日格城址	106°56′31.16″E，41°35′36.47″N 北偏西7° 乌拉特后旗 北距长城约15千米	平面呈长方形，东墙长126米，[...] 墙长142米，西墙长126米，[...] 长144米
S16	乌兰呼舒城址	106°56′16.70″E，41°35′47.99″N 北偏东40° 乌拉特后旗 北距长城约14千米	平面基本呈方形，东墙长126[...] 南墙长132米，西墙长125米，[...] 墙长130米
S17	哈登扎德盖城址	106°54′37.8″E，41°43′13.8″N 海拔1318米，北偏东5° 乌拉特后旗巴音前达门苏木巴音哈少嘎查西南约5千米 北距长城200米	平面基本呈方形，南墙长133[...] 西墙长132米
S18	乌兰呼都格城址	106°39′53.9″E，41°40′48.9″N 海拔1355米，北偏东32° 乌拉特后旗乌力吉苏木东北约20千米 西北距长城50米	平面略呈方形，东墙长114米，[...] 墙长120米
S19	乌力吉高勒城址	106°29′05.1″E，41°39′46.5″N 海拔1289米，北偏东8° 乌拉特后旗潮格温都尔镇查干敖包嘎查 北距长城约500米	平面呈方形，每墙边长130米

拾遗篇

续表

墙体	门址与瓮城	角台	城壕	遗物	年代	参考文献
周边不见散落石块，为土筑。东城的北墙保存完整，东墙基5米；西城四周城墙较清晰，高出地表不米	东城的城门无法辨认；西城的城门应位于东墙正中，地表水流冲刷，无法判断是否有瓮城	两城均有角台，角台略高于地表	两城均有环壕，宽10米	采集有少量酱釉陶碎片以及白瓷碎片	西夏	⑥
夯筑，破坏严重。现墙、西墙较为明显，和东墙不明显，墙基6米，残高0.5米	南墙中部设门，门宽8米	东北角和西北角有角台痕迹	——	西夏时期陶片	西夏	③
较差，西墙和南墙地象较明显，东墙和北清。城内散落大量石推测城墙包石	城门具体位置不清，推测应位于东墙之上	四角有角台，略高于地表	——	采集有酱釉陶片、白瓷碎片、白瓷碗底、灰陶碎片以及红陶口沿	汉·西夏	⑥
城墙。南墙距地表1宽4米，靠近西南墙基宽7.2米	现代公路的破坏了东墙和南墙，无法判断城门位置	四角有角台。西南角台夯层厚13厘米	——	地表遗物较少，采集有少量酱釉陶片	汉·西夏	⑥
现存不到1米，城墙整齐排列的石块，推为包石结构	东墙正中设门	四角有角台，高度略高于城墙	三面有壕沟，东墙外无壕沟遗迹，壕沟宽10米	采集有酱釉釉陶碎片和厚5厘米左右的青砖残块	西夏	⑥
保存较好，高出地表1.5米。城墙与角台上大量石块，推测为包构	东墙正中设门，外有马蹄形瓮城	四角有高角台，高度高于墙体	西、南、北三墙外有壕沟，壕沟宽10米	采集有红陶片、酱釉釉陶碎片和白色瓷碗碎片	汉·西夏	⑥
1～2.5米	流沙覆盖，估计位于东墙中部	四角有角台，西南和东北角台保存较好，边长6米	——	西夏时期的釉陶罐、小口壶和茶末釉陶缸残片	西夏	③
土石混筑，墙宽3.2残高2～3米	东墙中部设门，门宽5米，有马蹄形瓮城，内径长9.4米，墙体厚4米，瓮城南墙设门，门道宽3.6米	四角有角台。东北角台长6.6米，宽5米；西北角台高3米；东南角台高4米	四周均有护城壕，宽10米	西夏时期黑釉缸底残片	西夏	③⑥
宽8米，顶宽3.3米，1.5～2米	东墙中部设门，宽5.1米，有马蹄形瓮城，内径长9.6米，南北长8.5米，墙体厚4.5米，瓮城南墙设门，门道宽2.9米	四角有角台。东南角台长6.5米，7.8米	外有护城壕，东侧宽11.3米，南侧宽6.7米，西、北侧被掩埋。壕外围墙宽6.7米，残高1米。壕和围墙在四角角台处向外凸出呈弧形	汉式绳纹陶片西夏陶、瓷片	汉·西夏	①②③

编号	名称	位置	尺寸
S20	呼鲁斯东城址	106°20′42″E，41°38′09″N 海拔1265米，北偏东23° 乌拉特后旗潮格温都尔镇巴音努如嘎查 北距长城约25米	平面呈方形，西墙长132米，长131.3米
S21	呼鲁斯西城址	106°20′10.6″E，41°37′43.5″N 海拔1259米，北偏东20° 乌拉特后旗潮格温都尔镇巴音努如嘎查 北距长城600米	平面呈方形，北墙长140米，长141米
S22	乌兰库伦城址	106°10′15.6″E，41°37′57.4″N 海拔1171米，北偏东20° 乌拉特后旗乌力吉苏木西尼乌素嘎查东南15千米 北距长城约100米	平面呈方形，东墙长128米，长130米
S23	青库伦城址	106°06′26.7″E，41°40′13.4″N 海拔1128米，北偏东20° 乌拉特后旗乌力吉苏木西尼乌素嘎查 北距长城约50米	平面呈方形，每边长131米
S24	朝鲁库伦城址	105°59′535″E，41°44′065″N 海拔1034米，北偏西10° 乌拉特后旗乌力吉苏木西尼乌素嘎查宝力格小组 北距长城约500米	平面呈方形，北墙、东墙128；南墙、西墙126.9米
Z3	东乌兰障址	108°48′46.15″E，41°54′58.91″N 北偏东20° 乌拉特中旗乌兰苏木 东北距乌兰城址约500米 北距长城约360米	平面呈方形，城墙外侧边长　米，内测边长10米 以北侧山间深沟为依托，建于南侧一平坦小高地
Z4	海力素太障址	107°16′25.5″E，41°52′39.2″N 海拔1427米，北偏东8° 乌拉特后旗巴音前达门苏木哈拉图嘎查	平面呈方形，四角略呈圆弧状，东西长22.6米，南北长23米
F1	哈那东南烽火台	乌拉特后旗巴音前达苏木阿布日勒图嘎查 哈那城址东南方向约200米	——
F2	哈那西北烽火台	乌拉特后旗巴音前达苏木阿布日勒图嘎查 哈那城址西北方向约500米山头上	——

拾 遗 篇

续表

墙体	门址与瓮城	角台	城壕	遗物	年代	参考文献
夯筑含有砂石，墙底4.5米，顶宽3.2米，…2米 …西、北墙内侧有登城…	南墙中部设门，宽5米，有马蹄形瓮城，内径8.4米，城墙厚4.3米，瓮城东墙设门，宽3.3米	四角有角台 东北角台长6.8米，宽5.8米	四周有城壕，宽10米 东墙约6.7米处有墙体，宽3米	零星的西夏时期的黑釉缸陶残片、碗底残片等	西夏	③⑥
…由含有砂石的黄土夯… 宽3.1米，残高0.5米	东墙中部设门，门外有马蹄形瓮城，内径长9米	四周有角台，被自然破坏，尺寸不清	—	—	西夏	③
…石混合夯筑，顶宽3.4… 残高1～1.5米 …四角及南、北、西墙…有登城踏道	东墙中部设门，宽4.5米，有马蹄形瓮城，内径10米，墙体厚4.3米，瓮城南墙设门，门道宽3米	四角有角台东南角台长6.9米，宽6.9米；西南角台长5.8米，宽6.4米，高1.5米	—	石杵、黑釉瓷片器、灰红色陶壶和宋钱"元祐通宝"等 汉代石磨、釉陶片，西夏时的瓷片	汉·西夏	①②③
…由黄土掺和少量沙粒…夯筑而成，顶宽5.6…基宽5.8米，高1～2…等 …四角及南、北、西墙…有登城踏道	东墙中部设门，宽6米，有马蹄形瓮城，内径11米，墙厚5.1米，瓮城南墙设门，宽3.3米	四周有角台 东北角台长6.5米，宽6.4米	—	试掘出土石夯、木橛、黑白瓷片和马、牛、羊的骨头等 城内有汉代和西夏时期的陶片	汉·西夏	①②③
…石块垒砌，两侧平…中间填以碎石泥土…南段基宽5.5米，顶…6米，残高2.7米 …两侧、城内四角都有…踏道	东墙中部设门，宽4.5米，有方形瓮城，东西长8.5米，南北宽9.5米	四角有角台 边长4.8米	—	出土有大量绳纹筒瓦、板瓦和千秋万岁瓦当；灰陶片；铜镞、铜弩机、铁斧、铁锸、铁镰、铁剑、铁甲片、五铢铜钱等	汉·西夏	①②③
…厚3米，墙外砌石，…土石混筑	城门宽1.5米，向东开	—	—	—	汉	⑥
…两侧砂岩垒砌，中…填充砂石。南墙宽2.8…东墙南端宽4.1米，…宽3.75米，墙高1～…	南墙中部设门，门宽2.5米	—	—	—	汉	③
—	—	—	—	—	汉	③
—	—	—	—	—	汉	③

编号	名称	位置	尺寸
F3	宝音图烽火台	乌拉特后旗宝音图苏木南约4千米 北距长城约70米	近方形覆斗状，底边长近6米 高4米左右
F4	青库伦西土筑烽火台	乌拉特后旗乌力吉苏木西尼乌素嘎查 青库伦城址西0.5千米	直径8米，现高3米
F5	青库伦西石筑烽火台①	乌拉特后旗乌力吉苏木西尼乌素嘎查 青库伦城址西3.5千米	已坍塌
F6	青库伦西石筑烽火台②	乌拉特后旗乌力吉苏木西尼乌素嘎查 青库伦城址西6千米	方形，基宽5×5平方米，现高5米 台前联筑一小院
F7	查干呼苏烽火台	106°02′E，41°42′N 海拔1078米 北距长城60米	方形覆斗状，边长约7米，残3.5米 南侧与一处房址连在一起
F8	朝鲁库伦烽火台	105°58′724″E，41°44′880″N 海拔1036米 北偏西60°	方形覆斗状，边长6.5米，残3.5米
F9	西尼乌苏烽火台	105°57′814″E，41°46′057″N 海拔1020米 正南北向	方形覆斗状，底宽5.5~5.7米 残高3米 南侧留有大约9米见方的房屋基
F10	赫日敏扎木烽火台	乌拉特后旗乌力吉苏木边防派出所附近 长城南侧	残高2米，夯层均匀， 厚10厘米左右
F11	达勒盖沟烽火台	乌拉特后旗巴音宝力格镇新大队达勒盖沟	分两部分，上为烽火台，下为房址，房址分割成好几个区

续表

墙体	门址与瓮城	角台	城壕	遗物	年代	参考文献
取土，逐层夯筑，夯厚10～12厘米。夯层夹杂石子。整体保存	—	—	—	—	汉	③
瓦	—	—	—	—	汉	②
瓦	—	—	—	—	汉	②
瓦	—	—	—	—	汉	②
台和房址墙体砌筑方同，都是两侧以石片，中部填砂土石块	—	—	—	0.3米厚的草木灰烬和少量汉代灰陶片	汉	③
周边以石块叠砌，厚米，内里用土石混筑，塌处观察，每层石块有梭梭	—	—	—	—	汉	③
垒砌边框，内里填充	—	—	—	—	汉	③
瓦	—	—	—	—	汉	③
有石砌围墙，南北长米，东西宽40米	—	—	—	—	汉	③

附表3　蒙古国境内长城沿线城址、障址、烽火台登记表

编号	名称	位置	尺寸
X1	乌兰什沃特城址（Ulaan Shiveet）	105°44′57″E，41°58′42″N 北偏西25° 蒙古国南戈壁省瑙木冈县 东北距长城约8千米	平面呈方形，南北长144米，长142米
X2	甘查毛顿胡图克城址	105°19′54.25″E，42°13′15.64″N 北偏西35° 蒙古国南戈壁省瑙木冈县 北距长城2.5千米	平面呈方形，西北长111米，长117米，东北、西南长135米
X3	德尔森乌苏城址（Dersen Us）	104°59′52.74″E，42°18′52.72″N 北偏西47° 蒙古国南戈壁省瑙木冈县 北距长城约850米	平面基本呈方形，南北长123米，东西长137米
X4	赫日门查干城址（Khermen Tsagaan）	104°39′56.42″E，42°26′14.78″N 北偏东15° 蒙古国南戈壁省瑙木冈县 北距长城约1千米	平面基本呈方形，南北长118米，东西长137米
X5	阿尔善城址（Arashaan）	104°19′24″E，42°28′25″N 北偏东9° 蒙古国南戈壁省瑙木冈县 北距长城约500米	平面基本呈方形，南北长120米，东西长137米
X6	无名城址①	104°1′51″E，42°28′19″N 北偏西20° 蒙古国南戈壁省和尔门县 北距长城约130米	平面呈长方形，南北长143米，西长128米
X7	赫日门呼都格城址（Kherem Khudag）	103°44′20.47″E，42°20′43.08″N 北偏西20° 蒙古国南戈壁省和尔门县 北距长城130米	平面基本呈方形，南北115米，西93米
X8	无名城址②	103°36′54″E，42°20′24″N 北偏西38° 蒙古国南戈壁省和尔门县 北距长城约530米	平面基本呈方形，西壁长115米，北壁长108米
X9	哈拉西沃城址	103°17′22.27″E，42°14′11.70″N 北偏西10° 蒙古国南戈壁省和尔门县 北距长城120米	平面基本呈方形，南北110米，西96米
X10	百兴图城址	103°8′32.79″E，42°11′28.61″N 北偏西10° 蒙古国南戈壁省和尔门县 北距长城1千米	平面基本呈方形，南北长100米，东西长87米
X11	赫日门温都尔城址	103°0′44.13″E，42°09′2.04″N 北偏西15° 蒙古国南戈壁省巴彦达赖县 北距长城2.5千米	平面略呈菱形，每侧城墙95米

墙体	门址与瓮城	角台	城壕	遗物	年代	参考文献
——	城址严重毁坏，门址不明	——	——	——	西夏	⑤
米，高1米	东墙中间设门，宽4米	直径8米，高2米	有城壕，宽4米，深1米	在城址里挖了两处探沟，未见文化层	西夏	④
高1米，宽2米	东北墙中间设门	有角台	——	——	西夏	⑤
.5米，残高0.5米	东墙中间设门，宽约5米	有角台，直径8米，高2米	有壕沟，宽3米，深1米	在城址里挖了两处探沟，未见文化层	西夏	④⑤
——	东墙中间设门	有角台	有城壕	采集有磁州窑系残片	西夏	⑤
——	南墙设门	有角台	有城壕	采集有白釉、黑釉残片 有碳十四数据	西夏	⑤
——	应该东墙设门	有角台	——	——	西夏	⑤
用了胡杨木	东墙设门	有角台	有城壕	有碳十四数据	西夏	⑤
米，高1.5米	东墙中间设门，宽10米	四角有角台，高达2.5米	有壕沟，宽6米，深1米	在城址里挖了两处1米×1米的探沟，未见文化层	西夏	④
米，高1.5米	东南墙中间设门，宽6米	四角有角台，高2米	有壕沟，宽7米，深1米	在城址里挖了三处1米×1米的探沟，未见文化层	西夏	④
米，高1.5米 墙上垂直插有红杨（疑为胡杨）木桩	东南墙中间设门，宽7米	四角有角台，高2.5米	有城壕，宽5米，深1米	在城址里挖了5米×5米的探沟，未见文化层有碳十四数据	西夏	④

编号	名称	位置	尺寸
X12	亦和浩特格尔城址	102°39′17.31″E，42°11′25.52″N 北偏西约30° 蒙古国南戈壁省巴彦达赖县 北距长城60米	平面基本呈方形，北墙78米，南墙86米，东、西城墙72米
X13	阿拉嘎城址	102°25′3.52″E，42°10′18.15″N 北偏西60° 蒙古国南戈壁省巴彦达赖县 北距长城90米	平面基本呈方形，西北78米，东南86米，东北、西南90米
T1	查干乌拉山障址	103°15.992′E，42°1.140′N 蒙古国南戈壁省和尔门县 海拔1311米	平面呈椭圆形，西北—东南走向，长13.6米，宽7.4米
T2	百兴图札答盖障址	103°6.295′E，42°11.768′N 蒙古国南戈壁省和尔门县 海拔1314米	长4米，宽3米
T3	无名障址①	103°1.8′E，42°10.63′N 蒙古国南戈壁省巴彦达赖县 海拔1310米，山顶	石筑
T4	无名障址②	103°1.8′E，42°10.63′N 蒙古国南戈壁省巴彦达赖县 海拔1310米，山顶	石筑
T5	西沃哈塔布齐障址	102°58.453′E，42°11.640′N 蒙古国南戈壁省巴彦达赖县 南距长城3.1千米	平面略呈椭圆形，东西长25米，南北宽16米
T6	无名障址③	102°47.199′E，42°10.053′N 海拔295米 蒙古国南戈壁省巴彦达赖县 北距长城100米山上	平面呈圆形，直径5米
F12	乌兰什沃特烽火台	105°44′45″E，41°58′37″N 蒙古国南戈壁省瑙木冈县 乌兰什沃特城址西约250米山上	平面呈方形，每边长19米
F13	无名烽火台	102°50.079′E，42°10.312′N 海拔1337米 蒙古国南戈壁省巴彦达赖县 南距长城1千米	石砌 直径4米，高3米

资料来源：
① 国家文物局主编：《中国文物地图集·内蒙古自治区分册》，西安地图出版社，2003年。
② 文物编辑委员会编：《中国长城遗迹调查报告集》，文物出版社，1981年。
③ 魏坚主编：《阴山沧桑——乌拉特后旗历史文化遗存调查报告》，内蒙古人民出版社，2010年。
④ А. А. 科瓦列夫、Д. 额尔德涅巴特尔：《蒙古国南戈壁省西夏长城与汉受降城有关问题的再探讨》，《内蒙古文物考古》总39期，2008年。
⑤ 森谷一树、白石典之等：《2011～2012年蒙古国南戈壁省长城、城堡遗址调查报告》，《东北亚古代聚落与城市考古国际学术研讨会论文集》，科学出版社，2014年。
⑥ 中国人民大学2016年调查资料。

续表

墙体	门址与瓮城	角台	城壕	遗物	年代	参考文献
米	东墙中间设门，宽5米	有角台，直径9米	有城壕，宽4.5米	—	西夏	④
米	东南墙中间设门，宽6米	有角台，直径9米	有城壕，宽5米	—	西夏	④
墙高达3米	—	—	—	—	西夏	④
墙用石头和梭梭砌成，▢岩石包围	—	—	—	—	西夏	④
—	—	—	—	—	西夏	④
	—	—	—	—	西夏	④
米，外壁漫坡状，▢垂直 ▢墙有1.5米登道	—	—	—	有碳十四数据	西夏	④
墙用石块和梭梭建成，米	—	—	—	—	西夏	④
▢垒砌 .5～2米	—	—	—	—	西夏	⑤
	—	—	—	—	西夏	④

AN ARCHAEOLOGICAL OBSERVATION ON THE HAN-PERIOD SAIWAILIECHENG AND THE GREAT WALL DURING THE WESTERN XIA PERIOD

Wei Jian   Bai Xiaoxuan

Abstract: Two sections of the Great Wall run latitudinally across the Gobi Desert to the north of Yin Moutain. Their cities and fortresses have been generally regarded as the Han-period Saiwailiecheng ("the line of towns outside of the borders"). This paper, based on a review of archaeological investigations in China and Mongolia, as well as on the latest survey in 2016 and Google Earth satellite images, analyzes the northern and southern section of the Great Wall in China and its western extension in Mongolia. The dating of each section of wall, as well as cities and fortresses along the walls is discussed.Combined with a reading of historical sources, the evolution of the Han-period Saiwailiecheng is reconsidered, as well as the existence of the Great Wall under the Western Xia Dynasty.

Keywords: Han-period Great Wall; Saiwailiecheng; Western Xia-period Great Wall

中国辽金考古研究四十年
（上篇）

摘　要：近四十余年间，随着中国改革开放的不断深入，考古发掘与研究取得了许多重要的成果。这期间，由于辽金时期契丹、女真等北方民族文化的研究逐渐受到学界的重视，辽金考古取得了很多突破性的进展，在北方民族考古研究中独树一帜。越来越多的考古发现表明，辽金时期，契丹与女真和中原汉文化之间的交流是一个双向传播与交融互动的发展过程。本文遍搜四十余年来辽金时期契丹、女真考古的重要发掘与研究成果，从城市、帝陵、墓葬、手工业及佛教考古等方面入手，分上、下两篇，扼要总结改革开放以来辽金时期考古的主要收获，意在探讨中华民族多元一体格局形成过程中的辽金历史进程。

关键词：改革开放　辽代考古　金代考古　发现与研究

辽金两代是我国古代北方民族建立的政权。契丹辽王朝雄踞北疆二百余年，全盛时期曾出现"万国来朝"的景象，当时的中亚地区"无闻中国有北宋，只知契丹即中国"。女真崛起，金朝灭辽，不再满足于北部的半壁江山，在"天下一家，然后可以为正统""据天下之正"（《金史》）等理念的指导下，其盛时曾统一大半个中国。

20世纪早中期受"正统"等思想的影响，学界对辽金历史文化的研究多从"汉化""中原化"的视角出发，提出过"骑马征服论""王朝征服论"等明显带有民族偏见的观点。改革开放以来，随着思想的解放，辽金时期契丹、女真等北方民族本体文化逐渐受到学界的重视。四十余年间，伴随着城市基本建设事业的开展，考古机构的增设、重组等际遇，考古学取得了长足的发展，辽金时期的各类考古成果不断更新着以往的观点，掀起了研究北方民族文化的一个热潮。尤其是新世纪以来，在弘扬优秀传统文化思想的指导下，辽金时期的考古更是取得了斐然的成绩，很多方面都有了突破性的进展。本文拟从城市、帝陵、墓葬、手工业、佛教考古等方面入手，扼要叙述改革开放以来辽金时期的考古发现和研究。

一、辽金城市考古

辽金两代都有着非单一政治中心的传统。辽代实行五京制，一般认为辽上京为早期都城，辽中京为中后期的都城。其他三京辽东京、辽南京、辽西京均是辽政权在占领一地后为战略防卫而营建的都城，更加突出军事防御功能。金代最终确立的是一都五京制，早、中、晚期的都城分别是金上京、金中都和金汴京，其他三京东京辽阳府、西京大同府、北京大定府的性质实际相当于路治所在。

辽金城市考古工作具有很大的不平衡性，典型的荒野型城址如辽上京和金上京，基本无后期城市的叠压，保存相对比较完整，较易开展大规模的考古发掘工作。古今重叠型城址如辽南京、金中都和金汴京等，不仅叠压在前代都城基础之上，并且被现代城市再叠压，难以开展大规模的考古工作，多在配合基建的考古工作中得以勘探和小规模发掘。以下从都城遗址、行宫和皇家祭祀遗址、中小型城址及聚落遗址等几个方面来梳理辽金城市考古工作的进展。

（一）都城遗址

1. 辽代都城遗址

辽上京城址的考古工作在20世纪90年代中期以后有了较大的进展。1994年发表的1962年对辽上京皇城的全面勘探成果，是20世纪对辽上京所做的最重要的考古工作，此次发掘明确了辽上京的形制结构为日字形南北二城，城墙为夯土版筑，也基本掌握了城垣周长、城门结构、城内道路布局以及"大内"建筑基址等的大致情况，并且绘制了皇城遗迹平面图[①]。2001年再次对辽上京城址开展的重点勘探和试掘工作，揭露了皇城南门和宫殿区之间的南北大街，理清了道路的使用年限以及两侧房址用白灰砌砖缝的现象[②]，是新世纪初对辽上京城址考古的新收获。2011年以来，在大遗址保护规划理念的指导下，由中国社会科学院考古研究所内蒙古第二工作队与内蒙古文物考古研究所联合组成的辽上京考古队，开始了对辽上京城址的全面勘测和有计划的连年考古发掘工作，陆续对辽上京皇城

---

① 内蒙古文物考古研究所：《辽上京城址勘查报告》，《内蒙古文物考古文集》（第一辑），中国大百科全书出版社，1994年，第510~536页。
② 塔拉、董新林：《辽上京城址初露端倪》，《中国文物报》2001年11月9日第1版；董新林：《辽上京城址》，《中国考古学年鉴·2002》，文物出版社，2003年，第163页。

西门——乾德门①、皇城西山坡遗址②、皇城1号街道及临街建筑遗迹③、宫城城墙及西门遗址④、宫城东门遗址⑤、宫城南门遗址及皇城东门内大街⑥、宫城东向轴线西侧宫殿址及西北侧建筑址⑦等重要遗址点进行了较为详细的考古工作。这些工作对于进一步明晰辽上京的城市布局及历史沿革意义非凡。第一，解剖、探明了皇城和宫城城门的结构。皇城西门——乾德门由城门和瓮城组成，且皇城西门和北门均为单门道过洞式，而皇城东门为三门道过洞式，规模大、等级高；发掘了宫城南门承天门址，发现宫城南门和西门均为单门道过洞式，而宫城东门为殿堂式，形制、地位特殊。第二，确认了辽上京的东向轴线。通过对皇城东门、宫城东门、1号院廊庑和大殿、2号院廊庑以及皇城3号建筑址的发掘，确认了辽上京东向轴线的存在，并且在辽代一直沿用。第三，确认了护城壕及壕沟的存在。在皇城东、西、北三面发现了护城壕迹象，在宫城南墙和北墙外也发现了壕沟遗迹。第四，发现的祭祀遗迹填补了辽上京考古的学术空白。在宫城南门外路面下发现了与城门祭礼有关的动物埋藏坑；在宫城西北部1号建筑基址下发现了分别瘗埋有人和马的2个祭祀坑，对研究当时的民族礼俗意义重大。第五，补充更正了以往对皇城建筑和宫城范围的模糊认识。发掘确认了皇城西山坡遗址为佛教寺院建筑，3座佛塔采用一大两小、一字排开的布局形式，位置重要、规模庞大，国内罕见。同时，发掘工作首次确认了宫城南墙、北墙和西墙的准确位置和建筑规模。

对辽中京城址开展的比较重要的考古工作有3次。改革开放前内蒙古自治区辽中京发掘委员会对城址开展的考古勘探和发掘，基本弄清楚了中京城的沿革、规模和布局，且对中京城的三重城墙进行了研究⑧。1986～1988年，内蒙古文物考古研究所和宁城县博物馆

---

① 董新林、陈永志、汪盈等：《辽上京城遗址首次大规模考古发掘乾德门遗址》，《中国文物报》2012年1月20日第8版。
② 董新林：《辽上京皇城遗址近年考古发掘新收获》，《东北亚古代聚落与城市考古国际学术研讨会论文集》，科学出版社，2014年，第314～316页；中国社会科学院考古研究所内蒙古第二工作队、内蒙古文物考古研究所：《内蒙古巴林左旗辽上京皇城西山坡佛寺遗址考古获重大发现》，《考古》2013年第1期；董新林、陈永志、汪盈：《内蒙古辽上京遗址探微》，《中国文化报》2013年6月7日第4版。
③ 董新林、陈永志、汪盈等：《2013年辽上京皇城遗址考古发掘取得重要收获》，《中国文物报》2014年2月14日第8版。
④ 董新林、汪盈：《辽上京宫城遗址》，《大众考古》2015年第3期；董新林、陈永志、汪盈等：《考古发掘首次确认辽上京宫城形制和规模》，《中国文物报》2015年1月30日第8版；中国社会科学院考古研究所内蒙古第二工作队、内蒙古文物考古研究所：《内蒙古巴林左旗辽上京宫城城墙2014年发掘简报》，《考古》2015年第12期。
⑤ 中国社会科学院考古研究所内蒙古第二工作队、内蒙古文物考古研究所：《内蒙古巴林左旗辽上京宫城东门遗址发掘简报》，《考古》2017年第6期；董新林、陈永志、汪盈等：《辽上京城址首次确认曾有东向轴线》，《中国文物报》2016年5月6日第8版。
⑥ 中国社会科学院考古研究所内蒙古第二工作队、内蒙古文物考古研究所：《内蒙古巴林左旗辽上京遗址的考古新发现》，《考古》2017年第1期；中国社会科学院考古研究所内蒙古第二工作队、内蒙古文物考古研究所：《内蒙古巴林左旗辽上京宫城南门遗址发掘简报》，《考古》2019年第5期。
⑦ 董新林、曹建恩、汪盈等：《辽上京宫城考古：发现大型建筑基址和祭祀坑》，《中国文物报》2019年4月19日第5版。
⑧ 辽中京发掘委员会：《辽中京城址发掘的重要收获》，《文物》1961年第9期；内蒙古自治区昭乌达盟文物工作站：《辽中京遗址》，《文物》1980年第5期。

对辽中京大塔基座覆土进行了发掘，大塔位于辽中京外城内靠近皇城南墙的位置，通过发掘得知塔基西侧扩出部分与基座不是同一时期形成，但基座与塔身为同一时期建筑①。1997年中国历史博物馆与内蒙古文物考古研究所的联合航拍为辽中京城址留下了珍贵的图像资料②。

2. 金代都城遗址

金上京城址在20世纪70、80年代做过一些调查及测绘工作，主要是对上京城的周长、城门、瓮城及马面的数量进行摸底排查③，1986年出版的《中国大百科全书·考古学》一书中对金上京遗址的介绍基本采用了这些调查测绘的成果。1999～2000年黑龙江省文物考古研究所对金上京皇城址进行了全面调查勘探，新发现了皇城中轴线上的殿址遗迹；2006年又重新探查了城门数量及瓮城门的建筑结构等④。随着金上京大遗址保护工作的推进，2013年黑龙江省文物考古研究所正式启动了五年工作计划，开始了对金上京城址的全面考古工作，陆续对南北二城的腰墙、北城西墙、南城北墙⑤，南城南墙西门址⑥，皇城西区中部带院落的礼制性建筑址⑦，皇城东部1号建筑址⑧，皇城东部宫殿及廊庑建筑址⑨，皇城外南侧道路遗迹⑩等进行了考古勘探和发掘工作，取得了一系列重要成果。揭露了金上京城墙夯土版筑的结构，发现南北二城的腰墙较其他城墙明显较宽，且有护城壕。发掘确认了金上京南城南墙西门与皇城南门在一条中轴线上，南城南墙西门由城门和瓮城组成，为单门道过梁式结构，在瓮城内发现了疑似卫戍居所，更多突显了城门的防御功能。首次在皇城西部揭示了一处完整的带有院落的礼制性建筑，在皇城东部发现带有取暖设施的宫殿遗存及大规模廊庑建筑址。同时在皇城与南城南墙西门址之间发现了道路及两侧的排水沟系统等。

---

① 内蒙古文物考古研究所、宁城县博物馆：《辽中京大塔基座覆土发掘简报》，《内蒙古文物考古》总5期，1991年。
② 中国历史博物馆遥感与航空摄影考古中心、内蒙古自治区文物考古研究所：《内蒙古东南部航空摄影考古报告》，科学出版社，2002年，第96～113页。
③ 孙秀仁：《金代上京城》，《黑龙江古代文物》，黑龙江人民出版社，1979年，第67～80页；许子荣：《金上京会宁府遗址——全国重点文物保护单位之一》，《黑龙江文物丛刊》1982年第1期；景爱：《金上京的行政建置与历史沿革》，《求是学刊》1986年第5期；赵永军：《金上京城址发现与研究》，《北方文物》2011年第1期。
④ 赵永军：《金上京城址发现与研究》，《北方文物》2011年第1期。
⑤ 赵永军、刘阳、陈永婷：《考古发掘确定金上京城址建筑与使用年代》，《中国文物报》2014年5月9日第8版。
⑥ 赵永军、刘阳：《金上京考古取得新成果——发掘揭露南城南墙西门址》，《中国文物报》2015年1月30日第8版。
⑦ 赵永军：《金上京皇城揭露一组大型带院落建筑基址》，《中国文物报》2016年4月22日第8版；黑龙江省文物考古研究所：《哈尔滨市阿城区金上京皇城西部建筑址2015年发掘简报》，《考古》2017年第6期。
⑧ 赵永军、刘阳：《黑龙江阿城金上京皇城东部1号建筑址》，《大众考古》2017年第6期。
⑨ 赵永军、刘阳：《黑龙江金上京遗址考古发掘获得新成果——全面揭示皇城东部建筑基址布局》，《中国文物报》2018年6月1日第8版；黑龙江省文物考古研究所：《哈尔滨市阿城区金上京南城南垣西门址发掘简报》，《考古》2019年第5期。
⑩ 赵永军、刘阳：《金上京考古：发掘城内道路及排水沟》，《中国文物报》2019年4月19日第5版。

对金中都的正式考古工作始于1958年北京大学阎文儒先生等进行的较为全面的考古调查、勘探和测绘工作,大致摸清了金中都的城垣布局、城墙位置、保存状况等,并绘制了金中都的第一幅考古草图[1]。1965~1966年中国社会科学院考古研究所徐苹芳等先生再次对金中都进行考古发掘、勘测等工作,明确了金中都南北中轴线的布局以及外城城门、街道系统等[2]。改革开放以来,尤其是1985年北京市文物研究所成立以来,为配合北京市基本建设项目的开展陆续对金中都大安殿遗址[3]、南城垣水关遗址[4]、城外西北莲花池遗址[5]、宫城内鱼藻池遗址[6]等做了发掘或勘探工作。其中大安殿的发掘明确了金中都"工"字形宫殿形制以及应天门、大安门、大安殿的南北向中轴线布局。水关遗址的发掘及莲花池遗址的勘探工作确定了金中都城的确切水源路线,即从城外西北的莲花池引水入城,向东南进入宫城鱼藻池,之后穿过外城南城垣丰宜门和景风门之间的水关流向城外;同时水关遗址的建筑结构与《营造法式》"卷輂水窗"的做法完全一致,是研究古代建筑和水利设施的重要例证,被评为当年的十大考古新发现。鱼藻池的勘探工作确认了早晚两期的湖岸堆积。进入新世纪以来,配合基建考古,2005年和2012年又对鱼藻池遗址进行了探沟法试掘和正式发掘工作[7],明确了鱼藻池湖岸和岛岸的砌筑方法,为复原金代鱼藻池水系、研究鱼藻池湖岸盈缩变化提供了有力的考古证据。2010年配合丽泽金融商务区建设新发现了金中都城内西南的兵营遗址,2014年配合万泉寺住宅小区项目,又在这处兵营遗址和南城墙水关遗址之间发现了一处南北向道路遗迹,并在道路两侧发现了排水沟。2019年为配合金中都城墙遗迹保护工程,新发掘了金中都西、南城墙和护城河遗迹,更加明确了金中都外城西墙的城墙宽度及建造方式,基本确认了西侧护城河的位置。这是近年来对金中都考古的几项重要收获。

金代汴京城在北宋东京城的基础上改、扩建形成,对金代汴京城布局的辨识是随着对北宋东京城的考古工作展开的。20世纪70、80年代对北宋东京城外城[8]、内城[9]、皇城[10]的考古勘探、发掘以及对明周王府萧墙遗址[11]的试掘等工作中,都发现了金代汴京城的地

---

[1] 阎文儒:《金中都》,《文物》1959年第9期。
[2] 徐苹芳:《古代北京的城市规划》,《中国历史考古学论丛》,允晨文化实业股份有限公司(台北),1995年,第133~134页。
[3] 北京市文物研究所:《北京西厢道路工程考古发掘简报》,《北京文物与考古》(第四辑),1994年,第51页。
[4] 王有泉:《北京地区基建考古工作回顾》,《北京文博》1998年第1期。
[5] 齐心:《近年来金中都考古的重大发现》,《北京文物与考古》(第四辑),1994年,第14页。
[6] 《金中都"太液池"遗址》,《中国考古学年鉴·1996》,文物出版社,1998年。
[7] 2005年和2012年分别配合马连道道路工程和金宫花园工程进行的考古工作。
[8] 开封宋城考古队:《北宋东京外城的初步勘探与试掘》,《文物》1992年第12期。
[9] 开封宋城考古队:《北宋东京内城的初步勘探与测试》,《文物》1996年第5期。
[10] 丘刚、董祥:《北宋东京皇城的初步勘探与试掘》,《开封考古发现与研究》,中州古籍出版社,1998年,第163~172页。
[11] 开封市文物工作队:《河南开封明周王府遗址的初步勘探与试掘》,《文物》2005年第9期。

层堆积、建筑遗迹及相关遗物，基本确定了城址的结构布局，自外向内有外城、子城（内城）、皇城、宫城四重城垣围护，由外城南门南薰门向北经新筑子城南门丰宜门、原宋内城南门丹凤门，再向北经州桥至金皇宫南门承天门之间的大道，为全城的中轴线①。考古工作也大致揭示了金汴京皇城在北宋皇宫基础上扩建，受到金中都宫室制度影响的格局模式②。

3. 辽金都城布局研究

城市布局和历史沿革是都城研究的重要方面，辽金都城的研究中对辽上京、金上京、金中都等城址的布局结构主要有以下观点。

就辽上京的城市布局，方志云等认为依照了中原城市规划原则，吸收了唐长安城的一些特点，尤其参考了唐洛阳城的形制③。杨宽等认为辽上京大体采用了唐长安城的体制，但同时保留了契丹旧有的礼俗④。徐苹芳先生提出辽上京复古论，认为与东周时期的"两城制"相仿，但两者性质有很大不同，辽上京城以阶层为标准分为契丹统治阶层和汉族等被统治阶层，而东周两城的规划以区分血缘为基础将贵族与平民分开⑤。董新林在多年系统发掘的基础上总结了辽上京的布局特点，认为辽上京南北二城的"日"字形平面布局体现了"因俗而治"的理念，皇城和宫城"回"字形相套的格局承继了汉唐文化传统，东向中轴线布局或许受到唐大明宫规划的影响。而将这些特点融合为一体的布局在之前的都城模式中是没有过的，是辽上京开创的一种新模式，于是提出了"辽上京规制"，对后世都城规划产生了深远影响⑥。

有关金上京的整体规划布局有三种观点：第一种观点认为金上京南北二城的形制以及自西向东的河流等都呈现辽上京的风格特征⑦；第二种观点认为金上京仿照了北宋东京城的布局⑧，且金上京"南皇城、北汉城"的布局与中原王朝前朝后市规划理念相同⑨；第三种观点认为金上京布局规划受到北宋东京城和辽上京的共同影响，南北二城布局沿袭辽上京，而南城"回"字形相套则效仿了北宋东京城⑩。董新林认为，金上京南北二城"日"

---

① 刘春迎：《金代汴京（开封）城布局初探》，《史学月刊》2006年第10期。
② 刘春迎：《金汴京（开封）皇宫考略》，《文物》2005年第9期。
③ 方志云：《辽上京城建筑考》，《内蒙古社会科学》（汉文版）1982年第6期。
④ 杨宽：《中国古代都城制度史研究》，上海古籍出版社，1993年，第427页。
⑤ 徐苹芳：《中国古代城市考古与古史研究》，《中国考古学与历史学之整合研究》，"中研院"历史语言研究所出版品编辑委员会，1997年，第708~709页。
⑥ 董新林：《辽上京规制和北宋东京模式》，《考古》2019年第5期。
⑦ 王禹浪、王宏北：《女真族所建立的金上京会宁府》，《黑龙江民族丛刊》2006年第2期。
⑧ 李士良：《金源故都——上京会宁府》，《农垦师专学报》1963年第4期；孙秀仁：《金代上京城》，《农垦师专学报》1993年第4期。
⑨ 李建勋：《金上京史话两题》，《黑龙江农垦师专学报》2000年第4期。
⑩ 景爱：《金上京的规划及其他》，《北方论丛》1979年第6期；景爱：《金中都与金上京比较研究》，《中国历史地理论丛》1991年第2期。

字形和皇城"回"字形的两个主要特征明显受到了辽上京的重要影响①。值得注意的是，金上京虽然承袭了辽上京南北双城制，但是金上京南皇城、北汉城与辽上京北皇城、南汉城的布局却是正好相反的，与辽上京的东向轴线也有所不同，还应该考虑各自营建背景的不同所形成的差异性。

学界一般认为金中都外城、皇城、宫城三城相套的格局仿自北宋东京城，《金中都与金上京比较研究》②、《兴庆府与金中都比较研究》③等文章都表达了类似观点。当然也有学者认为金中都皇城、宫城的布局类似于唐长安、洛阳城，而与北宋东京城区别较大④。董新林认为金中都与元大都并存期间呈现的南北双城制，可能也是对"辽上京规制"之"因俗而治"理念的传承⑤。此外，还应该注意，金中都是在唐幽州城、辽南京的基础上改、扩建而成，金中都新扩建的区域明显仿自北宋东京城，但是沿用的旧址布局中仍体现了隋唐城市的布局特点，开放式的长巷制和封闭的坊制共存，反映了古代城市规划从隋唐时期封闭式的坊制向宋以后开放式长巷制的转化⑥，且宫城前的"丁"字形广场就是"唐代长安宫城前用横街作广场的方式和北宋汴京宫城前用纵街作广场的方式"相结合的结果⑦。可见，金中都城市布局正体现了我国古代都城制度中唐宋时期的重大变革。

就辽中京的形制布局，历来有仿自北宋东京城⑧、唐幽州城⑨、渤海上京城⑩等多种说法，其中以北宋东京城的说法占大多数，认为辽中京是在"澶渊之盟"背景下平地起建的一座新城，其外城、内城和宫城的"回"字形重城式的布局明显受到了北宋东京城的影响。

近年来，随着辽金都城考古工作的推进，对辽金都城形制布局特点有了较为细致而全面的把握。汪盈、董新林的《辽上京皇城和宫城城门遗址浅析》⑪，彭善国、孙旸的《契丹辽文化中渤海因素的考古学观察》⑫，孙晨《试论辽代都城之朝向——以辽上京和辽

---

① 董新林：《辽上京规制和北宋东京模式》，《考古》2019年第5期。
② 景爱：《金中都与金上京比较研究》，《中国历史地理论丛》1991年第2期。
③ 沈平：《兴庆府与金中都比较研究》，《首都博物馆文集》（第七辑），北京燕山出版社，1992年，第16～21页。
④ 陈朝云：《北宋东京皇城、宫城问题考辨——兼与孔庆赞先生商榷》，《郑州大学学报》（哲学社会科学版）1997年第6期。
⑤ 董新林：《辽上京规制和北宋东京模式》，《考古》2019年第5期。
⑥ 秦大树：《宋元明考古》，文物出版社，2005年，第57页。
⑦ 杨宽：《中国古代都城制度史研究》，上海古籍出版社，1993年，第449页。
⑧ 徐苹芳：《元大都在中国古代都城史上的地位——纪念元大都建城720年》，《中国社会科学》1988年第1期；刘素霞：《从考古材料看契丹民族城镇建设的基本特点》，《北方文物》1990年第2期；董新林：《辽上京规制和北宋东京模式》，《考古》2019年第5期。
⑨ 王玲：《辽代燕京与契丹社会的发展》，《辽金史论集》（第1辑），上海古籍出版社，1987年，第164～165页。
⑩ 王洪北、树林娜：《辽代中京大定府述略》，《黑龙江民族丛刊》2007年第6期。
⑪ 汪盈、董新林：《辽上京皇城和宫城城门遗址浅析》，《华夏考古》2018年第6期。
⑫ 彭善国、孙旸：《契丹辽文化中渤海因素的考古学观察》，《边疆考古研究》（第24辑），科学出版社，2018年。

中京为例》①等研究都以考古发掘成果为基础，探讨了辽代高等级城门的独特规制，分析了契丹辽文化中的渤海因素以及辽代早期与中晚期都城城门朝向变化背后的政治原因等。董新林发表的《辽上京规制与北宋东京模式》②一文，认为唐朝以后的都城制度中存在两套系统，即"辽上京规制"和"北宋东京模式"，前者是北方少数民族统治时代"因俗而治"理念的政治表现形式，后者是汉族皇帝突出"皇权至上"思想的政治产物，文章系统归纳了宋辽金以来都城格局的传承关系，是目前对辽金都城形制布局分析最全面的认识。

（二）行宫、皇家祭祀遗址

金代行宫和皇家祭祀遗址的确认是近年来辽金考古工作的重要收获。河北崇礼金代行宫遗址（太子城遗址）是在配合冬奥会建设项目的考古工作中得以确认和推进的一处重要遗址。2017~2018年，由河北省文物研究所、张家口市文物考古研究所、崇礼区文广新局组成的联合考古队连续两年对该遗址进行了全面测绘、勘探和局部重点发掘③，取得重要成果。第一，基本搞清了城址的主要格局和规模。平面长方形，周三里，城外有护城河；南墙和西墙各发现城门一座，南门外有瓮城；城内发现有"前朝后寝"大型建筑基址，且呈南北中轴线布局；西墙发现双重城垣迹象。第二，判定了遗址的皇家性质。出土了"尚食局"定窑白瓷、"内""宫"款的砖瓦以及铜坐龙、垂（戗）脊兽、兽面纹瓦等建筑构件。第三，依据遗址的位置、年代、性质、规模与等级特点，结合文献记载，确认该遗址为金章宗夏捺钵的泰和宫。这是第一座经过考古发掘的金代行宫遗址，为研究金代捺钵制度、行宫营造等提供了最直接的基础资料，被评为2018年度全国十大考古新发现。

2013~2017年吉林大学边疆考古研究中心、吉林省文物考古研究所等对金代宝马城遗址进行了连年的考古勘探和发掘工作，先后发掘了遗址核心区域回廊院中部的"工"字形殿址及其周边庭院④；回廊院的门殿址及门殿西北的建筑址，并同时揭露了庭院的局部和部分廊庑；回廊院外东南侧的建筑址、外墙南门及东南角⑤等，取得了重要的发掘成果。第

---

① 孙晨：《试论辽代都城之朝向——以辽上京和辽中京为例》，《文物鉴定与鉴赏》2019年第6期。
② 董新林：《辽上京规制和北宋东京模式》，《考古》2019年第5期。
③ 河北省文物研究所、张家口市文物考古研究所、崇礼区文化广电和旅游局：《河北张家口市太子城金代城址》，《考古》2019年第7期；黄信、任涛、魏惠平：《河北崇礼太子城发现一处金代行宫遗址》，《中国文物报》2017年12月15日第8版；黄信、胡强、魏惠平等：《河北张家口发现金代皇家行宫遗址——太子城金代城址发掘取得重要收获》，《中国文物报》2019年3月22日第5版。
④ 赵俊杰：《吉林安图发现金代皇家祭祀遗址——宝马城遗址发掘的收获》，《中国文物报》2014年10月24日第8版；张梦纳、石玉冰、赵俊杰：《吉林安图宝马城遗址又获发现——金王朝长白山神庙故址证据更加充分》，《中国文物报》2016年1月15日第8版；吉林大学边疆考古研究中心：《吉林安图县宝马城遗址2014年发掘简报》，《考古》2017年第6期。
⑤ 吉林省文物考古研究所、吉林大学边疆考古研究中心：《吉林安图县金代长白山神庙遗址》，《考古》2018年第7期。

一，修正了以往对遗址年代和性质的判定，为金代中晚期皇家祭祀长白山的神庙遗址①。第二，掌握了神庙遗址的结构布局，是一处以"工"字形殿址为中心的回廊院落，主体殿址南侧为院落正门，在正门与主体殿址之间有东西对称的亭式建筑，印证了《大金集礼》中的相关记载。第三，揭露了建筑址周边的散水、排水沟等配套设施，同时发现了院落内水井及院落外窑址等附属设施，有利于复原遗址全貌。该遗址被评为2017年度全国十大考古新发现。在此之前，1983年对内蒙古巴林右旗黄花沟遗址的发掘，发现了祭殿址、带有火墙和火炕等取暖设施的住房、高规格的砖瓦等建筑构件，确认了一处辽代帝王望拜黑山的巨大祭殿②。2002～2003年对金上京城东侧的刘秀屯遗址进行了发掘，确认了一处大型宫殿遗址，宫殿由前殿、廊、后殿及回廊等组成，整体呈"工"字形，根据出土的陶鸟、石螭首等建筑构件，初步推测是金代早期皇帝百官举行拜日祭祀活动的"朝日殿"③，获评2002年度全国十大考古新发现。

（三）中小型城址及聚落遗址

20世纪80、90年代以来，内蒙古、黑龙江、吉林、辽宁、河北等省区地方相关文物部门调查、勘测了一批辽金时期的中小型古城址。重要的如内蒙古赤峰市林西县樱桃沟、井沟子古城址④，翁牛特旗白音塔拉苏木古城⑤、巴林左旗四方城⑥、宝泉城址⑦、宁城县黑城城址⑧、松山区城子村城址⑨，元宝山区土城子城址⑩，敖汉旗白塔子城址⑪，以及锡林郭勒盟正蓝旗四郎城⑫等。辽宁省沈阳市辽滨塔城址、高花城址、古城子城址⑬，朝阳市喀左大城子城址⑭，法库县小古城子山山城城址、五城店城址等⑮，阜新市土城子古城址、哈尔脑

---

① 赵俊杰：《关于宝马城性质的初步研究》，《北方文物》2015年第3期。
② 内蒙古自治区文物工作队、巴林右旗文物馆：《内蒙古巴林右旗罕山辽代祭祀遗址发掘报告》，《考古》1988年第11期。
③ 国家文物局：《2002年中国重要考古发现》，文物出版社，2003年，第142～146页；黑龙江文物考古研究所：《金上京朝日殿宫门遗址》，《中国考古学年鉴·2004》，文物出版社，2005年，第165页；李陈奇、赵评春：《黑龙江亚沟刘秀屯发现宋金时宫殿基址——是我国传统礼制建筑的罕见实例，在中国建筑史上亦有十分重要地位》，《中国文物报》2002年12月27日第1版。
④ 林西县文管所：《辽饶州及长乐、临河、安民三县调查》，《内蒙古文物考古》总18期，1998年。
⑤ 姜念思、冯永谦：《辽代永州调查记》，《文物》1982年第7期。
⑥ 国家文物局主编：《中国文物地图集·内蒙古自治区分册（下）》，西安地图出版社，2003年，第122页。
⑦ 项春松：《内蒙古赤峰地区辽代中小城镇的发现与研究》，《北方文物》1994年第1期。
⑧ 冯永谦、姜念思：《宁城县黑城古城址调查》，《考古》1982年第2期。
⑨ 张松柏、任学军：《辽金松山州遗址调查》，《内蒙古文物考古》总4期，1986年。
⑩ 张松柏、任学军：《辽高州调查记》，《内蒙古文物考古》总6、7期，1992年。
⑪ 邵国田：《辽代武安州城址调查》，《内蒙古文物考古》总16期，1997年。
⑫ 内蒙古草原地带文物干部考古培训班：《正蓝旗四郎城调查简报》，《内蒙古文物考古》总21期，1999年。
⑬ 冯永谦：《沈阳地区辽代城址调查——兼考辽代沈州灵源县址》，《沈阳文物》创刊号，1992年。
⑭ 喀左县博物馆：《辽宁喀左县辽代利州城址的调查》，《考古》1996年第8期。
⑮ 冯永谦、温丽和：《法库县文物志》，辽宁民族出版社，1996年，第54、73页。

古城址等[1]、彰武县小南洼城址、金家屯城址[2]、北票市黑城子城址[3]、东港市西土城城址[4]，以及黑龙江鹤岗市邵家店古城[5]、河北承德市隆化县皇姑屯土城子城址[6]等。这一时期对辽金古城的考古工作主要是对地表遗物的采集，研究上主要是对城址地理方位、城址性质的考证，出现了一批考证性的研究文章，如《辽双州遗址遗物考》[7]、《辽代"官墙子"鹤野县址考》[8]、《金代行政建置——义州、锦州、广宁府等县城址考》[9]、《辽隰州来州城考》[10]、《辽严州兴城考》[11]、《辽代徽州城址考》[12]、《辽榆州城建置年代考》[13]、《辽、金、元时期的利州》[14]、《辽代松山州故城考略》[15]、《辽代懽州、顺州考》[16]、《辽代头下州探索》[17]、《城四家子古城为辽代长春州金代新泰州》[18]、《金元肇州考》[19]、《金代旧桓州城址考略》[20]等，确认了一批辽金州县等级的城址。同时也对黑龙江蒲峪路克东古城[21]、吉林后城子[22]等重要城址开展了考古发掘工作，对城址结构有了较为清晰的认识。

进入新世纪以来，学者们在对区域内的辽金古城进行梳理归纳的基础上，根据城址的周长尺寸、形制布局等将辽金古城的规制进行了等级分析[23]。并且开展了部分城址的抢救

---

[1] 李宇峰：《阜新地区的辽代古城址》，《辽金契丹女真史研究》1987年第1期。
[2] 孙杰：《彰武小南洼辽代城址调查记》，《辽金契丹女真史研究》1987年第1期；李宇峰：《建国以来辽宁地区辽代城址的考古发现与研究》，《阜新辽金史研究》（第五辑），中国社会出版社，2002年，第79~84页。
[3] 辽宁省文物考古研究所：《辽宁北票黑城子城址及出土的部分文物》，《北方文物》2005年第2期。
[4] 王传璞、祝延学、李华东：《东沟县新立西土城遗址调查简报》，《中国考古集成·东北卷·辽（三）》，北京出版社，1997年，第2346~2348页。
[5] 邹晗、程松、景山：《黑龙江省鹤岗市邵家店古城——辽代主偎古城考》，《北方文物》1996年第1期。
[6] 郑绍宗、孙慧君：《隆化皇姑屯辽北安州及其附近遗迹调查简报》，《文物春秋》1991年第2期。
[7] 李仲元：《辽双州遗址遗物考》，《中国考古集成·东北卷·辽（三）》，北京出版社，1997年，第2180~2184页。
[8] 刘景玉：《辽代"官墙子"鹤野县址考》，《鞍山社会科学》1992年第1期。
[9] 刘谦：《金代行政建置——义州、锦州、广宁府等县城址考》，《辽金契丹女真史研究》1984年第3、4期。
[10] 刘谦：《辽隰州来州城考》，《中国考古集成·东北卷·辽（三）》，北京出版社，1997年，第1963~1964页。
[11] 刘谦：《辽严州兴城考》，《中国考古集成·东北卷·辽（三）》，北京出版社，1997年，第1985~1988页。
[12] 罗显明：《辽代徽州城址考》，《阜新辽金史研究》（第五辑），中国社会出版社，2002年，第140~141页。
[13] 李国学、冯文学：《辽榆州城建置年代考》，《朝阳市社会科学论丛》1991年第2期。
[14] 乌凤丽：《辽、金、元时期的利州》，《黑龙江民族丛刊》2004年第2期。
[15] 项春松：《辽代松山州故城考略》，《辽金契丹女真史研究》1985年第2期。
[16] 冯永谦：《辽代懽州、顺州考》，《北方文物》1985年第2期。
[17] 冯永谦：《辽代头下州探索》，《北方文物》1986年第4期。
[18] 宋德辉：《城四家子古城为辽代长春州金代新泰州》，《北方文物》2009年第2期。
[19] 李健才：《金元肇州考》，《北方文物》1986年第2期。
[20] 特尔木：《金代旧桓州城址考略》，《内蒙古文物考古》总21期，1999年。
[21] 黑龙江考古工作队：《黑龙江克东县金代蒲峪路故城发掘》，《考古》1987年第2期。
[22] 吉林省文物考古研究所、长春市文物管理委员会办公室：《吉林省德惠县后城子金代古城发掘》，《考古》1993年第8期。
[23] 王禹浪、刘冠缨：《黑龙江地区金代古城分布述略》，《哈尔滨学院学报》2009年第10期；王禹浪、刘述欣：《辽宁地区辽、金古城的分布概要（一）》，《哈尔滨学院学报》2011年第1期；王禹浪、李福军：《辽宁地区辽、金古城的分布概要（二）》，《哈尔滨学院学报》2011年第2期；王禹浪、郭丛丛：《辽宁地区辽、金古城的分布概要（三）》，《哈尔滨学院学报》2011年第3期；王旭东：《中国境内金代上京路古城分布研究》，吉林大学硕士学位论文，2005年；魏孔、赵晓峰：《内蒙古地区辽代城址研究综述》，《辽金历史与考古》（第八辑），科学出版社，2017年，第23~29页；王雪百：《辽宁地区辽金时期城址初步研究》，吉林大学硕士学位论文，2018年；王晓琨：《内蒙古东南部辽代城址的分类及研究初识》，《北方民族考古》（第1辑），科学出版社，2014年，第287~314页。

性清理与主动性发掘工作，包括塔虎城①、敖东城②、永胜古城③、车家城子④、尼尔基边堡⑤等。2003~2004年对辽宁朝阳双塔区北大街遗址的发掘，清理了辽代兴中府城门遗址等多处遗存⑥。2004~2007年河北省文物研究所对张家口、承德地区43处辽金元时期的城址进行调查和试掘，测定了各城址的方位、规模、文化堆积等⑦。2013~2016年，吉林省文物考古研究所对城四家子城址展开连续性发掘，确认了该城址始建于辽代，金代沿用，且元、明两代继续使用。四年的发掘对城址的基本格局和功能分区有了一定了解，明确了城墙、城门、城内建筑址的营建方式和时代⑧。彭善国根据塔虎城出土遗存的年代，比对史料记载，认为塔虎城为金代肇州所在⑨。任冠对辽中京道的中小型城址⑩、周雪乔对阴山地区的金代城址⑪等都进行了调查梳理和综合研究，对城址的分布规律、形制与等级都做了深入的探讨。

辽金春捺钵遗址群是在2009年第三次全国不可移动文物普查时发现的，2013年吉林大学边疆考古研究中心与乾安县文物管理所合作先后对花敖泡后鸣字区遗址群、查干湖腾字区、藏字区、地字区遗址群等进行了考古调查和小范围试掘⑫；2014年对后鸣字区遗址进行复查与发掘⑬；2016年对查干湖3个遗址群进行了地面踏查与航拍⑭。辽金春捺钵遗址群是近年来辽金考古工作的重大收获。第一，确认了春捺钵遗址群始建于辽代，金代仍被使用。数量最多的土台遗迹即当时人们搭建帐篷临时生活的建筑设施，最初平地起建，后经过多年人工垫筑并伴以踩踏、夯打而形成高大的土台。第二，除了居住的土台遗迹，在后鸣字区西部还发现了铁匠炉等可能与冶铁有关的手工业遗迹，在东北部发现了可能与春捺钵祭祀活动相关的

---

① 彭善国：《前郭塔虎城——2000年考古发掘报告》，科学出版社，2017年。
② 吉林大学边疆考古研究中心、吉林省文物考古研究所：《吉林敦化市敖东城遗址发掘简报》，《考古》2006年第9期。
③ 吉林大学边疆考古研究中心、吉林省文物考古研究所：《吉林敦化市永胜金代遗址一号建筑基址》，《考古》2007年第2期。
④ 黑龙江省文物考古研究所：《黑龙江双城市车家城子金代城址发掘简报》，《考古》2003年第2期。
⑤ 内蒙古自治区文物考古研究所、呼伦贝尔民族博物馆、莫力达瓦达斡尔民族博物馆：《尼尔基金代边堡发掘报告》，《内蒙古文物考古文集》（第四辑），科学出版社，2013年，第518~587页。
⑥ 中国考古学会：《中国考古学年鉴·2004》，文物出版社，2005年，第157页。
⑦ 黄信、梁亮、张守义等：《承德地区辽金元时期城址勘查报告》，《文物世界》2008年第5期；黄信：《论河北的辽金元时期城址》，《文物世界》2012年第6期。
⑧ 梁会丽、全仁学、宋明雷：《辽金城市考古的新发现：白城城四家子城址的发掘》，《中国文物报》2013年12月20日第8版；梁会丽：《城四家子城址的考古工作与认识》，《北方文物》2019年第4期。
⑨ 彭善国：《吉林前郭塔虎城为金代肇州新证》，《社会科学战线》2015年第10期。
⑩ 任冠：《辽中京道的城市考古学研究》，中国人民大学博士学位论文，2016年。
⑪ 周雪乔：《阴山地区金元城址的考古学研究》，中国人民大学博士学位论文，2019年。
⑫ 吉林大学边疆考古研究中心、乾安县文物管理所：《吉林省乾安县查干湖西南岸春捺钵遗址群调查简报》，《边疆考古研究》（第18辑），科学出版社，2015年；吉林大学边疆考古研究中心、乾安县文物管理所：《乾安春捺钵遗址群后鸣字区遗址调查简报》，《边疆考古研究》（第20辑），科学出版社，2016年。
⑬ 吉林大学边疆考古研究中心：《吉林乾安县辽金春捺钵遗址群后鸣字区遗址的调查与发掘》，《考古》2017年第6期；冯恩学：《吉林乾安发现辽金时期春捺钵遗址群》，《中国文物报》2015年3月27日第8版。
⑭ 武松、王春委、冯恩学：《吉林省查干湖西南岸春捺钵遗址2016年调查简报》，《地域文化研究》2018年第1期。

庙址，对于认识春捺钵遗址的区域功能划分有了较为明确的认识。第三，遗址群的分布以及土台遗迹的布局规律体现了等级差异。花敖泡后鸣字区遗址群的规模最大，查干湖3个遗址群中又以居中的藏字区规格最高。同一区域内也有小土台环状包围大土台、大小相当的土台呈直线或弧线的分布特点，可能体现了居住者身份地位等级差异。

二、辽金帝陵考古

帝陵考古是辽金考古的一个重要方面，与都城考古息息相关。一为生前治理之所，一为逝后安身之地，都城与帝陵相辅相成、思想理念相互印证。21世纪以来随着大遗址保护理念的深入，辽金帝陵考古工作也取得了突破性的进展。

（一）辽代帝王陵

辽代皇帝有五处帝陵，分为南北两个大的区域，北部陵区位于辽上京城西北方向，有内蒙古巴林左旗的祖陵、巴林右旗的怀陵和庆陵；南部陵区位于辽上京城东南、辽东京城西部，有辽宁省北镇市的显陵和乾陵。20世纪对辽代帝陵的考古工作仅限于零星的调查和对周边墓葬的抢救性发掘，比较重要的有汪宇平、贾洲杰等对祖陵的调查[1]、张松柏等对怀陵的调查[2]以及对怀陵床金沟4、5号墓的抢救性发掘等。21世纪以来，床金沟两座墓葬的资料得以公布，执笔者分别将其识别为辽太宗耶律德光陵寝以及皇室嫔妃萧氏[3]。

庆陵在20世纪上半叶几经盗掘与劫掠，后日本学者鸟居龙藏等做过实地调查和测绘[4]。20世纪90年代初，巴林右旗博物馆抢救性清理了庆陵陪葬墓——耶律弘世夫妇合葬墓和耶律弘本夫妇合葬墓，资料于21世纪初发表[5]，墓志中"陪葬兴宗陵"的记载对于认识庆陵永庆陵、永兴陵、永福陵三陵的归属提供了重要线索，学者就此展开讨论[6]，目前尚无定论。

20世纪70年代在辽宁北镇龙岗发现了辽魏国王耶律宗政和郑王耶律宗允墓[7]，墓志中有归葬、陪葬乾陵和显陵的记载，为寻找二陵的具体位置提供了线索。1980年第二次全国

---

[1] 汪宇平：《内蒙古文化局调查辽代祖州城太祖墓》，《文物参考资料》1955年第5期；贾洲杰：《内蒙古昭盟辽太祖陵调查散记》，《考古》1966年第5期。
[2] 张松柏：《辽怀州怀陵调查记》，《内蒙古文物考古》总3期，1984年。
[3] 内蒙古文物考古研究所：《巴林右旗床金沟5号辽墓发掘简报》，《文物》2002年第3期；内蒙古文物考古研究所：《内蒙古巴林右旗床金沟4号辽墓发掘简报》，《文物》2017年第9期。
[4] 〔法〕闵宣化著，冯承钧译：《东蒙古辽代旧城探考记》，上海古籍出版社，2014年，第42~46页。
[5] 巴林右旗博物馆：《辽庆陵又有重要发现》，《内蒙古文物考古》总23期，2000年。
[6] 盖之庸：《近年庆陵出土辽代墓志补证》，《内蒙古文物考古》总26期，2002年；彭善国：《辽庆陵相关问题刍议》，《考古与文物》2008年第4期。
[7] 张克举：《北宁龙岗辽墓》，《辽宁考古文集》，辽宁民族出版社，2003年，第112~120页。

拾遗篇

文物普查期间，在龙岗子村、新立村发现了新立辽代建筑遗址、琉璃寺西山等重要陵寝相关遗址①。1991年，在北镇高起堡村发掘了辽广陵郡王耶律宗教墓，墓志中有祔葬乾陵的记载②。2012～2013年，辽宁省文物考古研究院连续两年在医巫闾山展开考古调查，陆续发现了偏坡寺、骆驼峰、坝墙子、石板道、三道沟瞭望台等一批辽代遗址，初步确定医巫闾山东麓的二道沟和三道沟地区为辽代帝王陵区③，2014年对新立遗址、琉璃寺遗址和洪家街墓地、小河北墓地进行了发掘和清理，2015年发掘了洪家街M2耶律弘礼墓④，取得了辽代帝陵考古的重大突破⑤。第一，基本确定了北镇二道沟和三道沟分别属于辽显陵和辽乾陵陵区范围，并锁定琉璃寺和偏坡寺两处建筑遗址与两陵玄宫直接相关。第二，通过对新立建筑遗址的发掘，推定这处四面有回廊的四合院建筑是辽乾陵玄宫前的享殿遗迹，享殿北侧发现的大型墓葬M2可能正是辽景宗的玄宫所在。第三，在三道沟沟口乾陵兆域内发现了耶律隆运和耶律隆裕的家族墓地，是帝陵陪葬墓的重要发现。第四，基本理清了两陵的布局特点。背靠医巫闾山，面朝辽河，不同于祖陵和怀陵的封闭性选址，也不同于庆陵选址的开放性；陵区分为内陵和外陵，之间有人工修筑的分界墙，帝陵玄宫位于内陵区，外陵区为高级陪葬墓区。

对辽祖陵陵园遗址的系列考古工作也是新世纪以来辽代帝陵的重要收获。考古工作者在对祖陵陵园进行系统考古调查⑥的基础上，陆续清理了祖陵内1号陪葬墓⑦和陵园外东侧的龟趺山建筑基址⑧，并对甲组建筑基址进行抢救性发掘⑨，也试掘了太祖陵前的封土堆和2、3、4号重要的建筑基址，正式发掘了黑龙门址⑩和4号建筑基址⑪。2014～2015年又对龟

---

① 辽宁省文物考古研究所：《辽宁北镇市辽代帝陵2012～2013年考古调查与试掘》，《考古》2016年第10期。
② 鲁宝林、辛发、吴鹏：《北镇辽耶律宗教墓》，《辽海文物学刊》1993年第2期。
③ 辽宁省文物考古研究所：《辽宁北镇市辽代帝陵2012～2013年考古调查与试掘》，《考古》2016年第10期。
④ 辽宁省文物考古研究所、锦州市文物考古研究所、北镇市文物处：《辽宁北镇市辽代耶律弘礼墓发掘简报》，《考古》2018年第4期。
⑤ 辽宁省文物考古研究院、锦州市文物考古研究所、北镇市文物管理处：《医巫闾山辽代帝陵考古取得重大收获——发现一批辽代皇家建筑基址和高等级墓葬》，《中国文物报》2019年3月22日第5版。
⑥ 董新林、王青煜、康立君等：《辽代祖陵考古调查推进辽代陵寝制度研究》，《中国文物报》2003年12月12日第1版；董新林、肖淮雁、康立君：《辽代祖陵的陵寝建筑初现端倪》，《中国文物报》2004年11月26日第1版。
⑦ 中国社会科学院考古研究所内蒙古第二工作队、内蒙古文物考古研究所：《内蒙古巴林左旗辽祖陵一号陪葬墓》，《考古》2016年第10期。
⑧ 中国社会科学院考古研究所内蒙古第二工作队、内蒙古文物考古研究所：《内蒙古巴林左旗辽代祖陵考古发掘的新收获》，《考古》2008年第2期；中国社会科学院考古研究所内蒙古第二工作队、内蒙古文物考古研究所：《内蒙古巴林左旗辽祖陵龟趺山建筑基址》，《考古》2011年第8期。
⑨ 中国社会科学院考古研究所内蒙古第二工作队、内蒙古文物考古研究所：《内蒙古巴林左旗辽代祖陵陵园遗址》，《考古》2009年第7期；董新林：《大辽祖陵探秘》，《中国文化遗产》2010年第1期；中国社会科学院考古研究所内蒙古第二工作队、内蒙古文物考古研究所：《内蒙古巴林左旗辽代祖陵陵园黑龙门址和四号建筑基址》，《考古》2011年第1期。
⑩ 中国社会科学院考古研究所内蒙古第二工作队、内蒙古文物考古研究所：《辽祖陵黑龙门遗址发掘报告》，《考古学报》2018年第3期。
⑪ 董新林：《辽祖陵黑龙门遗址初探》，《辽金历史与考古国际学术研讨会论文集》，辽宁教育出版社，2012年，第19～21页。

跌山建制基址进行了更加全面的二次发掘①。通过多年系统的考古调查及重点发掘工作，对1号陪葬墓、黑龙门遗址及龟跌山基址有了较为全面的认识。1号陪葬墓位于祖陵外陵区，是一座大型砖筑五室墓，根据出土实物及文献记载，大致推定该墓主为辽太祖第三子耶律李胡。墓前的4号建筑基址可能是"献殿"性质的祭祀遗址。黑龙门作为祖陵陵园最重要的正门，为一门三道的规制，代表了辽代最高等级的门制。门址主体建筑保存完好，石地栿、木地栿和排叉柱相结合的结构，开启辽代特色。黑龙门慢道形制是《营造法式》中"五瓣蝉翅慢道"的重要考古实例。龟跌山基址是辽代早期营建的"辽太祖纪功碑楼"，位于通往陵门神道的一侧，开启了明清帝陵设立神功碑楼的先河。通过二次发掘，理清了碑楼面阔三间、进深三间、辅以"副阶周匝"的平面布局以及内柱采用"移柱造"的做法。同时通过全面考古调查，明确了祖陵位于口袋型封闭型山谷中，由内陵帝陵区和外陵陪葬墓区构成，内、外陵区之间有界墙。在祖陵东南有奉陵邑祖州城，陵园黑龙门外有龟跌山"太祖纪功碑"等诸多祭祀性建筑。

辽代在帝陵附近置城以奉祀卫护陵寝，称"奉陵邑"。20世纪学者曾对祖州城、庆州城和怀州城做过调查工作。1997年中国历史博物馆和内蒙古文物考古研究所曾联合对辽上京、辽中京、祖陵、祖州城、庆陵、庆州城等做过航空考古勘察和拍摄②，提供了最直观的图像材料。新世纪以来，随着对显陵、乾陵的考古调查、勘探和发掘，有学者考证了显州城位置在今北镇市老城区、乾州城在北镇庙南侧的小常屯古城③，有待今后进一步的考古工作去印证。

（二）金代帝王陵

金代皇帝比较明确的陵区有三处，一是金太祖阿骨打陵址（俗称斩将台），在今黑龙江金上京城址西南约300米，没有陵号；二是金熙宗时为金太宗新开辟的和陵，位于黑龙江省阿城区胡凯山（俗称老母猪顶子山），后又将太祖陵迁于此，并为熙宗父及建国前十帝分别建陵。第三处即完颜亮时开辟的大房山金陵，在今北京市房山区周口店镇龙门口村，有帝陵、坤厚陵、诸王兆域等陵区。

最早有关阿骨打陵址位置的调查和推断见《阿城县白城考略》④。20世纪70和90年代，阿城市文物管理所曾做过考古勘探和物理探测，并清理出金代砖瓦等构件，发现疑似

---

① 汪盈、董新林：《从考古新发现看辽祖陵龟跌山基址的形制与营造》，《考古》2016年第10期。
② 中国历史博物馆遥感与航空摄影考古中心、内蒙古自治区文物考古研究所：《内蒙古东南部航空摄影考古报告》，科学出版社，2002年，第33～37页。
③ 冯永谦：《辽东京道失考州县新探——〈辽代失考州县辨证〉之一》，《辽金历史与考古》（第一辑），辽宁教育出版社，2009年，第202～235页。
④ 周家璧：《阿城县白城考略》，1937年。

围墙遗迹①。许子荣等也做过调查，发现了陵址南侧的金代桥址②。2018年笔者实地考察时，陵址尚存呈龟形高约10米的大土堆，周围复建了陵墙及享殿等建筑。太祖阿骨打陵寝被迁至胡凯山陵区后称为睿陵，太宗和陵改为恭陵，这两座帝陵20世纪90年代景爱、张连峰、伊葆力等都曾做过调查，景爱推测西侧砖室墓为太祖睿陵，东侧尚存封土的坟丘当是太宗恭陵所在③。

对中都房山金陵遗址的考古工作，2006年出版的《北京金代皇陵》一书曾做过梳理④。新中国成立后至20世纪70、80年代陵区曾陆续有过零星的重要发现，包括祝版哀册、鎏金银面具、"萧何月下追韩信"瓷枕等。1985年北京市文物研究所成立，1986~1989年对金陵遗址进行了全面的考古调查，发现了"睿宗文武简肃皇帝之陵"青石碑等。2001年北京市文物研究所金陵考古队通过第一次发掘初步了解了陵寝的分布范围、形制以及遗址的地层关系等。2002年考古队第二次正式发掘，清理了帝陵主陵区的石桥、神道、台址、大殿基址、排水沟等遗迹，通过对之前调查发现的"祭祀坑"的发掘，证实其为一处陵寝遗迹。《北京金代皇陵》一书对2001~2002年的考古工作进行了系统报告，基本梳理了房山金陵的布局面貌。其选址依山为陵、四面环山、相对密闭；帝陵主陵区坐北朝南，以神道为中轴线，两侧建筑对称分布，金太祖睿陵、太宗恭陵、德宗顺陵三陵并排而处，位于最北制高点⑤。三陵规模之小、间隔距离之近在历代帝王陵中罕见，笔者分析认为符合其二次迁葬陵的特点，其房山金陵在陵寝选址、葬制、随葬品等方面都保留了较多女真民族的传统特色⑥。此外，发掘报告对金建国前的十帝陵、后陵坤厚陵以及诸王兆域的范围也都做了调查和推断。笔者初步绘制了金陵诸陵区之间的布局示意图，以帝陵主陵区为中心，分布在东北——西南走向的环形山脉的山峪之中⑦。2017年北京市文物研究所又组织对金陵石门峪陵区进行了再次调查，认为石门峪陵区属于金陵诸王兆域的可能性更大⑧，尚待进一步的考古发掘工作以证实。

[本文与丁利娜合著，原载《北方民族考古》（第9辑），科学出版社，2020年]

---

① 王春蕾、张建华：《完颜阿骨打陵址的调查与分析》，《中国文物报》2000年7月19日第3版。
② 许子荣：《金太祖完颜阿骨打陵址》，《黑龙江文物丛刊》1983年第4期。
③ 景爱：《金上京》，生活·读书·新知三联书店，1991年，第67~75页；景爱：《金中都与金上京比较研究》，《中国历史地理论丛》1991年第2期。
④ 北京市文物研究所：《北京金代皇陵》，文物出版社，2006年，第41~48页。
⑤ 北京市文物研究所：《北京金代皇陵》，文物出版社，2006年，第37页。
⑥ 丁利娜：《中都金陵背后汉文化与游猎文化的融合》，《中国社会科学报》2014年10月22日第A06版。
⑦ 丁利娜：《试析金代中都皇陵的布局特点》，《北方民族考古》（第8辑），科学出版社，2019年，第165~175页。
⑧ 北京市文物研究所：《北京金陵石门峪陵区2017年考古调查简报》，《北方文物》2019年第4期。

FORTY YEARS OF RESEARCH ON THE ARCHAEOLOGY OF THE LIAO AND JIN DYNASTIES IN CHINA (PART I)

Ding Lina   Wei Jian

Abstract: As a result of the reform and opening up of China, during the last forty years northern cultural groups such as the Khitan and the Nüzhen increasingly attracted the attention of the academic community, and many breakthroughs were made in the archaeology of the Liao and Jin Dynasties. A growing number of archaeological discoveries have shown that cultural exchange between the Liao and Jin and the Central Plains was a dynamic process of interaction occurring both ways. This article departs from the characteristics of cities, imperial mausoleums, tombs, handicraft industry and buddhist archaeology, divided chronologically in two parts. The authors summarize archaeological discoveries and studies on the Liao and Jin periods. The historical evolution of the Liao and Jin cultures is replaced in the pluralistic process of integration that eventually leads to the formation of the Chinese nation.

Keywords: Reform and Opening up; Liao Archaeology; Jin Archaeology; Discovery and Research

中国辽金考古研究四十年
（下篇）

摘　要：近四十余年间，随着中国改革开放的不断深入，考古发掘与研究取得了许多重要的成果。这期间，由于辽金时期契丹、女真等北方民族文化的研究逐渐受到学界的重视，辽金考古取得了很多突破性的进展，在北方民族考古研究中独树一帜。越来越多的考古发现表明，辽金时期，契丹与女真和中原汉文化之间的交流是一个双向传播与交融互动的发展过程。本文遍搜四十余年来辽金时期契丹、女真考古的重要发掘与研究成果，从城市、帝陵、墓葬、手工业及佛教考古等方面入手，分上、下两篇，扼要总结改革开放以来辽金时期考古的主要收获，意在探讨中华民族多元一体格局形成过程中的辽金历史进程。

关键词：改革开放　辽代考古　金代考古　发现与研究

一、辽金墓葬考古

（一）辽代墓葬的发现与研究

20世纪70、80年代以来，考古发现的辽代墓葬有千余座，其中以内蒙古和辽宁发现的数量最多，墓主以契丹人为主。辽代早期有阿鲁科尔沁旗宝山墓[1]、耶律羽之墓[2]、耶律延宁墓[3]、科右中旗代钦塔拉M3[4]、阜新海力板墓[5]、锦州市张扛村墓[6]、北票水泉一号墓[7]、

---

[1] 内蒙古文物考古研究所、阿鲁科尔沁旗文物管理所：《内蒙古赤峰宝山辽壁画墓发掘简报》，《文物》1998年第1期。
[2] 内蒙古文物考古研究所、赤峰市博物馆、阿鲁科尔沁旗文物管理所：《辽耶律羽之墓发掘简报》，《文物》1996年第1期。
[3] 辽宁省博物馆文物工作队：《辽耶律延宁墓发掘简报》，《文物》1980年第7期。
[4] 兴安盟文物工作站：《科右中旗代钦塔拉辽墓清理简报》，《内蒙古文物考古文集》（第二辑），中国大百科全书出版社，1997年，第651～667页。
[5] 辽宁省文物考古研究所、阜新市文化局文物组、阜新县文物管理所：《阜新海力板辽墓》，《辽海文物学刊》1991年第1期。
[6] 刘谦：《辽宁锦州市张扛村辽墓发掘报告》，《考古》1984年第11期。
[7] 辽宁省博物馆文物队：《辽宁北票水泉一号辽墓发掘简报》，《文物》1977年第12期。

法库叶茂台墓①、敖汉旗沙子沟和大横沟墓②、阜新县白玉都墓③、康平县后刘东屯墓④、库伦旗奈林稿墓⑤等。辽代中期契丹人墓主要有奈曼旗陈国公主与驸马合葬墓⑥、翁牛特旗广德公墓⑦、朝阳前窗户墓⑧、平泉小吉沟辽墓、通辽二林场墓⑨等。辽代晚期代表性的有宁城萧府君墓⑩、法库萧袍鲁墓⑪、敖汉旗皮匠沟墓⑫、白塔子辽墓⑬、建昌龟山墓⑭等。发现的汉人墓葬主要有耿氏家族墓⑮、朝阳赵氏家族墓⑯、刘乘嗣家族墓⑰、邓中举墓⑱、敖汉旗羊山墓⑲等。在北京、河北、山西等地也发现一定数量的辽代墓葬，重要的有北京西郊辽墓⑳、韩佚墓㉑、耶律铸夫妇合葬墓㉒、斋堂辽墓㉓、河北迁安韩相墓㉔、宣化辽墓㉕、怀安张家屯辽墓㉖、涿鹿咸知进墓㉗、平泉小吉沟辽墓㉘等。新世纪以来，各地辽墓资料仍有

---

① 辽宁大学历史系考古教研室：《辽宁法库县叶茂台8、9号辽墓》，《考古》1996年第6期。
② 敖汉旗文物管理所：《内蒙古敖汉旗沙子沟、大横沟辽墓》，《考古》1987年第10期。
③ 阜新蒙古族自治县文化馆：《辽宁阜新县白玉都墓》，《考古》1985年第10期。
④ 康平县文化馆文物组：《辽宁康平县后刘东屯辽墓》，《考古》1986年第10期。
⑤ 内蒙古文物工作队：《内蒙古哲里木盟奈林稿辽代壁画墓》，《考古学集刊》（1），中国社会科学出版社，1981年，第231～243页。
⑥ 内蒙古文物考古研究所：《辽陈国公主驸马合葬墓发掘简报》，《文物》1987年第11期；内蒙古自治区文物考古研究所、哲里木盟博物馆：《辽陈国公主墓》，文物出版社，1993年。
⑦ 项春松：《内蒙古翁牛特旗辽代广德公墓》，《北方文物》1989年第4期。
⑧ 靳枫毅：《辽宁朝阳前窗户村辽墓》，《文物》1980年第12期。
⑨ 张柏忠：《内蒙古通辽县二林场辽墓》，《文物》1985年第3期。
⑩ 内蒙古文物考古研究所、赤峰市博物馆：《宁城县岳家杖子辽萧府君墓清理记》，《内蒙古文物考古文集》（第一辑），中国大百科全书出版社，1994年，第548～552页。
⑪ 冯永谦：《辽宁法库前山辽肖袍鲁墓》，《考古》1983年第7期。
⑫ 内蒙古赤峰市敖汉旗博物馆：《内蒙古敖汉旗皮匠沟1、2号辽墓》，《文物》1998年第9期。
⑬ 敖汉旗文化馆：《敖汉旗白塔子辽墓》，《考古》1978年第2期。
⑭ 靳枫毅、徐基：《辽宁建昌龟山一号辽墓》，《文物》1985年第3期。
⑮ 朝阳区博物馆：《辽宁朝阳姑营子辽耿氏墓发掘报告》，《考古学集刊》（3），中国社会科学出版社，1983年，第168～195页。
⑯ 邓学宝、孙国平、李宇峰：《辽宁朝阳辽赵氏族墓》，《文物》1983年第9期。
⑰ 王成生：《辽宁朝阳市辽刘承嗣族墓》，《考古》1987年第2期。
⑱ 项春松、吴殿珍：《内蒙古宁城辽邓中举墓》，《考古》1982年第3期。
⑲ 邵国田：《敖汉旗羊山1～3号辽墓清理简报》，《内蒙古文物考古》总20期，1999年。
⑳ 北京市文物工作队：《北京西郊辽壁画墓发掘》，《北京文物与考古》（第一辑），1983年，第28～47页。
㉑ 北京市文物工作队：《辽韩佚墓发掘报告》，《考古学报》1984年第3期。
㉒ 北京市文物研究所：《耶律铸夫妇合葬墓出土珍贵文物》，《中国文物报》1999年1月31日第1版。
㉓ 北京市文物事业管理局、门头沟区文化办公室发掘小组：《北京市斋堂辽壁画墓发掘简报》，《文物》1980年第7期。
㉔ 河北省博物馆文物管理处：《河北迁安上芦村辽韩相墓》，《考古》1973年第5期。
㉕ 张家口市文物事业管理所、张家口市宣化区文物保管所：《河北宣化下八里辽金壁画墓》，《文物》1990年第10期；张家口市宣化区文物保管所：《河北宣化下八里辽韩师训墓》，《文物》1992年第6期；张家口市宣化区文物保管所：《河北宣化辽代壁画墓》，《文物》1995年第2期；河北省文物研究所、张家口市文物管理处、宣化区文物管理所：《河北宣化辽张文藻壁画墓发掘简报》，《文物》1996年第9期。
㉖ 张家口地区文管所、怀安县文管所：《河北怀安县张家屯辽墓》，《考古》1991年第1期。
㉗ 张家口地区文管所、涿鹿县文管所：《河北涿鹿谭庄辽咸知进墓》，《文物春秋》1990年第3期。
㉘ 平泉县文保所、承德地区文化局：《河北平泉县小吉沟辽墓》，《文物》1982年第7期。

陆续发表。比较重要的如北京大兴青云店辽墓[1]；辽宁耿氏家族3、4号墓[2]、阜新辽代平原公主墓与梯子庙辽墓[3]、康平辽代贵族墓地，山西大同东风里壁画墓[4]、机车厂壁画墓[5]、许从赟夫妇壁画墓[6]、河北廊坊永丰辽代壁画墓[7]、宣化辽金壁画墓[8]、内蒙古通辽吐尔基山辽墓[9]、扎鲁特旗辽墓[10]、多伦县小王力沟辽墓[11]、巴林左旗盘羊沟辽墓[12]等。并且有多部专门的辽墓发掘报告出版，如《宣化辽墓》[13]、《宣化下八里Ⅱ区辽壁画墓考古发掘报告》[14]、《关山辽墓》[15]、《凌源小喇嘛沟辽墓》[16]、《北京龙泉务辽金墓葬发掘报告》[17]、《大兴北程庄墓地》[18]等。

辽代流行厚葬，尤其是发现的契丹贵族墓葬规模宏大，以带有长墓道的大型多室砖室墓最为典型，墓葬随葬品丰富而精美，有过重要的轰动学界的考古发现。如法库叶茂台M7中发现的精致的木制小帐、石棺、绢画以及大量陶瓷器；乌兰察布豪欠营M6保存完好的契丹女尸及网络葬具；陈国公主墓中完整的面具、网络、冠带、佩饰等殓葬用具；耶律羽之墓建造考究的墓室和大量精美器物；宝山墓地墓室和石房上绘制精美的壁画；吐尔基山辽墓中彩绘围栏木棺、萨满服饰用具；宣化辽墓中内容精美而丰富的壁画；多伦小王力沟贵妃墓地的大批精美瓷器、玻璃器以及鎏金银冠、金花银靴；康平贵族墓地发现的金面具、孤品梅瓶等都曾成为当时学界探讨的热点话题。耶律羽之墓、宝山贵族墓、吐尔基山辽墓、多伦贵妃家族墓以及宣化下八里辽代壁画墓等更是分别获评了当年的全国十大考古新发现，足见其重要价值。

---

[1] 北京市文物研究所：《北京大兴区青云店辽墓》，《考古》2004年第2期；周宇：《丰台云岗辽墓07FHM1发掘简报》，《北京考古》（第一辑），北京燕山出版社，2008年，第191～197页。
[2] 朝阳博物馆、朝阳市城区博物馆：《辽宁朝阳市姑营子辽代耿氏家族3、4号墓发掘简报》，《考古》2011年第8期。
[3] 辽宁省文物考古研究所、阜新市考古队：《辽宁阜新县辽代平原公主墓与梯子庙4号墓》，《考古》2011年第8期。
[4] 大同市考古研究所：《山西大同东风里辽代壁画墓发掘简报》，《文物》2013年第10期。
[5] 大同市考古研究所：《山西大同机车厂辽代壁画墓》，《文物》2006年第10期。
[6] 王银田、解廷琦、周雪松：《山西大同市辽代军节度使许从赟夫妇壁画墓》，《考古》2005年第8期。
[7] 廊坊市文物管理处、安次区文物保管所：《廊坊市安次区西永丰村辽代壁画墓》，《文物春秋》2001年第4期。
[8] 张家口市宣化区文物保管所：《河北张家口宣化辽金壁画墓发掘简报》，《文物》2015年第3期。
[9] 内蒙古文物考古研究所：《内蒙古通辽市吐尔基山辽代墓葬》，《考古》2004年第7期。
[10] 中国社会科学院考古研究所内蒙古工作队、内蒙古文物考古研究所：《内蒙古扎鲁特旗浩特花辽代壁画墓》，《考古》2003年第1期。
[11] 内蒙古文物考古研究所、锡林郭勒盟文物保护管理站、多伦县文物局：《内蒙古多伦县小王力沟辽代墓葬》，《考古》2016年第10期。
[12] 赤峰市博物馆、巴林左旗辽上京博物馆、巴林左旗文物管理所：《内蒙古巴林左旗盘羊沟辽代墓葬》，《考古》2016年第3期。
[13] 河北省文物研究所：《宣化辽墓——1974～1993年考古发掘报告》，文物出版社，2001年。
[14] 张家口市宣化区文物保管所：《宣化下八里Ⅱ区辽壁画墓考古发掘报告》，文物出版社，2008年。
[15] 辽宁省文物考古研究所：《关山辽墓》，文物出版社，2011年。
[16] 辽宁省文物考古研究所：《凌源小喇嘛沟辽墓》，文物出版社，2015年。
[17] 北京市文物研究所：《北京龙泉务辽金墓葬发掘报告》，科学出版社，2009年。
[18] 北京市文物研究所：《大兴北程庄墓地——北魏、唐、辽、金、清代墓地发掘报告》，科学出版社，2011年。

20世纪80年代以来，随着发表资料的日益丰富，对辽代墓葬研究的深度和广度也在逐步提高。王秋华《辽代墓葬分区与分期的初探》①最早采用考古学方法对辽墓进行分区、分期研究，以长城为界分为南北两区，以983年和1055年为界分为早、中、晚三期，奠定了辽墓研究的基本框架。杨晶《辽墓初探》②在前文基础上，还对墓葬类型与等级、墓葬装饰、丧葬习俗等进行了论述。1986年徐苹芳先生提出按族属来研究辽代墓葬的意见，并将1031年作为早、中期的界限③。之后学者大体沿用了这样的研究思路。李逸友先后撰文《略论辽代契丹与汉人墓葬的特征和分期》④、《辽代契丹人墓葬制度概说》⑤对契丹人和汉人墓葬特征和阶段性变化做了论述，并对契丹墓葬制度进行了概括。1995年冯恩学《辽墓初探》⑥的博士论文从随葬品的类型学研究入手，通过细致的排比和分期断代，对辽墓进行了较为深入的综合性研究。新世纪以来又有一批代表性的论述。董新林《辽代墓葬形制与分期略论》⑦一文首先将辽代墓葬的形制概括为类屋式墓、类椁式墓、土洞墓和土坑竖穴墓四种类型，之后分别对契丹和汉人墓葬的典型器物进行分类和排序，进而将辽代墓葬分为四期，即太祖和太宗时期、世宗至景宗时期、圣宗和兴宗时期、道宗和天祚帝时期，总结了各期的典型墓葬特征。彭善国《二十世纪辽代考古的发现与研究》⑧一文将辽代墓葬分为内蒙古东南部和辽宁西部区、北京地区、山西北部和河北西北部地区等三个区域，按时代、按族属概述了各区、各期、各族属的典型墓葬及其特征。2016年毕德广、魏坚《契丹早期墓葬研究》⑨一文对早期契丹墓葬的发现与研究做了全面梳理，在对出土陶器的类型学分析和墓葬分期的基础上，将契丹早期葬俗从树葬向土葬转变的历程大致分为四段，即最早的树葬源于乌桓、鲜卑族的山岳崇拜思想；树葬之后再火化是受到直系祖先宇文部火葬习俗的影响；将火化的骨灰埋葬的做法效仿于突厥人；最后由火葬转变为尸骨葬则是受到汉族人的直接影响。这是目前对契丹早期墓葬进行的较为重要的系统研究。刘未陆续发表的《辽代契丹墓葬研究》⑩和出版的《辽代墓葬的考古学研究》⑪等论著以契丹大型墓、契丹中小型墓和汉人墓三个群体为研究对象，通过三条发展线索、两种历史趋势和一个转变节点对辽墓进行了高度概括，认为高级贵族墓葬具有一定分散性，基本特征趋同；中小型墓葬在不同时段富于各自的地域特征；汉人墓葬具有自身传统，但部分含有契丹文化因素。并且梳理了

---

① 王秋华：《辽代墓葬分区与分期的初探》，《辽宁大学学报》1982年第3期。
② 杨晶：《辽墓初探》，《北方文物》1985年第4期。
③ 徐苹芳：《辽代墓葬》，《中国大百科全书·考古学》，中国大百科全书出版社，1986年，第274页。
④ 李逸友：《略论辽代契丹与汉人墓葬的特征和分期》，《中国考古学会第六次年会论文集（1987）》，文物出版社，1990年，第187～196页。
⑤ 李逸友：《辽代契丹人墓葬制度概说》，《内蒙古东部区考古学文化研究文集》，海洋出版社，1991年，第84～106页。
⑥ 冯恩学：《辽墓初探》，吉林大学博士学位论文，1995年。
⑦ 董新林：《辽代墓葬形制与分期略论》，《考古》2004年第8期。
⑧ 彭善国：《二十世纪辽代考古的发现与研究》，《内蒙古文物考古》总34期，2006年。
⑨ 毕德广、魏坚：《契丹早期墓葬研究》，《考古学报》2016年第2期。
⑩ 刘未：《辽代契丹墓葬研究》，《考古学报》2009年第4期。
⑪ 刘未：《辽代墓葬的考古学研究》，科学出版社，2016年。

高级贵族墓葬制度的形成过程,以及中小型契丹墓逐渐向上层制度靠拢的发展过程。两篇力著打破了以往分期、分区、分型的研究模式,是新世纪对辽墓研究的新视角。

除了对辽墓的整体研究,也有专题性研究。如对辽墓壁画的研究,有杨泓对宣化辽墓点茶图的分析[1]、林沄对旗鼓仪仗和契丹髡发的论述[2]、冯恩学对壁画中的车马类型研究[3]、孙机对宣化辽墓壁画发式的考证[4]、杨星宇和郑承燕对辽墓壁画的综合研究[5]等,新近出版的黄小钰《北京及周边地区辽代壁画研究》[6]一书是关于辽代壁画墓的区域研究,通过与契丹腹地壁画墓的比较,总结梳理了北京及周边地区辽代壁画墓的特征。对契丹贵族丧葬习俗的研究有《辽代契丹贵族丧葬习俗的考古学观察》[7]、《辽代贵族丧葬制度研究》[8]等论著。也有对辽代墓葬出土瓷器的研究,如《辽陶瓷器的分期研究》[9]、《辽瓷的类型与分期》[10]、《辽代陶瓷的考古学研究》[11]、《辽代鸡冠壶类型学探索》[12]等著述。新世纪以来也有对民族融合和相互影响的研究,如冯恩学《辽墓反映的契丹人汉化与汉人契丹化》[13]、吴敬《辽代契丹文化与汉文化的考古学观察》[14]、《辽代契丹人与金代女真人汉化过程的对比研究》[15]等。

(二)金代墓葬的发现与研究

金代墓葬考古发现目前也有近千座,其分布遍及黑龙江、吉林、辽宁、内蒙古、北京、河北、山西、河南、山东、陕西、甘肃和宁夏等地,涵盖北半个中国。大致可以分为三个区域,即以东北地区为核心的金源文化区、以北京为核心的金中都政治重地和以河南、山东为代表的中原地区。

---

[1] 杨泓:《辽墓壁画点茶图》,《文物天地》1989年第2期。
[2] 林沄:《辽墓壁画研究两则》,《青果集——吉林大学考古专业成立二十周年考古论文集》,知识出版社,1993年,第391~396页。
[3] 冯恩学:《辽墓壁画中的车》,《青果集——吉林大学考古系建系十周年纪念文集》,知识出版社,1998年,第397~401页。
[4] 孙机:《宣化辽金墓壁画拾零》,《寻常的精致》,辽宁教育出版社,1996年,第56~71页。
[5] 杨星宇、郑承燕:《辽代墓葬壁画的分期研究》,《辽金历史与考古国际学术研讨会》,辽宁教育出版社,2012年,第67~84页。
[6] 黄小钰:《北京及周边地区辽代壁画墓研究》,科学出版社,2019年。
[7] 彭善国:《辽代契丹贵族丧葬习俗的考古学观察》,《边疆考古研究》(第2辑),科学出版社,2003年。
[8] 郑承燕:《辽代贵族丧葬制度研究》,南开大学博士学位论文,2012年。
[9] 杨晶、乔梁:《辽陶瓷器的分期研究》,《青果集——吉林大学考古专业成立二十周年考古论文集》,知识出版社,1993年,第382~390页。
[10] 梁淑琴:《辽瓷的类型与分期》,《北方文物》1994年第3期。
[11] 彭善国:《辽代陶瓷的考古学研究》,吉林大学出版社,2003年。
[12] 冯恩学:《辽代鸡冠壶类型学探索》,《北方文物》1996年第4期。
[13] 冯恩学:《辽墓反映的契丹人汉化与汉人契丹化》,《吉林大学社会科学学报》2011年第3期。
[14] 吴敬:《辽代契丹文化与汉文化的考古学观察》,《社会科学战线》2011年第5期。
[15] 邵海波、吴敬:《辽代契丹人与金代女真人汉化过程的对比研究——以陵墓材料为线索的考古学观察》,《草原文物》2011年第2期。

黑龙江金代墓葬的重要发现有阿城齐国王墓[1]、完颜斡鲁家族墓[2]、阿城新城村墓群[3]、哈尔滨新香坊石椁墓[4]、华滨砖室墓[5]以及绥滨地区的中兴墓群[6]和奥里米墓群[7]等。吉林省金墓以舒兰市完颜希尹家族墓地[8]、长春市完颜娄室家族墓[9]等最为重要。辽宁金代墓葬主要发现在朝阳，有李斡妻翟氏墓[10]、联合乡大三家子墓[11]、重型机器厂金墓[12]等。内蒙古金代墓葬代表性的有敖汉旗老虎沟博州防御使墓[13]、小柳条沟金墓[14]、英凤沟M2[15]以及巴林左旗林东镇M1[16]、呼和浩特和林格尔西沟门金墓[17]、武川县乌兰窑子M2[18]等。

　　北京地区发现的金代墓葬数量较多，代表性的有房山长沟峪石椁墓[19]、房山班懿墓[20]、门头沟窝鲁欢墓[21]、丰台乌古论家族墓[22]、石景山鲁谷吕氏家族墓[23]、八角村赵励墓[24]、海淀区南辛庄张萧之墓[25]、娘娘府蒲察胡沙墓[26]、金山向阳村金墓[27]、平谷东高村巨君墓[28]、先农

---

[1] 黑龙江省文物考古研究所：《黑龙江阿城巨源金代齐国王墓发掘简报》，《文物》1989年第10期。
[2] 王久宇、王锴：《阿城金代贵族墓碑的发现和考证》，《北方文物》2007年第4期。
[3] 王春雷：《阿什河乡新城村的金代墓群》，《金上京历史文物研究文集》，人民文学出版社，2002年，第156~158页。
[4] 安路：《哈尔滨新香坊金墓发掘综述》，《黑龙江史志》1984年第2期。
[5] 景爱：《哈尔滨王岗华滨金墓》，《黑龙江文物丛刊》1984年第4期。
[6] 黑龙江省文物考古工作队：《黑龙江畔绥滨中兴古城和金代墓群》，《文物》1977年第4期。
[7] 黑龙江省文物考古工作队：《松花江下游奥里米古城及其周围的金代墓群》，《文物》1977年第4期；方明达、王志国：《绥滨县奥里米辽金墓葬抢救性发掘》，《北方文物》1999年第2期。
[8] 陈相伟：《完颜希尹家族墓地的调查和发掘》，《博物馆研究》1990年第3期；徐翰煊、庞治国：《金代左丞相完颜希尹家族墓调查试掘简报》，《中国考古集成·东北卷·金（二）》，北京出版社，1997年，第627~629页。
[9] 刘红宇：《长春市郊完颜娄室墓地考古新收获》，《北方文物》1990年第4期；长春市文物管理委员会办公室：《长春市石碑岭金代墓地发掘简报》，《考古》1991年第4期。
[10] 朝阳博物馆：《辽宁朝阳市金代纪年墓葬的发掘》，《考古》2012年第3期。
[11] 辽宁省朝阳县文物管理所：《辽宁朝阳县联合乡金墓》，《华夏考古》1996年第3期。
[12] 辽宁省朝阳市博物馆：《辽宁朝阳重型机器厂辽金墓》，《北方文物》2003年第4期。
[13] 朱志民：《内蒙古敖汉旗老虎沟金代博州防御使墓》，《考古》1995年第9期。
[14] 王建国：《敖汉旗小柳条沟金代墓葬》，《内蒙古文物考古》总4期，1986年。
[15] 敖汉旗文物管理所：《内蒙古敖汉旗英凤沟金代墓地》，《文物》1987年第8期。
[16] 李逸友：《昭盟巴林左旗林东镇金墓》，《文物》1959年第7期。
[17] 崔利明：《内蒙古和林县发现一座金墓》，《考古》1993年第12期。
[18] 乌兰察布盟文物工作站：《内蒙古武川县乌兰窑子金墓清理简报》，《考古》1989年第8期。
[19] 张先得、黄秀纯：《北京市房山县发现石椁墓》，《文物》1977年第6期。
[20] 杨亦武：《房山区沙窝村发现金代墓葬》，《北京文物报》1994年第7期。
[21] 鲁琪：《金窝鲁欢墓志考释》，《燕京春秋》，北京出版社，1982年，第226~233页。
[22] 北京市文物工作队：《北京金墓发掘简报》，《北京文物与考古》（第一辑），1983年，第55~72页。
[23] 北京市文物研究所：《鲁谷金代吕氏家族墓葬发掘报告》，科学出版社，2010年。
[24] 王清林、周宇：《石景山八角村金赵励墓志与壁画》，《北京文物与考古》（第五辑），北京燕山出版社，2002年，第179~201页。
[25] 北京市海淀区文化文物局：《北京市海淀区南辛庄金墓清理简报》，《文物》1988年第7期。
[26] 齐心：《金蒲察胡沙墓志铭考释》，《北京史论文集》，1980年，第101~105页。
[27] 秦大树、王晓军：《记一组早期钧窑瓷器及相关问题探讨》，《文物》2002年第11期。
[28] 杨学林：《平谷东高村巨家坟金代墓葬发掘简报》，《北京文物与考古》（第四辑），1994年，第52~56页。

坛金墓[1]、延庆张山营金墓[2]、磁器口吕恭墓[3]、通县石宗璧夫妇合葬墓[4]以及通县仲良墓[5]等。周边的河北、天津、山西等地也有一定数量的发现，其中又以山西发现数量最多，分布广泛。比较重要的有大同阎德源墓[6]、陈庆墓[7]、徐龟墓[8]，朔州北旺庄金墓[9]、僧人丛葬墓[10]，孝义市郭峪墓[11]，阳泉市平坦垴村古城M1[12]、平定县西关村M1和M2[13]、侯马乔村金墓[14]、山西稷山金墓[15]、汾阳东龙观宋金墓[16]、高级护校M1-M6[17]、襄汾东侯村金墓[18]、荆村沟村和上庄村金墓[19]、闻喜县金代砖雕壁画墓[20]，长治市魏村墓[21]、故漳金墓[22]、安昌金墓[23]、长子县金墓[24]、小关村墓[25]、沁县东庄村墓[26]、上庄村金墓[27]等。河北发现的重要金墓有张家口市郭仲谦墓[28]、崇礼区水晶屯村M1[29]，保定市徐水西黑山金元墓地[30]、曲阳县涧磁村M8[31]，石家庄井陉柿庄墓群[32]、平山县两岔村金墓[33]等。

---

[1] 北京市文物管理处：《北京先农坛金墓》，《文物》1977年第11期。
[2] 李华等：《延庆县时尚纺织品有限公司壁画墓》，《北京文博》2005年第3期。
[3] 王清林、王策：《磁器口出土的金代石椁墓》，《北京文物与考古》（第五辑），北京燕山出版社，2002年，第88~91页。
[4] 北京市文物管理处：《北京市通县金代墓葬发掘简报》，《文物》1977年第11期。
[5] 周良：《通县发现金代石棺墓》，《北京文物报》1993年第10期。
[6] 大同市博物馆：《大同金代阎德源墓发掘简报》，《文物》1978年第4期。
[7] 大同市博物馆：《大同市南郊金代壁画墓》，《考古学报》1992年第4期。
[8] 大同市博物馆：《山西大同市金代徐龟墓》，《考古》2004年第9期。
[9] 宁立新：《山西朔县金代火葬墓》，《文物》1987年第6期。
[10] 宁立新、雷云贵：《朔州市朔城区金代僧人丛葬墓发掘简报》，《山西省考古学会论文集》（三），山西古籍出版社，2000年，第138~145页。
[11] 孝义市博物馆：《山西孝义市发现一座金墓》，《考古》2001年第4期。
[12] 阳泉市文物管理处：《山西阳泉古城金墓发掘简报》，《文物》2016年第10期。
[13] 山西省考古研究所、阳泉市文物管理委员会、平定县文物管理所：《山西平定宋、金壁画墓简报》，《文物》1996年第5期。
[14] 山西省考古研究所：《侯马乔村墓地（1959~1996）》，科学出版社，2004年。
[15] 山西省考古研究所：《山西稷山金墓发掘简报》，《文物》1983年第1期。
[16] 山西省考古研究所、汾阳市文物旅游局、汾阳博物馆：《汾阳东龙观宋金壁画墓》，文物出版社，2012年。
[17] 山西省考古研究所、汾阳县博物馆：《山西汾阳金墓发掘简报》，《文物》1991年第12期。
[18] 李慧：《山西襄汾侯村金代纪年砖雕墓》，《文物》2008年第2期。
[19] 山西省考古研究所：《山西襄汾金墓清理简报》，《文物》1989年第10期。
[20] 山西省考古研究所、山西省闻喜县博物馆：《山西省闻喜县金代砖雕、壁画墓》，《文物》1986年第12期。
[21] 长治市博物馆：《山西长治市魏村金代纪年彩绘砖雕墓》，《考古》2009年第1期。
[22] 长治市博物馆：《山西长治市故漳金代纪年墓》，《考古》1984年第8期。
[23] 长治市博物馆：《山西长治安昌金墓》，《文物》1990年第5期。
[24] 山西省考古研究所晋东南工作站：《山西长子县石哲金代壁画墓》，《文物》1985年第6期。
[25] 长治市博物馆：《山西长子县小关村金代纪年壁画墓》，《文物》2008年第10期。
[26] 商彤流、郭海林：《山西沁县发现金代砖雕墓》，《文物》2000年第6期。
[27] 山西省考古研究所、沁县文物馆：《山西沁县上庄金墓发掘简报》，《文物》2016年第8期。
[28] 蔚县博物馆：《河北蔚县元代墓葬》，《考古》1983年第3期；荣孟源：《元大德墓为金天德墓》，《考古》1983年第7期。
[29] 贺勇：《河北崇礼县水晶屯发现一座金代石函墓》，《考古》1994年第11期。
[30] 董新林：《徐水西黑山——金元时期墓地发掘报告》，文物出版社，2007年。
[31] 河北省文化局文物工作队：《河北曲阳涧磁村发掘的唐宋墓葬》，《考古》1965年第10期。
[32] 河北省文化局文物工作队：《河北井陉县柿庄宋墓发掘报告》，《考古学报》1962年第2期。
[33] 河北省文物研究所：《河北平山县两岔宋墓》，《考古》2000年第9期。

河南、山东以及陕甘宁等地发现的金墓数量相对较少，可能与宋墓的区分辨识难度有一定关系。明确为金墓的代表性墓例有河南洛阳史家屯金墓[1]、洛阳伊川沙元村金墓[2]、宜阳新建一中金墓[3]、孟津麻屯镇土洞墓[4]以及三门峡化工厂路金墓[5]、义马市M156[6]等。山东省金墓有高唐虞寅墓[7]、济南商埠三十五中学M1[8]、济南大官庄村M1[9]、淄博博山区M1[10]以及滕州两座石椁墓[11]等。陕西西安市北郊、南郊以及咸阳等地也有零星发现的金代墓葬[12]，还有甘泉县袁庄村金墓[13]、柳河渠湾金墓[14]、柴窑村金墓[15]等。甘肃省金代墓葬主要有临夏王吉墓[16]、红园路金墓[17]、四家嘴村金墓[18]、和政县张家庄墓[19]等。此外，在宁夏南部西吉县还发现一座金墓[20]。

　　相较辽墓，金代墓葬的规模和随葬品的丰富程度稍有逊色。目前基本认为，土圹石椁墓代表了金代女真贵族最高级别的葬制，在金源和金中都地区有较多发现，比如齐国王墓、乌古论家族墓、世宗长女鲁国大长公主墓等都是典型代表。这种葬制也被一定数量的汉族士人高官使用，同时发现有数量较多的墓志，东北地区的女真贵族墓前还保存有神道和石像生等，都体现了高等级墓葬的规制。出土遗物中，女真贵族多随葬金银器具及精美玉石器等，汉族士人高官墓葬中发现数量众多的精美瓷器以及书墨用具等。在内蒙古东部、辽宁、山西大同以及北京（完颜亮迁都之前）等原辽统治地区的金代墓葬基本延续了辽代传统，多室砖室墓比较多见；而河南、山东以及陕甘宁等原宋统治地区的墓葬形制基

---

[1] 洛阳市第二文物工作队：《洛阳道北金代砖雕墓》，《文物》2002年第9期。
[2] 洛阳市第二文物工作队：《洛阳伊川雕砖墓发掘简报》，《文物》2005年第4期。
[3] 洛阳市第二文物工作队：《宜阳发现一座金代纪年壁画墓》，《中原文物》2008年第4期。
[4] 洛阳市文物工作队：《洛阳孟津县麻屯金墓发掘简报》，《华夏考古》1996年第1期。
[5] 三门峡市文物考古研究所：《河南三门峡市化工厂两座金代砖雕墓发掘简报》，《中原文物》2015年第4期。
[6] 三门峡市文物工作队、义马市文物管理委员会：《义马市金代砖雕墓发掘简报》，《华夏考古》1993年第4期。
[7] 聊城地区博物馆：《山东高唐金代虞寅墓发掘简报》《文物》1982年第1期。
[8] 济南市博物馆：《济南市区发现金墓》，《考古》1979年第6期。
[9] 济南市博物馆、济南市考古所：《济南市宋金砖雕壁画墓》，《文物》2008年第8期。
[10] 淄博市博物馆：《山东淄博市博山区金代壁画墓》，《考古》2012年第10期。
[11] 滕县博物馆：《山东滕县金苏瑀墓》，《考古》1984年第4期。
[12] 倪志俊、韩国河、程林泉：《西安市北郊金代墓葬发掘简报》，《考古与文物》1991年第6期；陕西省考古研究院：《西安南郊夏殿村金代墓葬发掘简报》，《考古与文物》2010年第5期；陕西省考古研究院：《西安南郊孟村宋金墓发掘简报》，《考古与文物》2010年第5期；咸阳市文物考古研究所：《咸阳瑞祥小区发现的金墓》，《文博》2004年第5期。
[13] 王勇刚：《陕西甘泉金代壁画墓》，《文物》2009年第7期；延安市文物研究所：《陕西甘泉城关镇袁庄村金代纪年画像砖墓群调查简报》，《考古与文物》2014年第3期。
[14] 西北大学文化遗产学院、甘泉县博物馆：《陕西甘泉柳河渠湾金代壁画墓发掘简报》，《文物》2016年第11期。
[15] 陕西省考古研究院：《2013年陕西省考古研究院考古发掘调查新收获》，《考古与文物》2014年第2期。
[16] 临夏回族自治州博物馆：《甘肃临夏金代砖雕墓》，《文物》1994年第12期。
[17] 临夏州博物馆、临夏市博物馆：《临夏市红园路金代砖雕墓清理简报》，《陇右文博》2011年第1期。
[18] 临夏州博物馆、临夏市博物馆：《临夏市四家嘴金代砖雕墓调查简报》，《临夏考古——临夏回族自治州博物馆论文集》，甘肃文化出版社，2016年，第129～134页。
[19] 临夏回族自治州博物馆：《和政县张家庄金代砖雕墓清理简报》，《陇右文博》2013年第2期。
[20] 宁夏文物考古研究所、西吉县文物管理所：《宁夏西吉县汉、金墓发掘简报》，《考古》1993年第5期。

本延续了北宋晚期的特点，以结构复杂的仿木构砖室墓最为典型①。

对金墓做概括性的研究始于20世纪80年代，徐苹芳先生对当时全国已经发现的金墓材料做了初步分析，大致以大定年间为界，总结了金墓的特点②。同一时期，秦大树《金墓概述》③一文将当时已发现的210余座金墓划分为四区、两期、四型，奠定了此后金墓研究的基础框架。随后，李健才在《金代女真墓葬的演变》④一文中首次提出"金代中叶"的概念，将金墓划分为三期，论证了不同形制的金墓间的早晚关系。2007年卢青峰的《金代墓葬探究》⑤硕士论文又将国内发现的金代墓葬分为东北及内蒙古地区、燕云地区以及中原地区三大区域，对各区金墓的关系以及墓葬形制的发展演变进行了分析，初步就金墓论及金代的社会生活。2010年赵永军《金代墓葬研究》⑥博士论文再次对墓葬形制进行了类型学研究，对随葬品进行历时性分析，最后还探讨了墓葬的族属和葬俗以及社会等级结构等。2016年郝军军《金代墓葬的区域性及相关问题研究》⑦博士论文更加重视金墓分布的历史地理单元，总结了金上京——金中都政治区、原辽统治区和原宋统治区等各区金墓的发展特点。

金代石椁墓一直是学界探讨的热点之一。《试论金代女真贵族墓葬的类型及演变》⑧一文将女真贵族墓葬分为三期，提出其由无室墓向有室墓过渡的见解。此后，刘晓东又撰文《金代土坑石椁墓及相关问题》⑨，认为土坑木椁墓和土坑石椁墓均属我国东北民族的古老葬制，土坑石椁墓的使用者绝大多数是金代女真贵族。陈相伟发表《试论金代石椁墓》⑩，认为石椁墓是金代女真贵族在本族旧有墓葬习俗基础上，吸收宋、辽形制加以改进而创造出的一种新型墓葬。也有对特定区域金墓的研究，如《试论东北、河北等地金代墓葬的类型和演变》⑪、《略论东北地区金代石函墓》⑫、《黄河中下游地区金代砖室墓探论》⑬、《试论山西地区的金墓》⑭、《晋南地区宋金墓葬研究》⑮、《山西金代壁画墓初

---

① 郝军军：《金代墓葬的区域性及相关问题研究》，吉林大学博士学位论文，2016年。
② 徐苹芳：《金元墓葬的发掘》，《新中国的考古发现与研究》，文物出版社，1984年，第605~608页。
③ 秦大树：《金墓概述》，《辽海文物学刊》1988年第2期。
④ 李健才：《金代女真墓葬的演变》，《辽金史论集》（第4辑），书目文献出版社，1989年，第339~349页。
⑤ 卢青峰：《金达墓葬探究》，郑州大学硕士学位论文，2007年。
⑥ 赵永军：《金代墓葬研究》，吉林大学博士学位论文，2010年。
⑦ 郝军军：《金代墓葬的区域性及相关问题研究》，吉林大学博士学位论文，2016年。
⑧ 刘晓东、杨志军等：《试论金代女真贵族墓葬的类型及演变》，《辽海文物学刊》1991年第1期。
⑨ 刘晓东：《金代土坑石椁墓及相关问题》，《青果集——吉林大学考古专业成立二十周年考古论文集》，知识出版社，1993年，第397~401页。
⑩ 陈相伟：《试论金代石椁墓》，《博物馆研究》1993年第1期。
⑪ 陈相伟：《试论东北、河北等地金代墓葬的类型和演变》，《辽金史论集》（第6辑），社会科学文献出版社，2001年，第404~427页。
⑫ 庞治国：《略论东北地区金代石函墓》，《黑龙江省文物丛刊》1984年第4期。
⑬ 陈朝云：《黄河中下游地区金代砖室墓探论》，《郑州大学学报》1996年第1期。
⑭ 史学谦：《试论山西地区的金墓》，《考古与文物》1988年第3期。
⑮ 刘耀辉：《晋南地区宋金墓葬研究》，北京大学硕士学位论文，2002年。

步研究》①、《黑龙江地区金墓述略》②、《北京地区金代墓葬概述》③、《北京地区辽金壁画墓研究》④等。新近董新林发表《长城以北地区金墓初探》⑤一文，在分期、分区基础上，将长城以北的金墓识别为女真人墓葬、汉人墓葬和族属待定墓葬。丁利娜《从考古发现谈金中都的社会等级结构》⑥一文总结了女真帝王、高级贵族、汉族士人高官以及普通平民阶层等的墓葬分布、形制和随葬品等方面的特征。

对金墓丧葬习俗方面的研究，如景爱《辽金时代的火葬墓》⑦一文认为契丹人、女真人的火葬习俗最初源于原始信仰萨满教，之后在佛教的影响下得以巩固和发展，佛教的影响是辽金时代火葬墓盛行的主要原因。吴敬先后发表《从金陵考古发现看金代女真人的汉化问题》⑧、《金代女真贵族墓汉化的再探索》⑨，探讨了女真民族与汉民族的文化融合等问题。还有对金墓的装饰形式、内容进行研究的，如陈相伟《试论金代壁画墓》⑩，申云艳等《金代墓室壁画分区与内容分类试探》⑪，杨富斗等《金墓砖雕丛探》⑫等文章，将金代壁画墓分为南、北两区，涉及出行图、家庭生活图、生产图、星象图以及建筑装饰图等。

二、辽金手工业考古

（一）陶瓷窑址

陶瓷窑址的调查发掘是了解辽金手工业生产状况的一项重要考古内容。辽金墓葬中出土的大量瓷器，有精有劣，分属不同的窑口烧造而成，正是当时制瓷手工业的重要体现。

北京龙泉务窑是一处辽代早期至辽末金初的制瓷手工业遗址，20世纪70、80年代，原北京市文物工作队曾做过多次调查，1991～1994年北京市文物研究所等对龙泉务窑进行了正式发掘，共揭露13座窑炉，形制由马蹄形单窑室演变为葫芦形双窑室。这是1949年后对辽代瓷窑址的首次发掘，品种丰富的辽三彩是重大发现之一，硼酸盐釉的使用曾引起国内外广泛关注。至于龙泉务窑的性质学界曾有过热烈讨论，大多数认为是一处民窑，但是具

---

① 马金花：《山西金代壁画墓初步研究》，《文物春秋》2002年第5期。
② 赵永军、姜玉珂：《黑龙江地区金墓述略》，《边疆考古研究》（第6辑），科学出版社，2007年。
③ 丁利娜：《北京地区金代墓葬概述》，《文物春秋》2009年第4期。
④ 何京：《北京地区辽金壁画墓研究》，中国人民大学硕士学位论文，2010年。
⑤ 董新林：《长城以北地区金墓初探》，《北方文物》2014年第3期。
⑥ 丁利娜：《从考古发现谈金中都的社会等级结构》，《北方文物》2019年第4期。
⑦ 景爱：《辽金时代的火葬墓》，《东北考古与历史》（第一辑），文物出版社，1982年，第104～115页。
⑧ 吴敬：《从金陵考古发现看金代女真人的汉化问题》，《边疆考古研究》（第9辑），科学出版社，2010年。
⑨ 吴敬：《金代女真贵族汉化的再探索》，《考古》2012年第10期。
⑩ 陈相伟：《试论金代壁画墓》，《辽金史论集》（第9辑），中州古籍出版社，1996年，第277～290页。
⑪ 申云艳、齐瑜：《金代墓室壁画分区与内容分类试探》，《山东大学学报》1998年第2期。
⑫ 杨富斗、杨及耕：《金墓砖雕丛探》，《文物季刊》1997年第4期。

有为宫廷烧造贡瓷和大量生产民用瓷器的双重性质[①]。此外，1979、1981年学者先后调查发现了北京密云小水峪窑址、密云庄窝窑址和房山磁家务窑址[②]。近年配合北京基建的考古工作中，也陆续发现有辽金窑址[③]。

内蒙古、吉林、辽宁地区是我国古代制瓷业分布的最北界，曾发现数处辽金时期的陶瓷窑址。其中赤峰缸瓦窑是内蒙古地区规模最大的窑场，1949年前曾做过调查和初步试掘；20世纪80年代也有过一次发掘，清理了13座馒头窑[④]。1995～2003年先后五次对该窑址进行了全面调查和重点发掘，清理了辽金时期马蹄形窑炉[⑤]。1993年在吉林东辽县抢救性发掘了一座金代晚期的民用陶窑址[⑥]。2008年彭善国等学者对阿鲁科尔沁旗宝山4处窑址再次调查，采集了三叉支钉等窑具，对巴林左旗辽上京城内窑址、南山窑址、白音高洛窑等窑址也进行了调查，残存窑炉迹象较少[⑦]。2013～2016年辽宁省文物考古研究所对辽阳江官屯窑第一地点进行了长达4年的发掘，共清理窑址11处、作坊址5处、大型房址1处、一般房址8处，同时也对江官屯为中心的窑址分布进行了全面调查和勘探，新发现了附近的官屯村、城门口村、下缸窑村等窑址[⑧]。

20世纪70、80年代以来，河北、天津、山西等地也对辽金窑址进行了一系列调查、发掘工作。1980年对河北隆化兴州窑瓷窑址的发掘，确认了其为金元时期一处大规模的民用瓷窑[⑨]。1987年对河北磁县观兵台窑址的调查，发现了大量白瓷片，确认金代是该窑的城址大发展期[⑩]。1992年对河北临城山下瓷窑遗址进行了调查试掘，清理2座金代窑炉[⑪]。2009年对河北曲阳涧磁村定窑遗址的发掘中，清理出一座北镇区的金代窑炉，金代地层中还发现"尚食局"款器物等[⑫]。2011年对邢窑发掘中，也发现了金代瓷器与窑具[⑬]。新世纪以来对井陉窑先后进行了五次考古调查和发掘工作，确认井陉窑在金代经历了第二次大发展时

---

① 以上内容参考北京市文物研究所：《北京龙泉务窑发掘报告》，文物出版社，2002年。
② 赵光林：《近年来北京发现的几处古代窑址》，《中国古代窑址调查发掘报告集》，文物出版社，1984年，第408～415页；赵光林：《密云县两处古代陶瓷窑址》，《北京文物报》1992年第1期。
③ 山西大学、北京市文物研究所：《北京马驹桥物流基地E-04地块发掘简报》，《文物春秋》2010年第5期。
④ 王建国：《赤峰缸瓦窑辽代窑址试掘简报》，《松州学刊》1987年第4、5期。
⑤ 郭治中、刘冰：《缸瓦窑考古发掘综述》，《北方民族文化新论》，哈尔滨出版社，2001年，第357～366页；郭治中、苏东：《赤峰缸瓦窑遗址出土辽金瓷器举要》，《中国古陶瓷研究》（第11辑），紫禁城出版社，2005年，第14～29页。
⑥ 辽源市文物管理所：《吉林东辽县尚志金代窑址的清理》，《考古》2004年第6期。
⑦ 彭善国、周兴启：《内蒙古阿鲁科尔沁旗辽代窑址的调查》，《边疆考古研究》（第8辑），科学出版社，2009年。
⑧ 辽宁省文物考古研究所：《辽宁辽阳市江官屯窑址第一地点2013年发掘简报》，《考古》2016年第11期；梁振晶、肖新奇：《辽宁辽阳江官窑发掘的新收获》，《收藏》2018年第9期。
⑨ 姜振利、陶敏、宫艳君：《河北隆化金元时期兴州窑发掘简报》，《文物春秋》1995年第3期。
⑩ 秦大树：《河北省磁县观兵台古瓷窑遗址调查》，《文物》1990年第4期。
⑪ 河北省文物研究所、临城县文物保管所：《临城山下金代瓷窑遗址试掘简报》，《文物春秋》1999年第6期。
⑫ 河北省文物研究所、北京大学考古文博学院、曲阳县定窑遗址文保所：《河北曲阳县涧磁岭定窑遗址A区发掘简报》，《考古》2014年第2期。
⑬ 河北省文物考古研究所、邢窑考古队：《2012年邢窑遗址发掘有重要收获》，《中国文物报》2013年3月1日第8版。

期①。山西浑源界庄窑于1977年由冯先铭调查发现，1982年中国历史博物馆考古部对其进行了复查②，1997、1999年山西省考古研究所两次进行调查并发掘，共清理窑炉6座，发现工作坊2座，发现大量匣钵、窑柱、垫饼、模范等烧窑和装烧工具③。2000、2003年考古工作者先后对山西榆次孟家井窑、平阳瓷窑等金元窑址进行了调查和小规模发掘工作④，并且新发现了介休市城南街金元窑址⑤。2015年山西省考古研究所调查发现了固镇村上八亩和下八亩金代窑址点，2016年对固镇瓷窑址进行了抢救性发掘，清理金代作坊1处、灰坑4个⑥，被评为当年的全国十大考古新发现。此外，2006年在天津蓟县东营房村也发掘了一处金代窑址⑦。

河南地区宋金瓷窑址在20世纪曾做过较多工作⑧，但由于宋金瓷器和金元瓷器区分的难度，这些窑址常被概括为宋金、宋元瓷窑址。新世纪以来，考古工作者更加注重区分各个时代瓷器的特征，辨识出了一些金代瓷窑地层和金代瓷器。2000～2004年对汝州市张公巷瓷窑址的多次发掘，断定该窑在金代时期发展到鼎盛，元代逐渐衰落⑨。2001～2002年对禹州市神垕镇刘家门窑的发掘，发现了金代中晚期钧窑的新资料⑩。2005年对汝州东沟汝窑的抢救性发掘工作确认该窑创烧于金代，金末元初废弃⑪。2011年对闵庄瓷窑址进行的主动性发掘，确认北宋末年到金代早中期是该窑烧造的第一个高峰期⑫。2013年对当阳峪窑址进行了全面调查，通过对所得瓷器特征的比对，认为该窑在金代得到了复兴⑬。

对辽金陶瓷器的研究历来较多，除了综合研究，还有分期、分区的谱系研究，有分窑口对陶瓷器的研究，也有对纪年陶瓷器的研究、对某一典型器物如鸡冠壶等的研究。新世纪以来彭善国《辽代陶瓷的考古学研究》⑭一书较为系统地研究了辽代陶瓷器，探讨了辽代陶瓷窑址、装烧工艺、生产性质、辽产陶瓷的类型和分期，并分析了输入辽瓷的特征

---

① 河北省文物研究所、井陉县文物保护管理所：《井陉窑遗址考古调查勘探报告（上）》，《文物春秋》2007年第4期；《井陉窑遗址考古调查勘探报告（下）》，《文物春秋》2007年第5期。
② 李知宴：《山西浑源县界庄窑》，《考古》1985年第10期。
③ 任志录：《山西浑源窑的考古成就》，《文物世界》2000年第8期。
④ 张燕：《走近山西榆次窑》，《收藏界》2006年第3期；孟耀虎：《山西平阳古瓷窑调查》，《考古与文物》2005年第3期。
⑤ 孟耀虎：《介休市南街古瓷窑》，《文物世界》2004年第6期。
⑥ 山西省考古研究所、河津市文物局：《山西河津市固镇瓷窑址金代四号作坊发掘简报》，《考古》2019年第3期。
⑦ 梅鹏云、甘才超：《蓟县东营房金代窑址和明清墓地》，《中国考古学年鉴·2007》，文物出版社，2008年，第136页。
⑧ 河南省文物研究所：《河南古瓷窑址资料汇编》，1985年。
⑨ 孙新民：《汝州张公巷窑的发现与认识》，《文物》2006年第7期；赵文军：《对汝州张公巷窑址的几点认识》，《收藏》2010年第9期。
⑩ 北京大学中国考古学研究中心、河南省文物考古研究所：《河南省禹州市神垕镇刘家门钧窑遗址发掘简报》，《文物》2003年第11期。
⑪ 河南省文物研究所：《河南汝州市东沟瓷窑址发掘简报》，《华夏考古》2009年第2期。
⑫ 秦大树、赵文军、徐华烽：《河南禹州闵庄钧窑遗址发掘取得重要成果》，《中国文物报》2012年3月2日第8版。
⑬ 赵德才、罗火金、张丽芳：《2013年当阳峪窑调查简报》，《文物世界》2015年第5期。
⑭ 彭善国：《辽代陶瓷的考古学研究》，吉林大学出版社，2003年。

等。金代陶瓷研究方面，秦大树对很多窑址的年代、性质以及不同窑口生产的瓷器进行过一系列研究，如《论磁州窑与定窑的联系和相互影响》[1]、《磁州窑白底黑花装饰的产生与发展》[2]、《汝窑的考古学观察与探讨》[3]、《瓷器化妆土工艺的产生与发展》[4]等文章都提出了独到的见解。近年来随着水下考古工作对沉船中瓷器的清理，加之中外学术合作的加强，学者们越来越多地开始关注中外瓷器贸易以及海上丝绸之路等研究，如新近发表的《金代瓷器海运港口的考古学观察》[5]一文以海丰镇遗址、海北遗址、板桥镇遗址出土瓷器为线索，大致勾勒出金朝疆域内主要沿海港口在瓷器贸易活动中的基本功能和运输体系，首次将金代海港研究从"宋元时期"中独立出来。

（二）矿冶遗址

20世纪70、80年代，考古工作者调查了一批辽金时期的矿冶遗址。辽代矿冶址如河北滦平县渤海冶铁遗址、北安州铸铁遗址、北安州铜器作坊遗址、营盘地冶铁遗址[6]。金代冶铁遗址如黑龙江大庆市康家围子冶铁遗址和陈二道眼冶铁遗址[7]等。近年来北京延庆大庄科辽代矿冶遗址群的考古成果是辽代冶铁史上的重大发现。2009～2011年北京市文物研究所等多家单位联合对大庄科矿冶遗址群开展了考古调查和勘探，发现了水泉沟、汉家川、铁炉村、慈母川等4处冶炼遗址。其中水泉沟遗址居于遗址群的核心位置，矿冶生产链条较为齐备[8]。2011～2014年北京市文物研究所等单位对该遗址进行了正式发掘，共清理了4座冶铁炉、2座炒钢炉等冶炼遗迹，并且还发现了配套的工匠居住区及作坊区等遗址，在北京乃至北方地区都属首次发现，是中国钢铁冶金考古的一个新的里程碑，被评为当年的全国十大考古新发现[9]。2015～2016年北京科技大学李延祥等对黑龙江阿城区小岭镇东川屯冶铁遗址又进行了两次考察，对采集品进行的实验室考古结果，进一步明确了该遗址采用了生铁冶炼法，年代跨度从辽代中晚期直至金末[10]。

---

[1] 秦大树：《论磁州窑与定窑的联系和相互影响》，《故宫博物院院刊》1999年第4期。
[2] 秦大树：《磁州窑白底黑花装饰的产生与发展》，《文物》1994年第10期。
[3] 秦大树：《汝窑的考古学观察与探讨》，《紫禁城》2015年第11期。
[4] 秦大树：《瓷器化妆土工艺的产生与发展》，《华夏考古》2018年第1期。
[5] 吴敬、石玉兵、潘晓暾：《金代瓷器海运港口的考古学观察》，《考古》2018年第10期。
[6] 田淑华、石砚枢：《从考古资料看承德地区的辽代矿冶业》，《文物春秋》1994年第1期。
[7] 裕林：《谈大庆地区金代冶铁遗址的相关问题》，《大庆社会科学》2007年第6期。
[8] 北京市文物研究所：《古代矿冶遗址的重要考古新发现：北京延庆大庄科辽代矿冶遗址群》，《中国文物报》2015年3月27日第6版。
[9] 北京市文物研究所、北京科技大学科技史与文化遗产研究院、北京大学考古文博学院等：《北京市延庆区大庄科辽代矿冶遗址群水泉沟冶铁遗址》，《考古》2018年第6期。
[10] 李延祥、佟路明、赵永军：《哈尔滨阿城东川冶铁遗址初步考察研究》，《边疆考古研究》（第23辑），科学出版社，2018年。

（三）窖藏遗迹

辽金时期窖藏遗迹内涵丰富，以钱币窖藏、金属器窖藏和瓷器窖藏最多见。钱币窖藏基本都以北宋铜钱数量为大宗，其次是唐代铜钱，几乎不见辽代铸钱，金代大定通宝铜钱有一定发现。这些钱币窖藏遍及辽金疆域版图范围，仅北京地区20世纪70、80年代调查发现的辽金钱币窖藏就有20余处[1]。近年来在辽上京遗址、中都遗址、金陵遗址等都发现了钱币窖藏[2]。钱币窖藏不仅对研究辽金铸钱等手工业有重要意义，也对研究当时的货币商业流通等有着重要价值。《金代窖藏铜钱小识》[3]、《金朝铜钱窖藏现象探析》[4]等文章都对这些方面进行了较为深入的探讨。金属器窖藏以铜器、铁器窖藏数量相对较多，是研究当时冶铁、锻造等技术的重要实物资料，窖藏中铁质农具的发现也为了解当时的农业生产状况提供了最直接证据，在河北隆化[5]、黑龙江五常[6]、吉林和龙[7]等都有陆续发现，在金上京北城址[8]和黑龙江双城市[9]还发现了银器窖藏，对研究工商业有一定的启发意义。在吉林省前郭县发现的文物窖藏[10]、辽宁朝阳南塔街窖藏[11]等都发现了数量较多的精美瓷器，对于研究当时的制瓷手工业有重要价值。

此外，近年对吉林省大安辽金酿酒遗址的调查，也是辽金时期手工业研究的一大收获[12]。

三、辽金佛教考古

佛教在辽金两代都很盛行，各地营建寺院佛塔甚多。20世纪80、90年代在对辽金佛塔进行修缮过程中，曾发现很多珍贵文物。比较重要的有内蒙古巴林右旗庆州白塔[13]、河北

---

[1] 北京市文物研究所：《北京考古四十年》，《北京考古集成》（15），北京出版社，2000年，第380、390页。
[2] 北京市文物研究所：《北京金代皇陵》，文物出版社，2006年，第131~149页。
[3] 景爱：《金代窖藏铜钱小识》，《求是学刊》1980年第3期。
[4] 刘韫：《金朝铜钱窖藏现象探析》，《辽宁大学学报》（哲学社会科学版）2001年第2期。
[5] 李伯龄：《河北隆化县发现金代窖藏铁器》，《考古》1981年第4期。
[6] 姚骞、穆·依凌阿：《五常县发现金代窖藏铁器》，《黑龙江文物丛刊》1982年第3期。
[7] 朴润武：《吉林和龙出土的金代窖藏铜、铁器》，《北方文物》1990年第4期。
[8] 阎井泉：《金上京故城内发现窖藏银器》，《黑龙江文物丛刊》1981年第1期。
[9] 姜勇：《黑龙江省双城市金代银器窖藏》，《北方文物》2010年第3期。
[10] 洪峰、志立：《吉林省前郭县金代窖藏瓷器》，《北方文物》1991年第2期。
[11] 于俊玉：《辽宁朝阳南塔街出土的金代窖藏文物》，《北方文物》2005年第2期。
[12] 冯恩学、吴敬：《吉林省大安辽金酿酒遗址调查》，《东北亚古代聚落与城市考古国际学术研讨会论文集》，科学出版社，2014年，第103~116页。
[13] 德新、张汉君、韩仁信：《内蒙古巴林右旗庆州白塔发现辽代佛教文物》，《文物》1994年第12期。

丰润天宫寺塔[①]、辽宁沈阳塔湾无垢净光舍利塔[②]、沈阳辽滨塔[③]等。1986～1996年随着对朝阳北塔维修工程的开展，陆续对周边区域进行详细发掘和勘察，明确了朝阳北塔所在辽代寺院的部分格局等[④]。

除了佛塔，对塔基地宫的清理，也是辽金佛教考古的一项重要内容。如1977年对北京房山区北郑村塔基的清理，发现了石函、石卧佛以及陶经幢、陶塔、残佛像等[⑤]。对河北易县净觉寺地宫的清理，发现了一批重要的银器、瓷器等[⑥]。1988年对通州辽代塔基地宫的清理中，发现了刻划十二生肖图案的石函及其内的定窑白瓷盒、水晶念珠等[⑦]。同年在对密云冶仙塔塔基残址进行发掘时，发现了石函以及璎珞纹绿釉净瓶、四瓣花纹白釉方碟、葵瓣越窑盘、秘色瓷碟等文物[⑧]。1990年发掘的房山区天开塔地宫，清理了经幢形小舍利塔及完整的木供桌，发现了石函、铜函、银函三重函，最内发现小银瓶和舍利[⑨]。新世纪以来，2008年北京市文物研究所在大兴区黄村镇配合基建的考古工作中清理了辽金"燕京左街持净院"塔林遗址，共发掘中小型塔基25座，地宫中发现有木函及精美的瓷器、舍利等重要文物[⑩]。

昌平银山5座金代密檐塔是北京地区重要的佛教遗迹，是银山塔林中最早建造的墓塔，也是建造技艺最为高超的墓塔。20世纪80年代北京市文物工作队曾对银山宝塔群做了详细调查[⑪]，90年代末北京市古建研究所对寺庙区进行了发掘，搞清楚了寺庙的建筑布局，主体建筑在南北中轴线线上，配殿、配房等分列于主殿两侧[⑫]。2009年吉林省文物考古研究所在配合基建项目中，对白城市永平村金代寺庙址的一号房址进行了抢救性发掘，推测其为僧房类设施，与辽金时期马家窝堡寺庙有直接关系[⑬]。

此外，伴随着辽代城址的调查工作，一些与城市关系密切的辽代寺院遗址也到以详细

---

① 陈国莹：《丰润天宫寺塔保护工程及发现的重要辽代文物》，《文物春秋》1989年第1期。
② 沈阳市文物管理办公室等：《沈阳塔湾无垢净光舍利塔塔宫清理报告》，《辽海文物学刊》1986年第2期。
③ 沈阳市文物考古研究所：《沈阳新民辽滨塔塔宫清理简报》，《文物》2006年第4期。
④ 辽宁省文物考古研究所、朝阳市北塔博物馆：《朝阳北塔——考古发掘与维修工程报告》，文物出版社，2007年，第59～106页。
⑤ 齐心、刘精义：《北京市房山县北郑村辽塔清理记》，《考古》1980年第2期。
⑥ 河北省文物管理处：《河北易县净觉寺舍利塔地宫清理记》，《文物》1986年第9期。
⑦ 周良、姚景民：《通县出土罕见辽塔地宫石函》，《北京文物报》1989年第6期。
⑧ 王有泉：《北京密云冶仙塔塔基清理简报》，《文物》1994年第2期。
⑨ 王武钰：《房山区天开塔地宫》，《中国考古学年鉴·1991年》，文物出版社，1992年，第130～131页；苏宝敦：《房山天开塔文物发掘记》，《北京辽金文物研究》，北京燕山出版社，2005年，第332～334页。
⑩ 于璞、韩鸿业、李春山等：《北京辽金时代塔林考古发掘取得重要收获》，《中国文物报》2009年3月20日第2版；于璞：《北京考古史·辽代卷》，上海古籍出版社，2012年，第10页。
⑪ 北京市文物工作队：《北京昌平银山宝塔群调查》，《文物资料丛刊》（4），文物出版社，1981年，第184～195页。
⑫ 梁玉贵：《银山塔林寺庙区遗址清理调查报告》，《北京文博》1999年第2期。
⑬ 李丹、谢峰：《吉林白城永平金代寺庙址一号房址发掘简报》，《辽金历史与考古国际学术研讨会论文集》，辽宁教育出版社，2012年，第4～18页。

的勘察，如怀州城北磴磴山佛寺遗址[①]，朝阳安德州北柏木山灵岩寺遗址[②]，白城市阿斯冷昭庙址、红旗村庙址、马家窝堡庙址[③]等。在对都城的考古工作中，也发现了重要的寺庙遗迹。如对辽中京的发掘中，在外城西南隅发现一座面阔、进深均为五间的完整佛殿遗址[④]。2012年对辽上京西山坡遗址的发掘中，发现了大型寺院遗迹以及一大二小三座并立的六角形佛塔遗迹，为研究辽代佛寺建筑的布局和形制提供了重要资料[⑤]。

四、结语

综合以上对辽金考古四十余年工作的回顾，整体归纳为两个方面：

一是，主动性考古发掘项目学术目标和工作思路明确，取得了很多突破性的进展。尤其是近年来在城市考古和大遗址保护理念的指导下，辽金都城、帝陵考古和聚落遗址考古都有很多新的重大发现。对辽上京、金上京等都城本体进行考古发掘的同时，也对与之密切相关的帝陵、祭祀遗址等周边区域进行了系统的调查、勘探和发掘工作，互通认识，对全面解读和判断遗址的性质意义重大。在反复多次调查基础上开展的重点发掘如吉林长白山神庙遗址、吉林前郭塔虎城遗址以及北京延庆大庄科辽代矿冶遗址等考古工作都取得了预期的成果，解决了学术争端和疑问。

二是，配合基本建设的考古项目、文物普查工作以及抢救性考古发掘等工作取得了多方面的重大收获。河北崇礼太子城行宫遗址的发掘，金中都城道路、水系、兵营以及城墙、护城河等遗迹的发掘，黑龙江刘秀屯宫殿基址的发掘以及大量辽金墓葬的发现都是在配合基建的工作中开展的，是重要的学术收获。吉林乾安县辽金捺钵群遗址是在第三次全国文物普查中发现，并随之开展的一项重要的考古工作。山西固镇瓷窑址、吉林东辽金代窑址、吉林白平金代寺庙址以及大量辽代贵族墓葬都是在被盗掘、被破坏的前提下开展的抢救性考古工作。这些考古工作的开展是可遇不可求的，取得的考古成果也是最为多样化的。

两个方面成果结合起来，使得辽金考古呈现遍地开花、丰富多彩的喜人局面。对考古成果的解读中，学者开始更多关注辽金文化自身的特色，甚至是对中原文化发展产生的影响以及民族间文化融合等方面，这是改革开放四十余年来辽金考古研究视角的重大转变。就城市考古研究而言，早期都城辽上京的形制布局虽然融合了一定汉唐文化的因素，

---

① 苗润华、张松柏：《辽怀州磴磴山寺庙遗址调查》，《内蒙古文物考古》总10期，1994年。
② 金殿士：《辽代安德州今地考》，《社会科学辑刊》1982年第12期。
③ 王仙波、梁岩：《从白城市内的庙址看辽金时期的宗教》，《中国考古集成·东北卷·辽（一）》，北京出版社，1997年，第572页。
④ 辽中京发掘委员会：《辽中京城址发掘的重要收获》，《文物》1961年第9期。
⑤ 中国社会科学院考古研究所内蒙古第二工作队、内蒙古文物考古研究所：《内蒙古巴林左旗辽上京皇城西山坡佛寺遗址考古获重大发现》，《考古》2013年第1期。

但是自身传统中南北"日"字形双城制、东向轴线的特点是占据决定性地位的，于是有了"辽上京规制"的提出①，不仅对后来金上京的布局规划产生了重要影响，甚至在元明清时期的都城布局中也能找到"辽上京规制"的影子。同时我们看到，辽金中后期的都城如辽中京、金中都、金汴京的形制布局却无一例外都明显受到了北宋东京城的重要影响，其中金中都封闭式里坊与开放性街巷共存的特点，还反映了中原都城制度史上重要的"唐宋变革"。可见，契丹、女真民族起初有且坚守自己的文化特色，并且也对中原文化产生了一定影响，但是随着政权的发展，最终主动接纳汉文化，甚至参与到中原制度变革的进程中，从而实现了文化的认同，以及民族间的融合。

对墓葬材料的解读，涉及辽金社会生活的多个方面，包括农业、手工业、货币业、商业贸易以及日常生活的衣食住行乃至宗教信仰等。高等级贵族、中小型契丹和女真民族、汉人阶层的文化面貌截然不同，将辽金时期的社会等级结构体现得淋漓尽致，契丹贵族更是被贴上"富丽堂皇"的标签，出土文物曾一次次轰动学界。从不同地域墓葬材料的对比研究中我们看到，随着辽金统治的加强，汉人墓葬中受到统治阶层影响的文化因素也频频出现，这正是辽金文化与汉文明双向传播和相互影响的结果。也就是说，辽金民族对中原文化并不是单方向的接受，双方之间是交融互动的动态进程。

何以中国，因有边疆！中华五千年文明史的形成过程，也是中华民族多元一体格局形成和发展的历史过程。正是有了契丹、女真等北方民族历史上曾经浓墨重彩的一笔，才促使中华民族的历史文化更加绚烂多彩。考古材料勾勒了辽金民族从偏踞北方到入驻中原一统大半个天下的精彩历程，从辽南京时的陪都到金中都时的国都，辽金文化的发展也拉开了北京作为我国首都的历史序幕，并在元明清时期得以稳固和进一步发展。近年来，在国家重视弘扬中国优秀传统文化和经济综合实力加强的大背景下，各地政府更加重视历史文化建设，辽金时期契丹、女真民族的历史文化得以进一步挖掘，研究的深度和广度都有了大步提升，在都城、帝陵、皇家行宫、祭祀制度等方面填补了多个缺环，数十个项目入选全国十大考古新发现，北方民族考古呈现出蓬勃的活力，辽金考古的国际关注度也越来越高，研究水平得到了稳步提升，学科体系也在逐步完善，辽金考古的未来大有可为！

[本文与丁利娜合著，原载《北方民族考古》（第10辑），科学出版社，2020年]

---

① 董新林：《辽上京规制和北宋东京模式》，《考古》2019年第5期。

FORTY YEARS OF RESEARCH ON THE ARCHAEOLOGY OF THE LIAO AND JIN DYNASTIES IN CHINA (PART II)

Wei Jian   Ding Lina

Abstract: As a result of the reform and opening up of China, during the last forty years northern cultural groups such as the Khitan and the Nüzhen increasingly attracted the attention of the academic community, and many breakthroughs were made in the archaeology of the Liao and Jin Dynasties. A growing number of archaeological discoveries have shown that cultural exchange between the Liao and Jin and the Central Plains was a dynamic process of interaction occurring both ways. This article departs from the characteristics of cities, imperial mausoleums, tombs, handicraft industry and buddhist archaeology, divided chronologically in two parts. The authors summarize archaeological discoveries and studies on the Liao and Jin periods. The historical evolution of the Liao and Jin cultures is replaced in the pluralistic process of integration that eventually leads to the formation of the Chinese nation.

Keywords: Reform and Opening up; Liao Archaeology; Jin Archaeology; Discovery and Research

蒙元都城的考古发现与研究

摘　要：蒙元王朝先后建立的四座都城中，哈剌和林以草原游牧文化为主，元上都则是中原文化和游牧文化并存，至元大都改以中原文化为主，而元中都基本是中原化的一座都城。四座都城完整勾勒出了蒙元政权从漠北兴起南下，并最终统一中国的精彩历程。有关哈剌和林、元上都和元大都最初的调查和记录多源自国外探险家和旅行家。随着20世纪20年代中国考古学的诞生，中国学者对中国境内三座都城科学的考古工作稳步推进，并逐步对四座都城做了多方面的综合研究。近百年来，蒙元都城的研究和认识水平日益提高，开启了蒙元都城考古研究的新阶段。

关键词：哈剌和林　元上都　元大都　元中都　百年考古史

　　蒙古族起源于古老的东胡系蒙兀室韦，关于其族源的考古发现与研究近年来取得了一定的进展[1]。这个马背上的民族骁勇善战，于公元1206年创立了声威赫赫的蒙古汗国，一代天骄成吉思汗的名字为世界所铭记。1260年忽必烈继承蒙古汗位，建元"中统"，创立元朝，结束了五代十国以来政权分立和割据的局面，为中国统一多民族国家格局的形成奠定了基础。

　　蒙元历史上，曾先后建造了四座都城：建于窝阔台汗七年（1235年）的现蒙古国的哈剌和林城；忽必烈建于宪宗蒙哥汗六年（1256年）的现内蒙古正蓝旗的元上都；忽必烈建于至元四年（1267年）的现北京的元大都；元武宗建于大德十一年（1307年）的现河北张北县的元中都。

　　四座都城中，对于哈剌和林和元上都、元大都，国内外历史和考古学者曾做过较多的考古调查、发掘和研究工作，并有许多成果公诸于世。20世纪90年代以来，元上都的

---

[1] 魏坚：《蒙古早期遗存的考古学观察》，《北方民族考古》（第1辑），科学出版社，2014年，第329~336页。

考古调查、测绘和发掘工作持续展开,并于2008年出版了《元上都》考古报告①。只有元中都,因《元史》记载甚为寥寥,地面调查又多沿用误说,致使元中都长期以来一直不为人知。20世纪80年代以来,经过专家学者的反复考证,才认定位于张北县的白城子为元中都,随后也进行了专项的考古发掘工作,并于2012年出版了《元中都》发掘报告②,使元中都的研究工作取得了重大进展。

一、哈剌和林城

哈剌和林遗址位于蒙古国中部南杭爱省的哈剌和林苏木内,在现蒙古国首都乌兰巴托以西220千米处。哈剌和林最初为世界所知始于19世纪末俄罗斯探险家拉德罗夫等人的调查,他们明确指出额尔德尼召庙北侧规模宏大的废墟就是哈剌和林古城③。1948~1949年,吉谢列夫领导的苏蒙考古队通过发掘确定了万安宫的准确位置,并初步探明了和哈剌和林城的街区和建筑布局④。1976~1985年,以色尔奥德扎布为首的蒙古考古队对哈剌和林城进行了多次发掘。参与上述两次发掘的学者除了公布多部考古发掘报告之外,还发表有《哈剌和林古城的考古发掘研究》⑤、《哈剌和林》⑥、《蒙古历史文化遗存》⑦等系列文章。1995~1996年,根据联合国教科文组织的"蒙古国哈剌和林都城遗址的保存和修整计划",日蒙合作对哈剌和林古城遗址进行了重新调查和测绘,并制定了遗址的保护和修整方案⑧。1999年以来,蒙德联合项目组对哈剌和林城进行了大规模的考古发掘,在万安宫发现了大批梵式泥塑佛像、藏传佛教察察等⑨。随后在2010年报告书中发表了两点最新见解:其一,之前一直被认为是万安宫的遗迹并不是宫殿,而是佛教建筑兴元阁遗址;其二,额尔德尼召寺院的城墙下叠压的正是万安宫宫殿遗址所在⑩。

从哈剌和林遗址的发现、确认到现在,俄罗斯、日本、德国、蒙古等国的历史、考古学者进行了较多的发掘和研究工作。代表性成果有俄罗斯С.В.吉谢列夫的《古代蒙古的城市》(俄文)、蒙古国Д.迈达尔的《蒙古地区建筑工艺与城市建设》(蒙文)、美国

---

① 魏坚:《元上都》,中国大百科全书出版社,2008年。
② 河北省文物研究所:《元中都——1998~2003年发掘报告》,文物出版社,2012年。
③ 〔日〕白石典之著,袁靖译:《日蒙合作调查蒙古国哈拉和林都城遗址的收获》,《考古》1999年第8期。
④ 〔苏〕С.В.吉谢列夫等著,孙危译:《古代蒙古的城市》,商务印书馆,2016年,第109~146页。
⑤ Сэр-Оджав. Хархорум хотыг малтан судалж буй нь.,ШУА-ын мэдээ.1981 он.№6, Улаанбаатар, 17-19.
⑥ Д. Наваан. Хархорум., Улаабаатар.1959 он.
⑦ Д. Майдар. Монголын түүх, соёлын дурсгалт зүйлс., Улаанмаатар., 1972 он.
⑧ 〔日〕白石典之著,袁靖译:《日蒙合作调查蒙古国哈拉和林都城遗址的收获》,《考古》1999年第8期。
⑨ 林梅村:《和林访古(上)》,《紫禁城》2007年第7期。
⑩ 包慕萍:《从游牧文明的视角重探元大都的都市规划——从哈剌和林到元大都》,《宁波保国寺大殿建成1000周年学术研讨会暨中国建筑史学分会2013年会论文集》,2013年,第424~436页。

F. B. 科利维兹《1346蒙文石碑研究》（英文）、德国扎咖斯特的《哈剌和林》（德文）和日本白石典之的《蒙古帝国史的考古学研究》（日文）等①。其中，白石典之的部分研究内容以《日蒙合作调查蒙古国哈拉和林都城遗址的收获》②、《蒙古帝国首都哈剌和林的城市平面图》③和《窝阔台的哈剌和林》④等文章的形式译成了中文。白石典之对哈剌和林古城的研究观点也大多被国内学者接受，基本勾勒出了哈剌和林都城的平面布局，即宫城位于外城的西南角，宫城以万安宫为中心建筑，万安宫由觐见大厅、侧楼和宫门组成。之后国内学者方垕、张穆、张得芝等也对哈剌和林城址的方位以及周边四季离宫进行了考证和初步研究⑤。2006年林梅村通过对哈剌和林及周边遗址的实地调查，认为：和林城西北角的大型建筑遗迹即成吉思汗的龙庭行宫；窝阔台的万安宫建在城内西南角是根据中国古代以西南为中的传统思想设计而为；蒙哥汗的大阁寺建在窝阔台万安宫的旧基上，主体结构采用中国传统木结构建筑⑥。2007年萨仁毕力格撰写的学位论文《蒙古帝国首都哈喇和林》收集了很多有关哈喇和林的外文资料，提出对哈剌和林城进行保护和修复的必要性⑦。2009年李冬楠撰写的学位论文《辽金元都城制度研究》对哈剌和林城的相关研究进行了梳理，认为哈剌和林古城的布局充分体现了游牧民族早期都城的特色⑧。近年来包慕萍发表《元大都城市规划再考——皇城位置、钟鼓楼与"胡同制"的关联》⑨一文，根据有关哈剌和林的最新发掘成果和亲身踏查，认为哈剌和林的空间布局为南北两城相接的格局，南城为皇城，北城为市区，与以往认为的"城套城"布局截然不同；宫殿万安宫位于最南端，万安宫北面有众多市场，各城门附近设牲畜市场，东侧是中国工匠的市区，而西侧是蒙古人毡帐居住区，认为哈剌和林是兼具定居和游牧双重生活体制的城市圈。该论述将有关哈剌和林城市布局规划的研究推向了一个新阶段。

二、元上都

元上都遗址位于内蒙古自治区锡林郭勒盟正蓝旗上都河镇东北20千米处，地处滦河上游闪电河北岸水草丰美的金莲川草原上，是蒙古族掌握政权之后建立的第一座真正意义

---

① 〔日〕白石典之：《モンゴル帝国史の考古学の研究》，同成社，2002年。
② 〔日〕白石典之著，袁靖译：《日蒙合作调查蒙古国哈拉和林都城遗址的收获》，《考古》1999年第8期。
③ 〔日〕白石典之著，张文平译：《蒙古帝国首都哈剌和林的城市平面图》，《内蒙古文物考古》总21期，1999年。
④ 〔日〕白石典之著，魏坚译校：《蒙元四都记之一——窝阔台的哈剌和林》，《文物天地》2003年第10期。
⑤ 陈得芝：《元和林城及其周围》，《蒙元史研究丛稿》，人民出版社，2005年，第39~43页；陈得芝：《元岭北行省建置考（上）》，《蒙元史研究丛稿》，人民出版社，2005年，第113~136页。
⑥ 林梅村：《和林访古（上）》，《紫禁城》2007年第7期；林梅村：《和林访古（下）》，《紫禁城》2007年第8期。
⑦ 萨仁毕力格：《蒙古帝国首都哈剌和林》，内蒙古大学硕士毕业论文，2007年。
⑧ 李冬楠：《辽金元都城制度研究》，中国人民大学博士学位论文，2009年。
⑨ 包慕萍：《元大都城市规划再考——皇城位置、钟鼓楼与"胡同制"的关联》，《中国建筑史论汇刊》（第10辑），清华大学出版社，2014年，第319~344页。

上的帝国都城。19世纪下半叶以来，元上都遗址逐渐引起世人的关注，许多外国驻华的使者、旅行家、地理学家都对其进行了踏查和现状记述，留下了珍贵的照片、拓片、线图和文字资料。其中1925年美国地理学者易恩培通过实地调查和测绘写成的《忽必烈的夏都——上都》[①]一书刊载了上都城的城墙、城门、壕沟等实测图，是当时留存于世的有关元上都最详细、最准确的调查报告。

元上都真正意义上的考古调查、发掘和研究工作肇始于20世纪30年代。1937年日本东亚考古学会原田淑人、驹井和爱一行对元上都进行了较为细致的调查和测绘，调查报告《上都——蒙古多伦诺尔元代都城址调查》于1941年正式出版[②]，详细描述了元上都内城、外城和外苑城的现状，并绘制了全城和内城的实测图，考察了城门、瓮城和三重城墙的结构，对内城和外城的部分建筑遗迹也做了考察和记述。这是以考古学的方法研究元上都的第一篇田野调查报告。20世纪50年代，内蒙古文物工作队的张郁调查和勘测了元上都遗址，写成《元上都故城》一文，以考古学的手段反映了当时上都遗址的概况[③]。1973年，内蒙古大学历史系贾洲杰、周清澍、周良霄、李逸友等一行，赴元上都遗址进行了调查和测绘。其后由贾洲杰执笔发表了《元上都调查报告》[④]，对宫城和街区道路的勘测更为细致，绘制的遗址平面图上增添了华严寺、东郊粮仓等重要遗迹的单体平面图；对元上都三重城进行了细致的考察测绘，并将其分别定名为外城、皇城和宫城，同时对城郊四关做了详细调查。1990年，内蒙古文物考古研究所李逸友对元上都东南砧子山南区元代墓地进行了发掘，共清理墓葬96座，发表《元上都城南砧子山南区墓葬发掘报告》[⑤]，根据墓葬形制以及出土物等，认为墓地主人是从内地迁来的汉人家族墓地。

1992～2004年的10余年间，内蒙古文物考古研究所魏坚负责主持元上都的考古调查、测绘和发掘工作。1992年发掘了元上都西北羊群庙祭祀遗址和墓葬；1993～1994年在内蒙古航测遥感大队的配合下，对元上都三重城垣、瓮城、角楼、马面、护城河、道路和建筑基址做了重点调查和科学测绘；1995～1996年对元上都四关、外城北门和城北铁幡竿渠进行了调查和试掘，重点发掘了南关外遗址、大安阁—宫城中央1号宫殿基址和明德门瓮城等处；1997～1998年发掘了砧子山西区墓地、卧牛石墓地、一棵树墓地，以及元上都周边的正镶白旗、镶黄旗、锡林浩特市等相关地区的元代墓葬；1997～1998年联合中国历史博物馆遥感与航空摄影中心对元上都遗址和羊群庙祭祀遗址，以及周边的砧子山、卧牛石、

---

① 〔日〕石田干之助：《元上都相关的主要文籍题解》，《上都——蒙古ドロンノヘルに於ける元代都址の调查》，东亚考古学会，1941年，附录二，第46页。
② 〔日〕原田淑人、驹井和爱：《上都——蒙古ドロンノヘルに於ける元代都址の调查》，东亚考古学会，1941年。
③ 张郁：《元上都故城》，《内蒙古文物资料选辑》，内蒙古人民出版社，1964年，第181～184页。
④ 贾洲杰：《元上都调查报告》，《文物》1977年第5期。
⑤ 内蒙古文物考古研究所、锡林郭勒盟文物管理站、多伦县文物管理所：《元上都城南砧子山南区墓葬发掘报告》，《内蒙古文物考古文集》（第一辑），中国大百科全书出版社，1994年，第639～671页。

一棵树等墓葬区，做了航空摄影和卫星定位测量；2002～2003年，为元上都申报世界文化遗产做准备，内蒙古文物考古研究所联合锡林郭勒文物站和正蓝旗文物所，对元上都皇城东墙北段外侧的积土和皇城南门明德门址及瓮城进行了考古清理。在考古调查与发掘的基础上，先后发表了《正蓝旗羊群庙元代祭祀遗址及墓葬》[1]、《正蓝旗羊群庙石雕像研究》[2]、《元上都及周围地区的考古发现与初步研究》[3]、《元上都城址东南砧子山西区墓葬发掘简报》[4]等，对其中一些发掘成果做了详细介绍和初步研究。2008年出版的《元上都》[5]一书不仅发表了以上各项考古工作的详细内容和成果，还对元上都的城垣构筑与平面分布、元上都四关的分布与功能进行了探讨，对元上都城内大安阁、穆清阁、水晶殿、香殿等宫殿建筑，华严寺、乾元寺等宗教建筑，以及西内、北苑等都做了文献史料的考证工作；同时对元上都周边的墓葬和祭祀地反映的社会状况进行了梳理和分析，认为砧子山、卧牛石墓地是居住在元上都城区的汉人家族墓地，一棵树、羊群庙是元上都城区周围普通蒙古人的墓地，与砧子山墓地的文化内涵截然不同；羊群庙祭祀遗址石雕像，是属于整个蒙古民族"偶像崇拜"的一个方面，反映了元代蒙古上层贵族祖先崇拜的思想。2009年，内蒙古文物考古研究所等对元上都宫城北端的一处阙式宫殿基址进行了考古发掘[6]，重点清理了西阙台基址东侧、西慢道、东阙台基址顶部台面，后考证认为此殿正是穆清阁所在[7]，证实了之前魏坚的论证。

对元上都的研究，在20世纪90年代之前，由于考古工作开展较少，主要是利用文献史料进行的综合研究，内容涉及元上都的历史地位、经济、文化、教育、宗教、交通等方面，如贾洲杰的《元上都的经济与居民生活》[8]，陈高华、史为民合著的《元上都》[9]，叶新民的《元上都宫殿楼阁考》[10]、《元上都的驿站》[11]等。随着考古工作的开展，学者们对元上都的结构特点和平面布局的认识逐渐明晰。

关于元上都的建筑风格，1940年驹井和爱发表的《元上都和大都的平面布局》[12]一

---

[1] 内蒙古文物考古研究所、正蓝旗文物管理所：《正蓝旗羊群庙元代祭祀遗址及墓葬》，《内蒙古文物考古文集》（第一辑），中国大百科全书出版社，1994年，第610～621页。
[2] 魏坚、陈永志：《正蓝旗羊群庙石雕像研究》，《内蒙古文物考古文集》（第一辑），中国大百科全书出版，1994年，第622～629页。
[3] 魏坚：《元上都及周围地区的考古发现与初步研究》，《内蒙古文物考古》总21期，1999年。
[4] 内蒙古文物考古研究所、吉林大学考古学系：《元上都城址东南砧子山西区墓葬发掘简报》，《文物》2001年第9期。
[5] 魏坚：《元上都》，中国大百科全书出版社，2008年。
[6] 内蒙古师范大学、内蒙古文物考古研究所、内蒙古文物保护中心：《内蒙古锡林郭勒元上都城址阙式宫殿建筑基址发掘简报》，《北方文物》2014年第4期。
[7] 杨星宇：《元上都穆清阁考古发掘述论》，《北方文物》2014年第2期。
[8] 贾洲杰：《元上都的经济与居民生活》，《蒙古史研究》（第二辑），内蒙古人出版社，1986年，第33～38页。
[9] 陈高华、史为民：《元上都》，吉林教育出版社，1988年。
[10] 叶新民：《元上都宫殿楼阁考》，《内蒙古大学学报》1987年第3期。
[11] 叶新民：《元上都的驿站》，《蒙古史研究》（第三辑），内蒙古大学出版社，1989年，第80～87页。
[12] 〔日〕驹井和爱：《元の上都并びに大都の平面について》，《东亚论丛》（第三辑），共同社，1940年，第127～140页。

文，认为上都和唐长安城、渤海上京城属于同一系统，而大都更符合《周礼·考工记》中"左祖右社、前朝后市"的布局规制。1986年李逸友认为元上都是元朝的陪都，主要是为了帝王避暑和游幸，所以宫城的布局是园林式的，而百姓住宅和市区分布在城外关厢地带[1]。随后，叶新民发表观点认为元上都的建筑风格有两种，即以大安阁为代表的中原传统类型，和以失剌斡耳朵为特色的独特蒙古族风格[2]。1999年张景明发表《元上都与大都城址的平面布局》[3]一文认为元上都在吸收中原汉制的基础上，结合了蒙古族草原游牧的特征。随着20世纪90年代以来考古发掘工作的大量展开，元上都的平面布局结构得到了实证。2008年魏坚在《元上都》[4]一书中总结认为，元上都处于城市布局较为随意的哈剌和林向布局对称、功能齐全的元大都过渡的重要中间环节上；元上都分为内外三重，中央为长方形宫城，围绕宫城之外为方形皇城，因开平城初建时，是按照两重城垣设计的，南侧和东侧靠近西南—东北流向的闪电河，故而只能在皇城西、北两面扩建外城；元上都以宫城正北穆清殿、中央的大安阁和宫城南门至皇城南门为南北中轴线，中轴线两侧的宫殿采取了随形就势、自成一体的离宫别馆式的建筑形式；广大的四关地区是官署、粮仓、商肆店铺和官府驿馆、民居住宅等生活区域。元上都的整体布局体现了兼容并蓄的特点，既具备了中原城市的传统模式，又明显地体现了蒙古族游牧生活的特色。

自20世纪90年代起，历经20余年的考古调查、发掘和研究工作，2012年6月29日，元上都遗址被正式列入《世界遗产名录》。遗址整体由城址、墓葬群以及分布于整个1759平方千米保护范围内的自然环境和人文景观四部分组成。对元上都遗址的保护、展示和利用成为目前学界比较关注的话题，2015年《元上都世界文化遗产保护与展示刍议》[5]一文便针对大安阁宫殿基址、西关厢与铁幡竿渠、羊群庙祭祀遗址等不同遗迹类型，提出了有价值的建议和讨论。同时，对元上都遗址的科技考古研究工作也随之展开，如《元上都西关厢遗址植物遗存综合研究》[6]一文通过对植物遗存的分类与鉴定，为深入研究元上都居民的生业经济结构提供了重要的实物资料。

三、元大都

元大都叠压于今北京城下，是明清北京城的前身，兴建于元世祖忽必烈至元四年（1267年），是当时世界著名的大都市之一。

---

[1] 李逸友：《内蒙古元代城址概说》，《内蒙古文物考古》总4期，1986年。
[2] 叶新民：《元上都宫殿楼阁考》，《内蒙古大学学报》1987年第3期。
[3] 张景明：《元上都与大都城址的平面布局》，《内蒙古文物考古》总21期，1999年。
[4] 魏坚：《元上都》，中国大百科全书出版社，2008年，第88页。
[5] 黄雨、魏坚：《元上都世界文化遗产保护与展示刍议》，《内蒙古社会科学》2015年第6期。
[6] 孙永刚、田小冬、塔拉等：《元上都西关厢遗址植物遗存综合研究》，《中国农史》2017年第5期。

拾遗篇

有关元大都的研究开始于20世纪30年代。1929年奉宽的《燕京故城考》①、1930年朱启钤等的《元大都宫苑图考》②、1936年王璧文的《元大都城坊考》③、1936年朱偰的《元大都宫殿图考》④、1937年王璧文的《元大都寺观庙宇建制沿革表》⑤、1960年王璞子的《元大都城平面规划述略》⑥等文章,都从建筑史的角度探讨了元大都的平面布局和规划思想,对文献做了很多梳理工作,对元大都的认识逐步提高,为后人的研究奠定了很好的资料基础。

20世纪60、70年代,配合基本建设工程,中国社会科学院考古研究所与北京市文物管理处联合对元大都做了很多考古调查、勘探和发掘工作。1964~1974年,勘察了元大都的城垣、城门、街道、河湖水系等遗迹,了解了城墙的宽度和夯筑方式,基本弄清楚了元大都外城的形制和范围,并且对皇城和宫城进行了勘查。同时对元大都东城墙中段发现的石砌排水涵洞进行了清理。其间,也对元大都和义门瓮城城门遗址进行了抢救性发掘;对后英房、西绦胡同、后桃园、雍和宫后、第一零六中学等不同等级的元代居住遗址进行了发掘,并且在旧鼓楼大街豁口东的院落遗址中发现了一处瓷器窖藏⑦。1982年陈高华《元大都》⑧一书出版,这是一部对元大都进行综合研究的力著,对大都城的建造过程、建筑布局以及政治、经济、文化等方面都进行了论述。

1991年,北京市文物研究所对元大都北城墙的北太平庄段进行了发掘,进一步明确了元大都城墙的夯筑方法⑨。2002年,北京市文物研究所对元大都北城墙花园路段的水关遗址做了重要的考古工作⑩。考古勘探搞清楚了城墙的北侧边界、城墙的马面位置、水关燕翅的布局与城墙的关系,以及水关的排水系统、护城河与城墙的关系等。考古发掘基本搞清楚了水关的形制结构,并获得了有明确纪年的刻石,明确了元朝城垣水关形制具有中国宋元时期闸坝工程的特征,对研究元大都排水系统工程具有重要意义。

有关元大都的研究有都城选址、平面布局规划、中轴线变迁等多个方面,但至今争议依然很多。有关元大都修建与选址原因,周良霄、单国等大多数学者认为最主要的原因

---

① 奉宽:《燕京故城考》,《燕京学报》1929年第5期。
② 朱启钤等:《元大都宫苑图考》,《中国营造学社汇刊》第一卷第2期,京城印书局,1930年,第1~120页。
③ 王璧文:《元大都城坊考》,《中国营造学社汇刊》第六卷第3期,京城印书局,1936年,第69~120页。
④ 朱偰:《元大都宫殿图考》,商务印书馆,1936年。
⑤ 王璧文:《元大都寺观庙宇建制沿革表》,《中国营造学社汇刊》第六卷第4期,京城印书局,1937年,第130~161页。
⑥ 王璞子:《元大都城平面规划述略》,《故宫博物院院刊》,故宫出版社,1960年,第61~82页。
⑦ 中国科学院考古研究所元大都考古队、北京市文物管理处元大都考古队:《元大都的勘查和发掘》,《考古》1972年第1期;中国科学院考古研究所元大都考古队、北京市文物管理处元大都考古队:《北京后英房元代居住遗址》,《考古》1972年第6期;中国科学院考古研究所元大都考古队、北京市文物管理处元大都考古队:《北京西绦胡同和后桃园的元代居住遗址》,《考古》1973年第5期。
⑧ 陈高华:《元大都》,北京出版社,1982年。
⑨ 王有泉:《元大都城墙》,《中国考古学年鉴·1992》,文物出版社,1994年,第151页。
⑩ 李华:《北京元大都水关遗址重现于世》,《中国文物报》2002年10月18日第1版。

是金中都遭到了蒙古军的焚烧劫掠，加之城市供水等需求的增大而在原来旧城东北另辟新城[1]。东南大学的潘谷西教授提出，金中都从1215年被蒙古军占领到1368年元朝灭亡的百余年中并未被彻底废弃，而是一直保持着它的重要作用。元大都的选址既利用了旧城的基础，又满足了新城的政治需要，新旧两城同时并存满足了各阶层居民的不同需求[2]。

有关元大都的城市规划，徐苹芳先生明确提出有五个典型特征，即重城式、开放式街巷制的街道规划、官署布局从分散到比较集中、市场在宫城之后（北）、左祖右社[3]。有学者进而认为刘秉忠等建设者将《周易》的文化内涵浸透在元大都的城市规划中"[4]，《周礼·考工记》对元大都的选址、布局有决定性的作用[5]。也有学者认为元大都中轴线傍水而划、皇宫傍海而建的特点体现了游牧民族特有的傍水驻营的习俗[6]，元大都宫城位于南端的布局与蒙古族以前部为中央、以大汗金帐为中央的观念密切相关[7]。杭侃认为，元大都的规划不仅吸收了中原古典的都城规划思想，如"九经九纬""左祖右社""前朝后市"等布局，也吸收了中原堪舆学说的一些成分，如北侧城门仅设两门的规制，还吸收了宋、金都城规划的一些具体做法，如开放式街巷制的街道布置等。元大都完全不能认为是严格按照《考工记》原则进行的简单"复古"，而是基于传统文化基础上的一种全新规划，是忽必烈当时推行"汉法"政策的一个有机组成部分[8]。包慕萍先生提出，元大都宫城之后为市场的空间布局并不是遵照《考工记》中"前朝后市"的结果，而是遵从了游牧社会将市场设置在都城中心的习惯做法。元大都的城市框架来自农耕世界的王城思想，但是宫城内部却延续了游牧世界的传统[9]。

北京中轴线变迁是研究元大都的一个重要方面。从奉宽到王璞子先生等都据史料记载认为元大都的中轴线在明清北京城中轴线之西，即今旧鼓楼大街南北一线[10]。1956年赵正之先生最早明确提出了元、明、清北京城的中轴线相沿未变的观点[11]，之后徐苹芳等根据20世纪60、70年代的考古发掘，再次确认了这一观点。之后故宫博物院的姜舜源先生提出

---

[1] 单国：《元代的大都城》，《中国典籍与文化》1996年第2期。
[2] 潘谷西：《元大都规划并非复古之作——对元大都建城模式的再认识》，《中国紫禁城学会论文集》（第二辑），紫禁城出版社，2002年，第17～21页。
[3] 中国科学院考古研究所元大都考古队、北京市文物管理处大都考古队：《元大都的勘查和发掘》，《考古》1972年第1期；徐苹芳：《元大都在中国古代都城史上的地位——纪念元大都建城720年》，《北京社会科学》1988年第1期。
[4] 于希贤：《〈周易〉象数与元大都规划布局》，《故宫博物院院刊》1999年第2期。
[5] 黄建军、于希贤：《〈周礼·考工记〉与元大都规划》，《文博》2002年第3期。
[6] 潘谷西：《元大都规划并非复古之作——对元大都建城模式的再认识》，《中国紫禁城学会论文集》（第二辑），紫禁城出版社，2002年，第17～21页。
[7] 张津、李郇：《中国古代都城行为空间初探》，《人文地理》1995年第6期。
[8] 杭侃：《蒙元四都记之三——争议元大都》，《文物天地》2003年第10期。
[9] 包慕萍：《元大都城市规划再考——皇城位置、钟鼓楼与"胡同制"的关联》，《中国建筑史论汇刊》（第10辑），清华大学出版社，2014年，第319～344页。
[10] 王璞子：《元大都城平面规划述略》，《故宫博物院院刊》，故宫出版社，1960年，第61～82页。
[11] 赵正之：《元大都平面规划复原的研究》，《科技史文集》（第2辑），上海科学技术出版社，1979年，第14～27页。

故宫断虹桥即元大都的周桥遗迹，依然坚持王璞子等先生的观点①。近年来也有学者从建筑学、军事史等方面对元大都的中轴线进行阐释，如王春政等发表了元大都各层城垣依次递进旋转、宫城中轴严格指向元上都的论述②。近几年在故宫内的考古发掘取得了一定的成果，关于元大都的中轴线是否与明清北京城在同一轴线上的争论仍无定论。

2018年林梅村新发文章从地理位置、建筑形制和出土文物考证认为，元大都后英房居住址东院即元大都道观昭瑞宫故址，而主院和西院则为元武宗至大元年（1308年）敕建的西太乙宫遗址，在昭瑞宫的基础上扩建而成。后桃园遗址出土的壁画残片正是西太乙宫被拆除后的建筑堆积③。

四、元中都

元中都是蒙元四都中修建最晚的都城，位于今河北省张北县城西北15千米的馒头营乡。因《元史》记载疏漏，元中都遗址长期以来被误传为辽代"北羊城"，俗称白城子。直到1983年的文物调查始被认为可能是元代的中都，此后当地文物部门陆续从遗址内采集到钧窑、龙泉窑瓷片以及汉白玉螭首、柱础石等高规格建筑构件，刘建华认为该城址应该就是元中都④。1997年在张北县召开的"元中都学术研讨会"上，与会学者正式确认了白城子遗址就是元武宗所建的元中都。至此，元中都遗址最终得以正名。1998~2003年，河北省文物研究所对元中都遗址展开了全面的考古调查、测绘、勘探和发掘工作，"工"字形中心大殿、形制特殊的角台遗迹、三门道过梁式城门等的发现，使得元中都的布局模式逐渐清晰⑤，并在1999年被评为全国十大考古新发现。

1997年元中都学术研讨会上的相关论证性文章在《文物春秋》集中发表，内容涉及元中都的兴废过程、城址的平面布局、对遗址出土遗迹遗物的判断，以及有关元中都的保护规划、开发利用的建议等。如《略谈元中都皇城建筑遗址平面布局》⑥一文，对皇城中建筑台基的形状大小、分布和功能进行了探讨。《元中都城址观感》⑦、《元中都遗址及其出土文物介绍》⑧等文章从发现的遗迹、遗物角度发表了对元中都的看法。《浅谈元中都的兴建及对保护工作的建议》一文对元中都的兴建过程、平面布局、兴建原因以及遗址保

---

① 姜舜源：《故宫断虹桥为元代周桥考——元大都中轴线新证》，《故宫博物院院刊》1990年第4期。
② 王春政、刘向东、何家辉等：《元上都、古城、元大都一体规划考》，《军事历史》2018年第1期。
③ 林梅村：《元大都西太乙宫考——北京西城区后英房和后桃园元代遗址出土文物研究》，《博物院》2018年第6期。
④ 刘建华：《河北省张北县白城子古城址调查简报》，《辽海文物学刊》1995年第2期。
⑤ 张春长：《元中都的研究现状与前景》，《文物春秋》2002年第3期；河北省文物研究所、张家口市文物管理处、张北县元中都遗址管理处：《2003年度元中都皇城南门的发掘》，《文物》2007年第1期。
⑥ 陈应祺：《略谈元中都皇城建筑遗址平面布局》，《文物春秋》1998年第3期。
⑦ 冯恩学：《元中都城址观感》《文物春秋》1998年第3期。
⑧ 马逵、李惠生：《元中都遗址及其出土文物介绍》，《张家口职业技术学院学报》2000年第4期。

护的方向都提出了有益的探讨①。之后张春长硕士学位论文《元中都考古与初步研究》对元中都的选址、规制、布局和建筑特点进行了分析，并首次将元中都与蒙元其他三个都城做了比较研究②。2003年发表的《有关元中都城墙的几点思考》以及《蒙元四都记——短命元中都》都发表了连续六年的发掘成果和初步认识，认为元中都具备三重城垣相套的都城规格，城墙设置与附属建筑仿自大都③，且元中都兼具草原文化和中原传统文化的双重特点④。2012年出版的《元中都——1998~2003年发掘报告》⑤详细公布了考古发掘成果，融合了之前的研究，明确了元中都三重城垣相套的都城模式，是目前介绍元中都最系统和全面的学术著作。通过对宫城一号殿址、宫城西南角台、宫城南门、宫城南墙1号排水涵洞和皇城南门的发掘，揭示了元中都宫廷的恢弘气势，无论是螭首、鸱吻还是鸟喙神兽、龙纹方砖等都体现了当时高规格的皇家建筑的最高技术水平，反映了元代君王兼具蒙古大汗与中原帝王的双重性格⑥。

五、结语

从四座都城的发现与研究历史来看，有关哈剌和林、元上都和元大都最初的调查和记录多源自国外探险家、旅行家和科学家们。随着20世纪20年代中国考古学的诞生，中国学者对中国境内的三座都城科学的考古调查、勘探和发掘工作逐步展开，通过系统的考古工作和深入的考证研究，20世纪90年代以来，元上都揭示出了其历史原貌，元中都被正式识别和认定。近百年来，随着中国考古学的不断发展和完善，考古手段的不断更新和细化，中外文化交流的不断深化，加之大遗址保护理念的逐步推进，四座都城遗址的考古成果日益丰硕，蒙元都城的研究和认识水平日益提高，2012年元上都遗址被列入《世界遗产名录》便是一个很好的说明。

蒙元时期四座都城由于兴建时间和背景的不同，呈现出各自不同的特点。哈剌和林是在一个大斡耳朵的基础上建成的，无论宫城还是外城都没有形成中轴线，城市布局更多体现了草原游牧民族的特色。元上都的宫城和皇城形制规整，且两重城垣"回"字形相套，显然是效仿了中原都城制度的特点，但同时宫城内的建筑呈现随形就势、自成一体的离宫别馆特点，可以说元上都的规划布局体现了草原游牧文化和中原都城制度的结合。元大都

---

① 魏坚：《浅议元中都的兴建及对保护工作的建议》，《文物春秋》1998年第3期。
② 张春长：《元中都考古与初步研究》，吉林大学硕士学位论文，2000年。
③ 张春长：《有关元中都城墙的几点思考》，《文物春秋》2003年5期。
④ 任亚珊、张春长、齐瑞普：《蒙元四都记之四——短命元中都》，《文物天地》2003年第10期。
⑤ 河北省文物研究所：《元中都——1998~2003年发掘报告》，文物出版社，2012年。
⑥ 葛承雍：《草原蒙古与中原元朝交汇的中都城——读〈元中都——1998~2003年发掘报告〉》，《中国文物报》2012年12月14日第4版。

在兴建之前就经过了严密规划，选定了中心台和中轴线，左右对称、左祖右社、九经九纬、前朝后市等特点明显继承了中原传统，但是皇城内以太液池为中心三宫环绕的布局，仍反映了游牧民族钟情山水的原始习俗。元中都是蒙元政权兴建的最后一座都城，其宫城、皇城和外城三城相套、宫殿建筑中轴线两侧对称分布的布局，上承元上都和元大都，下启明清北京城，是四座都城中最符合中原都城制度的一个，并且在选址上，也从最早单纯的游牧地域南下到了农耕地域的北端。

综上，四座都城形制布局的演变过程大致为，哈剌和林以草原游牧文化为主，元上都是中原文化和游牧文化并存，元大都改以中原文化为主，而元中都则是基本中原化的一座都城。蒙元时期建立的四座都城完整勾勒了蒙古族从漠北向漠南进军，并最终真正统治中原的精彩历程。同时，四座都城的形制布局中有一个共同特点是不容忽视的，那就是都存在一定数量的圆形台基，并有大面积安放毡帐的区域，成为蒙元政权都城区别于中原汉文化都城的重要特点。

六、余论：蒙元帝王的葬地与祭祀地

元朝建立之前，蒙古人的丧葬习俗本就是薄葬简丧。加之元朝帝王对葬地的保密甚严，史料记载语焉不详，仅有"万马踩平"和"骆驼寻亲"的传说，使得元朝帝陵披上了神秘面纱。仅成吉思汗的葬地就有"肯特山说""杭爱山说""阿勒泰山说""六盘山说"等多种看法。据《元史》记载，元朝帝王陵寝地只有"起辇谷"一条，有学者考证为肯特山南麓的某一区域，这一说法为学界普遍接受。20世纪90年代初，日本和蒙古国的相关研究部门联合实施了"三河河源调查"项目，寻找成吉思汗陵寝地，但是具体方位仍然没有得到任何实证。目前在内蒙古鄂尔多斯市伊金霍洛旗的丘陵草原上，成吉思汗的后代建立了奉祀先祖的陵寝，在陵宫后殿供奉着象征性的灵包和灵柩。正中央黄色灵包帐幕内，安放着成吉思汗与夫人勃儿帖的灵柩。陵宫内供奉的马鞍具有三套，相传分别是成吉思汗生前使用的征战马鞍、生活马鞍和狩猎马鞍[①]。

近来有学者陆续对成吉思汗祭祀地进行了研究[②]，其依据都是21世纪初蒙古国和日本考古学者在肯特省德力格尔罕县境内发掘的阿乌拉嘎遗址中的新发现，白石典之认为最上层堆积即蒙元时期祭祀成吉思汗的灵庙遗址[③]。奇·斯钦进一步认为，成吉思汗最早的祭祀地应在其生前的肯特山南麓、克鲁伦河河源以北第一斡耳朵所在，元朝时作为国家最高

---

① 魏坚：《草原都城与蒙元文明》，《美成在久》2017年第2期。
② 陈得芝：《成吉思汗墓葬所在与蒙古早期历史地理》，《中华文史论丛》2010年第1期；奇·斯钦：《蒙元时期的成吉思汗祭祀地》，《内蒙古社会科学》（汉文版）2012年第6期。
③〔日〕白石典之：《チンギス=ハーン廟の源流》，《东洋史研究》2005年第4期。

祭祀的象征，扩大到元大都和元上都，形成三地并存、定期祭祀的局面[①]。

（本文与丁利娜合著，原载《中国考古学百年史》，中国社会科学出版社，2021年）

ARCHAEOLOGICAL DISCOVERIES AND STUDIES ON THE CAPITAL CITIES OF THE MONGOL AND YUAN DYNASTIES

Wei Jian   Ding Lina

Abstract: Among the four capital cities successively established by the Mongol and Yuan Dynasties, Karakorum is dominated by grassland nomadic culture, both the Central Plains culture and nomadic culture coexist in the Upper Capital of Yuan Dynasty, the Great Capital of Yuan Dynasty changes to the Central Plains culture, and the Middle Capital of Yuan Dynasty is basically a real city of Central Plains. The four capitals completely outline the wonderful process of Mongol-yuan regime's rise from the desert north to south, and eventually unifying China. Most of the original investigations and records concerning Karakorum, the Upper Capital and the Great Capital of Yuan Dynasty were from foreign explorers and travelers. With the birth of Chinese archaeology in the 1920s, Chinese scholars have made steady progress in the scientific archaeological work of the three capitals in China, and have gradually done comprehensive research on the four capitals in various aspects. In the past 100 years, the research and understanding level of the four capital cities has been improved day by day, which has opened a new stage of the archaeological research about them.

Keywords: Karakorum; The Upper Capital of Yuan Dynasty; The Great Capital of Yuan Dynasty; The Middle Capital of Yuan Dynasty; Centennial archaeological history

---

① 奇·斯钦：《蒙元时期的成吉思汗祭祀地》，《内蒙古社会科学》（汉文版）2012年第6期；奇·斯钦：《蒙元时期的"守宫"与今日成吉思汗陵的渊源关系——兼论成吉思汗陵的性质》，《内蒙古大学学报》2014年第1期。

开创运河考古研究的新局面
——代"运河考古"专栏主持辞

摘　要：中国考古学有着传统的研究对象，比如遗址和墓葬遗存等。尽管如此，在大运河申遗过程中，以"辨其形，识其所"为主要内容的考古学研究，在阐明大运河历史变迁与遗产构成等方面，诠释了大运河遗产的核心价值，尤其是对大运河本体的研究都发挥了无可替代的独特作用。作为拥有大运河世界文化遗产的中国，如果能够有意识地将运河考古作为考古学研究中一个专门方向，办好目前国内唯一专门刊载运河研究成果的刊物——《运河学研究》，对于今后有关运河的历史学与考古学研究必将大有裨益。

关键词：大运河　遗产价值　考古学　运河学研究

　　中国考古学有着传统的研究对象，比如遗址、墓葬、宗教和手工业遗存等，作为历史时期水利工程遗存的大运河却很少为考古学界所关注。尽管如此，在大运河申遗过程中，以"辨其形，识其所"为主要内容的考古学研究，还是在阐明大运河历史变迁与沿革，以及遗产构成等方面做了大量的工作，在展示大运河风貌完整性的同时，也诠释了大运河遗产的核心价值，从而为大运河申遗的成功打下了坚实基础。

　　通过大运河申遗工作，我们不难发现，对于京杭大运河这样一个特殊遗迹的研究，尤其是大运河本体的研究，考古学具有无可替代的独特作用。因此，在"后申遗时代"的运河研究中，考古学应该扮演更为重要的角色，而专门进行运河研究的"运河考古"应该成为考古学研究中非常值得关注的一个方向。之所以这样说，我认为主要基于如下两点。

　　第一，考古学在运河研究中具有无可比拟的优势。

　　就考古学的研究对象而言，无论遗迹还是遗物，都是古代人类通过各种活动所遗留下来的实物资料。因此，作为一条为保障漕粮运输而人工开凿的渠道，大运河本身就是考古学的研究的直接对象，考古学的方法也必然适用于运河考古的研究。

　　首先是考古学资料对于运河研究的重要性，这在运河漕仓考古研究上有着明确的体现。漕仓作为古代仓储的重要组成部分，其区别于其他仓储的特点有三：一是选址上的缘水而设；二是码头是漕仓的重要组成部分；三是储量超大。由于历史文献记载太过简略，除了南新仓、北新仓和富义仓等明清时期的仓址外，其余的漕仓遗址，如含嘉仓、回洛仓、黎阳仓等全部都是经过考古勘探和发掘才找到了准确的仓址。特别是黎阳仓，新中国成立后虽然有过多次的文物调查，但却始终没有找到其确切位置，直到2011年才通过考古勘探找到了确切位置，而洛口仓至今尚未找到准确位置。通过考古发掘还揭示出了各漕仓与漕渠的位置关系和距离远近，如黎阳仓仓址"东濒黄河故道，西距卫河（隋唐时期的永济渠——引者注）约1.5公里"①，回洛仓"向西200～300米左右为瀍河河道"②，且两个仓址中均发现有漕渠的遗迹。考古发掘还揭露出了各漕仓的码头遗址，如作为含嘉仓、子罗仓和回洛仓共同码头的新潭遗址，这是一个类似于北京积水潭码头的遗址，就是通过隋唐洛阳城水系考古发掘得以揭露出原貌③，而镇江转般仓的码头遗址也是随着该仓址的发掘一起出土的④。至于漕仓储量的巨大，尤其是地下仓窖储粮之巨，考古发掘所揭示出来的情形，远较文献记载震撼，比如含嘉仓160号窖就贮存了满满一窖50万斤粟子。

其次是考古学的方法对于运河研究的重要性。考古学最基本的研究方法是地层学和类型学。就运河研究而言，地层学一方面可以对水利工程进行的年代进行判断，以明确其早晚关系和绝对年代，另一方面可以通过地层剖面来判断疑似建筑物本体结构是否为人工所为，进而通过对地层形成原因、物体来源的分析来复原工程的工艺流程。就类型学而言，河道、仓储、闸坝等工程如同考古研究中的器物，有其基本形态，也有组合、变化和发展，可以通过分类排比，找出其发展变化的规律，这是其他学科无法替代的。

第二，当前运河考古相关资料还存在不适应运河研究的问题。

就目前考古发掘展示的资料而言，还有进一步提高的空间。以运河水闸为例，绝大部分水闸特别是节制闸，均是历元、明、清三代或明、清两代修建的。通常是元代初建、明清两代重修和补修，或者明代初建、清代重修或补修。每个时代都会在闸体上留下自己时代的特征或痕迹，这些特征或痕迹最主要的载体就是砌筑闸墙的条石。如山东聊城周家店闸发掘报告中所提及的，元代建闸所用条石"规格较大，表面凹凸不平，较为粗糙，可见非常明显的加工过程中所形成的凿刻痕迹"，而民国时期建闸所用条石则"规格较小，表面较为平整"⑤，由此可见，从元至清，各时期条石的规格和修整程度大不相同。在这种情况下，如果考古发掘中能将每一层条石的规格单独记录，就很容易从发掘报告或简报中看出其时代来，但遗憾的是，我们目前所见的报告或简报多是笼统地写条石"规格尺寸不

---

① 马晓建：《河南浚县隋代黎阳仓遗址》，《大众考古》2015年第5期。
② 谢虎军、张敏、赵振华：《隋东都洛阳回洛仓的考古勘察》，《中原文物》2005年第4期。
③ 洛阳市文物考古研究院：《近年来隋唐洛阳城水系考古勘探发掘简报》，《洛阳考古》2016年第3期。
④ 南京博物院、镇江博物馆：《江苏镇江双井路宋元粮仓遗址考古发掘简报》，《东南文化》2011年第5期。
⑤ 山东大学文化遗产研究院、聊城市文物局、聊城市东昌府区文物管理所：《山东聊城周家店闸遗址调查、发掘简报》，《东方考古》（第13集），科学出版社，2016年，第275页。

一",然后给出一个长度、宽度和厚度的范围,这样就无法一一对应条石的尺寸,更无法将某一尺寸的条石对应到闸墙的某一层上去,也就不可能辨认出相应的时代差别来。

另外,对于水闸而言,消能防冲是建造水闸中首先要考虑的因素,涉及这一因素最重要的就是闸口直墙跟迎水雁翅和分水雁尾之间的夹角,这些夹角在不同的时代应该也有所不同,但除了长安闸和刘堡闸的发掘简报外,其余水闸的发掘报告或简报中均没有提及,这难免会使得水闸结构和受力的相关研究大打折扣。造成这种现象的根本原因,我们以为在于从事运河发掘的考古工作者缺乏水利学方面的背景知识,而具有水利方面知识的人员又不从事考古发掘,同样的现象也存在于运河漕船的考古发掘和研究中。

从这个意义上说,作为拥有大运河世界文化遗产的中国,如果能够有意识地将运河考古作为考古学研究中一个专门方向,对于今后有关运河的考古发掘和研究必将大有裨益。

有鉴于此,作为国内目前唯一专门刊载运河研究成果的刊物——《运河学研究》,依托考古,立足运河,开辟"运河考古"专栏,为从事运河考古研究和有着运河考古调查、发掘经历的志同道合者提供一个研究和交流的平台,在促进中国运河史的重新认识和运河学研究的长远发展方面,是一项极好的创意!由此推进大运河沿线各省、市考古文博机构能有更多从事运河考古工作的同仁加入到运河考古研究的行列。为此,可从以下两点提供的启示,做好今后的保护和研究工作:

第一,2012~2013年,为了配合大运河申遗工程,南京市博物馆在镇江博物馆的配合下,对位于镇江的京口闸遗址东侧闸体进行了重点发掘,清楚地呈现了京口闸的发展演变情况,并弄清了闸体的形制和内部结构。浙江省文物考古研究所则在海宁市文物保护管理所的配合下,对位于海宁市的长安闸遗址的"三闸两澳"及相关设施进行了调查和发掘,基本弄清了文献中无载的"三闸"和"两澳"的具体位置和结构、形制。官士刚《宋代运河水闸的考古学观察》一文,充分利用这两批调查、发掘资料,结合相关文献,完整呈现出了宋代运河水闸在设计建造、由木质向石质转变等方面的技术细节。这是今后运河考古研究必须推进的方向。

第二,运河申遗成功并非保护的结束,而是一个新的开始。在"后申遗时代",京杭大运河将面临更大的挑战,要想进一步做好保护工作,最主要的就是要通过更多的考古工作对京杭大运河遗产的"家底"和内涵进行更深入的摸底。吴志刚《京杭大运河山东段故道考古资料三例简析》一文,以瓦日铁路、青兰高速公路、岚曹高速公路跨越京杭大运河故道的考古调查、勘探资料为基础,综合分析后认为,这三例工程的主体都呈东西向线性跨越京杭大运河的故道,三者所属的河道段代表了当前京杭大运河山东段河道保存的两种典型形态——完全遗址状和使用中水道。这是今后工作面临的主要方面。

[原载《运河学研究》(第3辑),社会科学文献出版社,2019年]

CREATING A NEW SITUATION OF CANAL ARCHAEOLOGY RESEARCH: ON BEHALF OF THE FOREWORD OF "CANAL ARCHAEOLOGY" COLUMN

Wei Jian

Abstract: The archaeology of China has its traditional subjects of study, such as sites and burial remains. In spite of this, in the process of applying for World Heritage of the Grand Canal, the main content of the archaeological research is "to distinguish its form and identify its position". In terms of clarifying the historical changes and heritage composition of the Grand Canal, the core value of the heritage of the Grand Canal has been interpreted; especially the research on the Grand Canal itself has played an irreplaceable and unique role. As a world cultural heritage of the Grand Canal, if China can consciously take the canal archaeology as a special direction in archaeological research and establish the only journal in China that publishes the results of canal research: Canal Studies, it will be of great benefit to the history and archaeology research of canal in the future.

Keywords: The Grand Canal; Value of the Heritage; Archaeology; Canal Studies

考古研史三题

摘　要：中华文明是世界上四大文明古国中唯一没有发生断裂并延续至今的古老文明，但我们在骄傲的看待中华文明五千年连绵不绝这一事实的同时，也应了解中国特殊的地理环境对早期文明发展形成的影响。中华民族的形成是不断地由周边各民族的融入，特别是北方民族的强势融入，源源不断注入新鲜血液才使其更新和强大的，北纬41度线造成了农牧差异，也造成了征战和融合，而不断地融合才是历史发展的主旋律。我们的史家在叙述中国历史时，往往以唐宋元明清一以贯之，因而忽略了历史上的辽金西夏政权的存在，修筑了万里长城的明朝更不能代表完整意义上的中国。

关键词：五千年文明史　多元一体　明朝　南北朝

中华文化源远流长，文献记载和考古发现都足可以证明我们拥有无与伦比的灿烂古代文明，并在世界古代文明史上占有重要的地位。然而，多年从事考古学研究的经历，特别是对北方民族历史文献与考古资料的研究，也促使我对已经形成定律或成为广泛共识的一些普遍的认识产生一些新的思考。在今天的学术讲座前，我想先谈谈我在考古学实践中逐渐形成的对历史学研究中三个问题的一点个人看法。

一、关于中华五千年文明史

我们都知道世界上有四大文明古国，即地处两河流域的古巴比伦、尼罗河两岸的古埃及、恒河流域的古印度和黄河流域的中国。其中，古巴比伦于公元前16世纪末灭亡于赫梯人，古埃及在公元前30年被罗马帝国吞并，古印度早在公元前18世纪中叶就因雅利安人的侵入而逐渐消失。只有中华文明历经五千年的发展，连绵不绝至今，进入历史时期后有着名的二十四史为证，金文、甲骨文的发现更使这段历史成为信史。

中国人经常很骄傲地说我们有四千多年成文的历史，其实仔细查一查，我们有文字和有史料记载的历史还是不足四千年。最近几年国家投入科研力量和经费搞的"夏商周断代工程"和"中华文明探源工程"，也试图把这个问题搞得更确凿一些，但结果目前还不尽如人意。但不管怎么讲，与古巴比伦、古埃及和古印度以及其他国家、民族的历史相比，中华文明确实是连绵不绝，没有产生过断裂，这一点是世界其他国家所不能比的。

那中华文明的发展出现这种现象、达到的这种程度，其根源究竟在哪里呢？我个人以为，过去我们反对讲"地理环境决定论"，而更多的提倡"人定胜天"，其实在人类社会早期，即便进入中古时代，人类抵御和改变自然环境的能力都是有限而薄弱的。所以，我们在骄傲的看待中华文明史五千年连绵不绝这一事实的同时，也应了解中国特殊的地理环境对历史发展形成的影响。

在中国特有的地理环境中存在南北两条山系。

北边：东侧的大兴安岭是东北西南走向，南端是燕山山脉东西横亘，向西是东西走向的阴山山脉，再向西又是东北西南走向的贺兰山，从贺兰山向西，经过阿拉善戈壁有两条山脉，偏北的是阿尔泰山，偏南的是天山，其西端折向西南，形成帕米尔山结，这几条山系就是中国的最西端。

南边：从帕米尔山结弯回来，由西向东是著名的昆仑山、唐古拉山、冈底斯山、横断山，到十万大山、雷州半岛、海南岛，然后绵延到海。

如此看来，中国的地形就像一个两边带有扶手的大躺椅一样，南北两条山系是扶手，帕米尔山结是靠背，里面就是自然地理学上所讲的三级阶梯，青藏高原、内蒙古高原和黄土高原、华北平原和长江中下游平原等，面对的是蔚蓝色的大海。

前面我们谈到，古巴比伦、古埃及和古印度文明都是在外部势力的入侵下被终止的。中国这样一个特殊的地理环境，决定了在人类活动的早期阶段，外界的势力很难进入这个区域，这个区域的文明也很难对外界产生一定的影响。因此，中国古代文明的"连绵不绝"与地理环境有着极大的关系。同时也决定了中国在这个地理环境内部的文化形成和传承上，是一个不断碰撞和融合的过程。比如就考古学文化而言，在史前时代可以分成陕晋冀、豫北冀南、齐鲁、河陇、吴越、荆楚、巴蜀、长城地带、辽西等"十大区系"，或是"六大区系"等，它们各自都有着自己的文化面貌和自己的传承，这就是苏秉琦等学者所讲的中华文明"满天星斗说"，所以才有了后来的"春秋五霸""战国七雄"。即便是秦统一之后设置郡县，全国各地也还是有着不一样的文化传统。

因此，中国历史的发展和中华多元一体格局逐渐形成的过程告诉我们，中国四千年或者五千年文明史的形成，是和这个特殊的地理环境相关的；中华文明兼容并蓄的融合过程才造就了今天具有多元文化的统一多民族国家。

拾遗篇

二、关于北方民族对中华多元一体格局形成的贡献

中国北边那条山系,基本上位于北纬41度和42度线上下,在这条山系的南侧是中原华夏,北侧是北方各少数民族,由于不同的地理环境和气候条件,形成了不同的生业形态,线南宜农、线北宜牧,所以两边的人群也有着彼此不同的需求。

据环境考古的研究,中国古代北方的气候,以两千年为一个冷暖周期变化,期间每四五十年又有一个小的周期变化。中国北方的畜牧业自距今大概三千五六百年由于气候的变化形成以来,以畜牧业为主要生业的北方民族就不断地发展、壮大,一旦时机成熟就越过阴山、长城南下,甚至还入主中原,建立王朝。匈奴、鲜卑、突厥、契丹、女真、蒙古和后来的满族,无不如此。其中,在中国历史上最为强大的北方民族当数匈奴和突厥,而这两个民族却都没在中原建立王朝,这是因为他们同样是遇到了中国历史上最强大的两个中原王朝——汉和唐。但这两个民族的西迁,匈奴造成了"多米诺骨牌效应"引起了民族大迁徙;突厥则占领了博斯普鲁斯海峡,建立了奥斯曼帝国。而其他北方民族则都先后进入中原地区,如被称为"渗入王朝"的鲜卑,其作为第一个把中国北方农耕地带和广阔的草原地带置于同一政权治下的北方民族,就在不断迁徙和渗入的过程中,融入中原的同时也改造了自己。契丹建立的辽与北宋划白沟为界,女真建立的金则向南推进到淮河与南宋对峙,到蒙古兴起之后就一下子统一了全国,这是一个一浪高过一浪的发展过程。

也就是说,中华民族的形成,其实是不断地由周边各民族的融入,特别是北方民族的强势融入,源源注入新鲜血液才使其不断更新和强大的。北纬41度线造成了农牧差异,也造成了征战和融合,而不断地融合才是历史发展的主旋律,才是中华民族不断强大、创造新历史的源动力。

三、关于明长城和国界

我们还是要讲北方这条农牧分界线,中国历史上的历代长城也基本都在这条线的南北。

《汉书·匈奴传》载赵武灵王"自代并阴山下,至高阙为塞"[①]。"代"是如今的河北蔚县,由此往北到阴山脚下即是内蒙古的兴和县。也就是说赵武灵王修长城起自河北蔚县,往北到了阴山脚下,再傍着阴山南侧向西一直把长城修到了今天内蒙古乌拉特后旗的黄河大拐弯的地方。这条长城经过我们的调查已经确认,实地观察其实就是一道寨墙而

---

① (汉)司马迁撰:《史记·匈奴列传》,中华书局,1959年,第2885页。

已,并不能真正起到长城的作用。很可能赵武灵王只是想圈地,把长城修到了秦国的北方,目的是借机灭秦。因此可以说,虽然后来是秦始皇统一了中国,但实际上赵武灵王也存有统一中国之志。

秦始皇三十三年(前214年)"又使蒙恬渡河取高阙、阳山、北假中,筑亭障以逐戎人"[1]。调查发现的秦长城,修筑在阴山北坡的半山腰上,居高临下(不像赵长城一样是修筑在阴山脚下),构筑的十分雄伟,确实能起到军事防御的重要作用。

史载,太初三年(前102年),武帝"遣光禄勋徐自为筑五原塞外列城,西北至庐朐(河名,在今蒙古国境内),游击将军韩说将兵屯之"[2]。在阴山以北的考古调查发现,徐自为所筑之塞外列城有南北两条,亦称汉外长城。两条长城东西延伸,南北并行,相距3~40千米不等。也就是说汉武帝时把长城修到了阴山以北一二百千米的戈壁滩上,但这个被叫作"外城"的长城事实上没起到什么作用,后来不得不回撤到秦长城作为自己的防御体系。

目前在我们对秦长城的表述中,常常说秦把原秦、赵、燕三国在北方的长城连接起来,重新修缮,并东西扩展,筑成万里长城。从目前的考古调查材料看,秦长城大部分没有利用秦、赵、燕的长城,其修筑的位置极具军事价值,后来至少阴山一线的汉长城也基本沿用了秦长城。

最有意思的是,在中原华夏政权修筑了这几道长城之后,拓跋鲜卑建立的北魏和辽金政权也都修过长城,并都在阴山和燕山以北。但当今真正让大家看得见并引以为傲的万里长城是明长城。那么明长城的位置在哪里呢?其实,明长城是中国历史上修筑的最为偏南的长城。

元朝灭亡以后,元的残余势力退到了阴山以北。明朝虽然建立了统一的王朝,但是等到北征之后,一条长城修起来后,几乎将中国北方即当时中国国土的一半多都圈在了城墙以外,而那个时候北方还有一个北元和后来的蒙古汗系政权,如达延汗(1487~1517年)、阿拉坦汗(1542~1582年)以及林丹汗(1604~1634年)等成吉思汗的直系子孙们。从这个意义上说,如果我们认为明朝是一个完整的王朝的话,那就有大半个中国不能算作中国了。

我们的史家在叙述中国历史时,经常是以唐宋元明清一以贯之,岂不知唐以后的北宋阶段还有更多继承唐文化的契丹建立的大辽政权,西边还有党项人建立的西夏;南宋时还有金和西夏政权等。我们修史,辽史、金史是后来补修的,而且错谬百出,西夏则始终没有正史。再看看在这段历史上,清朝的版图曾经是1350万平方千米,如今的中华人民共和

---

[1] (汉)司马迁撰:《史记·秦始皇本纪》,中华书局,1959年,第253页。
[2] (汉)班固撰:《汉书·武帝纪》,中华书局,1962年,第201页。

国为960万平方千米。而历史上的北宋为280万平方千米,南宋为200万平方千米,明朝的晚期也仅为350万平方千米。所以我的最后结论是,历史上的明朝不能代表完整意义上的中国,明朝时中国依然是个南北朝时期。

这是我在这个讲座之前,给大家讲的我考古研史的一点心得,有不合适的地方,请大家批评指正。

（据聊城大学"聊大讲坛"2013年4月11日讲座录音整理）

THREE CASES OF STUDYING HISTORY THROUGH ARCHAEOLOGY

Wei Jian

Abstract: Chinese civilization is the only one of the four ancient civilizations in the world that has not broken down and has continued to this day. However, while we look proudly at the fact that Chinese civilization has lasted for five thousand years, we should also understand the influence of China's special geographical environment on the development and formation of the early civilization.The formation of the Chinese nation has been continuously integrated by the neighboring ethnic groups, especially the powerful integration of the northern ethnic groups, and the continuous infusion of fresh blood has made it regenerative and powerful. The 41st parallel of the north latitude has caused the differences between agriculture and animal husbandry, and also caused the war and integration, and the continuous integration is the main melody of the development of history. Our historians tend to follow the Tang, Song, Yuan, Ming and Qing dynasties in the narrative of Chinese history, so they ignore the existence of the Liao, Jin and Western Xia regimes in history, and the Ming Dynasty, which built the Great Wall, cannot represent the complete sense of China.

Keywords: Five Thousand Years of Civilization; Integrated Pluralism; Ming Dynasty; the Northern and Southern Dynasties

- ★ 庙子沟聚落文明探源　　　　　　224
- ★ 去居延　　　　　　　　　　　　229
- ★ 草原都城与蒙元文明　　　　　　235
- ★ 草原文化与元上都考古　　　　　249

补阙篇

庙子沟聚落文明探源

苍茫险峻的阴山山脉，以其雄浑的气势，横亘在内蒙古高原的中部。地处阴山南侧的内蒙古中南部地区，丘陵起伏，河流曲折，湖泊星罗棋布，分布着众多的原始文化聚落遗址。

庙子沟遗址，位于内蒙古乌兰察布市察右前旗乌拉哈乌拉乡庙子沟村南，西北距旗政府所在地土贵乌拉镇12.5千米，北距黄旗海约7千米（图1）。遗址分为村南三级台地上的Ⅰ区和村北二、三级台地过渡地带的Ⅱ区。其中，Ⅱ区面积约20万平方米，未经发掘（图2）。庙子沟遗址Ⅰ区面积约3万平方米，经1985~1987年三次发掘，发掘面积约10500平方米，发现52座成排分布的房址和180余座在房址内外分布的窖穴，在房址和窖穴中出有78具人骨（图3）。遗址还出土了大批完整和可复原的陶器、石器、骨角器和蚌器，以及大量的动物骨骼标本等[1]。这是内蒙古中南部目前发掘的遗址面积最大、保存最完整、出土遗物最为丰富、考古学研究亦较深入的遗址之一。因为其极具特征的考古学文化内涵，连同该区域一批具有同样文化面貌的遗存，所以该考古学文化被命名为"庙子沟文化"[2]。

一、基本保留当时生活原貌

庙子沟遗址所在的黄旗海南岸丘陵台地，黄土堆积较厚，坡度较为平缓，为聚落的保

图1 庙子沟遗址保护标志

图2 庙子沟遗址及坡下的庙子沟村

---

① 魏坚：《庙子沟与大坝沟——新石器时代遗址发掘报告》，中国大百科全书出版社，2003年。
② 魏坚：《试论庙子沟文化》，《青果集——吉林大学考古专业成立二十周年考古论文集》，知识出版社，1993年，第85页。

存提供了基础条件。庙子沟遗址聚落内的房屋基本沿着高差1米的等高线顺坡势呈西北—东南向成排分布，从被部分破坏的沟沿到坡顶，大致可分为10排，每排横向排列4~7座房址不等，未见有打破关系。除位于遗址最北端的3座房址门向正东外，绝大部分房址均依地势坐西朝东，门向略偏东北，背风向阳。

庙子沟文化所属遗存分为早、中、晚三期，其中庙子沟遗址出土遗存分属该文化的中期和晚期阶段，年代范围应在距今5400~5000年。庙子沟遗址两期遗存应当是连续发展的，其年代跨度不是很大。在庙子沟发掘清理的52座房址中，根据房址形制和出土陶器的年代判定，属于中期的房址有15座，属于晚期的房址有35座，其余2座房址因过分残破且无遗物出土，暂未做分期[1]。属于中期阶段的15座房址亦均匀地分布于遗址的各个部位，反映了在聚落布局上并不存在不同阶段房址相对集中分布的状况。

图3　庙子沟遗址1987年发掘区

图4　庙子沟遗址F15出土器物与人骨

庙子沟遗址的房址由沟沿向坡上渐趋密集，坡下近沟沿处，每排房址之间相距约6~10米，而坡上排与排之间缩短至约4~6米。在每排房址中，往往每两三座年代相近的房址相对要近一些，距离一般2~3米。房址内多建有小型直筒状或袋形窖穴，大型的长方形直壁窖穴则分布于房址周围。庙子沟房址一般开间较小，除去4座残破无法计算面积的房址以外，两座最大的房址F10和F45也不过20余平方米，而不足10平方米的房址有7座。最小的房址F2仅有6~8平方米，10~16平方米的房址有20余座，16~20平方米的近10座。庙子沟遗址不仅聚落布局有规律可循，而且出土遗物提供了许多有价值的信息。每座房屋内部或多或少地出有各类生产和生活用具，在一定程度上反映了聚落内部的组织结构、生产关系和社会发展的基本状况。

由于特殊的废弃原因，庙子沟遗址基本保留了当时的生活原貌，在大部分房址内发现了成套的生产工具、生活用具及装饰品。例如，F15内出土了113件器物（图4）；F19居住面和窖穴内出土陶、石、骨、角、蚌器47件；F22居住面和窖穴出土陶、石、鹿角器等20

---

[1] 魏坚：《庙子沟与大坝沟——新石器时代遗址发掘报告》，中国大百科全书出版社，2003年，第545~549页。

图5 庙子沟遗址F25内H36出土器物

图6 庙子沟遗址M29人骨与器物

件；F25内的窖穴H36中，沿圆形坑底四周，共摆放了19件陶器和3件磨石（图5）。此外，在出有人骨的单位内，常常发现成年男女与小孩合葬或同处一室的现象。例如，M25葬有三具成年女性、一具少年和两具幼童的尸骨；M29葬有三具成年人（两男一女）和一具少年的尸骨（图6）；在F8室内后角的窖穴内葬有一具青年女性的尸具，灶坑里还放置两具6~8岁的幼童尸骨。这些同居一室或同葬一穴的人，极有可能是同属一个家族或一个家庭的成员。

二、氏族社会可能已出现

从上述对庙子沟遗址的聚落布局、出土遗物和埋葬习俗的分析，我们可以得出下列认识。

第一，遗址中房址均明显成排分布，门道基本东向，不见处于母系氏族制度发展阶段的如半坡、姜寨那样向心式的，以氏族部落为主体的聚落布局形式。

第二，房子开间普遍较小，并且表现出由早到晚逐渐变小的趋势，没有发现公共活动场所式的中心建筑。

第三，同排年代相近的两三座房址间的相对距离往往小于排与排之间的距离，每座房址拥有的窖穴和灰坑约在3~4座之间，表明相近的两三座房子的主人可能具有更为密切的亲缘关系。

第四，每座房子都拥有整套的生产工具和生活用具，说明这些房子的主人可以单独进行生产和生活，抑或是以相近的两三座房子及其周围的窖穴组成一个生产和生活的单元，从事日常生产劳动和家居生活。

第五，不同年龄和性别的人同处一室或同葬一处的现象，说明这些成员之间可能有着更为密切的血缘关系，以家族和家庭为主体的氏族社会可能已经出现。

三、可能因饥荒和瘟疫而废弃

庙子沟遗址没有发现公共墓地。但在遗址部分房址和近四分之一的窖穴、灰坑中出有78具人骨。这些发现人骨的房址居住面和房址内外的窖穴，很明显并非专门用来埋葬死者的墓地，而是在不得已的情况下利用了房址及其内外的窖穴。房址内部分窖穴和居住面上的人骨则很可能未曾进行埋葬，这从发掘现场一望而知。但是，从大坝沟遗址Ⅱ区发现的两座幼童墓葬来分析，当时的人们也可能有把未成年的小孩埋在房址附近的习俗。庙子沟遗址内，就有把未成年的小孩单独埋在室外看似窖穴的墓葬中的情形，而且有的往往在坑底再挖一个小坑作葬坑。但是，庙子沟遗址的绝大多数死者，可能是由于突然到来的变故才造成了死亡。

若非遇到不可抵御的突然变故迫使当时的居民迅速逃离，并且来不及带走全部或大部分生产和生活用具，就不可能留下发掘现场的情景。那么，这可能是一种什么样的突然变故呢？对于当时的居民们来说，能够使一个聚落毁灭的因素，大约不外乎水灾、火灾、地震、火山爆发、部落战争、饥荒和瘟疫等。

庙子沟遗址的海拔高度约在1370～1350米之间，是黄旗海发生湖退以后形成的黄土堆积。在遗址发掘过程中，没有发现水浸后的淤积泥土，也没有任何水灾的痕迹。因此毁于水灾的可能性是不存在的。此外，在所发掘清理的遗迹单位中，除发现个别烧骨外，几乎未见有任何木炭，而庙子沟聚落的房址都是半地穴式的，上部以木柱搭建屋顶，若遭火灾是不可能没有木炭存留的，故而火灾的原因也可排除。至于地震或火山爆发的原因，目前看来也难以找到确实的证据。那么，是部落战争造成了聚落废弃吗？我们在对遗址中发现的78例人骨材料的鉴定中，也未见有明显的砍杀和人为致死的证据（图7）。虽然有的尸骨有挪位和缺损的现象，但在相应的遗迹单位内，我们也发现了大量的鼠洞，有的尸骨甚至被拖入鼠洞之中，并且经常可以见到的鼠类的骨骼。因此，个别骨骼的缺损和挪位应是鼠类扰动所致。

故此，庙子沟聚落的废弃很可能是由饥荒和瘟疫造成的。也正因为可能是瘟疫，聚落的毁灭才会有一个较为简短的过程。在有些埋葬坑中，人骨的排列较为有序，经常把不同年龄、性别的人一次性地葬在房址外的长方形窖穴中，如M19、M25等。有的埋葬则显得草率而杂乱，常见把人骨方向不一、上下叠压地胡乱弃置在长方形大型窖穴内，如M4（图8）、M10和M29等。有的则是母子或成年人和小孩的合葬，如M4、M18、M19和M40等。许多房址的居住面和室内窖穴中，常见成年人的尸骨被随意弃置，儿童的尸骨则经常葬在灶坑内或灶旁的居住面上。例如，遗址中面积最大的F10，在房子前角的两个袋形穴中，分别葬有一具成年人的尸骨。在F8后角的圆形窖穴中，葬有一具青年女性的尸骨。而

图7　庙子沟遗址M6人骨与器物

图8　庙子沟遗址M4人骨与器物

在房址中央直径仅60厘米的灶坑内竟放置了两具幼童的尸骨。这种现象在F35和F43等房址中也有发现。此外，在大部分房址中均留有成套的生产和生活用具。但是，在众多的遗迹单位中，竟没有发现任何粮食的碳化物，除了保存情况不好以外，也可能表明了当时的饥荒和瘟疫的可怕程度。

综上所言，庙子沟原始聚落遗址所反映的情况表明，地处黄河流域以北的黄旗海地区，在仰韶晚期进入了文化发展的繁荣时期。私有观念和私有财产的存在、以家族和家庭为生产和生活单元的事实，说明处于这一阶段的原始聚落已经脱离了母系氏族社会，其社会组织可能已经跨入了父权制下以家族和家庭为主体的对偶婚制氏族家庭阶段。这也表明，阴山脚下的内蒙古中南部地区是中国北方文明化进程中的重要区域之一，约在距今五千年之际，就同中原地区一道开始跨入了中华文明的门槛。

（原载《中国社会科学报》2020年11月28日第5版，本次收录增加了部分图片）

去 居 延

2001年金秋时节，我们由呼和浩特驱车三日，行程近1500千米，又一次走进了内蒙古最西端那遥远而又令人神往的额济纳旗。这是我们近年来的第五次了。当车迎着西沉的落日，穿过戈壁，越下最后一座山丘，眼前便赫然出现了一片郁郁葱葱的绿洲（图1）。

顿时，长途跋涉的困倦消失了。两辆车上的考古队员都直起了腰身，打开车窗，相互挥舞着手臂呼喊着，特别是第一次来这里的人更是兴奋，赞叹称奇之声不绝于耳。砂石路两旁是胡杨自然保护区。高大的胡杨，在夕阳余辉的映照下，挺着苍劲的枝干，金黄色的叶片晶莹剔透，闪闪发亮；一丛丛的红柳，郁郁葱葱，在淡淡的秋风中，浅灰色的柳穗，轻轻摇曳……呵，这就是当年亭燧障塞相望，河渠阡陌相连，霍去病征战，王维吟颂，马可·波罗造访，范长江游历过的居延故塞（图2）。

居延遗址位于额济纳河流域，其地南起甘肃省金塔县鼎新镇，北至额济纳旗苏泔淖尔南端的宗间阿玛，全长250千米。在额济纳旗境内分布约230千米，主要城址和重要遗存均位于额济纳河下游西至纳林河，东到居延泽的宽约60千米的范围之内。

在这一区域内，目前发现有青铜时代遗址1处，不同时期的城址13座、墓葬区6处，汉代烽燧118座，西夏至元代的庙宇10余处，以及大片屯田区和纵横曲折的河渠遗存等，是内蒙古地区重要的大型古代遗址之一，属全国重点文物保护单位（图3）。

图1　进入额济纳旗

图2　秋日额济纳河畔

图3 居延甲渠候官——破城子

图4 居延K688——雅布赖城

居延地区先秦时称为"弱水流沙",秦汉以后始称"居延"。据考证,"居延"为古匈奴语,意为"天池"或"幽隐之地"。《书·禹贡》记大禹治水,为疏通九浚大川,曾"导弱水,至于合黎,余波入于流沙"①。"弱水"即为今日之额济纳河,"流沙"则指居延泽。当两汉之时,汉朝的主要威胁是来自北方的匈奴,所以特别重视西北方的边塞防务,在秦蒙恬长城的基础上,又进行加固和修缮。元狩二年(前121年),汉武帝派名将霍去病入居延收河西之地,并在河西走廊置武威、张掖、酒泉、敦煌四郡。太初三年(前102年)筑汉外长城至居延地区,遣强弩都尉路博德修筑居延障塞,以遮断匈奴入河西之路,史称"遮虏障"。当时的居延都尉府就坐落在居延泽西岸的绿洲上(图4)。因此居延一线是防御匈奴的战略要地。

居延的塞防工事,向东与五原塞外列城(内蒙古包头—巴彦淖尔北部地区)连接,向西南沿弱水(额济纳河—黑河)和疏勒河抵敦煌境内的玉门关,是汉代最重要的防线。其中位于最西北侧的额济纳河西岸的烽燧线,从今甘肃金塔县入额济纳旗向北,直至最北端的珍北候官治所宗间阿玛(图5),全长约230千米。时至今日,戈壁荒漠之中,依然可见一座座烽台兀自矗立,彼此间相距1.3千米左右。在这条烽燧线西侧不远处,是两列并行的塞墙,塞墙宽约2米,在两千年戈壁劲风剥蚀下,存高仅10余厘米,两墙相距约9米,当年其间是翻松的土地,也即是汉简所称之"天田",是守候烽燧的士兵用来观察匈奴骑兵往来踪迹的。

在汉代文献中,"长城"是上述塞防的总称,具体的一段称为某塞。居延都尉为汉张掖郡肩水、居延两都尉之一,是边郡太守以下的武职,一个部都尉管辖边塞约四五百汉里。居延地区的烽燧亭障统属居延都尉管辖。居延都尉府位于古居延泽的西南边,在一个

---

① (清)孙星衍撰,陈抗、盛冬铃点校:《尚书今古文注疏》卷三《禹贡下》,中华书局,1986年,第186页。

补阙篇

图5　居延殄北候官——宗间阿玛

图6　和朱泓在居延K710遗址

图7　居延K710古城遗址航拍图

图8　居延卅井候官——博罗川吉

风和日丽的上午，我们造访了这座古城（图6）。

古城遗址略呈正方形，边长约130米，现仅存有约1.5～2米的夯土墙基，城四角有突出的角楼台基，南墙正中有宽约8米的城门，门道里砖砌的排水道仍依稀可辨。由于居延泽的日渐干涸，再经二千年的风沙剥蚀，这座昔日统领一方的古城，如今已是城垣颓废，砂石遍地，城四周布满了高大的红柳沙包。只有城中散乱的石磨、铁锅、砖瓦、陶器和俯拾可得的五铢钱，以及大面积分布的窖穴，似乎还在凝记着汉家边塞昔日的辉煌（图7）。

居延都尉下辖甲渠、卅井（图8）、殄北三个候官，每个候官管理几十个烽燧，这些烽燧以其大小不同而驻守几名到十几名戍卒不等，由"候长""燧长"分级领属。"候长"所驻烽燧较大，称作"障"，"障"外筑有围墙，称作"坞"戍卒可携带亲属，就近引水屯田，且耕且守，各司候望之职，白日举烟，夜晚点火。著名的"甲渠候官"所在地"破城子"遗址，就曾因出土两万余枚汉简而名闻天下。

我们的考古发掘，首先选择了达来呼布镇西南约20千米范围内的4座烽燧。额济纳河在

231

这里分为两条支流，西侧一条名纳林河，向北流入嘎顺淖尔；东侧一条名伊肯河，往东北流入苏泊淖尔，如今，由于河水下泄量的逐年减少，两个湖泊早已干涸，河床也是常年无水。这4座属甲渠候官所辖的烽燧即分布在两河之间的戈壁砾石滩上。

戈壁的天，说变就变，上午还是秋日融融，微风拂面，刚过午便狂风大作，飞沙走石，直刮得天昏地暗，日光惨淡，不用说工作，就是彼此间说话都十分困难。烽燧内清理出的灰土，被风扬到空中，直往人的眼里、鼻孔里钻，考古队员们经过大自然的"化妆"，彼此间简直难以区分，一个个就像刚出土的兵马俑，只剩下牙齿和两只眼睛尚可辨认黑白。

此次发掘的最北端的烽燧，南北长14米，东西宽约12米，外观呈方形覆斗状。烽燧四周用长约32厘米，宽、厚约15厘米的土坯横竖错缝垒砌，底座宽厚，向上渐内收，故侧视犹如一只倒扣的量斗。烽燧门道向东，因门道外两侧亦建有房址，所以烽燧东侧外壁较为平直。由东侧门道进入台内，正对门道是一个门厅，另有6间住房。南侧为一排4间可以相通的房屋，靠近门道的两间地面铺有土坯，室内靠墙壁挖有取火的壁龛，里侧两间和正对门道的北侧两间正好相对。这两组房址内均有烧火的灶台，在靠着烽燧外壁的墙壁下方有突出的窄台，其上有用编制的苇帘斜向立砌在壁上制成的暖墙。苇帘内侧亦抹有泥，既不易烧毁，又易于散热，实在可以称得上我国最古老的取暖设施。在每处门道上，都装有门框和门枢。在门厅的北侧是一个较窄的门道，由此可直接点火并登上台顶。烽火台位于烽燧的东北角，由门厅北墙侧的一排楼梯可登上烽火台的顶部。这里立有四根粗大的木柱，很可能是搭建瞭望塔的支架。在烽火台内出有大量的辫成辫状的草绳和成捆的"草炬"。烽火台上仍留有烧过的草灰和大量的柴木。

烽燧和烽火台东侧的灰土堆内出土的汉简上，有"甲渠候官"和"第十六燧长王普"等字样，可以明确这座烽火台是属甲渠候官所辖的第十六燧无疑（图9）。而后发掘的南边3座烽燧，则分别属甲渠候官的第七、九和十四燧。

图9　居延甲渠候官第十六燧

在烽燧四周，常常布有3～4排木制尖桩，用作军事防御，即史籍和汉简中所说的"虎落"。通过烽燧内外出土的用在烽火台"女墙"上的木制"转射"（一种通过转动中间的木轴，露出木孔以向外用弩机发射的装置），大量箭杆，堆积的草炬、木柴、草鞋、耳杯、木器、铁器及棉麻织物，以及汉简内容反映的史实，我们仿佛看到了当年亭候相望、烽火连天、戍卒且耕且守的边塞景象。烽燧及其灰堆遗存出土物中以简牍最具

图10 居延K789——大同城

图11 居延黑城遗址

价值，共计500余枚，反映了烽燧的典章制度、往来记事、钱物交易等内容。根据出土的汉简中"甘露""建平""河平""居摄""建武"等纪年，烽燧的使用年代当在西汉中晚期至东汉初年。

汉代居延地区农业发达，是汉通往西域的交通要道，作为河西走廊的屏障，在汉对匈奴的战略上起到了重要的作用。唐代在此设"宁寇军"统领居延军务，为防突厥侵扰，曾在居延筑"大同城"，现今古城及烽火台犹存（图10）。西夏至元代，是居延地区继两汉后的又一个发展时期。西夏王朝在居延设置了"黑水镇燕军司"和黑水城。元代置亦集乃路总管府，其治所就是在西夏黑水城基础上扩建的黑城子遗址，蒙古语称作"哈拉浩特"（图11）。这一时期的农业相当发达，存留有较多的农田及河渠遗址。宗教也在这一时期有了较大的发展，各类佛教寺庙、古塔以及伊斯兰教的清真寺等随处可见。

清康熙三十七年（1698年），驻牧于伏尔加河卡尔梅克草原的蒙古族土尔扈特部首领阿玉奇，因不堪忍受沙俄的统治，派其侄子阿拉布珠尔，陪同其母亲和妹妹率500人，赴西藏朝拜，并在京师拜见了康熙皇帝，此举得到了清政府的准允和优待，就此拉开了土尔扈特人回归祖国的序幕。康熙四十三年（1704年），诏封阿拉布珠尔为固山贝子，赐牧色尔腾，后于雍正九年（1731年）得额济纳河流域为驻牧地。

悠久的历史，灿烂的文化，使居延遗址如古丝绸之路上的罗布泊和楼兰古国一样名闻遐迩。由此，在20世纪初，居延遗址即由于俄罗斯人科兹洛夫、英籍匈牙利人斯坦因、瑞典人斯文·赫定和贝格曼等人的来华盗掘和调查而引起了世界的关注。

科兹洛夫在1903年率领俄国远征队首次进入黑城，进行了一周的盗掘，取得了意想不到的收获，运走了大量的文物，现藏于彼得堡；随后又于1909年5月，再次对黑城子进行了8周的盗掘，所掠文书、雕塑和青铜器等，整理成40多个包裹，掠往彼得堡。斯坦因在1914年5月盗掘黑城，其发现虽略逊于科氏，但也将相当数量的文书和文物掠走，文书现藏于大英博物馆,其他文物藏于印度新德里博物馆。斯文·赫定在1927～1934年随中瑞联合考察团到居延,发现了大量的亭燧障塞,并进行了发掘,主要获得一万余枚汉简,现藏于台湾。

在诸多的西方学者中,贝格曼无疑不应该受到冷遇。1927～1934年的8年中,作为考古学家,贝格曼三次往返于内蒙古、新疆、甘肃、青海,第一次是1927～1928年,第二次是1929～1931年,第三次是1933～1934年,行程数万里,其中三分之二的旅途是靠骑骆驼或步行,所到一半左右的地方是无人区。在此期间,他发现了300多处古遗址,并实地考察了其中很大的一部分。而仅就"居延汉简"和新疆的"小河古墓"这两个成就,就该名垂史册。在此之前,汉简的出土数量顶多是上百成千。当时有人曾将这一成就与打开敦煌藏经洞并列为中国20世纪西北两大发现。而居延汉简,是《史记》《汉书》之外,存世数量最多的汉代历史文献。

新中国成立后,内蒙古文物考古工作者于1962～1963年和1982～1984年先后调查和发掘了黑城遗址,出土了部分文书、纸币等,对黑城的研究也取得了进展。甘肃省文物考古研究所在额济纳旗划归甘肃省建制时,曾于1972～1976年,对居延地区和汉代亭燧障塞进行了调查,并发掘了破城子和甲渠塞第四燧,获得汉简2万余枚。

我们这次考古工作,在对居延地区众多遗址进行了艰苦的调查测绘(图12),并对两座烽燧遗址进行了发掘解剖之后结束了。这次调查使我们对居延地区悠久的古代文化,有了更为深刻的了解;烽燧的发掘,则使我们第一次亲眼看到了当年边塞上战守耕作的真实情景。当我们整顿行囊,和旗文化、文物部门的领导、同行依依惜别之时,额济纳河的水流也正一天天变小,又值当夜浓浓地下了一场霜,胡杨树把倒影重重地投在了河面上。此情此景,不由使人想起了唐人郑愔的名句:"塞外萧条望,征人此路赊。边声乱朔马,秋色引胡笳。遥嶂侵归日,长城带晚霞。断蓬飞古戍,连雁聚寒沙。"这情景交融,令多少人梦魂萦绕的戈壁绿洲上的古老文化,作为中华民族文化遗产中重要的一笔,正因考古工作者的辛勤工作而逐渐揭开其神秘的面纱,将其历史上辉煌而又苍凉的面容展现在世人面前。

图12 居延遗址调查中的野餐

2002年3月6日于呼和浩特

(原载《文物天地》2002年第6期,本次收录增加了部分图片)

草原都城与蒙元文明

在内蒙古自治区锡林郭勒盟正蓝旗东部的金莲川草原上,至今保留着一座雄伟的古城遗址——沉寂了六百余年的草原国际大都邑元上都。

元上都遗址,位于正蓝旗上都河镇东北20千米处,地处滦河上游闪电河(上都河)北岸水草丰美的金莲川草原上。其地北依龙岗,南临滦河,史籍赞其城"龙岗蟠其阴,滦水逶其阳,四山拱卫,佳气葱郁"[1]。每当夏秋季节,闪电河水蜿蜒曲折,金莲花遍野盛开,自然景色十分优美。元代诗人就有"牛羊散漫落日下,野草生香乳酪甜"[2]的生动描写(图1)。

1251年,蒙哥汗在漠北即位,命其弟忽必烈总领"漠南汉地军国庶事"[3]。忽必烈南下驻帐于滦河上游的金莲川地区,广征天下名士,建立了著名的金莲川幕府。1256年,命刘秉忠选择桓州东、滦水北建城郭,三年建成,初名开平府。1260年,忽必烈在此登基,继蒙古汗位,建元中统,这里遂成为临时都城(图2)。

图1 元上都城南的金莲川草原

图2 元上都遗址航拍全景图(西北—东南)

---

[1](元)王恽:《秋涧集》卷八十《中堂事记(上)·八日己亥》,《元人文集珍本丛刊》(第2册),新文丰出版公司,1985年,第369页。
[2](元)萨都剌:《雁门集》卷六《上京即事五首》,《元诗选》(初集),中华书局,1987年,第1252页。
[3](明)宋濂:《元史》卷四《世祖本纪一》,中华书局,1976年,第57页。

1260年冬季，在哈剌和林过冬的忽必烈，已经清醒认识到，通过几千里的草原、戈壁，将中原地区的粮食和各种物资运到漠北，以保证庞大的中央机构、军队及迅速增长的都市人口的基本生活需要，实在是件很困难的事情。同时他也意识到，大蒙古国的统治基础，已经在中原地区奠定，他要做的是一个堂堂正正的中国正统王朝的皇帝。于是，代表大多数人意见的汉人谋士郝经实行两都制的建议，便得到了忽必烈的赏识。中统四年（1263年），忽必烈下令将开平府定名上都，次年又将燕京改名为中都，两都制正式确立。至元四年（1267年），在中都东北建新城，至元九年（1272年）改中都为大都（今北京）。有元一代，元上都一直是和元大都并列的草原都城。以大都为正都，是加强蒙古政权在中原的统治，确立正统中原王朝地位并进而统一全国的政治需要；以上都为夏都，则可以北控大漠，南屏燕蓟，通过定期的巡守以联系漠北的蒙古宗王和贵族，稳定内部，保持蒙古旧俗，对蒙古民族的发展具有极重要的意义。元上都是北方游牧的蒙古族掌握政权后，在草原上建立的第一座真正意义上的帝国都城。

　　在内蒙古草原的东部，额尔古纳河沿中俄边境蜿蜒东流，被蒙古人视为神圣的母亲河。因为有了额尔古纳河的滋润，呼伦贝尔草原才水草丰美，勤劳勇敢的蒙古族才得以繁衍生息，兴起壮大。

　　蒙古族起源于古老的东胡系蒙兀室韦，在7世纪时，其名字已见于唐代文献，当时活动在额尔古纳河下游的大兴安岭北端，过着半狩猎、半游牧的氏族社会生活。马是他们朝夕与共的伙伴，车帐是他们的居所（图3）。

　　大约在9世纪时，蒙兀室韦离开额尔古纳河西迁，到达斡难河源的不儿罕山（即今三河河源肯特山）一带驻牧。唐代以后，蒙兀室韦曾先后受过中原王朝及漠北诸游牧部族的管辖和统治，其语言中夹杂了大量的突厥语汇。辽代时，蒙古部已逐渐强大，分衍出许多部落，其中就有成吉思汗家族的直系祖先——乞颜部勃儿只斤氏族。

图3　内蒙古呼伦贝尔市西乌珠尔出土蒙兀室韦武士独木棺

13世纪初,在蒙古草原上除蒙古部外,还有很多较为强大的部族,如塔塔儿部、翁吉剌部、汪古部、克烈部、蔑儿乞部、斡亦剌部和乃蛮部等。其中最有气势的是塔塔儿部,以至于"鞑靼"这个称呼一度成为蒙古草原各部的统称。由于金朝不断挑起蒙古各部的矛盾和仇杀,当时的蒙古草原充满了深重的灾难。

1189年,乞颜部贵族推举铁木真为首领。从此,蒙古部逐渐崛起,经过18年的激烈战争,终于统一了东部草原上的蒙古各部。1206年,在斡难河源召开的呼勒里台大会上,树起了象征威严和圣洁的九旒白旗,铁木真被各部推举为成吉思汗,意为"海洋般的大汗",创立了声威赫赫的蒙古汗国。

蒙古汗国的建立,为人类历史谱写了极为辉煌的篇章,世界永远记住了一位伟人的名字,那就是被尊为"一代天骄"的元太祖成吉思汗。

图4　内蒙古鄂尔多斯市阿尔寨石窟（百眼窑）的畏兀儿蒙古文题记

蒙古建国前,部落首领的号令被称为"扎撒"。成吉思汗即位后,他的命令被奉为神圣的"扎撒"而记录下来,成为汗国的政治、军事和各项管理制度。成吉思汗虽不曾学习文字,但他并不摒弃文明。蒙古原无文字,1204年铁木真攻灭乃蛮时,曾命乃蛮掌印官、畏兀儿人塔塔统阿用畏兀儿字书写蒙古语,教授铁木真子侄,此即畏兀儿体蒙古文,亦称回鹘体蒙古文（图4）。成吉思汗曾在《大扎撒》法典中留下两句箴言一般的话:"读书的糊涂人,终究要超过生来的聪明人。""不要用金银珠宝装饰自己,要用道德和才能充实自己。"

蒙古骑兵在成吉思汗的统率下,对外进行了大规模的军事扩张,在世界史上写下了征服欧亚的伟大壮举。他们精锐无比,行动迅猛,战无不胜,成为了"世界的征服者"。先后大败西夏和金朝,攻灭花剌子模,击败俄罗斯联军。在征服的广阔土地上,建立起了钦察、察合台、窝阔台和伊尔四大汗国。1227年,成吉思汗在第六次攻伐西夏的战争中病逝,结束了他的戎马一生。

为纪念成吉思汗,其后代在内蒙古鄂尔多斯市伊金霍洛旗秀美的丘陵草原上,建立了奉祀成吉思汗的陵寝。"伊金霍洛",即"圣主陵寝"之意。在陵宫后殿,供奉着象征性的灵包和灵柩。正中央黄色灵包帐幕内,安放着成吉思汗与夫人勃儿帖的灵柩。两侧的黄色帐幕内,是成吉思汗两位胞弟的灵柩（图5）。

图5　内蒙古鄂尔多斯市成吉思汗陵

图6　内蒙古呼伦贝尔市黑山头古城

图7　内蒙古包头市达茂旗明水墓地出土纳石失辫线袍

在内蒙古呼伦贝尔市的黑山头乡，保留有成吉思汗大弟哈撒尔的封地之城，称作黑山头古城。至今城墙、门址和角楼仍清晰可辨，城外是涌动的河流和绿毯般的草原（图6）。

蒙古民族是一个喜欢金银质用具的民族。在锡林郭勒盟镶黄旗乌兰沟的一座蒙古族少女的墓葬里，出土了一件包金马鞍和高足金杯、金手镯、金耳坠等。纳石失辫线袍，是蒙古贵族习用的服饰。"纳石失"是波斯语，意为"金线"。包头市达尔罕茂明安联合旗明水墓地出土的纳石失辫线袍，绣有头戴王冠的狮身人面图案，这种纹样具有明显的中亚风格（图7）。

蒙古汗国时期，因为广泛吸收中原文化和欧洲文化的精华，对各种宗教采取兼容并蓄的政策，使草原与西方世界的经济文化交流日益加深，各种生活用品、建筑材料、珠宝、药材等都源源不断地输入草原，使草原文明开始走向全面鼎盛。

在中国北方草原勃然兴起的蒙古大帝国，竟然没有固定的都城，这对于习惯于定居生活和王朝统治的中原人士来说，是不可思议的事情。元上都就是忽必烈在听取众多汉人谋士的建议后，顺应历史的发展而主持修建的。

元上都分为宫城、皇城和外城三重城垣，其中宫城位于皇城正中偏北处，与皇城呈"回"字形。宫城为长方形，南北长605米，东西宽542米，墙两侧均用青砖包砌，四角建有角楼。皇城位于外城的东南部，大致呈方形，每边长1400余米，墙体两侧用自然石块包砌，四角建有高大的角

补阙篇

楼，内侧建有斜坡状登城的踏道。外城则是在皇城的西、北两面，由皇城的东、南两墙延伸修筑而成，平面呈方形，每边长2200余米，从皇城城墙延筑部分全都用黄土夯筑（图8）。

1275年，意大利著名旅行家马可·波罗曾来到元上都，受到忽必烈皇帝接见。《马可波罗行记》中，留下了许多关于元上都的记录。书中写道："内有一大理石宫殿，甚美。其房舍内皆涂金，绘种种鸟兽花木，工巧之极，技术之佳，见之足以娱人心目。"①

元上都作为元王朝的重要都城，其军事防御体系十分完备，在城外四周的山头上，一般都建有预警的烽火台。外城墙外四周挖有宽约26米的护城河，并筑有石堤护坡，以防坍塌（图9）。皇城的墙体外侧用石块筑有凸出于墙体的24个梯形马面（图10）。

元上都现存有13门。其中宫城有东、西、南3门，不设瓮城。皇城东、西各2门，南、北各1门，共6门；外城4门，其中北墙2门，西墙、南墙各1门。城门外均建有方形或马蹄形瓮城，现今还保留有城门楼的石柱础。元上都瓮城门的建筑十分有趣，凡东西向的瓮城门均为马蹄形，东西出而折向南开（图11）；南北向的瓮城门则略呈方形，并是与城门相对，南北直开（图12）。城门虽大部因元末明初的战争而进行过封堵，但原建的迹象仍十分明显。这或许反映了元朝在具有强盛国力的前提下的一种无所畏惧的精神，亦或是表现了游牧民族跃马驰骋的豪迈气概。

元上都的外城，分为北部的"北苑"和西部的"西内"两部分，中间从外城西门北侧

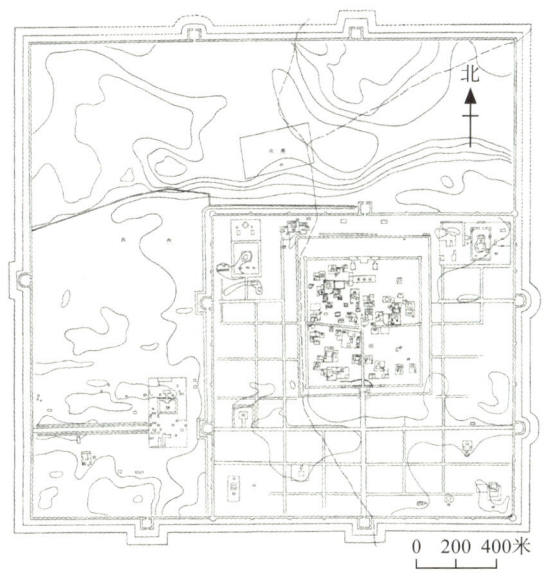

图8　元上都遗址实测平面图

图9　元上都外城北墙外护城河及瓮城

图10　元上都基本修复的皇城东墙及马面

① 〔意〕马可波罗著，冯承钧译：《马可波罗行纪》，东方出版社，2007年，第189页。

239

图11　元上都皇城西门及马蹄形瓮城遗址航拍图　　图12　元上都外城北门及方形瓮城遗址航拍图

向东到皇城北门西侧，以一道夯土墙隔开。外城北部位于皇城北门外的高阜之处，地势平坦。在中央部位略偏南处，见有一处大型院落，呈不规则长方形，南墙正中设有院门，院内十分空旷。这也许就是当年栽培奇花异草和驯养珍禽异兽，以供宫廷观赏游玩的皇家园林所在地，即文献所指的御园或"北苑"，此外不见其他建筑遗迹。

外城西部位于皇城西门之外，在靠近外城西门及南端，有纵横的街道和店铺建筑，与外城西关外的街道和店铺似可连成一片。从现今地表仍可见到的纵横的街道和较小的建筑遗迹和院落，我们似可见当年繁华的市井、错落的商号和商贩沿街叫卖的景象。通过考古调查分析，元代诗人曾经盛赞的棕毛殿，应当位于外城西部北端的东西向隔墙南侧。马可·波罗描绘它是用竹子作梁架，以金漆缠龙绕柱，劈竹涂金作瓦，殿内壁画花草百鸟，外用彩绳牵拉固定，高达百尺，广可容数千人同时进餐，故也称作"竹宫"。当时在上都举行的各种宴会中，规模最大、费用最多的"诈马宴"就在棕毛殿举行。每逢宴会，王公贵族、宿卫大臣均要穿皇帝亲赐的"质孙服"赴宴。"质孙服"就是衣冠颜色完全一样的服饰，因而"诈马宴"也称作"质孙宴"，一般要大宴三天，每天换一套服饰。可见当时上都宴会的空前盛况。

元上都的皇城居于外城的东南部，环绕宫城而建。墙体也用黄土夯筑，但两侧墙表面全部用石块包砌，石灰勾缝，在墙表皮与夯土之间混筑一层厚约1米多的残砖碎石，墙体十分坚固。在墙体表面还砌有流水的沟槽（图13）。皇城四角的角楼呈圆台状，高大壮观，高约10米，角楼地表还留有石砌的建筑台基（图14）。在皇城四周墙外，每面建有6个梯形马面，东墙马面至今保存完整。皇城东西分别为东门和小东门、西门和小西门。皇城南门为明德门，北门可能为复仁门，与宫城南门御天门同位于南北中轴线上。巍峨耸立的石砌皇城，至今依然可见往日的风采。在元代诗人的笔下，"山拥石城月上迟，大安阁前避暑

图13 元上都皇城遗址航拍图（南—北） 　　图14 元上都皇城西北角角台遗址航拍图

时"[①]，"往来饮马滦河秋，滦水斜抱石城流"[②]，就是上都皇城壮观景色的真实写照。

皇城内街道宽窄相宜，主次分明，以通向6个城门的主街为干道，其他小街在两侧纵横分布。皇城内设有许多官署、寺院和手工业作坊，但多数位置尚难考定。据史载和考古调查，大致可以确定的是位于皇城四角的四大寺庙。位于皇城东北角和西北角的两大佛寺为忽必烈时所建。皇城东北角的是大龙光华严寺，建筑规模宏大，分东、中、西三院。中院为主体，四周建有围墙，内有一周回廊式建筑，南门内侧两边建有对称的碑亭（图15）。西北角的乾元寺，分前、后两院，前院外围有一周回廊式建筑，现今主体殿基和两处碑亭遗址和后院的一处"十"字形建筑及东西配殿，依然清晰可辨。建于元世祖至元二年（1265年）的上都孔子庙，位于皇城东南角，有前、后两殿，外有围墙，庙西还建有房舍，以待学习儒教的国子生，表明了元朝对孔子的尊崇。在皇城西南角与孔庙对应的一座寺庙建筑遗址，至今地表仍可见到露出地面的成排木桩，这是因当时建筑基址出水而打下稳固基础的，这处建筑或可能是元代所建开元寺也未可知。此外，皇城内东、西两端还分别建有道观和回回寺（图16）。

蒙古族从成吉思汗时代开始的对各种宗教的保护政策，在元上都也得到了很好的体现。上都城内自然就有了佛教、道教、伊斯兰教等各宗教并存的局面。各宗教派别为扩大自己的影响，经常发生激烈的冲突。1258年夏，忽必烈受蒙哥汗的委托，在新建的开平城主持了佛道之间的一场辩论。双方辩论至黄昏时分，忽必烈宣布道士失败，按照事先的协议，参与辩论的17名道士被送到刚建成的大龙光华严寺脱袍去冠，"削发为僧"，做了和尚。

---

① 王士熙：《江亭集》卷一《上京次李学士韵五首》，《元诗选》（二集），中华书局，1987年，第555页。
② 陈旅：《安雅堂集》卷二《苏伯修往上京，王君实以高丽笠赠之，且有诗。伯修征和章，因述往岁，追从之惊，与今兹暌携之叹云耳》，《元诗选》（初集），中华书局，1987年，第1304～1305页。

图15　元上都皇城大龙光华严寺遗址航拍图（北—南）

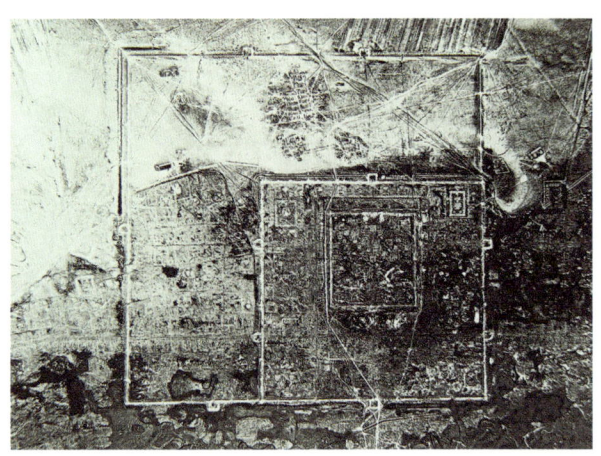
图16　元上都城址航拍图（西内、北苑和寺庙等位置示意）

图17　元上都宫城西墙包砖内的残砖

图18　元上都宫城遗址航拍图（北—南）

元上都的宫城，墙体用黄土夯筑，外层先自地基开始铺4层石条，其上再以青砖平砌，在墙表皮与夯土之间夹砌一层厚约1.4米的残砖（图17）。宫城四角也建有角楼。宫城因北墙正中为高大的双阙式建筑，故无北门。元代诗人就有"东华西华南御天，三门相望凤池连"[①]的描述。南墙御天门外，有两排建筑基址，很可能是文武百官上朝或候旨时的停留之所。元人有"御天门前闻诏书，驿马如飞到大都"[②]的诗句。宫城内有40余处宫殿基址，除通向三门的丁字街外，街道布局不太规整。这可能是因为宫城内地势不平，间有水洼，不便对称布局，而是随地势和湖泊沼泽，错落分布；再加宫殿建筑互有先后，每群建筑又各有围墙，形成了一种自成体系、离宫别馆式的建筑特点（图18）。

---

① （元）周伯琦：《近光集》卷一《是年五月，扈从上京宫学，纪事绝句二十首》，影印文渊阁《四库全书》（第1214册），台湾商务印书馆，1986年，第518页。
② 胡助：《纯白斋类稿》卷十四《七言绝句·滦阳十咏》，《元诗选》（三集），中华书局，1987年，第369页。

补阙篇

上都城的宫殿，多见于史载，有名的如大安阁、穆清阁、水晶殿、洪禧殿、香殿、睿思殿、崇寿殿、仁寿殿、清宁殿、鹿顶殿等。其中大安阁是元军拆汴京（金代时称南京）熙春阁迁至上都所建，高二百二十尺。元人有"大安御阁势苕亭，华阙中天壮上京"[①]的诗句，描绘了大安阁高入云霄的宏伟气势。元朝大多数皇帝都在上都的大安阁举行登基仪式。据《元史》载，阿沙不花曾随从忽必烈到上都，早朝时，因露水多而光着脚行走，忽必烈自大安阁望见，命门卫不许放其入朝，阿沙不花只好从墙下水道钻入。这既说明了在大安阁上可以居高远眺，也说明了元上都有引排水的通道，而且夏季地湿而多露水。传说，元上都所在地原为海，海中有龙。在民间留下了忽必烈向龙借地的传说：刘秉忠建城时，因地有龙池，不能排干积水，于是奏请元世祖与龙借地，当夜三更，雷声大作，龙王飞上了天，第二天便能以土筑城。

图19 元上都大安阁遗址东南角及出土的汉白玉角柱残块

在三门相对的宫城中心发掘出了大安阁旧址（图19）。从出土的浮雕汉白玉龙纹角柱（图20）和石条地基及阿拉伯文石刻上（图21），我们似乎可以感受到当时宫阁辉煌、飞檐高耸的繁华景象，以及中西文化交流的盛况。

元上都宫城北墙正中的阙式建筑，现存高大的夯土台基，是宫城中一处最为高大宏伟的建筑，应该就是元代晚期最为重要的穆清殿（阁）的位置（图22）。在诸多宫殿基址上，现在仍可看到残存的汉白玉雕花石刻、粗大的石柱础、各色琉璃瓦构件、绿釉的龙纹瓦当、滴水以及砖雕和瓷片等。使我们不难想见元上都当年金碧辉煌的雄姿。据元文宗至顺元年（1330年）的统计，上都路有民4万余户，近12万人，其中应有一半人居住在上都城区内，这在当时的北方

图20 元上都大安阁遗址西南角出土的汉白玉角柱（右侧为东南角柱残块）

---

① （元）周伯琦：《近光集》卷一《次韵王师鲁待制史院题壁二首》，影印文渊阁《四库全书》（第1214册），台湾商务印书馆，1986年，第509页。

243

图21　元上都大安阁基址上层出土的阿拉伯文石刻

图22　元上都宫城穆清殿（阁）遗址

图23　元上都东关广济仓遗址航拍图（北—南）

图24　元上都西关万盈仓遗址航拍图（西—东）

地区，特别是草原城市中，应是人口非常集中的地区了。

元上都的四关范围广大，每一关厢地带都如上都城址一般大小。元代诗人就有"西关轮舆多似雨，东关帐房乱如云"[1]的生动描述。现今的调查可见，东、西两关的街道纵横交错，既有前店后院式临街店铺，也有规模较大的几进式高宅大院，还调查确认了东关的广济仓（图23）和西关的万盈仓（图24）的位置。北关则是行殿和兵营所在，考古调查发现了成排的营房建筑遗址。在南关明德门外的发掘中，曾经揭露了东西相连的酒肆和客栈的遗址，证明了元代诗人"滦水桥边御道西，酒旗斜挂暮檐低"[2]、"滦河美酒斗十千，下马饮酒不计钱"[3]描述的真实性。

---

[1] 宋本：《上京杂诗》，《全元诗》（第31册），中华书局，2013年，第97页。
[2] 曹元用：《超然集》卷一《京都次马伯庸尚书韵二首》，《元诗选》（三集），中华书局，1987年，第167页。
[3] 马祖常：《石田先生文集》卷五《乐府歌行·车簇簇行》，《元诗选》（初集），中华书局，1987年，第718页。

补阙篇

图25　元上都北关外的拦洪坝—铁幡竿渠遗址（西—东）

图26　元上都西北哈登台敖包发现的铁幡竿基座

图27　元上都东南砧子山汉人家族墓地M8墓室及墓道顶部的祭台

在元上都城外西北方的龙岗下，有元代著名科学家郭守敬设计修筑的一道拦河大坝，名为铁幡竿渠。此渠由龙岗东侧山岗下向西，至上都城西北方的哈登台敖包山下，南折沿城西关外至闪电河（图25）。这是一项十分宏伟的排水工程。至今哈登台敖包之上仍留有当年的铁幡竿石基座（图26）。

此外，在元上都城东南的砧子山墓地，城北的卧牛石和一棵树墓地，分别发现了成片的元代汉人家族墓地和蒙古人的墓葬（图27）。说明当时的汉人和蒙古人是分开埋葬的。在砧子山墓地一座骨灰葬的石刻墓志上，刻有"上都小东关……黄得禄之位……"的字样（图28），表明了此人居住在上都小东关的事实。另在一处葬有7个家族成员的墓地中，还发现了3个白种人个体，似乎反映了当时中西文化交流的繁盛。

1992年，我们在距元上都西北约35千米的羊群庙祭祀遗址，发掘出土了4尊比真人略大的汉白玉石雕人像。人像身着龙纹和团花半袖长袍，端坐于带扶手的圈椅之上，气度非凡，神态威严（图29）。而这一区域正是《元史》所载，元代帝王祭天祭祖的场所，

图28　元上都东南砧子山墓地出土墓碑

图29　元上都羊群庙出土汉白玉石雕像

图30　内蒙古额济纳旗黑城（哈拉浩特）遗址（东南—西北）

元代诗人就有"祭天马酒洒平野，沙际风来草亦香"[①]的诗句。

元王朝历史不足百年，却在草原地带留下了众多的古城遗址和珍贵的文物资料。

1983年，在内蒙古阿拉善盟额济纳旗的亦集乃路黑城遗址（图30），发掘出土了一大批保存完好的元代文书、纸币（图31）和丝织品，为研究元代军事、政治、社会状况及民族风俗提供了珍贵史料。

在阴山以北，从百灵庙沿艾布盖河东北行约30千米，即可望见一座轮廓清晰的古城（图32）——位于内蒙古包头市达尔汗茂明安联合旗的敖伦苏木古城，为元代世居阴山的汪古部所筑（图33）。汪古部系唐代突厥后裔，当成吉思汗南下攻金时，汪古部为灭亡金朝立下大功，其首领被成吉思汗称作"按达忽答"，即"结拜兄弟和亲家"，后被封为赵王，成为成吉思汗黄金家族的姻亲部落。

位于内蒙古赤峰市克什克腾旗的应昌路遗址（图34），是元朝鲁王及鲁国公主所居住的府邸，又称

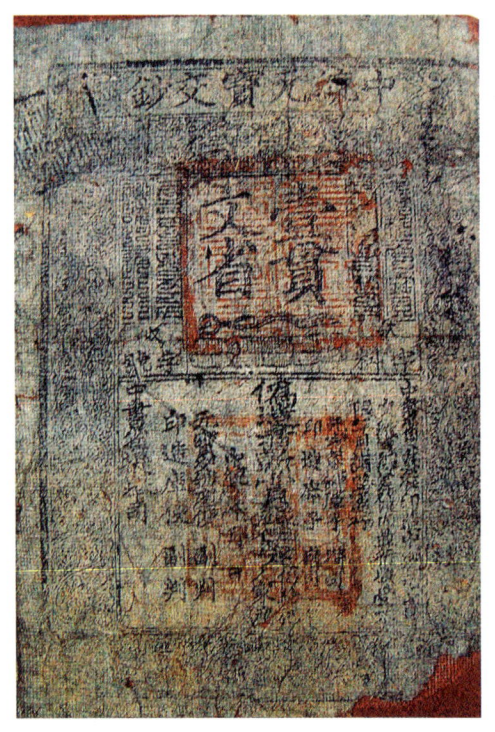

图31　内蒙古额济纳旗黑城遗址出土元代纸币

---

① （元）萨都剌：《雁门集》卷六《上京即事五首》，《元诗选》（初集），中华书局，1987年，第1252页。

补阙篇

图32　内蒙古包头市达茂旗敖伦苏木古城西墙南段

图33　内蒙古包头市达茂旗敖伦苏木古城罗马教堂遗址

图34　内蒙古赤峰市克什克腾旗应昌路古城航拍图

图35　内蒙古赤峰市克什克腾旗应昌路总管府遗址石柱础

"鲁王城"（图35）。元朝的最后一位皇帝元顺帝妥欢帖睦尔就曾逃亡病死在应昌路，就此结束了元朝的统治。

元朝统一中国后，打破了各民族政权间的疆域界限，结束了持续数百年的分裂和对峙。随着在各地实行行省制、土司制，以及驿站的增多、屯田的兴起，各少数民族与中原的往来和交流也大为加强。农业、牧业、工商业、渔猎业互相依存，促进了整个社会经济的增长和民族间的团结，草原文明也被推进到一个更高级的发展阶段。

和平安定的社会环境，必然带来手工业的繁荣。享有盛誉的中国陶瓷，在元代也得到了进一步的发展。西亚钴蓝料的输入，使元代青花瓷器走向成熟，并远销海外。颜色釉瓷器的烧制成功，开启了明清瓷器五彩斑斓的先河。

大元帝国的建立，象征着草原文明已经发展到最高峰，为中国统一多民族国家格局的形成奠定了基础。元帝国汲取了历代汉文化及北方民族文化的精粹，把草原文明进一步融

247

会贯通，发扬光大。蒙古文字的创新，史学巨著的编撰，天文历法、印刷术的精进，以及戏曲杂剧的繁荣，南北唱腔的合流，都极大的促进了各民族间的融合和元代社会的发展。

上都城在元末战争的硝烟中毁灭了，而它的遗址则保存至今，上都的名字也长久地在草原上流传。这座曾经对世界历史产生过巨大影响的都城，也永远地留在了马可·波罗及许多西方人的记述中。元上都遗址作为珍贵的世界文化遗产，正如西方一位学者所言"这是一座拥抱着巨大文明的废墟"。保护、发掘和研究这座曾经是世界大都会的"文明的废墟"，把凋零的文化碎片拼读成人类文明的教科书，还历史以真实，还生命以过程，应当是我们现代人的神圣职责。

（原载《美成在久》总第16期，2017年，本次收录增删了部分内容和图片）

草原文化与元上都考古

辽阔无垠的锡林郭勒,如诗如画的金莲川草原,宛若彩练般的闪电河和那承载着大元王朝百年兴衰的元上都古城,是我考古生涯中永恒的记忆(图1)!

2012年6月29日深夜,在俄罗斯圣彼得堡举行的第36届世界遗产委员会会议上,元上都遗址被列入《世界遗产名录》。喜讯传来,令我心潮难平。回想在元上都考古的日子和所经历的一切,那些人、那些事又浮现在了眼前,我的思绪又一次飞向了魂牵梦绕的元上都。

1992年7月,锡林郭勒盟正蓝旗羊群庙地区发生了盗墓事件。作为内蒙古人大教科文卫委员会、文化厅和公安厅组成的联合调查组的一员,我与内蒙古文化厅文物处苏俊处长一行,在正蓝旗旗委副书记甘珠尔的陪同下,来到了水清草美的锡林郭勒草原。那是我第一次到真正的草原深处来,当时正值盛夏时节,起伏的丘陵草原,烂漫的遍野鲜花,清澈弯曲的河流,悠闲散漫的牛羊,热情好客的基层干部和牧民,特别是元上都遗址雄浑壮美的景色和她埋藏的鲜为人知的历史真谛,实在让我流连忘返。从那时起到2008年完成考古研究专著《元上都》的16年间,我的学术研究再没有离开金莲川上的元上都,直至今日,我的心也再没有离开锡林郭勒草原(图2)。

图1　金莲川草原上的闪电河(1995年)

图2　元上都故城南的金莲川草原(2005年)

图3　元上都遗址全景（1997年）

图4　羊群庙一号祭祀遗址（1992年）

元上都遗址位于内蒙古自治区锡林郭勒盟正蓝旗以东约20千米处，地处蒙古高原的南缘，平均海拔高度在1200米以上，属高寒地带，又兼远离现代城市，交通不甚便利，每年可在此进行野外工作的时间往往不足4个月（图3）。因此，对这样一座在世界历史上产生过重要影响的草原帝国都城展开考古工作，必须有充分的准备和周密的安排。回顾我主持的元上都考古工作，大致可分三个阶段。

一、资料准备阶段（1992～1994年）

在资料准备阶段，我们主要做了元上都遗址的调查、测绘以及城区周围祭祀遗址和墓葬的调查、清理工作。其中，1992年羊群庙元代祭祀遗址的发掘与确认，显示出元上都考古研究的重要性。羊群庙祭祀遗址，位于元上都遗址西北的羊群庙奎树沟地区，这里分布着较多带有石雕像的建筑基址。在锡（林郭勒）—张（家口）公路西侧的4座较大型者，排列于东北—西南走向的小山脚下，出有比真人略大的汉白玉石雕像，另在周边地区也发现有砂岩质的石雕像和多处小型基址，当地人称此地为"石人湾"（图4）。经考古发掘和研究表明，羊群庙发现的祭祀遗址和石雕人像，反映了元代蒙古上层贵族对天神和祖先崇拜的思想（图5）。

《元史》载：中统二年（1261年）四月八日，忽必烈"祀天于旧桓州西北郊。皇族之外，皆不得预礼也"[①]。羊群庙即位于元上都和金代桓州城西北约35千米范围之内，可知忽必烈率皇族宗亲所做的这次祭天活动，可能是在羊群庙地区进行的。元代皇族每年还要

[①]（元）王恽：《秋涧集》卷八十《中堂事记（中）·二十八日己丑》，《元人文集珍本丛刊》（第2册），新文丰出版公司，1985年，第370页。

补阙篇

图5　羊群庙三号祭祀遗址石雕像
　　　（2002年）

图6　元上都外城西关航拍全景（1997年）

举行祭祖仪式，"岁以七月七日或九日，天子与后素服望祭北方陵园，奠马酒，执事者皆世臣子弟"[1]。元代诗人萨都剌曾写道："祭天马酒洒平野，沙际风来草亦香，白马如云向西北，紫驼银瓮赐诸王。"[2] 可见，元代皇家祭天、祭祖均是在元上都的西北方向。这个方向也恰恰是由元上都向西北望去的位于蒙古国三河河源处的肯特山起辇谷方向，也就是史学界普遍认为的成吉思汗的陵墓所在地。所以说，位于金代桓州西北的羊群庙一带，应当是元代皇家贵戚祭天、祭祖之地。羊群庙的奎树沟"石人湾"，应是13世纪中叶至14世纪中叶元代上层贵族为祭祀其显赫祖先而建立的祭祀场所。

二、发掘清理阶段（1995～2000年）

在发掘清理阶段，我们首先对元上都宫城主要建筑基址、皇城角台、外城城门、南关部分遗址和城区周围被盗墓葬进行了发掘清理，获得了大批最新的考古资料。在此基础上，又完成了对元上都遗址城区及其周围地区祭祀遗址和墓地的航空遥感勘测（图6）。

考古发掘的生活既是艰苦的，也是充满欢乐的。初期的工作，我们住在蒙古包里，每到阴雨连绵的日子，蒙古包里阴冷潮湿，淋湿的衣服无处晾晒，冷风刮起时，真正让我们

---

[1]（元）周伯琦：《近光集》卷二《立秋日书事五首》，《元诗选》（初集），中华书局，1987年，第1856页。
[2]（元）萨都剌：《雁门集》卷六《上京即事五首》，《元诗选》（初集），中华书局，1987年，第1252页。

251

体会到什么是"凄风苦雨"。天气晴好时，6月的金莲川草原，百鸟云集，野花烂漫。每天清晨4点多，百灵鸟的鸣唱就会把大家从睡梦中唤醒，新的一天就这样开始了。而当夕阳西下时，考古队员们还会在返回的途中，顺便采摘鲜嫩的蘑菇，用新鲜的羊肉炒着吃，那实在是艰苦中无比美妙的享受！

元上都是元朝建立的夏都，有元一代，在政治、经济、军事和文化上都有着十分重要的地位。1251年，蒙哥汗在漠北即位后，命其弟忽必烈总领"漠南汉地军国庶事"[①]，忽必烈即由漠北南下，驻帐于桓州与抚州之间的金莲川，"征天下名士而用之"[②]，建立了蒙元历史上著名的"金莲川幕府"[③]。1255年，蒙哥汗又将属桓州管辖的金莲川之地赐封给忽必烈。1256年，忽必烈命刘秉忠在桓州东、滦河北"建城郭于龙冈，三年而毕"[④]，初名开平府。1260年4月，忽必烈在此继汗位，开平遂成为临时都城。1263年"升开平府为上都"[⑤]，亦称上京和滦京，元上都正式成为元朝都城。1264年，改燕京为中都。1267年，北京的大都建成。至此，以大都为正都，上都为夏都，两都制正式确立。自忽必烈始，元朝的历代皇帝都实行两都巡幸制，每年农历四月至九月，元朝皇帝都在元上都避暑和处理政务。

元上都的城垣分为内外三重，中央为宫城；宫城外围为皇城；皇城西、北两面为外城。元上都的主要宫殿楼阁基本都位于宫城之内。宫城中以正北的阙式建筑、正中的方形台基和南墙正中的御天门为一条南北中轴线，宫殿楼阁均随形就势，自成体系地错落分布于两端，并无左右对称的配置。宫城内现今地表所见大小台基计有43处。见于史籍的如大安阁、穆清殿（图7）、水晶殿等。大安阁是上都的主要宫殿，元朝皇帝在这里登基、临朝、议政、修佛事、与诸王和大臣聚会、接见外国使者。在这里经常举行重大典礼，元成宗、武宗、天顺帝、文宗、顺帝五位皇帝即位时的忽勒里台是在此召开的。元武宗"即位于上都，受诸王文武百官朝于大安阁，大赦天下"[⑥]。元灭南宋后，南宋幼主被送到上都，"世祖御大安阁受朝降"[⑦]。据史料记载，大安阁是元军于1266年攻陷南宋汴京时，拆熙春阁迁至上都所建，高二百二十尺。元人有"大安御阁势苕亭，华阕中天壮上京"[⑧]和"大安阁是广寒宫，尺五青天八面风"[⑨]的诗句，可见大安阁是一座位于宫城正中的，具

---

① （明）宋濂：《元史》卷四《世祖本纪一》，中华书局，1976年，第57页。
② （元）苟宗道：《翰林侍读学士国信使郝公行状》，《郝文忠公陵川文集》，山西人民出版社，2006年，第18页。
③ 萧启庆：《忽必烈潜邸旧侣考》，《元代史新探》，新文丰出版公司，1983年，第270页。
④ （明）宋濂：《元史》卷一百五十七《刘秉忠传》，中华书局，1976年，第3693页。
⑤ （明）宋濂：《元史》卷四《世祖本纪一》，中华书局，1976年，第57页。
⑥ （明）宋濂：《元史》卷二十二《武宗本纪一》，中华书局，1976年，第478页。
⑦ （明）宋濂：《元史》卷一百二十七《伯颜传》，中华书局，1976年，第3112页。
⑧ （元）周伯琦：《近光集》卷一《次韵王师鲁待制史院题壁二首》，影印文渊阁《四库全书》（第1214册），台湾商务印书馆，1986年，第509页。
⑨ （元）许有壬：《至正集》卷二十七《绝句·竹枝十首和继学韵》，《元人文集珍本丛刊》（第7册），新文丰出版公司，1985年，第146页。

有高入云霄雄伟气势的三层方形楼阁式建筑。据《元史》载,扈从忽必烈到上都的阿沙不花在早朝时,因露水多而光着脚行走,忽必烈自大安阁望见,命门卫不许放其入朝,阿沙不花只好从墙下水道钻入①。这既说明了在大安阁上可以居高远眺,也说明了大安阁周边有围墙和引排水的通道。

在元上都宫城正中与东华门、西华门和御天门三门相对之处,考古发掘了一处方形的建筑基址。基址分上下两层遗迹。其上层堆积为一明清时期的喇嘛庙,规模较小,所用建筑材料都是元代上都及其城外的建筑构件和石制品(图8)。下层则是一处较大的方形建筑基址,从基址前端两角出土的汉白玉角柱的正面和外侧面,分别竖向浮雕有一条对称的五爪腾龙,并配以牡丹、菊花和荷花、莲藕等。雕刻的龙纹神态飘逸,形象逼真,纯熟的技法似乎表现出典型的中原文化传统(图9)。从大安阁旧址出土的汉白玉龙纹角柱和阿拉伯文石刻上,我们似乎可以感受到元上都当时宫阁辉煌、飞檐高耸的繁华景象,以及中西文化交流的盛况。

此外,在元上都城东南的砧子山墓地、城北的卧牛石和一棵树墓地,分别发现了成片的元代汉人家族墓地和蒙古人的墓葬,说明当时的汉人和蒙古人是分开埋葬的。在一处葬有7个家族成员的墓地中,发现了三个欧罗巴人种个体,反映出当时中西文化交流的情形;在一座带墓道的穹窿顶砖室墓中,还发现墓室内绘有壁画。

图7 穆清阁中央大殿夯土台基及水井(2000年)

图8 元上都宫城中央上层建筑基址(1997年)

图9 元上都宫城中央下层大安阁基址出土汉白玉角柱(1997年)

---

① (明)宋濂:《元史》卷一百三十六《阿沙不花传》,中华书局,1976年,第3296页。

三、保护与整理阶段（2001～2008年）

在保护与整理阶段，为配合元上都申报世界文化遗产的工作部署，在国家文物局、内蒙古自治区文化厅和盟旗两级政府的努力下，完成了对居住在元上都遗址内的内蒙古畜牧厅下辖五一种畜场四分场一百多户职工的搬迁，整治了周围环境，划定了元上都遗址和金莲川草原的重点保护范围，并建立了保护围栏（图10）。在申遗工作进行中，保护性清理修复了350余米皇城东墙（图11），并部分清理和修复了皇城南门瓮城，调查了城内主要建筑，特别是基本确定了著名的失剌斡耳朵大型宫帐的位置所在。同时，在对考古调查、测绘、清理发掘和保护修复所获资料进行科学细致和系统整理研究的基础上，完成了上、下两册《元上都》考古报告。元上都的皇城呈方形，每边长1400余米，城墙用石块包砌，筑有高大坚固的角楼、马面和瓮城门，是全城防御的重点区域（图12）。元代诗人有"往来饮马滦河秋，滦河斜抱石城流"[①]、"山拥石城月上迟，大安阁前清暑时"[②]的诗句咏叹元上都。可见，高大宏伟的石砌皇城应当是元上都的象征。皇城开有六门，东西各二门，南、北各一门。皇城六门中，以与宫城御天门同在一条南北中轴线上的皇城南门最为重要。元人郑彦昭诗云"明德城南万骑过，御天门下百官多"，明确了明德门为上都之南门。元代诗作又有"偶因试马小盘桓，明德门前御道宽"，诗注云"明德门，午门也"[③]，

图10　全国人大常委会副委员长盛华仁视察元上都（2004年）
前排左起：盛华仁、魏坚、储波、崔建国

图11　皇城东墙修复的马面侧视（2002年）

---

① （元）陈旅：《安雅堂集》卷二《苏伯修往上京，王君实以高丽笠赠之，且有诗。伯修征和章，因述往岁，追从之惊，与今兹睽携之叹云耳》，《元诗选》（初集），中华书局，1987年，第1304～1305页。
② 王士熙：《江亭集》卷一《上京次李学士韵五首》，《元诗选》（二集），中华书局，1987年，第555页。
③ （元）杨允孚：《滦京杂咏一百首》，《元诗选》（初集），中华书局，1987年，第1966页。

图12　修补过的皇城东墙与马面（2002年）

图13　皇城明德门西段护城河（2002年）

进一步说明皇城南门即为明德门。发掘清理出的皇城南门和瓮城门址，宏伟壮观（图13），城门砖券拱形门洞长24米，宽5.7米，其上建有高大的门楼（图14）。城门之北与御天门相对的是宽约23米的"御道"。

在《马可波罗游记》、元代史料和元人的诗歌之中，经常提到西内以及举行诈马宴

图14　元上都皇城南门明德门之瓮城门（2003年）

的失剌斡耳朵或棕毛殿。元代扈从诗人周伯琦有诗道："皇舆吉日入西内，马酒新羞白玉浆。"①"大驾留西内，兹辰祀典扬。"②所谓"西内"，即是相对于宫城"大内"而言的，应在"大内"以西。元人诗歌曰："西内西城外，周围十里中。草阴迷辇路，山色护离宫。"③这里所说的"西城外"，应该是指皇城西门之外。在这一区域的南部地段，因有街区道路交错分布，又有建筑台基散布其间，故而不可能有大型的宫帐建筑于此。所以，西内的位置只能在皇城西门外大街以北的区域内。考古调查证实，这一区域北部地势平坦，不见宫殿和房舍建筑遗迹存在，作为宫帐所在地甚为合适。调查中发现，在距皇城西北角楼西南向220米处，有一处略微凸起的高地，其四周以低洼的环壕相围。环壕内的高地较为平整，直径约140米，高地四角方位各有一处略较高大的土丘，这一处基址极有可能就是棕毛殿所在的位置。元代蒙古的王公贵族在大聚会时都要举行诈马宴，重要的政务包括

---

① （元）周伯琦：《近光集》卷一《上幸西内，望北方诸陵，酹新马酒彝典也。枢密知院奉旨课驹以数，上因赋七言》，影印文渊阁《四库全书》（第1214册），台湾商务印书馆，1986年，第509页。
② （元）周伯琦：《近光集》卷一《立秋日书事五首》，影印文渊阁《四库全书》（第1214册），台湾商务印书馆，1986年，第523页。
③ （元）周伯琦：《近光集》卷一《上京杂诗十首》，影印文渊阁《四库全书》（第1214册），台湾商务印书馆，1986年，第509页。

选举蒙古大汗，都要在失剌斡耳朵或"棕毛殿"的诈马宴上决定。

开平城的营建和开平汗庭的建立，是元史上具有重大意义的事件。忽必烈在开平即位，标志着蒙古汗国历史和草原文化的发展进入了一个新的历史阶段。从忽必烈开始，蒙古汗国的统治中心从漠北草原转移到了漠南汉地。元上都作为元朝的龙兴之地，在元政权从蒙古汗国转化为大元帝国的过程中起到了重要的作用，在元朝两都制中占有特殊的地位。因此，元上都是蒙古族掌握政权之

图15　作者与席慕蓉在元上都（2004年）

后建立的第一座真正意义上的帝国都城，是与大都并列的北控大漠、南屏燕蓟、连接欧亚大陆各国的重要枢纽，开创了中西文化交流又一个重要的历史阶段。《元上都》考古发掘与研究报告的出版和元上都申遗的成功，为元上都的深入研究和发掘保护带来了新的机遇（图15）。发掘、保护和研究这座曾经是世界大都会的"文明废墟"，把凋零的碎片拼读成人类文明的教科书，永远是现代人的神圣职责。

（原载《中国社会科学报》2020年8月14日第3版，本次收录增加了部分图片及内容）

★	《彩陶与青铜对话》：打破考古科普的寂寞	260
★	直挂云帆济沧海——评《新疆洋海墓地》	263
★	阴山考古的新篇章——评《辉腾锡勒草原访古》	269
★	高原文明的历史见证——《蒙古高原考古研究》评介	272
★	北方民族考古的新突破——《海拉尔谢尔塔拉墓地》评介	277
★	《清代园寝制度研究》评介	280

评介篇

《彩陶与青铜对话》：
打破考古科普的寂寞

刘学堂新著《彩陶与青铜的对话》一书，近日由商务印书馆出版。这是一部结构恢弘、图文并茂、文字简洁、叙事引人入胜的考古学科普著作。

一

有史记载以来，西域在身处中原内地的人们心里，一直是地理认知上的极西边界。历史上中原的知识分子，讲到西域，文字和印象中无不透着神秘和荒凉。《山海经》和《穆天子传》留下的镜头片断里，西域之地充满着奇幻荒蛮，令人扑朔迷离。西汉时，武帝派张骞出使西域，司马迁名之为"凿空"，由于《史记》里说"张骞凿空"，"于是西北国始通于汉矣"。可见即便是在知识渊博、见多识广的太史公眼里，汉时西域与中原的隔绝，也如同李白形容的蜀道那样"尔来四万八千岁，不与秦塞通人烟"。东晋的法显曾游历西域，路过古楼兰一带，记下的沿途见闻说，这里"多热风恶鬼，遇则皆死，无一全者，上无飞鸟，下无走兽，遍望极目。欲求度处，则莫知所拟，惟以死人枯骨为标识耳"。汉唐以来，一直到近代，西域边塞诗人、文学家们的笔下致力营造的是一个八月即飞雪、风吹山动摇、碎石大如斗、流沙漫如海的化外之地，是空寂与荒凉的域外景象。即便是当代考古学的圈子里，不专注新疆考古的学者，提到塔克拉玛干、古尔班通古特沙漠，提到阿尔泰山、天山和昆仑山，印象里总也摆脱不了冰川雪原、戈壁荒漠、人迹罕至的景象。唯山脚下的森林、草原、绿洲，才是猎牧人的舞台。提起西域，尤其是新疆考古，不少学者常扼腕长叹、悲其艰难，将这里理解

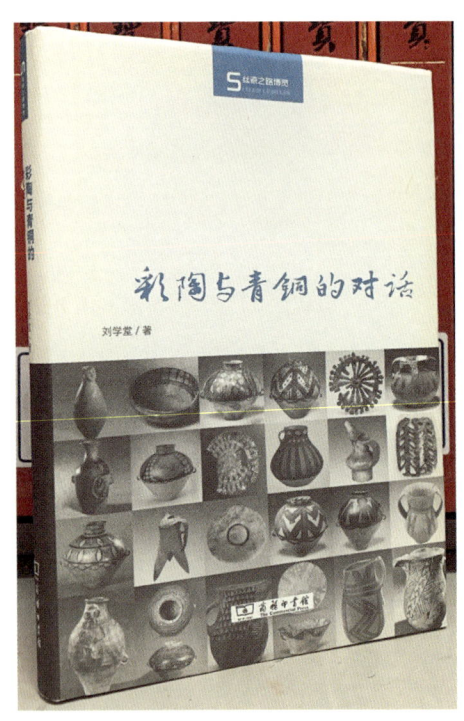

成中国考古学文化版图上的附页和另章，是文化与文明起源中心的外界边缘。

《彩陶与青铜的对话》告诉了我们一个完全不一样的西域，以及西域与东西方世界文明的关系。事实上，从史前时代开始，这一区域就热闹非凡，西域的古代居民与欧亚东西方居民之间往来密切，他们交往的故事错综曲折、情节跌宕。

二

《彩陶与青铜的对话》给我们讲述的是两条史前时期的文化之路：一条是彩陶之路，一条是青铜之路。

黄河流域是欧亚大陆东部彩陶的故乡。自19世纪20年代瑞典人安特生发现和发掘河南渑池仰韶村遗址始，黄河流域彩陶的源流，就成为中国新石器时代考古的焦点问题，由此引发了中国文化西来说这一著名的学术公案。19世纪50年代以后，黄河流域彩陶研究始终是中国考古学重要的学术课题，黄河流域彩陶文化北传南流和西进的观点，印证的是中原新石器时代传统文化因素向四方拓展的足迹。著名考古学家严文明教授很早就关注到黄河流域彩陶文化因素的西进问题，他认为，黄河流域由东向西传播的彩陶之路，"一直延伸到河西走廊的最西端"①随后的研究者，围绕着彩陶的西渐，持续地展开过讨论，但多是对严文明先生观点的补充与完善。目前为止，未见有学者将黄河支流渭水流域、河湟谷地与河西走廊和天山山脉，这东、中、西三大区域板块的彩陶文化进行跨文化、跨时空的考察，并做系统梳理。《彩陶与青铜的对话》在这方面做了大胆的尝试，将东西向的彩陶之路延伸到天山山脉，终止于哈萨克斯坦的巴尔喀什湖，对过去学术界比较陌生的天山山麓彩陶文化绽放出来的异彩，做了浓墨重彩的呈现。同时，《彩陶与青铜的对话》利用了文化人类学等多学科的方法理论，将彩陶观察的视角触及到了制陶者心灵深处的精神世界，讲述了一则则远古人类情与欲的故事。

同样采用叙事和推理的方法，笔者在青铜之路的章节里，把远古死寂的画面，把斑驳锈蚀的文物，通过跌宕起伏的叙事，讲活了那段故事，鲜活了那段历史。

全球视野下的青铜之路，是近年来国内外史前考古学家们聚焦的学术领域。《彩陶与青铜的对话》在讲述青铜之路时，没有过多地沉浸于区域性的学术论证，而是把视野放开，将欧亚内陆铜器技术先后出现的西亚近东区、欧洲和中亚森林草原区、东部天山河西走廊和河湟谷地区三大区域收入眼底，然后凌空俯视，发现西亚近东到印度河上游，即世界三大文明起源的所谓新月形沃地区域文明的发展，都与青铜贸易的世界体系有着千丝万缕的关系。发现这个新月形沃地东端的弯钩，伸入到了帕米尔山结的西缘，但未越过帕米

---

① 严文明：《甘肃彩陶的源流》，《文物》1978年第10期。

尔冰川，未将环塔里木盆地的天山和昆仑山纳入青铜贸易的世界体系内，而是走过东欧与内陆欧亚北部的森林草原，这条从旧石器时代开始就起过重要作用的通衢大道，把萨彦—阿尔泰山脉较早地纳入到了青铜贸易的世界体系中。阿尔泰山脉因此成为东西文化和文明交汇的旋涡地带。欧亚东西方人群在阿尔泰山脉不断混血，从而形成新的混血型族群，再度持续东进南下，不断向天山山脉汇聚。他们掌握着青铜冶铸技术，他们放牧着牛羊，种植小麦等农作物，梯次进入天山、河西走廊和黄河上游的河曲之地，改变着这里的历史进程，使这里成为东方青铜革命的重要策源地。青铜之路的终点是中原的伊河洛河谷地，由西向东发展的青铜之路，对中原文明产生的影响，正是当下中国文明起源研究中的崭新课题。

三

法国考古学家戴蔻琳曾注意到西部欧亚草原冶金传统与中国西北的彩陶传统，这两个源流截然不同的文化传统的东西呼应。但她没注意到甘青和新疆的天山地区，在彩陶传统的羽翼下，青铜文化因素如雨后春笋般地成长。《彩陶与青铜的对话》一书，讲述了这个历史背景下的故事，即从天山山麓到河湟谷地上演的一幕幕，次序展开的彩陶与青铜的对话。彩陶与青铜的对话是中国文明起源的前夜。中国西北甘青和新疆天山地区历史发展的主体架构，正像该书的"引子"所言，由黄河上游东西互动的彩陶之路，延伸至河西地区和天山山脉，这是黄河流域史前文化一波一波对西北史前文化持续不断进行整合的历史过程；由西向东延伸的青铜之路抵达欧亚的东方，使黄河流域、中原地区的古代居民有了更多的与外部技术，以及制度和精神层面接触的机会，对中原早期文明的成长产生了深刻影响。青铜之路上的技术因素与周边其他区域文化因素向中原的汇流，共同奠定了中华民族多元一体文化格局形成的史前基础。

该书坚持立足于考古学材料，广泛借鉴中外学术界的研究成果，点面结合，深入挖掘考古材料潜在的文化蕴意与文化间的互动，以寻觅人群心灵世界的奥秘和他们迁徙的足迹，这是考古学资料普及中极难做好的一件事情。《彩陶与青铜的对话》作为一部考古学的科普著作，在广袤漫长的时空范围内，较为完美地诠释了那一段鲜为人知的历史。该书在全书结构、行文造句里，难免还留有一些主观的痕迹，不少问题仍需要考古学家们进行理性的分析与研究。但无论如何，在考古科普园地极其寂寞荒凉的今天，作者以亲历考古的真情实感，揭开西域边陲，特别是新疆史前考古神秘面纱的一角，用富有亲和力的语言风格，奉献了一部让我们读起来爱不忍释的好书。

（原载《博览群书》2016年第11期）

直挂云帆济沧海
——评《新疆洋海墓地》

由吐鲁番市文物局、新疆文物考古研究所、吐鲁番学研究院和吐鲁番博物馆联合编著，著名文物保护专家、吐鲁番学研究院院长谢辰生先生和新疆著名考古学家王炳华先生作序，吕恩国、张永兵执笔的《新疆洋海墓地》三卷本考古发掘和研究报告[①]，经15年的整理和研究，于2019年3月由文物出版社隆重出版。报告分上、下两编。上编为资料篇：分七章对墓地的地理位置、自然环境、人文背景和历史沿革做了全面介绍，同时归纳了相邻的三个墓地墓葬的分布及基本特征；在此基础上依据墓葬结构的差异，将发掘清理的521座墓葬分成四种类型，并依照三个墓地的编号顺序，逐墓介绍墓葬概况和随葬品，同时报道了该墓地历年被盗墓葬清理和征集的流散文物；最后是发掘者在墓葬分期研究的基础上提出的对文化性质的认识和年代推断，并探讨了生业形态及与周边考古学文化的交流等基本认识和学术观点。下编为研究篇：附有洋海墓地人头骨、毛纺织物、植物遗存、随葬动物、金属分析等几篇研究报告和碳十四测年数据，洋洋200万言，蔚为大观。

新疆位于中国西北边陲，地处欧亚草原的南缘，远离海洋，四周高山环绕，"三山夹两盆"的地形条件使得境内形成了森林草原、大漠戈壁和田园绿洲的生态景观，十分有利于畜牧业和灌溉农业的发展，也是各种经济作物栽培的好地方，自古以来就以物产丰饶的"西域"而闻名遐迩，特别是自西汉设置以来，这里便作为中国版图的一部分，成为中西"丝绸之路文化交流"的必经之地。近年来的考古发现更是让我们相信，这种文化交流早在距今五千年左右的铜石并用时代就已经通过"草原丝绸之路"开始了。

吐鲁番古称"车师"，属"西域三十六国"之一，地处新疆东天山南麓的山间盆地，盆地最低处的艾丁湖水面低于海平面154米，是中原内地连接中亚和欧洲的大陆桥和交通枢纽。优越的地理环境和灿烂的古代文化积淀，使得吐鲁番成为历史文化重镇，还曾作为西域政治、经济和文化的中心，留下了著名的交河、高昌等众多古代城址和雅尔湖、帕孜克里克、吐峪沟等具有学术和艺术价值的石窟寺等历史时期古迹。早在19世纪末至20世纪初，吐鲁番就成为外国探险家和考察队不断光顾的地方，俄国的克列门兹、德国的格伦

[①] 吐鲁番市文物局、新疆文物考古研究所、吐鲁番学研究院等：《新疆洋海墓地》，文物出版社，2019年。

威德尔和勒柯克、英国的斯坦因、日本的大谷探险队等先后进行了多次的考察和盗掘，劫掠了许多珍贵文物。1927~1935年，中瑞西北科学考察团的黄文弼发掘了交河故城附近的古墓群，获得了一批遗物。中国考古学者于19世纪50年代至70年代，发掘了著名的阿斯塔那—哈拉和卓墓地，出土了大量的纸质文书，70年代发掘了采坎儿墓地，90年代与日本考古学者合作发掘了交河沟西墓地，21世纪初对巴达木、木纳尔、交河沟西和阿斯塔那墓地进行了发掘，大量的出土遗物，为研究晋唐时期吐鲁番的历史文化提供了充足的实物资料。对于吐鲁番史前时期文化遗存的发掘与研究，始于19世纪70年代开始的对阿拉沟口和沟内墓葬的发掘，80年代初对苏贝希三个墓地和遗址的发掘，对艾丁湖墓地和喀格恰克墓地的发掘，以及在90年代对三个桥墓葬、交河沟北和沟西墓葬的发掘，学界将这类遗存都基本归属苏贝希文化①。因1987年鄯善县洋海墓地发生了盗墓事件，1988年第一次抢救性发掘了墓葬82座。由于其后连年发生盗墓事件，2003年新疆文物考古研究所和吐鲁番地区文物局合作组成考古队，开展了对洋海墓地的大规模抢救性考古发掘，在三个墓地共发掘清理墓葬521座。此后经长达15年的整理研究，终于完成并出版了这部可以称得上是皇皇巨著的考古发掘报告，这实在是值得我们庆贺的学界盛事。吐鲁番也因发掘了诸多青铜时代至早期铁器时代的史前墓葬，并保留有诸多历史时期遗存，特别是《新疆洋海墓地》的出版而奠定了其在新疆考古学研究中的学术地位。

《新疆洋海墓地》出版已近一年，利用鼠年春节闭门在家的时光通读这部考古报告，我认为有如下几点值得高度评价和借鉴。

一、资料完整

一部科学的考古发掘报告，首先应当保证资料的完整性。在中国考古学近百年的发展历程中，由于早期对发掘资料的解读和认识的程度不同，又受到条件和出版物体量的限制，往往对出土遗存在简单归纳的基础上给予取舍，致使考古报告不能全面的反映客观原

---

① 邵会秋：《新疆苏贝希文化研究》，《边疆考古研究》（第12辑），科学出版社，2012年。

貌，不但会造成信息的缺失，有时甚至会直接影响到正确结论的得出。因此，多年来有学者呼吁考古报告尽量做到发表全部考古资料。应该说，《新疆洋海墓地》的出版是近二十年来这方面努力追求的典范。《新疆洋海墓地》在"序言"部分介绍了本地区的既往工作和本次发掘经过后，专设"墓葬概述"一章，专门就墓地布局、墓葬结构、埋葬习俗和随葬品做了简要的归纳介绍，还对一些器物名称和关于人骨性别、年龄方面的问题做了说明，并附有三个墓地的"墓葬形制统计表"，为阅读报告起到了很好的引领作用。洋海三处墓地共发掘521座墓葬：一号墓地218座，二号墓地223座，三号墓地80座。《新疆洋海墓地》发掘报告按照三处墓地序号，依照"墓葬概况"和"随葬品"逐墓对墓葬形制和全部3000多件出土物进行了介绍，并配以墓葬平剖面图、器物线图和大量的图版，以及三处墓地详细的"墓葬登记表"。此外，《新疆洋海墓地》发掘报告整理者专门辟出一章，介绍历年被盗墓葬中出土和流散的器物。因此，本发掘报告应当是目前新疆考古出版物中体量最大，出土遗物最为完整的田野发掘报告了，真可谓图文并茂，洋洋大观。这部专著逻辑之流畅，材料之详实，查阅之方便，运用之得心应手，令人赞叹。

二、治学严谨

洋海墓地位于火焰山中段吐峪沟南戈壁，分布在三块相对独立又彼此相邻的台地上。台地基本东北—西南走向，位于东侧最长的一号墓地南北长约350米。三个台地上均布满了墓葬，且布局疏密有致，但三处墓地墓葬分布的密集程度略有差别。《新疆洋海墓地》发掘报告的整理者一入手，便抓住了所有"墓口都开在表土层下并打破生土层，墓葬之间没有叠压打破关系"[1]这一问题的关键，认为三处墓地的"随葬品及随葬品所反映的生产方式、生活习俗、考古文化相同"，"同型墓的葬俗、葬式、随葬品相似或相近"[2]，因而可以看作是存在着不同发展阶段的同一个考古学文化。基于这一基本认识，报告的整理者运用考古类型学的方法，通过对墓葬形制和随葬品器形、组合的变化分析，将全部墓葬分为椭圆形竖穴墓、长方形竖穴二层台墓、长方形竖穴墓和竖穴偏洞室墓四种类型，并根据其逻辑顺序和随葬品演变确定了四期考古学文化由早到晚的年代发展关系。比如就彩陶纹饰而言，认为从网格纹、三角纹、锯齿纹和竖条纹，发展为涡纹、波纹、同心圆纹和羽状纹的流行过程，同时结合其他随葬品的阶段性变化，反映的也正是这一考古学文化的产生、发展、繁荣和衰落的历史过程。根据类型学分析和与周边考古学文化遗存的比对，参考碳十四测年数据，报告的整理者将洋海墓地四期墓葬的年代分别推定为：第一期为距今

---

[1] 吐鲁番市文物局、新疆文物考古研究所、吐鲁番学研究院等：《新疆洋海墓地》，文物出版社，2019年，第7页。
[2] 吐鲁番市文物局、新疆文物考古研究所、吐鲁番学研究院等：《新疆洋海墓地》，文物出版社，2019年，第594页。

3200～3100年阶段；第二期为距今3000～2800年阶段；第三期为距今2700～2300年阶段；第四期相当于两汉阶段。前后延续发展了近1500年之久，这恐怕是新疆地区延续年代最长的考古学文化了。尤为重要的是，洋海墓地前两期遗存的年代可能早于当地的苏贝希文化。由于吐鲁番独特的气候条件，使许多遗物和有机质得以保存，洋海墓地"尤以精美的彩陶器、华丽而奇特的服饰、狩猎工具、马具、青铜兵器和动物纹最具特征。还发现一些稀有的器物，有竖琴、旋镖、泥俑、吹风管、皮马鞍、鞍毯、皮射韝、小觿、法衣、长衣等"[①]。《新疆洋海墓地》发掘报告在关于这批墓葬文化面貌和文化性质的讨论中认为：该文化遗存中广泛流行的彩陶图案母题应来自日常生活中的大量毛纺织物图案，墓葬出土的马具、青铜兵器和特色鲜明的动物纹则体现了斯基泰文化因素的交融。该认识颇有见地。此外，《新疆洋海墓地》发掘报告在畜牧业为主的生业形态、男女在生产生活中的分工、家庭和婚姻习俗等方面的研究中，都依据丰富的考古资料，做了令人信服的分析和推论。因而，这可以说是一次以严谨的治学态度，在中国考古学基本理论与方法指导下，解读考古学资料的完美实践。

三、体现学科融合

中国考古学从其诞生，就与体质人类学和动物考古等相近学科有着密切的合作关系，近20多年来多学科的综合研究更是取得了长足的进展。《新疆洋海墓地》发掘报告的另一个显著的亮点，就是多学科研究成果在报告中的集中体现。《新疆洋海墓地》发掘报告的研究篇，包括了韩康信先生领衔的《洋海墓地头骨研究报告》、贾应逸先生牵头的《洋海墓地出土毛纺织物整理报告》、蒋洪恩的《洋海墓地植物遗存研究》、贝内克（Norbert Benecke）的《洋海墓地随葬（或祭肉）动物（骨骼）登记表》、凌勇与梅建军等主持的《新疆吐鲁番地区出土金属器的科学分析》和《洋海墓地 ^{14}C测年数据》等。这6个科研报告，共有340页的篇幅，其中《洋海墓地头骨研究报告》就占了260页。洋海墓地521座墓葬当中，可以用于人骨鉴定和数据测量的头骨就有489具，这不仅在新疆，就是在中国境内也是考古发掘获得的最大一批人类学资料。经对头骨各项指标的测量和分类的对比研究，表明洋海人群的综合体质特征明显倾向于高加索人种系列，在前三期中有三分之二近于古欧洲类型，三分之一近于地中海类型，第四期出现了蒙古人种因素的增加，这个结论与目前新疆地区青铜时代早期阶段的人类学研究结果是一致的。洋海墓地出土的毛纺织物达400多件，研究报告向我们展示了图案精美的缂毛织物、色彩艳丽的红、黄、蓝"三原色"和最早的栽绒毯等毛纺织品，使"我们可以了解当时人们的物质生活水平，毛纺织手工业发展

[①] 吐鲁番市文物局、新疆文物考古研究所、吐鲁番学研究院等：《新疆洋海墓地》，文物出版社，2019年，第603页。

状况，及其文化内涵和科学知识的掌握等等"①。洋海墓地采集有16种可鉴定植物，其中随葬的黍、青稞和小麦等三种作物，有的具有茎秆，可以证明其属于本地栽培，还有云杉、胡杨和柳等树种则都是用于墓室建筑，这对复原当时的生态环境和了解人群的生业经济具有重要意义。对洋海墓地出土的5件金属器样品的检测表明，4件铜器为锡青铜，1件铁器属于低碳钢经锻打制成，尽管检测样品数量有限，"但仍为我们认识吐鲁番地区的早期金属技术提供了重要线索"②。毋庸讳言，这些相近学科对出土物的科学检测和提供的数据，极大地拓宽了我们的学术视野，使考古学的研究因获得多学科的支持而更具科学性。

四、启迪未来研究

有关中国北方地区农牧业交融和畜牧业起源的考古学研究，当前正成为学界关注的热点。新疆地处欧亚草原地带的南缘，有着畜牧业和绿洲农业发展的良好条件。林沄先生指出："北方长城地带在新石器时代晚期基本上是农业地带，它之变为游牧人往来驰骋的地带，是文化、生态环境、族群等变动的因素交互作用下形成的一个复杂过程。"③近年来，新疆史前考古学文化遗存的发现取得了重要成果，阿勒泰的阿依托汗墓葬④、塔城的松树沟墓葬⑤和伊犁州尼勒克县G218沿线墓葬（ⅢM5）⑥等墓葬遗存，都带有明显的阿凡纳谢沃文化特点。据兰州大学人骨碳氮同位素分析显示，"人骨的碳同位素值表明，ⅢM5人群主要是以食草动物的肉类为食，此外还可能摄入了一定的小麦、大麦等作物以及野生植被或粟、黍等植物"⑦。碳十四数据表明这批墓葬的年代为距今4900~4300年左右。此外，在新疆西部和北部地区已经发现了诸多距今4000~3000年的遗存，主要有塔什库尔干的下坂地墓地与尼勒克县的穷科克遗址等⑧。其中规模较大的考古发掘有博尔塔拉温泉县的阿敦乔鲁、呼斯塔、伊犁尼勒克县的吉仁台沟口和哈密地区巴里坤县的东黑沟等大型的聚落和墓地，此类遗存与从南西伯利亚南下的安德罗诺沃文化关系密切。洋海墓地发掘与研究的意义则在于：同一群人的墓地延续了近1500年，其反映出的距今3000年开始有着固定居住区域，采取倒场放牧为主，兼营农业种植、狩猎和手工业的生业模式，是新疆地区探讨在农牧交融过程中，畜牧业逐步发展和成熟的典型范例，这对于我们今后进一步探讨生态环

---

① 吐鲁番市文物局、新疆文物考古研究所、吐鲁番学研究院等：《新疆洋海墓地》，文物出版社，2019年，第938页。
② 吐鲁番市文物局、新疆文物考古研究所、吐鲁番学研究院等：《新疆洋海墓地》，文物出版社，2019年，第971页。
③ 林沄：《中国北方长城地带游牧文化带的形成过程》，《燕京学报》（新十四期），2003年；杨建华：《春秋战国时期中国北方文化带的形成》，文物出版社，2004年。
④ 新疆文物考古研究所：《新疆哈巴河阿依托汗一号墓群考古发掘报告》，《新疆文物》2017年第2期。
⑤ 新疆文物考古研究所：《和布克赛尔县219国道松树沟墓地发掘报告》，《新疆文物》2018年第1~2期。
⑥ 刘汉兴、特尔巴依尔、王晓丹等：《新疆伊犁州墩那高速尼勒克段考古收获及初步认识》，《西域研究》2018年第3期。
⑦ 兰州大学资源环境学院西北及中亚环境考古中心安成邦团队检测并提供相关信息。
⑧ 邵会秋：《新疆地区安德罗诺沃文化相关遗存探析》，《边疆考古研究》（第8辑），科学出版社，2009年。

境变化、人群迁徙和文化互动的复杂过程，从体质人类学、纺织考古、动植物考古和冶金考古等多方面解读吐鲁番乃至新疆的历史，研究中西文化交流史提供了新的重要材料。

有启迪必有值得借鉴之处，如此规模、延续时间如此久远的洋海墓地，至今在周边没有发现居住址或与居住址相关的遗存，这是考古研究者今后需要关注之处。此外，也许是发掘工作紧迫所致，抑或是既往工作的习惯使然，这批墓葬没有保留头骨以外的其他人骨材料，造成了部分信息的缺失，实为遗憾。

吕恩国，新疆文物考古研究所研究员，《新疆洋海墓地》发掘报告的主要执笔者，早年毕业于北京大学历史系考古专业，经过了系统的考古学专业知识和专业技能的训练，扎根西北边疆，从事新疆考古四十余年，足迹遍及"阿尔泰山南麓、伊犁河谷、天山腹地、塔里木盆地绿洲，以及本书重点涉及的吐鲁番盆地"[1]，"他不仅有丰富的田野考古经验，也有炉火纯青的考古类型学知识，为新疆的考古事业做出了特殊贡献，受到了同行的尊重与好评"[2]。本人与吕恩国兄相识于1985年国家文物局在山东兖州举办的第二届田野考古领队培训班，四个月的朝夕相处让我们结下了深厚的友谊。吕兄是典型的西北汉子，秉性耿直而不失谦和，为人持重而厚道，在学术上往往一丝不苟，在随后几十年的考古生涯中，在北方考古的这块热土上，我们不仅是考古酒桌上的豪饮之士，更成为痴心坚守学术的挚友。

李白有《行路难》诗云："长风破浪会有时，直挂云帆济沧海。"吕恩国兄用四十余年的努力坚守，用《新疆洋海墓地》的出版，迎来了新疆考古的又一次乘风破浪，扬帆出征。我相信，随着国家文物局和新疆维吾尔自治区文物局这几年对新疆考古工作的周密部署，随着多家科研院所和高校考古队以及新疆文物考古研究所在新疆的大规模考古发掘与研究的推进，新疆的考古工作将展现出美好的前景和广阔的未来。

农历庚子年二月初二于北京时雨园寓所

（原载《吐鲁番学研究》2020年第1期）

---

[1] 吐鲁番市文物局、新疆文物考古研究所、吐鲁番学研究院等：《新疆洋海墓地·序二》，文物出版社，2019年。
[2] 吐鲁番市文物局、新疆文物考古研究所、吐鲁番学研究院等：《新疆洋海墓地·序一》，文物出版社，2019年。

阴山考古的新篇章
——评《辉腾锡勒草原访古》

辉腾锡勒草原位于内蒙古自治区乌兰察布市卓资县、察右后旗和察右中旗三旗县的交界之处，地处东西横亘的阴山山脉东端，若把阴山比喻成一条横卧的巨龙，那这一区域无疑就是龙首所在。"辉腾锡勒"为蒙古语，意为"寒冷的山梁"，当地人一直习惯称之为"灰腾梁"，即蒙古语的"辉腾"（寒冷）和汉语"梁"组成的复合词。

《辉腾锡勒草原访古》一书是由张文平、袁永明主编，内蒙古自治区文物考古研究所2017年年底推出的一部以阴山地域考古为主题的新作。其实在本书出版之前，我就有所耳闻，很感兴趣。现在书已面世，且置于案头也有一段时间了，但因前一段临近学期结束，诸事繁忙，更兼本人冗务颇多，几次披览均未能读完。近日终于得暇读毕此书，阖卷后颇有感想，遂提笔评说一二。

地处北纬41度线的阴山山脉，作为中国北方的农牧交错地带，在历史上演绎了太多轰轰烈烈的民族征战与交融的大戏，因而也为我们留下了诸多色彩纷呈的历史文化遗存。因此，

以阴山山地为主题的地域考古，近二十年来已逐渐成为学术界关注的重点。可以说，《辉腾锡勒草原访古》一书的出版，是内蒙古地区继以反映阴山中段考古的《阴山汪古》和反映阴山西段考古的《阴山沧桑》两部专著发表后，以反映阴山东段考古为主的学术专著。然其又不同于此前发表的学术著作，在研究体例、学术探索和文字表述上都有所创新。

阴山东段灰腾梁（即近年习称的"辉腾锡勒"）一带的文物考古工作基础较为薄弱，相关文献也不够丰富，因而并非进行学术探究的"富矿"，多数学者原本也不指望这项研究能有多大程度的突破。然而，统观全书后，却感到作者在充分田野调查的基础上，遍搜文献史料，通揽各家之言，取得了不菲的研究成果。本书作者之一的张文平研究员，有在内蒙古从事20年考古工

作的实践,将本项研究的视野扩展到上起史前,下迄近现代,从而使得灰腾梁及其周边的历史文化,得到了较为全面、系统的揭示。本书探究的重点显然是在汉代,但对北魏、隋唐、辽金元、明清乃至民国也都有所论述,其中不乏新鲜创见。本书的另一位作者,中国文物信息咨询中心的袁永明博士,承担了辽代之后部分的写作任务,通过收集历年考古调查与发掘成果,梳理大量文献史料,极大地丰富了灰腾梁及周边区域晚段考古编年体系。

读罢《辉腾锡勒草原访古》一书,我有以下三点感想:

第一,学术研究有突破。本书以阴山脉东段的辉腾锡勒山地草原为中心,以长城资源调查的最新成果为切入点,重点介绍了灰腾梁汉长城的调查成果,将原来被认定为"北魏御苑"遗址的性质加以重新认定,确证其为汉代长城。这一成果有着长城资源调查基础材料的可靠支撑,也有相关考古研究的实证,而且与历史文献的深入细致解读可以互相印证,因而得到了学术界的认可,也得到了国家文物局专家组的现场首肯,并由国家文物局据此作出认定批复。应当说,这一成果既是相关专业人员辛勤工作的回报,也是孜孜以求的必然,更是内蒙古文物考古工作近年来的一个亮点。该项成果纠正了学术界多年认识的偏差,对于北方民族考古、汉匈关系史、中西文化交流史乃至其他学科的研究,均具有深远意义。

同时作者指出,北魏王朝虽然没有在灰腾梁之上建立过所谓的"御苑",但也设置了数道烽戍线,形成了著名的拱卫京师的"畿上塞围"防御体系。此外,内蒙古历史学界曾有隋炀帝大业三年(607年)巡幸灰腾梁之说,认为当时突厥启民可汗的牙帐就在灰腾梁九十九泉。本书中列出了多个证据,对这一缺乏历史地理学支撑的考证予以批驳。在辽代和元代,灰腾梁迎来了两位重量级人物及历史事件。一是辽兴宗耶律宗真于重熙十三年(1044年)亲征西夏,发生了河曲之战,九月间以九十九泉作为战争前期集结军队的场所;另一是1231年五月至八月期间,大蒙古国窝阔台汗避暑于九十九泉,坐镇指挥了攻打金朝的战争。对于窝阔台在灰腾梁的驻跸遗址,书中也有所推断。特别记述了元代以来,灰腾梁地区成为蒙古部落的优良牧场,清代后期又接纳了以汉族为主的大量移民,各民族和睦共处于这片富饶的土地,为了联合抗日、保家卫国,各族人民又共同铸就了民族团结、民族解放的丰碑。

第二,学术新人有成长。我曾经在内蒙古高原从事考古工作凡二十二年,对那里的山山水水、一草一木都怀着深厚的感情。自从调入中国人民大学以来,依旧关注着自己曾经洒下过汗水的那片沃土和不断成长的年轻学者。因而,那里的同行每每取得新成果、获得新发现,往往愿意与我分享,我也由衷地为他们而感到高兴。本书的作者团队成员,大多我都熟悉,有的还曾长期共事。第一主编张文平是1996年从山东大学考古系毕业后到内蒙古文物考古研究所从事业务工作的,多年来一直孜孜不倦地耕耘在内蒙古文物考古第一线。我和他有过多年共同工作的经历,知道他肯于吃苦,善于钻研,在繁重的考古工作压力之下，还努力获得了博士学位。2012年，又被内蒙古自治区党委组织部"西部之光"计划，选送到北京大学跟从著名历史地理学家唐晓峰教授做了一年访问学者，这些经历无疑给他打下了坚实的学术基础，也拓展了他的研究视野。即便是这个团队中的几个年轻人，无疑也是成长中的有生力量。团队作风过硬，研究目标明确，这样一本学术成果的出版也就理所当然了，其中折射出的则是内蒙古文物考古事业的兴旺发达。

第三，写作方式有创新。多年来，我们的专业出版物很难脱离刻板的印象，往往因为太过专业化而让人难以接近，考古学的专业读物似乎更是这样。严谨则严谨矣，但未免失之呆板。《辉腾锡勒草原访古》一书则一反文物考古研究著作的常见套路，除在篇目设计上遵循了由早到晚的顺序外，在遗迹描述和具体考证方面的文字，都可以说是独出机杼，别开生面，在坚守学术本色的同时，非常具有可读性。所以，本书的一大突出特点就是图文并茂、文笔优美，读来既富于思考，也引人入胜。即便非专业人士，想必也容易读得进去。

需要指出的是，灰腾梁作为阴山山脉东段的一个独特地理单元，曾经在历史上发挥过独特而又重要的作用。本书扉页上的几行字——"西汉武要北原长城要塞　北魏皇帝巡幸阴山驻跸之所　辽朝兴宗河曲之战集结大军之地　大蒙古国窝阔台汗征金九十九泉行营"，简明扼要地总结了这一作用。当然，放眼于历史的长时段，我们还应该有更加精到的感悟。也就是说，我们从《辉腾锡勒草原访古》一书可以进一步了解，灰腾梁不仅是骑马民族的舞台，农耕民族同样曾经在这里上演过一幕幕历史活剧，对其重要性也需加以重视，以此加深我们对于族群互动、文化交流、边疆与内地关系等历史要素的理解。

总之，关于灰腾梁乃至阴山山脉的系统性研究，本书带了一个好头，从研究的切入点、材料的解读和甄别以及方法上都为学界提供了一个较好的例子。这部书虽非鸿篇巨制，仅有不到四十万字，却有着独特的魅力。阖上书页，我的思绪依旧没有从灰腾梁出来，那里也印证过我的汗水与理想，期待他们今后能有更加出色的成果。

（原载《中国文物报》2018年3月20日第6版）

高原文明的历史见证
——《蒙古高原考古研究》评介

陈弘法先生的译著《蒙古高原考古研究》一书出版已逾两载,这对于关注中国北方民族考古研究的学者来说,实在是重要的学术资料。但因笔者近期才得空通阅此书,并萌发一吐心中所想的念头,故而不揣冒昧谈谈浅见,与诸君共享。

本书约30万字,系陈先生20世纪70~80年代翻译的20余篇俄文考古论文的文集,全书共分为六大部分,书的最后还附有陈先生撰写的"蒙古人民共和国考古工作的若干情况"的简要介绍。

第一部分为"综述"。这部分译自蒙古国学者达·迈达尔所著的《蒙古历史与文化遗存》[①]一书。在这部分内容中,系统而概括地介绍了蒙古国境内发现的鹿石、方形墓、匈奴墓、匈奴腰饰牌、突厥墓、突厥"围墙"、突厥石雕像、突厥碑铭和契丹、西夏、蒙古的古代城址等文化遗存的有关情况,可以作为全书的序言。

随后五个部分介绍的内容既是蒙古高原非常有特色的考古学文化遗存,也是我国北方民族考古工作者长期关注的学术热点问题。

第二部分为"鹿石"。鹿石是一种碑状石刻,是古代的雕塑艺术精品,有刀形鹿石、长方柱形鹿石等。这些精美的鹿石,都经过细致的敲凿雕刻,图案华丽而规范。鹿石是公元前13~前6世纪广泛分布于欧亚草原上的一类重要古代文化遗迹,因碑体上雕刻了夸张的图案化鹿纹样而得名。目前在欧亚草原发现的鹿石有660多通,主要分布在南俄草原、蒙古图瓦、阿尔泰、我国新疆及中亚地区。鹿石一般或单独向东傲立于赫列克苏尔石堆墓前,或成排列布于石堆或石圈祭坛之内,形成大型祭祀遗址,气势恢宏,体现了草原民族特有的精神气质。同时,有的鹿石上只雕刻了圆环(耳饰)、连点(项链)、腰带,以及刀、剑、弓、弓囊、盾牌等纹样。所以,鹿石一词成为了欧亚草原特定碑状石

---

① 〔蒙古〕达·迈达尔:《蒙古历史与文化遗存》,思想出版社,1981年。

刻的代名词,并可分出若干类型。

这部分有《关于蒙古和西伯利亚的鹿石》《匈蒙考古队关于蒙古鹿石考察工作的若干总结》两篇译文,原文分别面世于1962年和1978年,而陈先生早在1979年和1984年就将这两篇论文译为中文,只是因刊载这两篇论文的内蒙古自治区文物工作队编印的《文物考古参考资料》系内部参考资料,故而影响不是很大,但这两篇译文无疑开启了我国学界对鹿石这种独具草原文化色彩的遗物的认识和关注。不过目前我国学界对鹿石的专题研究还略显薄弱,据笔者不完全统计,最早公开发表的论文为张志尧的《新疆阿勒泰鹿石之管窥》①。其后较为重要的成果有:乌恩的《论蒙古鹿石的年代及相关问题》②、潘玲的《论鹿石的相关年代及相关问题》③和李刚的《中国北方青铜器与鹿石的若干联系》④等。另外,国内对鹿石相关论著的翻译也渐次展开。如沃尔科夫所著的《蒙古鹿石》⑤一书,该书对蒙古鹿石的介绍大都是第一手考古学资料,且在沃尔科夫研究鹿石的时代,有不少学者也在从事这方面的研究工作,他们探讨了鹿石的分布、分类、年代及意义等问题,提出了不少有价值的学术观点,使得鹿石研究更加趋于全面、科学。此外,就俄文资料而言,还有《关于鹿石的原型问题研究》⑥、《赫列克苏尔与鹿石》⑦、《鹿石研究》⑧、《鹿石文化起源研究》⑨几篇论文,也是关于鹿石研究的重要成果。

第三部分为"方形墓"。共收录了《蒙古乌兰固木古墓群》和《蒙古昌德曼文化》两篇译文,对1972年在蒙古国西北部乌布苏省乌兰固木市郊昌德曼山发现的两处"方形墓"墓群类型和出土器物进行了描述,并对因后一处墓群而得名的"昌德曼文化"进行了讨论。对于这两处墓地的方形墓,如果仔细观察的话,至少可以细分为圆木木椁石冢墓、圆木木椁土冢墓、石箱墓和石箱石冢墓四个类型。这两篇译文的学术价值主要有以下两点。

其一,为我们认识与乌布苏省毗邻的俄罗斯图瓦地区的乌尤克文化提供了新的材料。1915~1916年,苏联考古学者阿德里阿诺夫在乌鲁格—切姆河谷左岸、毕耶—切姆以及乌尤克河附近发掘了60座墓葬。此后十多年中又发掘了160多座墓葬。1958年,库兹拉索夫将

---

① 张志尧:《新疆阿勒泰鹿石之管窥》,《新疆师范大学学报》1988年第4期。
② 乌恩:《论蒙古鹿石的年代及相关问题》,《考古与文物》2003年第1期。
③ 潘玲:《论鹿石的相关年代及相关问题》,《考古学报》2008年第3期。
④ 李刚:《中国北方青铜器与鹿石的若干联系》,《秦始皇帝陵博物院》(第一辑),三秦出版社,2013年,第292~307页。
⑤ 〔俄〕В.В.沃尔科夫著,王博、吴妍春译:《蒙古鹿石》,中国人民大学出版社,2007年。
⑥ Марсадолов Л. С. К вопросу о прототипах для «оленных» камней. // Алтае-Саянская горная страна и история освоения ее кочевниками: сборник научных трудов / отв. ред. В. В. Невинский, А. А. Тишкин. – Барнаул: Изд-во Алт. ун-та, 2007.
⑦ Худяков Ю. С. Херексурыиоленные камни. // скифская эпохаАлтая. ЛабораториямножительнойтехникиАлтайскогогосу ниверситета. Барнаул. 1986.
⑧ Ольховский В. С. оленные камни (ксемантикеобраза). // Советская археология. 1989. 1.
⑨ Ковалев А. А. Опроисхождениикультурыоленных камней. // Евразиясквозьвека: Сборникнаучныхтрудов, посвящённый 60-летиюсоднярожденияДмитрияГлебовичаСавинова. Сакт-ПетербургфилологическийфакультетСакт-Петербургскогогос ударственногоуниверситета. 2001.

图瓦早期铁器时代文化命名为乌尤克文化，并将该文化分为两期六个类型，六个类型分别代表斯基泰时期生活在图瓦地区的六个游牧民族。这一观点后来被曼奈奥勒所接受，他在1970年出版的专著《斯基泰时期的图瓦》中，将乌尤克文化分为三期：早期（公元前7～前6世纪）、中期（公元前5～前4世纪）和晚期（公元前4～前3世纪），还将墓葬细分为6个类型，8种亚型[①]。乌尤克文化与著名的阿尔赞王陵的1号、2号坟冢也有着一定的联系。这些考古发现很可能与希罗多德笔下的斯基泰人具有密切的联系。正如《蒙古昌德曼文化》一文中所言："蒙古昌德曼文化与图瓦乌尤克文化乃是同一个地域的两种同源考古文化，于公元前7至3世纪存在于中央亚细亚地区的西北部。"如此，我们就将昌德曼文化、乌尤克文化和斯基泰人建立了一种有机的联系，为今后的研究奠定了基础。

其二，为我们认识蒙古西部地区的考古学文化乃至蒙古东西两部考古学文化的差异性指明了方向。依据大量的考古发现，学界已认识到，蒙古国的青铜时代至早期铁器时代文化大致可分为有明显区别的东西两个区域，东部包括肯特山和东蒙草原地区，西部则以蒙古阿尔泰山系及其邻近地区为主。

从这两个地区的考古学文化遗存来看，石板墓是蒙古东部地区最典型的遗存。其基本特征是以石板为葬具，死者仰身直肢、头向东，随葬品以常见于中国北方的陶鬲和柄部饰动物纹的铜刀为典型。蒙古西部地区则流行冢墓（带有封冢的墓葬），乌兰固木市郊发现的那些方形墓即为代表，墓内出土了青铜和铁制的刀、短剑、战锤、骨镞、铜镞和"野兽纹"铜镜、骨饰牌、带扣等。陶器多半是饰有堆塑和彩绘的小口瓶。此外，蒙古西部地区还发现了鹿石。就人种而言，石板墓中的人骨具有典型的蒙古人种特征，表明公元前1000年，蒙古东部地区居民的人种类型同蒙古现今居民已无区别；而西部地区冢墓中发现的人骨则以欧罗巴人种特征居优势，表明同西方和西北方的古代居民有联系。

第四部分为"匈奴墓和腰饰牌"，有《蒙古呼尼河畔诺音乌拉山匈奴墓发掘记》《蒙古达尔罕山匈奴墓发掘记》《蒙古匈奴墓中发现的彩绘陶器》《苏联南乌拉尔山洞中的匈奴墓葬》《苏联和蒙古的匈奴墓葬结构》《苏联西伯利亚匈奴腰饰牌》《苏联南西伯利亚匈奴青铜器收集品》《苏联匈奴文化研究的基本问题》共八篇译文，是全书的重点之一。

匈奴考古历来是我国北方民族考古研究的热点，无论是大到对匈奴考古学文化的综合研究，还是小到对具体的匈奴遗迹、马具、饰牌的微观探索，这些译文都是不可或缺的宝贵材料。笔者虽然很难就陈先生的这些译文对我国匈奴考古研究的价值做出全面的评价，但是近年来随着蒙古国高勒毛都等一批匈奴大墓的发掘和相关材料的不断问世，相信对此前翻译成果的借鉴和对比研究无疑是不可或缺的。此外，С.И.鲁金科所著《匈奴文化与诺

[①] 马健：《公元前8～前3世纪的萨彦—阿尔泰——早期铁器时代欧亚东部草原文化交流》，《欧亚学刊》（第八辑），中华书局，2008年，第44～45页。

彦乌拉巨冢》①一书已于2012年由中华书局出版，在该书的翻译过程中，笔者在内容、手法和技巧上都从陈先生的译作中受益良多。

第五部分为"突厥石雕像、围墙、墓葬和碑铭"，亦是全书的一个重点。共有《苏联额尔齐斯河上游的石雕像》《关于苏联东阿尔泰地区古代突厥人"围墙"的新资料》《苏联中央图瓦的古代突厥武士墓》《中央亚古代突厥文和粟特文碑铭的发现和研究》《蒙古的碑铭学研究》《蒙古却林古代突厥碑铭》《蒙古阿尔哈纳纳的突厥铭文》七篇译文。

突厥的历史文化是中国北方草原民族发展过程中的一个重要环节，但很长时间以来，以历史学研究居多，考古研究相对薄弱。我国目前的相关研究，除了刊布过一些与突厥有关的资料外，涉及突厥考古学研究的论著非常有限，且主要研究对象限于突厥石人、突厥碑铭和突厥金银器这三类遗物。而这部分的译文正好为前两类研究对象增添了鲜活的材料和有价值的研究成果，特别是近年来蒙古国最新发掘的几座突厥墓葬的材料公布后，必将对我国的突厥考古研究起到有力的推动作用。

第六部分为"古城"。收录了《蒙古境内的契丹古城遗址》《苏蒙考察队研究蒙古境内中世纪遗存小分队关于蒙古古城的考古调查》《内蒙古哈拉浩特西夏遗址》《苏联康堆元代宫殿遗址》四篇译文。

就这部分内容而言，除了笔者在翻译《古代蒙古城市》②时，曾参考过陈先生早年刊载于内蒙古自治区文物工作队编印的《文物考古参考资料》中的《古代蒙古的城市（康堆宫殿）》③等译文，颇受教益，除此之外，还有一个游牧和定居的问题不得不提。

一直以来，学界对于游牧民族是否存在着定居和农耕颇有争议。但随着在蒙古高原考古发掘中对游牧民族定居证据的发现日益增多，游牧民族也存在着定居这个观点逐渐得到大家的认同。而城市则与定居具有密切的联系，甚至可以说是定居生活发展的高级形态。由此学界也开始探讨游牧民族经营种植业的证据，以及种植业对游牧民族采用定居生活的影响。此外，我们还应考虑到的是，游牧民族采用定居生活方式乃至修建城郭，或许还与其经营商业具有密切的关系。毋庸讳言，这些都是非常重要的研究方向，今后需要继续坚持下去。

记的在谈起《蒙古高原考古研究》这部译文集的书名来历时，陈先生曾语重心长地提到苏联著名蒙古学和考古学家 Э.А.诺夫戈罗多娃所著的《古代蒙古》④这部书。该书利用丰富的考古学资料，辅之以古人类学、民族学、碑铭和文字记载材料，对蒙古高原公元前3000

---

① 〔苏〕С.И.鲁金科著，孙危译，马健校注：《匈奴文化与诺彦乌拉巨冢》，中华书局，2012年。
② 〔苏〕С.В.吉谢列夫等著，孙危译：《古代蒙古城市》，商务印书馆，2016年。
③ 〔苏〕С.В.吉谢列夫等著，陈弘法译：《古代蒙古的城市（康堆宫殿）》，《文物考古参考资料》第6期，1984年，第114~129页。
④ Новгородова Э. А. ДревняяМонголия. М: Наука. 1989.

年到公元前后历史发展的基本规律进行了研究，对蒙古古代社会生活的各个侧面及其宗教观进行了阐述，并对蒙古境内的古代文化进行了描述。作者引用的俄、蒙、西、中、日等的文献资料共863种，且作者还对这些文献资料进行了大量的分析对比和分类断代。

陈先生对此书的评价：《古代蒙古》是一部系统综述蒙古考古成果并在此基础上对蒙古古代史进行系统研究的一部重要专著，也许应当说，是唯一的一部专著。因此，Э.А.诺夫戈罗多娃《古代蒙古》一书对于我国北方地区考古及古代史研究的参考价值，也就不言而喻了[1]。

中国是一个有着几千年历史的文明古国，中国古代文明形成和发展的过程，具有不同于世界上其他古代文明的十分明显的特征。这些特征的形成和延续，与中国相对封闭的地理环境和长期作为农业大国的经济形态关系密切。但中国古代文明在形成与发展的过程中，与世界上其他古代文明特别是周边国家和地区的古代文明，一直存在着交流和互动。因此，在探讨中国古代文明形成和发展过程时，如果我们对周边国家和地区的古代文明缺乏深刻的了解，就不可能真正了解中国古代文明。长期以来，中国的考古学家们由于种种原因，都埋头于国内的考古工作，很少有人致力于外国考古研究。因此，中国的考古学家只在中国考古学研究领域有发言权，在中国以外的考古研究领域基本上没有发言权。这种状况，与中国考古学科的地位十分不相称。要改变这种状况，需要我们大家共同努力，首先需要认真了解国外的考古资料和研究成果[2]。我国已故的北方民族史专家林幹先生就曾在20世纪末对中国古代北方民族的研究有过自己的期望——要收集国内已经发表的并翻译国外的北方民族考古资料加以整理出版[3]。

笔者坚信，在实现中华民族伟大复兴的这条道路上，翻译事业定然能起到巨大的推动和促进作用，更会对世界文化发展进程产生重大而独特的影响。

滴水穿石，积小溪以成江河。从事考古资料翻译工作达四十载的陈先生，如果能看到此盛况的到来，当是他最大的愿望。让我们像陈先生一样：不忘初心，砥砺前行，让更多学术前沿的译作成为蒙古高原文明的见证！

［本文与孙危合著，原载《北方民族考古》（第6辑），科学出版社，2018年；同时刊于《中国文物报》2018年10月2日第6版］

---

[1] 陈弘法：《〈古代蒙古〉简介》，《蒙古学资料与情报》1991年第1期。
[2] 王建新：《序》，《伊犁河流域塞人和乌孙的古代文明》，兰州大学出版社，2013年，第Ⅰ页。
[3] 林幹：《中国古代北方民族通论》，内蒙古人民出版社，1998年，第498页。

北方民族考古的新突破
——《海拉尔谢尔塔拉墓地》评介

由中国社会科学院考古研究所、呼伦贝尔民族博物馆、海拉尔区文物管理所联合编著,科学出版社出版的《海拉尔谢尔塔拉墓地》一书,于2006年6月面世,出版发行以来引起较大反响,获得了学术界较高的评价。

海拉尔谢尔塔拉墓地的发掘,是呼伦贝尔草原北方民族考古的一项重要收获,该成果曾入选国家文物局主编的《1998年中国重要考古发现》。这批墓葬资料的发表,为研究室韦的历史以及探索蒙古族的起源提供了科学的考古实证资料,对于构建呼伦贝尔草原古代游牧民族考古学文化体系,推动中国东北边疆地区考古与历史研究均具有重要意义。

《海拉尔谢尔塔拉墓地》一书分为上、下两编:上编为考古发掘报告,系统介绍了谢尔塔拉墓地10座墓葬的发掘资料,内容丰富而详尽。进而作者通过该批资料与以扎赉诺尔为代表的早期鲜卑墓葬遗存和以巴彦库仁为代表的辽代墓葬遗存的文化特征的比较,提出了"谢尔塔拉文化"的命名。下编为相关问题研究,共收录10余篇论文,从考古学、历史学、民族学和人类学角度对谢尔塔拉文化的内涵、室韦史料、蒙古族源等学术问题进行了论述,可谓是对该批墓葬资料的多方位解析和研究,一定程度上代表了目前国内学术界多学科综合研究所能达到的较高水平。

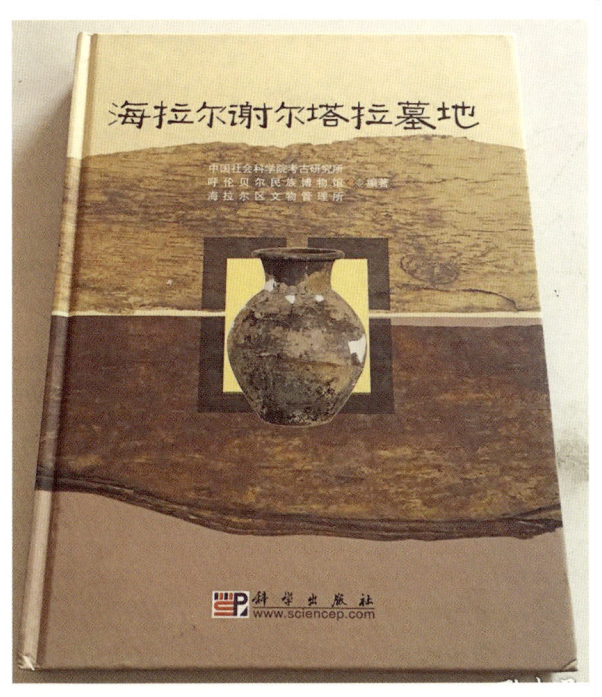

呼伦贝尔地区西接蒙古高原,与俄罗斯滨海州毗邻,从已经发现的考古学文化遗存的面貌上看,反映出诸多的一致性。但就该地区目前的考古学文化研究而言,迄今不但没有正式命名的新石器时代考古学文化,而青铜时代考古学文化研究也基本上处于初始状态。两汉以后的历史阶段除鲜卑考古成果显著外,其他北方民族考古研究基础薄弱,

多局限于文献考证，缺乏考古发掘出土的实物资料的佐证。

据文献记载，公元7～10世纪阶段，活动在呼伦贝尔草原地带的主要是室韦诸部落。室韦之名始见于北魏，《隋书·室韦传》载："室韦，契丹之类也。其南者为契丹，在北者号室韦，分为五部，不相总一。"据考证，隋代室韦五部基本均活动于今呼伦贝尔地区。进入唐代，则是室韦诸部发展和壮大的时期，《新唐书·室韦传》称室韦"分部凡二十余"，其中包括蒙兀室韦在内的十余部活动在今呼伦贝尔地区。耶律阿保机建立契丹王朝后，室韦诸部为契丹征服，呼伦贝尔地区纳入辽朝的统治范围。

海拉尔河流域位于呼伦贝尔草原的核心地带，作者把谢尔塔拉文化置于呼伦贝尔草原这一大环境下，将其与两汉时期以拉布达林、扎赉诺尔、孟根楚鲁为代表的鲜卑遗存和以巴彦库仁墓葬为代表的辽代遗存，进行了墓葬形制、埋葬习俗、随葬品种类和组合等方面文化特征的比较。此外，作者还对20世纪80年代以来在额尔古纳河流域发现的以西乌珠尔六座墓葬为代表的遗存进行了比较研究，对于该处墓地，曾有研究者认为，"西乌珠尔独木棺墓群与蒙兀室韦有关"[①]。本书的作者还通过体质人类学、民族学，以及能够收集到的文献史料，并结合碳十四年代测定数据，对自己的论点进行了充分的论证后认为：谢尔塔拉墓地经过科学发掘的10座墓葬，文化内涵丰富，时代特征鲜明，代表了呼伦贝尔草原公元9～10世纪的游牧民族文化遗存，填补了该阶段呼伦贝尔草原考古学文化研究的缺环，"当属呼伦贝尔草原公元9～10世纪的室韦墓葬遗存"，与该处墓地文化面貌基本相同的"西乌珠尔墓葬的年代约为公元7～8世纪"，两处墓地应属同一考古学文化。因此，目前发现的谢尔塔拉文化，应包括以西乌珠尔墓葬为代表的谢尔塔拉文化早期遗存和以谢尔塔拉墓葬为代表的谢尔塔拉文化晚期遗存。

谢尔塔拉文化在形成和发展的过程中，一方面间接承继了以拉布达林、扎赉诺尔、孟根楚鲁为代表的东汉时期鲜卑文化的传统，另一方面也创造出了诸多具有鲜明地域特色和时代风格的游牧民族文化因素；同时，对以巴彦库仁为代表的辽代墓葬也产生了直接的影响，从而成为呼伦贝尔草原古代游牧民族考古学文化体系中的重要组成部分。谢尔塔拉文化的发现，为研究呼伦贝尔草原晚唐五代时期的室韦遗存增添了一批科学发掘的考古新资料。

纵观《海拉尔谢尔塔拉墓地》一书的亮点，主要表现在以下三个方面。

第一，墓地资料整理翔实，每座墓葬都配有平、剖面图以及大量的器物图，还有较多的彩色图版，使读者对其文化面貌一目了然。

第二，作者首次提出了"谢尔塔拉文化"的命名，该文化填补了呼伦贝尔草原考古学文化研究的缺环，为构建该地区古代游牧民族考古学文化体系提供了科学依据，为探索蒙

---

① 赵越：《论呼伦贝尔发现的室韦遗迹》，《内蒙古文物考古文集》（第一辑），中国大百科全书出版社，1994年，第598～600页。

兀室韦的历史以及蒙古族的起源提供了考古实证资料，有利于推动中国东北边疆地区考古与历史研究的向前发展。

第三，该报告的下编为多学科研究的一个集合体，正体现了当今世界学术发展的一个趋势。下编的研究一方面佐证了上编作者的观点，另一方面也促进了相关学科的同步发展。

北方民族考古是一项世界性的学术研究课题，同时也是考古学界多年来关注的热点之一。海拉尔谢尔塔拉墓地的发现与研究，在北方民族考古研究中具有里程碑的意义。相信随着北方草原地带考古学资料的公布和研究工作的不断深入，有关北方民族考古学文化的研究，以及北方民族在中华多元一体格局形成过程中所产生的历史作用，将会引起学术界的高度重视，并对北方民族的考古学研究产生积极的推动作用。

（本文与丁利娜合著，原载《中国文物报》2008年11月12日）

《清代园寝制度研究》评介

　　由宋大川和夏连保先生合著，文物出版社出版的《清代园寝制度研究》一书于2007年12月面世。该书是目前唯一一部系统研究清代园寝制度的学术专著，具有很高的学术价值，出版发行以来引起了较大反响，获得了学术界较高的评价。

　　"园寝"是介于"陵"与"墓"之间的一种特殊的丧葬等级。清代园寝制度是清廷入关以后逐步建立起来的，与历朝丧葬制度有很大的不同。后金天命九年（1624年），努尔哈赤在定都东京后，曾将其祖、父及皇族诸陵墓迁葬在一起而统称为"陵"。皇太极登基后，在天聪三年（1629年）太祖陵建成后，把努尔哈赤的福晋从东京陵迁出与努尔哈赤合葬在福陵之中。到顺治十一年（1654年），清廷又将景、显二祖之墓迁回故土赫图阿拉，至此东京陵就完全失去了祖陵的地位，成了名副其实的"园寝"。以往一些研究文章或著作，往往把清代的"园寝"笼统地称为"王爷坟"。这种民俗化的称谓，其实是与历史的实际情况及清代的园寝制度不完全相符的，给学术研究和人们的认识造成了一些混乱。

　　根据《清会典》卷六一的记载，清代被称为园寝的，不仅仅有亲王、郡王的坟墓，还应包括皇帝的嫔妃、皇子及亲王以下至奉恩将军等所有受封的宗室贵族，以及公主、格格和额驸的墓葬。

　　学术界对于清代园寝制度一直缺乏较为深入系统的研究，有的只是一些简单的调查和普及性质的介绍，在称谓上也多以"王爷坟"一词出现。如冯其利先生的《清代王爷坟》就是近年来对所谓的"王爷坟"调查和介绍最为详尽的著述。作者在多年实地调查和走访的基础上，结合历史文献和知情人的叙述，对各地尚存和已毁的清代"王爷坟"的情况作了细致的介绍，但缺憾的是，该书着重于对各类"墓葬"的介绍性描述，且描述上缺乏考古学意义上的严格数据记录。而对清代园寝制度产生的历史、社会原因，清代园寝产生的具体时间以及清代园寝与清代封爵制度之间的关系等，缺乏理论上的深入探索研究。冯其利先生最近出版的《重访清代王爷坟》一书，也只是在《清代王爷坟》的基础上，增添了部分图片和乘车路线，内容和思路与前书无大异，还是没有上升到理论的高度对清代园寝进行研究，一些缺陷仍旧未能加以弥补。

　　《清代园寝制度研究》一书恰是填补了这一学术研究的空白。该书在充分吸收冯其利先生调查成果的

基础上，又对北京周边地区的清代园寝遗址进行了一些实地考察，结合《爱新觉罗家谱》及《清史稿》等文献资料，对清代宗室墓葬的园寝制度和埋葬方式做了进一步的梳理研究，提出了独到的见解。作者认为，清代的丧葬方式大致以乾隆朝为界，分为前后两个时期，前期以火葬为主流，后期一般皆为土葬。清廷之所以在入关以后放弃本民族的传统，而接受汉族传统的土葬方式，其中一个重要的原因就是，火葬不利于体现等级制。清代园寝制度就在这样的历史背景下应运而生，清朝统治者把宗室王公及其子孙的墓葬称为"园寝"，以显示宗室贵族与普通民众的等级区别，让人们在思想意识领域内建立起这种特殊的等级观念，强化和突出皇族及贵族的特殊身份和地位，借以加强其政治统治。作者通过具体的研究进一步提出，清代园寝在布局与墓位安排上，受到中国宗法意识的影响，仍然按照家族式茔地的埋葬制度，按照昭穆顺序来安排墓位。作者许多高屋建瓴的新颖观点，对清史研究有着重要的意义。

清代园寝制度的建立是与清朝特殊的社会政治形态密切相关的。《清代园寝制度研究》一书基本分为三个部分。第一部分系统介绍了清朝的政权机构以及宗室的封爵制度。把清代的园寝制度研究，放在清朝宗室封爵制度这一历史大背景下，其研究极具说服力。同时，该部分系统梳理了中国古代庙、陵、寝的结合以及陵寝制度的发展、演变这一漫长的过程。在此基础上，该书第二部分详尽地研究了清代的园寝制度，结合实地考察，用翔实的文字介绍了清代宗室王公园寝、公主、格格园寝以及嫔妃园寝的规制、布局和保存现状等。该书第三部分主要是对清代园寝调查资料的整理，作者按清代宗室谱系进行了系统的梳理和统计，使之成为目前关于清代园寝最为完备的资料，对学术界而言，这批资料有着极其重要的史料价值。

《清代园寝制度研究》一书主要有以下四个亮点。

第一，将清代园寝作为一种制度进行系统梳理和研究，填补了清史研究上的一项空白。

第二，解决了称谓概念上的混乱问题，澄清了一些园寝制度研究上的模糊认识，为进一步的相关研究提供了标尺，具有很高的借鉴指导价值。

第三，该书采用图文混排的方式，并辅以较多的彩色图版，文、表、图并茂，尤其是大量的调查统计表，是本书的主要成果之一，为后人的进一步研究提供了最重要的资料和线索。

第四，该书结构合理，内容丰富精当，分章节探讨了不同类别园寝的规制和布局，使读者一目了然，在理论研究的基础上更深入的理解清代园寝制度。

因此，该书是集专业性、指导性、实用性、可读性于一体的一部系统研究清代园寝的力作。当然，可能是限于实地调查的困难，该书内容中尚缺乏一些具体的实地测量数据，这不能不说是一个美中不足的遗憾，有待今后进一步完善。

然而，瑕不掩瑜，该书仍不失为目前清代园寝制度研究的集大成者，填补了清代制度研究上的一项空白，目前正值清史编纂工程紧张进行之时，相信《清代园寝制度研究》一书的面世，必将会对清史编纂起到积极地推动作用，并带动相关领域的研究更进一步发展和完善。

（本文与丁利娜合著，原载《中国文物报》2008年5月21日第4版）

- ★ 亦古亦今总执着——访考古工作者魏坚　　　　　　　　　　　　　　　　　　　　284
- ★ 植根考古　开疆拓土——记中国人民大学考古文博系主任魏坚教授　　　　　　289
- ★ 明其心志，远达彼岸——"百尺竿头多面手"魏坚教授访谈录　　　　　　　　292
- ★ 基于全球视野下的钓鱼城遗址遗产价值——访钓鱼城遗址申遗中国人民大学课题组组长魏坚教授　303
- ★ 魏坚：一个人，一座城——草原文明的守望者　　　　　　　　　　　　　　　307
- ★ 道阻且艰，吾心依然——中国人民大学魏坚教授专访　　　　　　　　　　　　313
- ★ 访谈｜魏坚：不理解草原文明，就无法理解中国历史　　　　　　　　　　　　318

访谈篇

亦古亦今总执着
——访考古工作者魏坚

和魏坚交谈，总有一种时空交错的感觉，并在这种感觉中生发出难以抑制的感动。这种感动，不同于采访其他对象时被他们个人的经历与事迹所感动，而是被一个国家灿烂悠久的历史、一个民族厚重的文化积淀所感动。当然，也被魏坚乃至所有考古工作者执著而又不畏艰辛的工作精神所感动。

年轻时的魏坚对文学和历史尤感兴趣，觉得那是个神秘的领域。所以，高考时填报志愿，他选择了历史系考古专业。1982年，魏坚从吉林大学历史系考古专业毕业后，开始了他的考古发掘与学术研究生涯，现任内蒙古文物考古研究所副所长。二十多年过去，说起当年的选择，魏坚说，那既是模模糊糊的又更像是早有定数的，但不管怎么说，这个选择是对的。

一

在这个"对的"选择之后，魏坚的事业经历大致可以分为两个十年。前一个十年，他主要从事内蒙古中南部新石器时代和夏商周阶段的考古学文化研究。

对于考古，许多人的理解就是从古墓里去挖金银财宝。殊不知，关于人类文明进步的步履，特别是史前时期原始社会的文化，文字的记载都是十分有限的。我们的祖先怎样走过了人类社会的幼年？创造了怎样的文明？历史已离我们远去，无从查询，即使在有限的文字中找到点滴痕迹，仍然存在许多缺环。这一切，只能通过对相对年代遗存的不断发现、堆砌、考证、认定，来弥补缺环，还原历史。如此，才能让后人看清我们与祖先代代延续的绵绵血脉，了解各个社会形态的进化、发展与沿革。正是在这样的意义上，魏坚他们这些考古人的工作才显得价值重大。

十年间，魏坚主持、参与了阴山以南地区50多处古代墓葬、遗址的发掘。他感到收获最大的，就是在前人考古、积累的基础上，初步建立起了这一区域原始文化的考古学编年体系，廓清了这一地区距今7000～4000年前的大致模样，为该区域的史前史研究奠定了基础。并通过对阴山以南地区汉代墓葬的发掘考证，使汉代北方经济开发、军事设置和汉匈关系等方面的研究取得了突破性的进展。

魏坚如数家珍般地谈到对庙子沟新石器时代遗址的发掘。他描述说，在这个聚落遗址，生活用品、生产工具、器物放置都井井有条，甚至人骨遗存都原样原地、清晰完好地展现在眼前。看到它们，难免浮想联翩：是什么样的突发灾难使这些先民们的生命与生活定格在这一状态？会不会是如意大利维苏威火山爆发，毁灭了庞贝城那样？但不论怎么说，它都证明，距今5500年左右，内蒙古北纬40度地带已存在一种新的文化类型，即农业文明。这一发现，在考古界引起高度关注。庙子沟遗址经过十几年的发掘考证，被公布为全国重点文物保护单位。

十年考古实践，十年潜心钻研，魏坚写出了《内蒙古中南部原始文化的发现与研究》《试论庙子沟文化》《凉城崞县窑子墓地》《内蒙古中南部汉代墓葬》等多篇论文与专著，在考古学术界有了很大影响。

二

1992年起，魏坚的工作重点由阴山以南转向阴山以北，由研究原始文化转向研究草原地带的民族文化，尤其是蒙元文化。这期间，他致力于蒙元遗存和居延遗址的考古学研究，主持了元上都遗址和居延遗址、墓葬的发掘、调查工作。

跟随魏坚的叙述与讲解，我们走近位于锡林郭勒盟正蓝旗以东20千米处，元上都遗址就静卧在龙岗山下、闪电河（滦河上游）边那一片金莲花盛开的草原上。元上都始建于1256年，初名开平府；1260年，忽必烈在此登基，继蒙古汗位；1263年改称上都，成为与大都（今北京）并列的"北控沙漠、南屏燕蓟"的草原都城。它也是北方游牧的蒙古民族掌握政权后建立的第一座真正意义上的帝国都城。然而，盛极一时的上都随着元朝的灭亡化为一片废墟，几百年来寂寥地沉睡在草原上。它原本是草原的一部分，在失去昔日辉煌之后，又回到了草原的怀抱。

对于废墟，人们大多报以嗟叹、惋惜，而考古工作者却是寄情于废墟。魏坚和同事们一道，在这里发掘出元代汉白玉雕人像、古阿拉伯文石刻等珍贵文物；在遗址南关处发现了成排的客栈以及酒缸、酒碗等器具；在墓葬区还发现几具白种人的头骨——这一切，不仅印证了外国人对元上都的记述，还为我们揭示了这片遗址上当时人们生活的真实情景。我们仿佛真切地看到了这片"四山拱卫，佳气葱郁"的土地上曾经屹立的皇宫"大安阁"、华严寺、孔子庙和皇家苑囿，看到了都城西关繁华喧闹的商业区、东关王公贵族云集的毡帐，还有西南关毗连的酒肆，甚至看到了那个意大利人马可·波罗第一次来到这座大都城下，驻马遥望、啧啧赞叹的神情；不仅了解到元上都在建筑风格上结合了蒙汉两种文化元素，更了解了那个时代中西文化的交流与兼容并蓄。

魏坚说，对元上都的考古发掘，并不只是要告诉人们元上都曾经给草原带来了什么，而是要开掘其更深的意义，即它还将给草原带来什么；不仅要确认其应有的历史文化地位，还要使之成为我们今天经济社会发展中的一部分重要资源。所以，考古工作者们的责任就不仅要考证元上都遗址是一座拥抱着巨大文明的废墟，更将以此为重要条件，向联合国教科文组织申报，将其列为"世界文化遗产"。

为此，这些年，魏坚和考古工作者们配合各级政府做了大量工作。目前，当地政府已决定投巨资建造"元上都博物苑"，以进一步发展当地旅游事业；内蒙古自治区关于元上都申报世界文化遗产的工作也在顺利进行。魏坚说，虽然申报过程中还会有难处，但终有一份自信。我们也祝愿这项大事能如魏坚所愿——水到渠成，申报成功。

我们的思绪从元上都走出，又在魏坚的讲述中来到充满诱惑和召唤的居延遗址，走入"大漠孤烟直，长河落日圆"的幻境中，领略秦时烽烟汉时关。

居延，好比封存在戈壁沙漠中的厚重史书。在西起纳林河（额济纳河下游），东至居延泽，宽约60千米的范围内，遍布着青铜时代遗址一处，不同时代城址13座，墓葬区6处，汉代烽燧118座，西夏至元代庙宇10余处，以及大片屯田区和纵横曲折的河渠遗存。1998～2003年，魏坚在这里主持发掘了5座汉代烽燧和绿城子等遗址。

魏坚教授在居延考古现场（2001年）

发掘结果令魏坚和他的同事们兴奋不已："跟我过去的想像太不一样了！"这些烽燧并不是简单的烽火台子，而是一个个可以住几人或十几人的院落，担任守望之职的士卒可以携家眷在这里过且耕且守的生活。燧外有可耕种的土地，院落周围有"虎落"（用削尖的木桩组成的栅栏，用于防护），每座烽燧都装备有可以射出箭弩的"转射"；院落中有房间，房间里有灶台、土炕，还有设计精巧的暖墙，甚至捕鼠夹子、毛笔、木锹这些生产生活用具，都与现代的相差无几。木锹的把柄已被磨得十分光滑，显然是士卒们的常用之物。

魏坚说，这次发掘的最可喜收获，是出土汉简五百余枚，结束了内蒙古虽有多处汉代遗址却没有一枚汉简收藏的状况。这些汉简多以红柳木做成，记述着西汉至王莽东汉时期发生在这里的大事小情，涉及生态环境、规章制度、军事调动、钱粮款项、看病问医、占卜打卦等方面，甚至记录了当时某个基层军官怎样弄虚作假的言辞，这与我们当今有些地方干部为应付上级机关的检查而作虚假文章的事十分相似，看罢让人忍俊不禁。这些汉简以生动的文字，给居延边塞苍凉的历史填充了非常生活化的内涵，让人感到那遥远的一切

访 谈 篇

竟是那么亲近,那些守望在边关的士卒仿佛刚刚与我们擦肩而过!

对居延遗址的发掘研究,其内容涉及原始文化和有史以来这一地区政治、经济、军事、宗教、语言文学、东西方文化交流以及生态环境变迁等诸多方面,其意义也与对元上都遗址的发掘一样,不仅仅是因为它具有较高的考古学研究价值,魏坚说,更重要的是要为居延遗址的开发、保护和利用奠定基础。所以,魏坚和考古所的同志一道,在进行学术研究的同时,协助当地政府作出了对居延遗址开发、保护、利用的十二年规划。

可以说,较之前十年,魏坚除了在学术研究上更进一步外,更可贵的还在于他已自觉地把考古工作的学术研究性质紧密地与促进当地的经济发展融合在一起,让那些遗址遗存不仅可以向今人佐证不同时代的史实,还可以发展为集自然风光和历史文化于一体的旅游胜地。

因在原始文化和蒙元时期考古学文化遗存发掘和研究方面的成就,1996年以来,魏坚多次被日本、意大利、中国香港、中国台湾等地邀请作学术报告,更是国内多所大学学术讲座的主讲人;他主持策划摄制并撰稿的十二集文化专题电视片《草原文明》,获2000年国家"骏马奖"一等奖;他的考古学学术专著《庙子沟与大坝沟》《内蒙古地区鲜卑墓葬的发现与研究》《内蒙古中南部汉代墓葬》已经出版,《额济纳汉简》《金斯太——锡林郭勒洞穴遗址发掘报告》也将相继出版。

三

和采访其他人时一样,我自然要问到他的生活、家事、对人生及事业的态度等。对此,魏坚谈得不多,很平淡,却耐人寻味。他只是说,"考古这工作的确很苦,清理那些古代遗存,在野外一蹲就是一天,风餐露宿早就习以为常。但它让人着迷。在我们内蒙古这片土地上,汉、匈奴、鲜卑、党项、契丹、女真、蒙古等多个民族都留下了鲜明的印记。这里有过征战与抗衡,更有各民族间的亲近与和平,中原文化与北方游牧文化在这里碰撞、融合而显得色彩纷呈。我为此着迷,就像中了魔怔似的"。

——所以,他被家人叫作"飞来飞去的人"。一年之中总有二百七八十天是在野外发掘现场、各种学术研究活动中度过。

——所以,他被妻子戏称是"不食人间烟火的人"。多日在外,回到家后总有那么几天缓不过神来,吃饭时到厨房去盛饭,一会儿却又端着空碗回来了——满脑子还想着没干完的工作呢!

——所以,他淡泊名利,甘愿清贫,埋头做学问。那200万字的《庙子沟与大坝沟》就是他潜心研究18年的成果。有人以为,搞考古工作少不了与文物打交道,肯定有机会赚大钱。魏坚笑说,那他是太不了解考古工作者了,一个真正热爱、痴迷、执著于考古事业的

居延黑城遗址

人,脑子根本就不会往那方面想!

——所以,他从不在乎工作中吃的那些苦、遭的那些罪。在发掘现场,吃不上热饭,喝不上热水,那都是小事;走在荒漠野地,车漏了水,没了油,差点回不来的事,也不止碰上一回两回。然而,"虽有严寒酷暑,虽有艰辛困苦,但只要有一枚汉简摆在面前,就足以让那所有的苦都化为乌有,这种成就感和欣慰感,是别人无法体会的"。

的确,我们无法体会一个考古人的甘苦,却不能不被他默默执着、兢兢业业的工作精神所感动。正是因为有了像魏坚这样的考古工作者,有了他们数十年的不懈努力和研究考证的成果,我们内蒙古才名副其实地站在了文物大省区的位置上,这对于我们建设民族文化大区,无疑是一个不小的贡献。

他们的名字,他们的成就,应该被我们记住。

本刊记者:张燕翎

(原载《实践》2004年第1期)

植根考古　开疆拓土
——记中国人民大学考古文博系主任魏坚教授

这是一位生长在辽阔草原上的北方汉子，以其粗犷豪放的处世秉性深深感染着周围每一个人；这是一位驰骋于考古与历史沙场的执着斗士，以其严谨慎独的治学态度深深感动着学术界同行；这是一位致力于北方民族考古研究领域的拓疆者，亦是扎根于中国人民大学考古文博事业的学术带头人。他就是植根于北方考古这方热土，伴随中国人民大学考古文博专业一路走来，见证其诞生、成长及发展全过程的现任中国人民大学考古文博系主任魏坚教授。

一、兴趣是成功的基石

1978年，已经调到公社工作的魏坚禁不住老师和亲人的劝说，出于对考古和历史专业的热爱，他一鼓作气在高考志愿栏中全部选择了考古学专业或历史学专业，最终天遂人愿，魏坚被吉林大学的考古专业录取，并在此地结识了影响自己一生的良师和益友。上大学时，就读于考古系的魏坚不但刻苦攻读专业课，参加田野考古实习，而且总是利用业余时间博览群书，正是这种看似"不务正业"的做法为其以后涉猎广泛的研究工作打下了坚实的基础。大学毕业后，深得导师张忠培先生赏识的魏坚却婉拒了老师要其留校从教的邀请，而是听从做俄语教学和学术著作翻译工作的舅舅的建议回到了天地广阔的内蒙古，并积极投身到了北方民族考古研究工作之中。

二、不懈耕耘瓜熟蒂落

在内蒙古文物考古研究所从事考古研究的22年间，很早就担任业务领导的魏坚长年累月地忙碌在考古工作的前线，从事着自己钟爱的考古发掘工作。一年四季中，他有近三百天都在为田野考古发掘和资料整理奔波在外，朝夕更替间，他几乎都没有看到过阳

魏坚教授在楼兰古城（2009年）

光射入自家房间的景象。即便在城里研究所上班,这位每天清晨第一个推开办公室门的人,也往往是最后一个离开办公楼的人,因此,经常被人戏称为不食人间烟火的人。为了考古,他甘于清贫,寄情田野,并且乐此不疲。自1982~1992年短短十年间,他主持并参与了阴山以南地区五十余处古代遗址和墓葬的发掘,并在前人考古积累的基础上,初步建立了这一区域原始文化的考古学编年体系,廓清了这一地区距今7000~4000年的基本轮廓,为该区域的史前史研究奠定了基础。其间,魏坚还通过对阴山以南地区出土的汉墓进行发掘考证,在研究汉代北方经济开发、军事设置和汉匈关系等方面取得了突破性进展。但是在众多遗址发掘工作中,最令魏坚引以为豪的还是庙子沟新石器时代遗址的发掘工作,在这个聚落遗址中,生产工具、生活用品和人骨等,都放置的井井有条,清晰而完好。这无疑证明了,在距今5500年左右,内蒙古长城地带,存在着一种体现农业文明的崭新的考古学文化类型。这一发现引起了考古界的高度关注,通过随后十余年的发掘考证,庙子沟遗址被列为了全国重点文物保护单位。到2003年,厚厚两本考古发掘报告的出版,这项历时十八年的考古工程终于华丽谢幕,但是它留给魏坚的影响却深刻而悠远,特别是每一个曾经借宿老乡家的夜晚,每一句悉心的叮咛,每一段深厚的友谊……

自早年起,魏坚便对苍茫神秘的草原文明产生了浓厚的兴趣,特别是1992年以后,更是将考古研究的重点转向草原地带的民族文化,尤其是蒙元文化。自1992年来到元上都至2008年整理发表全部的考古报告,魏坚始终将目光驻留在这座由我国北方骑马民族创建的草原都城之上。元上都,始建于1256年,初名"开平府",1263年改名为"上都",又名"上京""滦京",位于内蒙古自治区锡林郭勒盟正蓝旗旗政府所在地东北约20千米处的闪电河北岸。这是一片早已被铮铮马蹄踏平的苍凉废墟,魏坚考古团队却深深地醉心于这片"不毛之地",终于功夫不负有心人,他们陆续在此处发掘出了诸多"奇迹",元代汉白玉石雕人像、雕龙角柱、古阿拉伯文石刻,并在遗址南关处发现了成排的客栈和酒肆、民居及大量酒缸、酒碗等器物……这些文物的出土为我们揭示出当时元上都周围人们生活的真实场景。对于这项巨大工程的考古发掘,魏坚将目光定格在了未来,为此,他积极配合各级政府做了大量的申遗准备工作。2012年6月29日,元上都遗址在第36届世界遗产委员会的大会上,被列入《世界遗产名录》,魏坚把这一点看作是他毕生的骄傲。不仅如此,魏坚在金斯太旧石器洞穴遗址的发掘(已公布为全国重点文物保护单位)、战国秦汉长城调查、居延遗址的调查和发掘、河套地区汉代墓葬发掘和鲜卑墓葬的发掘与研究方面,均取得了丰硕的成果,从而被他的导师林沄先生赞为当今考古学界的"全才"。

三、运筹帷幄的考古"掌门人"

身为中国人民大学历史学院考古文博系的主任,魏坚教授为考古文博系的建立及发展

访谈篇

立下了汗马功劳。2004年,他作为"高级引进人才"被引进到中国人民大学,以学术带头人的身份,开始着手创立考古学及博物馆学专业,并于同年组建了北方民族考古研究所,随后筹建了中国人民大学博物馆,此后人大考古文博专业的发展事业犹如一项使命植入了他的生命。栉风沐雨近十年,在魏坚的带领下,考古文博专业的团队实力日益壮大,在坚定抓好田野考古实践的基础上,取得了国家考古发掘团体领队资质,目前已经形成了完备的本、硕、博培养体系,中国人民大学考古文博系也于2013年10月赫然成立。在教师队伍建设过程中,魏坚经常以"和谐"来协调成员之间的关系,人品和学识也是他对团队成员最基本要求,而在治学方面,他要求团队成员必须精益求精,参加论坛和做学术报告需要有自己最新的独到见解,否则就失去了其汇报的意义。面对社会上的有志者,魏坚总会风趣的说:依我来看,做一名考古学家只需做到四点,一要身体好,二要性格爽,三要喝烧酒,四要晒太阳。诙谐的话语中,透露出他的生活阅历和对学生寄予的殷切期望:良好的身体素质,开朗豁达的胸襟,知足常乐的生活态度。如此的洒脱、不羁,如此的惬怀、满足,正是魏坚教授现实生活的真实写照。

面对未知的考古新征途,踏踏实实从细枝末节做起是魏坚教授对自己的要求,也是对中国人民大学考古文博系全体师生的要求。他坚定不移的认为,未来的十年必将是人大考古文博系这颗新星进军全国同领域前列的十年,为此,他为自己,也为考古文博系描绘了一张蓝图:雄厚的师资队伍,多学科的研究方向,内容丰富的教材,高质量的实习基地、实验室,优秀的毕业生……

文字:杜佳慧、李洋

(原载《中国科技成果》2014年第4期)

明其心志，远达彼岸
——"百尺竿头多面手"魏坚教授访谈录

编者按：2015年5月16日~18日，魏坚先生在四川成都参加由四川大学历史文化学院主办的"文物、文献与文化——历史考古青年论坛（第一届）"。5月17日上午，四川大学学生学术社团明远考古文物社有幸在论坛空隙，于川大博物馆四楼会议室对魏坚先生进行了采访。论坛的倡导者、明远考古文物社指导老师、四川大学历史文化学院教师王煜也参加了本次访谈。现将采访内容整理出来，以飨后学。由于本稿是根据现场录音进行的整理，如有错误之处，应由我社负责。

老师第一个问题，我们了解到，您进入吉林大学以后，张忠培先生很欣赏您，您毕业之后，他想让您留校任教，但是您最后还是选择回到内蒙古，从事北方民族考古，就这两方面请您谈谈当时的情况和做出这样选择的原因。

我是1978年以下乡知青的身份考入吉林大学考古专业的，那时突然有了上大学的机会，又是自己几乎唯一选择的考古专业，所以钻研的劲头可以说是如饥似渴。大学毕业时，张忠培先生几次找我谈，希望我留校和读研，原因其实很简单。大家都知道，当时的吉林大学是以田野考古见长，张先生当时想留的就是一个能带田野实习的考古队长。因为我上大学之前，在中小学的时候一直当班干部，下乡以后就在农村当各种基层干部。从18岁到22岁，我在农村干过的基层干部有知青组的组长、民兵营长、团总支书记、

魏坚老师接受采访（2015年）

青年突击队队长、治保主任、大队革委会副主任等，后来又调到了人民公社（现在的乡党委和乡政府）做干部，到上大学的时候已经23岁了。就是这样的生活经历和锻炼，使我有了一定的组织能力和凝聚力，以及处理问题的能力。我们上大学期间有三个学期在做田野实习，那时候一来我们大都年龄很大了，二来会经常没有老师带队，所以我们都会自己安排行程、装运备品、号房子、安排吃住等。到了农村，有没有电、土炕能不能烧、风箱能不能用？这些事情都得自己处理。这就要求你要有能力处理这些事，还要跟基层干部和农民打交道。这对我来讲，属于家常便饭，不是个什么事情，处理起来比较得心应手。毕竟那个年代的学生多是社会上来的，能力都比较强一些。不像你们现在都是直接从家门到校门，独生子女多，这样做起事情来可能就要困难一些。所以，张先生也许就看中了这一点，认为把我留下来做一个考古队长挺合适。再一点，就是当时我大概不怕苦不怕累吧，就是喜欢干田野，吃点苦，受点累，晒一晒太阳都没什么事。还有一点也许是先天的，就是辨别个地层、画个线儿、清个房址灰坑什么的，都不是问题。所以1985年我参加在山东举办的国家文物局考古发掘领队培训班的时候，我在工地只挖了一个方之后，当时的教头叶学明老师就不叫我开新方了，专门负责全工地的照相和帮助解决疑难问题。还有就是张先生在写文章的时候，曾经让我帮他画器物图，他觉得我做得还可以，就找出几篇考古报告来，让我在其中就地层学和分期问题给挑挑毛病，比如《磁县下潘汪遗址发掘报告》等，里面的错误比较多，我挑出40多处错误来。张先生大概觉着我可能还是个干考古的料吧，所以就想让我留下。我想，当时的吉林大学正处在一个起步发展的阶段上，需要一个有点热情、有点能力、能干考古的人留下来。其实我们吉大考古78级这个班有能力的人太多了，如今在国内考古界也大多是佼佼者。比如说后来留在吉大的朱泓；还有原来在国家文物局，现在在故宫的李季；目前在文化遗产研究院的乔梁；复旦大学的高蒙河；社科院考古所的朱延平；还有留在吉大古籍研究所的著名书法家丛文俊和目前在北京三联书店做老总的翟德芳；等等。在学术造诣上，个个都很厉害。但是我的长处可能就是对乡下生活和对田野工作的熟悉和应用自如吧。

要说我当时不愿意留校任教的原因，第一，当时我不太喜欢东北那块地方的生活习惯，从语言到饮食都不习惯；第二，当时我不愿意做老师。从中学到下乡，我们过得是那种火热的充满理想的生活，那时我是下乡的知青标兵，是那种处在风口浪尖上的人，你让我去当个老师，做那种很文弱的人才做的事，我觉得很可笑，因为我还有更重要的事情要做。还有最重要的第三个原因，是我更喜欢我自己家乡那块地方。我有一个舅舅叫陈弘法，他是搞俄文翻译的，在我读中学的时候就翻译了很多俄文的小说，在我上大学前，开始翻译很多俄文的考古资料。所以，我在上大学之前就开始接触米努辛斯克盆地、西伯利亚岩画、额尔齐斯河石雕像、蒙古的古代城市和伊沃尔加匈奴城址这些考古资料。他一直对我讲：内蒙古天地广阔，地接欧亚，你回内蒙古来做考古，一定大有作为！当时我们那苴人还是很喜欢自己的专业，想做点儿事儿的，也不必像现在这样找工作很难，那时候的我们是天之骄子，机关事业单位都抢着要；此外，我在家里面是老大，下乡走了四年多，大学又过了四年，都八年过去了，家里父母年纪大了，弟弟妹妹还小，我有责任回家给家里当顶梁柱去，所以我必须回家。因此，张先生几次找我谈叫我留校，说我可以读他的研究生等，但是一直没有谈妥，总之，他就对我有些生气，一直到两三年之后在内蒙古开西部考古会，他和苏秉琦先生及学界很多大佬都去了，我给他摆出一堆具有考古学文化编年谱系的陶片来，他看了以后，说看来你回来是回对了。

其实对我来说，最主要的原因，就是内蒙古这块天地实在是太广阔了，118万平方千米，东部和西部在考古学文化面貌上有着那么大的差异，实在值得研究。东部就是兴隆洼—赵宝沟—红山—小河沿文化这套系列，完全有别于中原的考古学文化面貌；西部就是白泥窑—庙子沟—阿善—老虎山—永兴店文化这套系列，早期跟中原比较相似，仰韶晚期开始形成了自己的特点，完全是新的文化面貌。我把内蒙古地区的考古称作"两河流域考古"，因为内蒙古东西狭长，西部有著名的黄河，东部的西拉木伦河古称"潢水"，也是一条黄河。内蒙古的两河流域是两套完全不相同的考古学文化体系。事实证明，我回到家乡内蒙古做考古这条路走对了，在前人工作的基础上，我用了大约20多年的时间建立起了内蒙古西部地区考古学文化的编年体系。同时，经我亲手发掘和研究过的庙子沟和金斯太两处遗址被公布为国保单位，我连续工作了18年的元上都遗址在2012年被列为世界文化遗产。从这个意义上讲，我是很知足的。但同时，我也突然发现失去了前进的目标，没有了动力。当时那个阶段，又因为我拍了个12集的电视文化片《草原文明》，获得了全国骏马奖一等奖，上级给了我很多机会去做相关行业的领导，但我还是钟情于自己的专业，不喜欢去当官。这时，我的博士生导师，吉林大学的林沄先生动员我回吉大去。那时的吉大正是发展的最好阶段，于是我就准备回吉大教书去。但是半道上又让人民大学给截住了，说是要建立考古学科，希望引进我做学术带头人。当然，这其中还有很多其他的原因，我就最终去了人大。

所以，要说当时不留校的原因，说的大一点，也就是我们那会儿大概还是很有一点志向，想干一番事儿。我很小的时候，读一些赞美英雄豪杰的书，最早的志向大概是想做一个大英雄，像毛泽东一样打天下，创造出一个新的世界来。后来发现生不逢时，于是就返回头来做学问了。其实我念书也不是个用功的人，我在学校很少去图书馆，平时多是拿同寝的同学借回来的书看，最勤快也顶多是跑到教室去学习一会儿，平常就待在宿舍哪也不去。但是我兴趣广泛，也有自己的一套行事方法，比方人家搞篆刻，我也会因学着搞而逃课；突然对戏剧感兴趣了，就把《莎士比亚戏剧集》拿来看一遍。参加工作之后，电视台来拍片，机器往哪儿架，从什么角度拍，也多是由我来调度。即便是当年做知青，也是农活拿起来摆弄几下就会做得很好，也许是天生的农民吧！所以，我选择考古也是扬长避短

吧。这会儿如果问我下辈子会选择什么职业，我可能还会选择考古。考大学那会儿，我们是先报专业后考试，我也只选了考古和历史。后来，就学了考古，我儿子也跟着我学了考古。如今说起来，倒不是一定要有多么热爱，而是这个学科太有魅力了。

老师第二个问题，我们知道多年来您一直致力于草原文明研究，研究跨度从史前一直到蒙元时期。那么就您的研究来看，草原文明有哪些特征区别于其他文明？

其实是我到了人大之后才竖起"北方民族考古"这杆旗来，2004年年底成立了中国人民大学北方民族考古研究所，随后，就把"北方民族考古"列为了主要的学科研究方向。其实，严格意义上讲，在民族形成之前的旧石器、新石器时代在这个区域的考古，肯定不能叫北方民族考古。所以，我在到人民大学之前在北方地区搞了二十多年的考古研究，出版了几本研究成果，严格意义上讲，只能叫作北方地区考古，而不都是北方民族考古。我是权衡比较了国内各高校办考古学科的特点，感觉人大应该有自己的特色，得有自己的一块牌子。当时的情况是：北大以中原为主，吉大做边疆考古，山东大学搞东方考古，西北大学做西部考古，四川大学有南方民族考古，那我们正好可以填补北方民族考古的空白。有了这样一块牌子以后，我们就笼统地把北方地区早期遗存的研究也归到这个范围之内。其实，我们目前实际上还是做历史时期考古的研究多一些，不过近几年开

魏坚老师在学术会议上（2015年）

始有了做早期阶段考古的研究生。因此，以至于好多年轻的同学只知道我挖过元上都，只做宋元考古或是北方民族考古，不知道我最早做的是新石器和商周考古，还挖过旧石器的洞穴遗址。到我给研究生上课讲区系类型时，他们就真的傻眼了，可见很多人根本就不了解情况。

应当说，北方民族考古在中国考古学研究中占有重要地位。最近，许宏写了一本书叫《何以中国》，他在告诉大家古代中国的由来。我碰到他，就跟他调侃说，许宏啊，你不问何以中国吗，我给你对四个字：因有边疆。因为有了边才有中，有了边疆才有广义的中国，这应当是个相互依存的关系。这虽是开玩笑调侃的话，但是总的来说，中国很早就开始有华夷之辨，很多学者会关注华夏边缘的研究。我两年前来川大讲座时讲到过这个问题，前两天在武汉大学也讲了这个道理。近两年，我不论做什么讲座，都会在正题之前，讲讲在考古研史过程中在三个方面所受启示的心得。

第一个方面，就是如何看待华夏五千年的文明史。我们的新闻媒体经常会宣传华夏文明如何源远流长，连绵不绝，没有发生过空白和断裂等，用现在一个比较流行的词来说，就是比较傲娇！其实，这种状态的形成在很大程度上是由地理环境因素决定的。从中国版图的基本情况来看，北边由东向西依次是大兴安岭南段，然后是东西横亘的燕山、阴山，东北—西南向的贺兰山，再往西，南侧是天山，北侧是阿尔泰山，向西折回到帕米尔山结；南边由帕米尔山结向东南依次是著名的昆仑山、唐古拉山、冈底斯山、横断山，到十万大山、雷州半岛、海南岛，然后绵延到海。如此看来，中国的地形就像一个大沙发，南北两列山脉就像沙发的扶手，西端最高点的帕米尔山结就是沙发的高靠背，里面就是自然地理学上所讲的三级台地：青藏高原、黄土高原、华北平原和长江中下游平原，面对的是蔚蓝色的大海。在人类活动的早期阶段，外界的文明很难进入这个区域，这个区域的文明也很难对外界产生影响。所以，中华的文化在这其中自然就变得独立发展，与众不同。此外，我们还有二十四史为证，说明我们的连绵不绝。不过不是也有人说"崖山之后无中国"吗？若此观点正确，这文明不就断了吗？实际上这更是狭隘的民族观和狭隘的历史观！所以，我们绝不妄自菲薄，也不必自我陶醉。

第二个方面，就是如何看待北方民族对中华多元一体格局形成的贡献。中国北边这条东西横亘的山系，基本上位于北纬41度和42度线上下，这条线是一个自然地理分界线，不同的地理环境和气候条件，形成了不同的生业形态，南边宜农，北边宜牧，南侧是中原华夏，北侧是北方各少数民族。自距今大约三千五六百年的商代晚期，中国北方的游牧业由于气候的变化逐渐形成以来，北方民族就不断地越过阴山、燕山和中原历代王朝修筑的长城南下，甚至还入主中原，建立王朝。鬼方、土方、猃狁、獯鬻、匈奴、鲜卑、柔然、突厥、契丹、女真、蒙古和满族，这些在北方地区兴起的民族，都曾经创造过辉煌的历史，但其表现和作为又各不相同。美国人魏特夫就将他们分为"征服王朝"与"渗入王朝"。且不论这种分法是否得当，就中华民族的形成而言，就是不断地由周边各民族的融入，特别是北方民族的强势融入，不断注入新鲜血液才使其不断更新和强大的。查一下中国的二十四史，你看到的总是北方民族不断的凝聚、强大，一旦时机成熟就强势南下，有的甚至入主中原，建立王朝，北魏、辽金便如此。有的甚至建立了统一的政权，元朝和清朝便如此。所以，北方民族是值得我们研究的。他们的征伐杀掠，造成了生灵涂炭，但就历史的发展而言，更多的情况下是不断地破坏旧的秩序，建立新的秩序的过程，推动了历史向前发展，这是一个不变的真理。从这个意义上讲，那个"崖山之后无中国"的狭隘观念是多么的可笑。所以可以说，北纬41度线造成了气候和农牧差异，也造成了民族间的征战和融合，而这种征战和融合应是中华民族不断强大、创造新的历史的一个源动力。

第三个方面，就是如何看待明朝和明长城。在中国历史上，不断兴起和南下的北方民族对中国史甚至世界史都产生过重大的影响，但是，其中最为强大的匈奴和突厥两大部落集团却都没有能够入主中原，究其原因是他们遇上了中国历史上同样强大的汉唐王朝。兴起于战国晚期，强盛于秦汉之际的匈奴部落联盟，在汉朝的连续打击下，南匈奴入塞，北匈奴西迁至多瑙河流域。西迁形成的多米诺骨牌效应，造成了欧洲的民族大迁徙。突厥在建立第二突厥汗国后也最终西迁，进占博斯普鲁斯海峡南北，发展成奥斯曼土耳其帝国。整个世界都因中国北方游牧人的西迁发生了巨大的变化。其余在北方兴起的民族都基本上先后入主中原，建立了不同的政权。因此，他们对中华民族多元一体格局的最后形成，对中国文明的发展起了重要的推动作用，我们不能无视这个现实。平时我们列举中国历史上的朝代时，常会说"唐宋元明清"，这当中辽、金哪里去了？西夏哪里去了？辽与北宋以白沟为界，统治中国北部和辽阔的北方草原地带；金与南宋以淮河为界，版图就更为辽阔；到了元代，达到了全国的统一。这其中，《辽史》和《金史》是后来补修的，同《元史》一样，质量不高，错谬百出。西夏则始终没有修出一部正史来。我说这个话的意思是说，对待历史上建立的王朝政权，多是以中原正朝的角度来看的，修史也多是由中原士大夫来完成的，诸多的偏见使我们描述的历史不完整、不清晰。实际上，如果我们不能正视这些少数民政权的存在，不能正视这段历史，不能把它当作中华民族的一部分，就无法理解一个完整意义上的中国！同理，自明朝建立明太祖北征之后，就全线南撤，从山海关至嘉峪关修筑万里长城，将明朝的管辖区域同退出中原的北元政权分隔开来。这道明长城比阴山脚下的赵长城、阴山中的秦长城和阴山以北的汉塞外列城，向南移动了几百千米。而我们还要把这道曾经使民族和政权分隔的长墙，歌颂为中华民族的脊梁，劳动人民智慧的结晶。其实不过是一道不得已而为之的军事塞防。但重要的是，长城之内是明朝的江山，那长城以外的北元—蒙古政权还一直存在，北元—达延汗—阿勒坦汗—林丹汗等统御的区域难道不属于中国吗？那大半个中国我们就不要了吗？所以，一个明朝不足以代表那个时段的中国，那个时期的中国仍然是个南北朝，明朝不过是南北朝中的南朝罢了。如若不这么看问题，那苏联和中国闹边界争端的时候，所说的长城以南才是中国，长城以北和中国没关系的说法就是有根据的了。那么，我们就把中国二分之一以上的领土丢掉了！如果我们连这个最基本的认识都没有，我们还怎么看待中国的历史，我们怎么看待多元一体格局下的中华民族？

正是因为在对北方民族考古的学术研究中，逐渐思考并形成了这样一些认识，而且感觉这些问题非常的重要。所以，我就更觉得古代北方民族的形成、发展及其发展的动因在哪里值得研究。在人大任教以来，我们成立了北方民族考古研究所，逐渐组建起了自己的学术团队，有了更多的老师和研究生加入到研究队伍中来。随着研究的深入，我们就分了秦汉、魏晋、辽金元几个段落来做，包括了北方长城地带的一些秦汉古城、汉代墓群、北魏金陵和北魏六镇、金元时期汪古部的城址和墓葬，等等。这些年已经完成了多个课题，并发表了一批最新的研究成果。这个区域的考古遗迹、遗物保存得比较好，但文献记载却相对较少，这就给从考古学入手的研究提供了好的契机。研究中我们大量的利用谷歌地图，不但可以把古城的位置标出来，还可以做出准确城址平面图。这对于进一步的研究十分有益。这样的研究就有无穷的魅力，促使我们不断地去挖掘、去琢磨。看看北方民族和华夏怎么一个碰撞，怎么一个融合。比如说，鲜卑哪里去了？契丹、女真哪里去了？地处黄河以北地区的华夏之地，纯粹的中原人有多少？还不都是不断融合后的杂交品种嘛！过去我们认为，大概地处中原的河南人应该纯一点，后来发现河南也不纯。最近，有个大学搞民族调查，在河南的洛阳等地发现了很多蒙古人后裔的村子，并且自称是木华黎的后代。在云南、福建和江苏也有同样的情况。不久前我到江苏常州，就遇到了蒙古人的后裔，并且有家谱，是随着清军入关后，一路南下到了镇江再到常州的。所以说，民族的形成是一个复杂的过程，融合是必然的趋势。就宏观的角度看，如今我们自称中华民族就较为合适，如果仍自认华夏大概就很狭隘了。我们是学考古的，这些从考古学和体质人类学的角度，在课上都要讲到的。

虽然我们主要研究的是北方民族，其实就学术研究而言周边的民族都应该有所涉猎。吉林大学的研究基地叫边疆考古研究中心，记得2003年秋季我们在额济纳旗召开有关汉简的国际会议，在胡杨林里采访的时候，朱泓教授就讲，我们不但要做陆疆，我们还要做海疆。我非常支持他们做全面的包括海、陆疆的边疆考古。你们都知道台湾"中研院"的王明珂先生，他最早是研究羌族史的，写了《华夏边缘》《羌在汉藏之间》之后，又依据北方地区发现的考古资料和文献记载写了《游牧者的抉择》，这除研究者具有出色的研究功底之外，也是在学术上相互借鉴，触类旁通的结果。我和川大的霍巍教授打交道比较多，我俩也经常开玩笑，他的西南考古，特别是西藏考古就做得非常好啊！从人类学的角度看，中国人类的发展应该是从西北逐渐推进到了西南。直到历史时期，北方也总是不断地向南影响。这可能是因为南方对着大海，阻隔造成了这个可能，而且直到宋元以来才大力开创了海上的交通。所以，边疆不只是指北疆，应该包括西北、西南和海疆。所以，考古学需要你去探索的地方太多了。从这两天的论坛我们可以知道，每个区域和段落需要研究的东西太多了，好多材料需要慢慢提炼加工。就拿仰韶文化来说，现在我们把仰韶当作一个大的区域的时代概念来理解，称作仰韶时代，因为作为考古学文化的概念已经涵盖不了那么多有差别的遗存了。所以，认识是在资料积累的基础上不断发展和提高的。人民大学最开始能做的就是把北方民族考古先做好，但是经过了十多年教学和科研的发展，我们逐渐开始关注新疆和中国南方地区的考古研究。从2014年开始，我们的招生简章上的研究方向就开始表述为：立足北方，重视西域，挺进中原，发展长江流域。也就是说，我们在继续加强北方民族考古研究的同时，也在关注中亚、"一带一路"的考古，并且向中原和长江流域拓展研究领域。近几年，我们到长江流域的重庆、湖北、湖南、江西等地做了考察，并和当地的考古研究部门合作开展一些调查、发掘和资料整理工作。这样，就把大家过去不太关注的这几块地方，首先做起工作来。现在我们的学生越来越多，需要提供实习的场所，于是，我们再和地方签订一些合作项目和建立考古文博实习基地的协议，就把教学与实习、科研逐渐常态化了。另外，我们最早成立的学术机构叫北方民族考古研究所，很显然，我们研究的重点是北方民族的考古。但是不知道为什么，近几年来自民族院校的少数民族毕业生，越来越多的报考我们的研究生。后来我们才搞明白，一定是把我们的北方民族考古研究所，当成了北方的"民族考古研究所"，于是，喜欢边疆文物考古的少数民族考生便前来投奔。所以这两年湖南、湖北、云南、广西的土家族、壮族、侗族的考生，都考到我们这边来，我们还倒真成了"民族考古研究所"。这样，也从客观上促使我们在研究方向上，为这些来自南方的，特别是少数民族的考生着想，主动把研究方向、研究内容向南方靠。同时，既然做民族考古，该地域的史前考古也应当有所涉猎才行。所以说，我们的学习一定不要拘泥或局限于某一段落。比如说我自己吧，如果一定要贴一个标签的话，那谁能说清楚我是研究哪一段的？我做了二十多年的新石器时代和商周考古，也挖过旧石器阶段的洞穴遗址，做过居延大遗址，做过汉代城址与墓葬，做过鲜卑墓葬和北魏六镇考古，做过金元时期的阴山汪古研究，还在元上都做了十几年的发掘、保护和申遗。到人大后，又做了明代张家口万全右卫军事防御体系的研究，在清史编委会待了七八年，我现在的一个博士后出站报告写得是清代乌兰布通战役古战场的考古学研究。中国也许真的没有一个像我这样从旧石器时代干到明清的考古人，这当然不是我有什么本事，实在是时代和环境造就的，并非完全是自己的选择，但我却从中受益匪浅。

我可能说得超出了提问的范围，但是我还是想谈谈我的看法。如今的考古学视野，已经早不是"古不考三代以下"的认识，历史时期的考古同样是我们研究的领域。中国的编年史有一个不成文的规矩，也是二十四史的编撰者们遵循的法则，那就是"常事不书"，由于这个传统的存在，史书只记载"国家大事"，而我们想知道的很多事情他们都不写。司马迁的《史记》记载了汉匈战争，却不说匈奴长什么样，用什么器具？新旧唐书也不说突厥长什么样，有什么特征？这就给做考古的留下了很多值得研究的内容，还得靠我们去考古。所以，年轻的学者，特别是青年学生，学习和涉猎一定要广博，不要从一开始就拘泥于"我是做史前的或是做秦汉的，管他那个南北朝和隋唐做什么，更无论宋元什么的"，我不赞成这样的认识。尤其是在地方做工作的人，就应该什么都做点，旧石器也得挖，新石器也得做，辽金元也得搞，这样将来才会真正有出息。另外，我认为一个高校的考古专业要发展，一定要紧紧抓住和坚持做好田野考古实习。所以我们人大考古秉承的就是：永远高举田野考古的旗帜，坚持对学生进行田野考古学的实践训练。有的大学只办博物馆或是文博专业，似乎很专门化和有针对性，但实际上很难把专业办好。这一方面可能是办学理念的问题，另一方面也反映了对田野考古的不重视和怵头，因为搞田野实习是需要资源和人力的。其实，不论你培养的学生将来是做考古还是做博物馆，或是做文化遗产保护，进行起码的田野考古学的训练都是必要的。

考古学该做的事太多了，考古学有着无穷无尽的魅力和无穷无尽的发展空间。川大是一个有着丰厚积淀的好学校，川大考古的氛围也很好，你们有大侠级别的霍巍教授做掌门，还有温柔体贴的李永宪教授，中青年教师有一大批，师资结构合理，学科门类齐全，还有一群专业素养很好的学生。我在三年前来过川大，你们有很好的博物馆和资料室，活动空间很大。年轻教师们张罗的这个很有价值的论坛，马上就得到支持。所以，川大的考古将来一定会有很大的发展。在这儿我也欢迎川大的老师和同学去人大交流。我们每年有一个和另一所院校合办的"北京高校研究生考古论坛"，最早由人大和北京大学发起，然后是跟中国社会科学院研究生院，接着是和中央民族大学，去年是跟首都师范大学，今年第五届是跟北京联合大学合办。总之我们每年找一所在京高校跟我们一块儿办，同时邀请京外的3~4所高校参加。即便没有高校与我们合办，我们人大也会独立把这个论坛办下去。所以欢迎川大的学生参加我们的论坛。

老师，我想再加一个问题。希望老师谈一谈对我们青年学生的期望和寄语。

青年是未来嘛，这是肯定的，尤其我们学考古的学生可能更非同一般。首先，考古的学生和老师之间的关系要更密切一些，因为经常一起下田野，在一个锅里搅饭吃，会有更密切的接触；其次，考古的老师可能会有一种不同于其他专业老师的作风，长期的密切接触，他们往往会把学生当成自己家的孩子一样来对待，感情上会更亲密一些。因此，考古专业毕业的学生相比其他专业的学生，改专业、改方向的要少一些。所以，要说到对你

们的期望，我更愿意讲些实在的话。首先，学考古的学生应该多一点理想和抱负。如今是商品社会，再也没有了当年的毕业分配，大家都面临着毕业找工作的问题。现在大家都在进行考古学的专业学习，将来毕业了能做本专业工作自然好，不能做本专业做别的也没有关系，因为我认为，即便是硕士博士阶段，你所接受的也可以认为是一个素质教育，不会就此决定了你这辈子的职业去向。正因为如此，无论学什么专业都要努力，有理想、有抱负，完成好每一个学期的学习，使每一次实习都有收获。这样在面临社会的选择时才不会惊慌失措。其次，认真做好每一件事，因为细节决定成败。养成一种好的习惯是很重要的，无论做什么事儿，都要尽量做到最好。所以要做好每天的每一件事，认真地去读每一本书，很多事情如果细节做好了，自己满意，同学满意，老师满意，大家满意的效果会产生温暖的环境，同时会成为下一个目标的良好起点。再次，如今的学生应该多一点人情味儿。你们现在的好处就是社会环境好，经济条件、学习条件、工作条件都很好。不好的就是少了那种按照自己的意愿去拼搏的机会。你们几乎都是"90后"独生子女，爹妈啥都不用你们管，在学校又什么都是老师管，日常生活有一张卡就什么都有了。因此，不自觉地就养成了一切以自我为中心的习惯，不懂得关心和照顾他人，而这种自我的发展实际上就是自私。说到自私这个字眼，大家都觉着很难听，可实际上自我意识过分强烈其表现恰恰就是自私！所以，现在的青年学生应该少些自我意识，多关心和观察周围的事物，实际上就是学会察言观色，看看哪里是别人最需要的，谁更应该得到帮助，哪怕是一杯水，一句问候，有时候都是非常必要的，这就是我说的人情味。现在的社会，包括同学之间，我不能说完全没有了人情味，但无情和冷漠的例证实在是比比皆是。你们这一代人，有了这么多好的条件，如果再能学习一下你们那些从小吃过一些苦、受过一些罪的长辈们的长处，懂得关照一下别人就可能完美一些。

人总是有长有短，关键在于自我修炼，要有一点自我改造的意识，有意识的去琢磨改造一下自己。考古需要观察和反省，多参加类似的会议，听其言，观其行，这样的话，人就会变得多一些经验。而且重要的事情做完以后要不断地反思，哪些方面我做对了，哪些没做合适，下次要注意，如此你就会不断的前进。所以，多总结不合适的地方，多体谅别人的难处，你就会成长得快了。所谓"吾日三省吾身"吧，古人尚且能做到，我们面对这么飞速发展社会，能多反省几次不更好嘛？

感谢魏坚老师抽空来接受我们明远考古文物社的采访，采访的最后老师您能给我们明远考古文物社写一句寄语吗？

不揣冒昧，就写一个吧！——明其心志，远达彼岸。祝明远考古文物社办出特色！

> 明其心智，远达彼岸
> 祝明远考古文物社办出特色来。
>
> 魏坚
> 2015.5.17

魏坚老师为明远考古文物社题词

采访：王文波

整理：钟胜、卢林明

校对：庞政

（原载中国考古网，2016年2月5日）

基于全球视野下的钓鱼城遗址遗产价值
——访钓鱼城遗址申遗中国人民大学课题组组长魏坚教授

编者按：按照《世界文化遗产申报工作规程》规定，开展基础研究、价值研究和比较分析，提炼出具有说服力的突出普遍价值（Outstanding Universal Value）是申报世界文化遗产的必备条件。为进一步挖掘钓鱼城遗址的突出普遍价值，推进钓鱼城遗址申报世界文化遗产工作，我们特推出"专家谈钓鱼城"系列专题。

第二期，我们采访了中国人民大学历史学院考古文博系教授、博士生导师、中国人民大学北方民族考古研究所所长、国务院学位委员会考古学科评议组成员、中国蒙古史学会副理事长、中国元史研究会副会长、中国岩画学会副会长、中国社会科学院古代文明研究中心客座研究员、台湾逢甲大学客座教授、内蒙古大学等高校兼职教授，钓鱼城遗址申遗中国人民大学课题组组长魏坚教授。

魏教授您好，非常感谢您能接受我们的采访。我区正在举全区之力推动钓鱼城遗址申报世界文化遗产，作为钓鱼城遗址申遗中国人民大学课题组负责人，请您谈谈钓鱼城在山城防御体系和中国军事战争史上有何重要价值？

个人认为钓鱼城具有很重要的价值，其遗址应该成为世界文化遗产。南宋末年，蒙古军攻破成都府，原以成都为核心的安抚制置司转移到了重庆。由于彭大雅修筑重庆城，此后重庆就成为了蜀地的防御根本，以重庆府为核心的山城防御体系渐次建立，而钓鱼城就是这个防御体系中至关重要的一个环节。钓鱼城的重要地位是在自然环境与人类智慧完美结合中

中国人民大学与重庆合川钓鱼城申遗办签订项目合作协议

造就的。可以说，在蒙宋战争那段特殊的历史时期，钓鱼城山、水、城合一的军事防御体系，是中国军事战争史上的伟大创举，其多重构筑、内外相接的城防设施，体现了中国古代人民杰出的军事智慧。目前来看，考古发掘揭露出的大量实物遗存，使我们有条件也有必要让钓鱼城这一军事防御体系成为世界文化遗产，并得到相应的保护与利用。

按照《世界文化遗产申报工作规程》的要求，申报世界文化遗产需开展必要的文化遗产专题研究，而明确遗产的构成和性质是开展研究工作的前提，请您谈谈如何认识钓鱼城遗址的遗产构成和性质？

我们要讲一座古城遗址的文化遗产构成，首先要明确这个古城的基本结构，即城墙、城门、路网及主要功能区的分布。目前我们在钓鱼城遗址内可以看到内外城、一字城的分布以及城墙的构筑方式，部分城门和路网也正逐步明确。我们已经了解了以范家堰大型建筑基址为核心的主要行政区，以九口锅建筑基址为主的军事核心区以及以南一字城为核心的控江防御系统。其次我们要考虑钓鱼城是一个军政合一的山城防御体系，其内部存在着维系一个完整体系的附属建筑，比如城内的给排水系统、生活区、耕作区和交通路网等。再次是在其后的历史过程中，遗址及周边出现的纪念性遗存，比如题刻、碑刻，以及纪念性建筑等都更加完善了钓鱼城的历史文化内涵。总的来说，这座七百年前的古城正逐渐揭开神秘的面纱，将其真实的内涵完整地呈现在世人面前。

按照《实施世界遗产公约操作指南》的规定，申报世界文化遗产必须符合"突出普遍价值"评估标准的要求，结合目前的研究请您谈谈钓鱼城遗址申报世界文化遗产符合哪些价值标准？

钓鱼城遗址范家堰发掘现场

根据目前的研究成果，我认为钓鱼城遗址符合《实施世界文化遗产公约操作指南》中的三条价值标准。第一，"见证价值"。钓鱼城遗址的存在对钓鱼城之战来说具有无可替代的见证作用，这个我们不难理解。与此同时，钓鱼城遗址中一字城的城防结构，是目前可见的唯一一处对文献中所提到的"一字城"或者说"雁翅城"的实体再现。而遗址访谈篇

中国人民大学钓鱼城项目组部分成员考察钓鱼城
左起：黄雨、周雪乔、刘未、王胜利、魏坚、刘翀、陈昊雯

中的"地道"是蒙元军队在学习了汉人的"地突"战术之后，采用的一套先进的攻城方法，也是目前蒙元军队攻城方式仅存的独特物证，是战争期间不同文化间碰撞与交流的独特体现。第二，"典范价值"。钓鱼城多重构筑、内外相接的城防设施，以城塞为点，以江河为线，突防两利、进退有余的防御格局，反映了蒙宋战争时期防御城堡构建的一个特殊范例；范家堰等建筑遗址展现出典型的中国庭院建筑格局、完整的山城给排水系统及精妙的建造技艺，是战争状态下杰出的城市建筑典范。第三，"关联价值"。钓鱼城军民守城36年的战争史作为我国军事史乃至世界军事史上的著名战役，影响深远并且流传至今。同时，钓鱼城与蒙哥汗之死直接相关，这对13世纪蒙古帝国在世界范围内的扩张及中国历史的发展均产生了不同程度的影响。此外，后世对钓鱼城战争史的纪念活动不曾间断，并伴随诞生了大量的纪念性文学作品。

在钓鱼城遗址忠义祠内现存有10余通记载钓鱼城历史的碑刻，请问魏教授在您接触的蒙元石刻材料里是否有过钓鱼城蒙宋战争相关的记载？

这些年我们确实接触了一些蒙元石刻材料，比如2012年起，我们对内蒙古鄂尔多斯蒙元石刻艺术馆收藏的一批征集石刻进行整理，其中，在一组"元末康里氏墓志铭"中，

《赠云中郡公铁著墓志铭》拓片

发现了一段与钓鱼城蒙宋战争相关的记载。该组墓志共三件，分别是《赠云中郡公铁著墓志铭》、《故康里氏改的公墓志铭》与《故承直郎规运大使卜颜帖木儿墓志铭》，墓主为父子三人，乃云中郡公铁著与其次子改的、季子卜颜帖木儿。按铭文所述，铁著父子之墓由铁著之孙明安铁穆儿于元至正二十三年（1363年）一次迁葬，故父子三人墓志铭年款相同。其中《赠云中郡公铁著墓志铭》志文载，铁著曾祖孛罗曾随蒙哥汗参与合川钓鱼城之战，且功勋卓著，然未及授功而卒于行营。

在南宋与金、西夏及蒙古帝国的对峙、纷争、冲突与逐步走向统一的过程中，由于民族大迁徙而再次改变民族格局，从而促进了一次新的民族大融合，为元朝的最后统一奠定了基础。请问魏教授，在此过程中，钓鱼城对于民族融合有着怎样的作用和意义？

关于民族融合，其要点并不是钓鱼城，而是钓鱼城之战，战争是政治斗争的最高形式，是统一的工具。钓鱼城之战存在的36年，当然也包括成都府陷落之前的蒙宋战争，实际上是让蒙宋双方真正了解和认识了对方，并在战争中彼此学习。这个过程及其之后的岁月，随着元朝的统一，逐步完成了与西南各民族间的融合，推动了社会的进步，促进了西南地区社会经济和文化的进一步丰富和发展。

非常感谢魏教授接受本次采访，请您以后继续帮助、支持钓鱼城遗址申遗工作，谢谢！

（原载重庆市合川区钓鱼城遗址申报世界文化遗产办公室公众号"钓鱼城遗址申遗"，2016年8月3日）

魏坚：一个人，一座城
——草原文明的守望者

编者按：为促进中国考古学的发展，奖励在中国考古学研究中具有重要学术价值和影响的研究成果，首届中国考古学大会（2016·郑州）评选出11项研究成果奖（金鼎奖）。诚然，在大众眼里考古学家的工作略微神秘，他们知识渊博，在田野的泥土和一砖一瓦中寻找远古真相，其实真正走近他们，你却会发现他们又是那么普通。为了发掘众多考古学者背后触动心灵的故事，中国考古网和中国社会科学院考古研究所科研处联合策划"金鼎奖背后的故事"专题报道，细致解读这些研究成果。

元上都位于广袤的内蒙古自治区锡林郭勒盟正蓝旗草原，是世界历史上最大帝国元王朝的首都，始建于公元1256年。元末，元上都在战火中化为灰烬。魏坚先生从1992年开始主持元上都遗址的考古发掘工作，于2008年出版了专著《元上都》，元上都的历史得以明晰，并于2012年成功入选世界文化遗产。近日，我们对魏坚先生进行了采访。

我们都知道，做城市考古有一定的难度，而且出成果周期长，是什么机缘使您开始下决心进行元上都的工作，并且一直坚持了十多年？

套用一句现在特别流行的话——"生活不止有苟且，还有诗与远方"，元上都对我来说就是诗与远方。最开始接触元上都是因为接到盗墓举报。那是1992年7月，锡林郭勒盟正蓝旗羊群庙发生了盗墓事件，我作为内蒙古人大教科文卫委员会、文化厅和公安厅组成的联合调查组的一员，就和内蒙古文化厅文

2016年在元上都

物处苏俊处长一行，在正蓝旗旗委副书记甘珠尔的陪同下，来到了水清草美的锡林郭勒草原。虽然我也是内蒙古人，但那是我第一次到真正的草原深处来，内心完全被元上都遗址雄浑壮美的景色所吸引。当时正值盛夏时节，起伏的丘陵草原，清澈弯曲的河流，烂漫的遍野鲜花，悠闲散漫的牛羊，热情好客的基层干部和牧民，无不让我流连忘返。特别是元上都蕴藏那段的鲜为人知的历史吸引着我去了解她，所以从那时候起到2008年完成考古专著《元上都》的16年间，我的考古研究再没有离开金莲川上的元上都，直至今天，我的心也再没有离开锡林郭勒草原。

您在元上都进行了十多年的考古发掘，您是如何安排发掘和研究的？

在我们准备对元上都进行考古工作的初始，就有了明确的思路。发掘前首先进行详细、系统地测绘及调查，其次是在逐年的调查和发掘过程中根据以往的发现和新的认识，不断调整发掘的对象，扩大调查的区域，本着多学科合作、深度发掘遗址信息的研究思路，同时邀请体质人类学、冶金考古、环境考古等方面的专家参与到研究中来。具体说来，我们对元上都遗址的发掘和研究大致可以分为三个阶段。

第一阶段是准备阶段，从1992年到1994年用了3年时间。主要做了元上都遗址的调查、测绘和城区周围祭祀遗址和墓葬的调查、清理工作。其中，1992年羊群庙元代祭祀遗址的发掘与确认，让我们认识到了它与元上都的密切关系和元上都考古研究的重要性。

之后两年我们对城址和四关进行了测绘和小范围的调查清理，结合前人的研究成果，我们初步了解了城址的布局和城区墓葬的分布规律，并逐渐掌握了在草原地区进行古城遗址考古的基本要领，为下一步工作打下了基础。

第二阶段是发掘清理阶段，从1995年到2000年用了6年时间。首先，我们对元上都宫城主要建筑基址、皇城角台、外城城门、南关部分遗址和城区周围被盗墓葬进行了发掘清理，获得了大批最新的考古资料；在此基础上，又完成了对元上都遗址城区及其周围地区祭祀遗址和墓地的航空遥感勘测。

其次，在逐步扩大调查研究范围的前提下，我们基本摸清了元上都周边正镶白旗、镶黄旗和锡林浩特市等地元

2010年在元上都闪电河畔

代墓葬的分布情况，并清理了部分严重被盗的墓葬，得到了一批可资对比研究的珍贵资料。其中，在正镶白旗元代墓地出土的罟罟冠，让我们第一次看到了元代普通妇女的冠饰真容。

第三阶段是遗址保护和资料整理阶段，从2001年至2008年初用了7年时间。配合元上都申报世界文化遗产的工作部署，我们划定了元上都遗址和金莲川草原的重点保护范围，并建立了保护围栏。

随后，在调查研究的基础上，保护性清理修复了350余米皇城东墙，并部分清理和修复了皇城南门瓮城；同时，对考古调查、测绘、清理发掘和保护修复所获资料，进行了科学细致的系统整理研究，直至2008年完成上、下两册的《元上都》考古报告。

您能介绍下元上都遗址的概况吗？

元上都遗址位于正蓝旗上都河镇东北20千米处，地处滦河上游闪电河北岸水草丰美的金莲川草原上，它北依龙岗，南临滦河。元上都始建于公元1256年，在1358年被红巾军攻破后，宫阙尽焚，现在经过我们多年的发掘和研究，已经基本上廓清了元上都遗址的形制。

元上都分为宫城、皇城和外城三重城垣，其中宫城位于皇城正中偏北处，与皇城呈"回"字形。宫城为长方形，南北长605米，东西宽542米，墙两侧均用青砖包砌，四角建有角楼。皇城位于外城的东南部，大致呈方形，每边长1400余米，墙体两侧用石块包砌，四角建有高大的角楼和登城的踏道。外城则是在皇城的西、北两面，由皇城的东、南两墙延伸修筑而成，平面呈方形，周长8800余米，全都用黄土夯筑。

元上都现存有13门。其中宫城3门，不设瓮城；皇城6门，外城4门，城门外均建有方形或马蹄形瓮城。上都的宫殿建筑可以分为三组。一组是以大安阁、穆清阁和水晶殿等汉式殿阁为主体的建筑群，主要分布在宫城大内；一组是以棕毛殿为主并包括一些附设帐幕在内的以宫帐建筑为特色的失剌斡耳朵，位置在西内；一组是拥有诸多行殿的伯亦斡耳朵草地行宫，应当在上都城南的南屏山中。此外，还有分布在皇城之内的各类宗教、儒学等不同建筑风格的殿阁庙宇及御花园，在上都城融为一体，相映成趣，构成了上都建筑的特色。

元上都作为元王朝的重要都城，它的军事防御体系十分完备，在城外四周的山头上，一般都建有预警的烽火台。外城墙外四周挖有宽约26米的护城河，并筑有石堤护坡，以防坍塌。皇城的墙体外侧用石块筑有凸出于墙体的24个梯形马面。

元上都还有范围广大的四关，每一个关厢地带都和上都城址一般大小。东西两关的街道纵横交错，既有前店后院式的临街店铺，也有规模较大的几进式高宅大院。北关则是行殿和兵营所在，我们考古调查发现了成排的营房建筑遗址。在南关明德门外的发掘中，还曾经揭露了东西相连的酒肆和客栈的遗址。

元上都遗址全景（西北—东南，1997年）

元上都是蒙古族掌握政权之后建立的第一座真正意义上的帝国都城，是与大都并列的北控大漠、南屏燕蓟、连接欧亚大陆各国的重要枢纽。它的总体布局反映出多元开放、草原气息浓厚的个性，既具备了中原城市的传统模式，又明显地体现了蒙古族游牧生活的特色。

林沄先生非常赞赏您利用城郊墓地的出土资料，论证元上都多民族杂处和居民的社会身份，探讨当时的营造业和其他手工业、商业、畜牧业等问题，您能介绍下相关研究成果吗？

近20年来，经过考古工作者的努力，在元上都城址周围及较远的旗县已经发现了10多处埋葬较为集中的元代墓地，这些墓地明显地可以分为两类：一类是地处城郊以砧子山和卧牛石墓地为代表的汉人家族墓地；另一类是以城郊和远离城区的草原深处的墓葬为代表的普通蒙古人的墓葬。我根据墓葬资料，结合史料，对上都地区的营造业、商业和手工业、畜牧业等做过一些简单的探讨。

我们推测开平城使用的大量营造的人力应该是来自中原汉地的汉人，而这些汉人的墓地仅见于元上都城区周围。由于元政府对商业采取鼓励的政策，这就促使很多从事商业和手工业生产的商人和手工匠人在此长期居住，其中大多数应当是来自中原的汉人，也有来自阿拉伯、中亚和欧洲的色目人。在砧子山汉人家族墓地中发现过欧罗巴人种成分，虽然相关情况还需要进一步研究，但是我们可以推测砧子山墓地可能埋葬了来自全国各地甚至国外的在元上都从事商业或手工业的人群。

另外，元朝政府对上都等地的牧业生产也采取扶持发展的政策。上都及其周围地区很大范围之内都是属于元朝政府和诸王的牧地，而埋葬于上都城区周围和更远处的从事放牧射猎生活的蒙古人，当是属于不同层次的机构管辖、身份亦有所不同的牧民。从埋葬的规格和随葬品的差别来看，城区附近可能是为官府放牧的牧民，他们的生活境况要相对好一些，而在远郊可能为诸王放牧的怯怜口（私属人口）的社会地位和生活境况就要差一些，时常需要赈济。

总结来说，墓葬是社会生活的缩影，一定程度上反映着当时社会的不同侧面。因此，根据墓葬提供的信息来探讨古代社会的丧葬习俗、宗教信仰和由此反映的社会生产与生活，是考古学研究的重要方面。

访谈篇

您多年主持元上都遗址的发掘与研究工作，您在研究过程中有什么心得体会？

我1982年到内蒙古文物考古研究所工作以来，最初的十几年发掘的多是新石器时代至商周阶段的遗址和墓葬。开始主持元上都的考古工作之后，深切体会到历史时期的考古研究工作要和历史文献密切结合，要学会利用历史文献。元上都遗址经过历史的洗礼和风蚀，如今留给我们的只是断壁残垣，元上都的布局、元朝王公贵族在此的生活、元代的礼仪制度如何？我们是否能通过考古发掘来逐渐明晰元代斑驳的历史？无疑我们可以借助历史文献，历史文献对元代历史的记载虽然不甚丰富，但是也有可供研究参考之处，因此《元史》和诸多元代文献，甚至诗歌、墓志等，就成了我经常翻阅和关注的对象。

拿羊群庙祭祀遗址来说，我认为元代是在此祭天、祭祖的，如何得出这个认识呢？就是通过考古发掘及研究辅以历史文献的考证。羊群庙祭祀遗址位于元上都遗址西北的羊群庙奎树沟地区，这里分布着较多的带有石雕像的建筑基址，排列于东北—西南走向的小山脚下。在公路西侧的4座较大型者，出有比真人略大的汉白玉雕像，另有砂岩质的石雕像和小型的基址多处，故当地俗称此地为"石人湾"。1992年一些不法的盗墓分子盗掘了此处，我们随即进行了考古发掘，清楚地看到了它的整体布局和具体形制。

据《元史》载，中统二年（1261年）四月八日，忽必烈"祀天于旧桓州西北郊。皇族之外，皆不得预礼也"。羊群庙即位于元上都和金代桓州城西北约35千米范围之内，可知忽必烈率皇族宗亲所作的这次祭天活动，极有可能是在羊群庙一带进行的。此外，元代皇族每年还要举行祭祖仪式，"岁以七月七日或九日，天子与后素服望祭北方陵园，奠马酒，执事者皆世臣子弟"。元代诗人萨都剌曾写道："祭天马酒洒平野，沙际风来草亦香，白马如云向西北，紫驼银瓮宴诸王。"可见，元代皇家祭天、祭祖均是在元上都的西北方向。这个方向也恰恰是由元上都望去的位于蒙古国三河河源处的肯特山起辇谷的方向，也就是历史学界普遍认为的成吉思汗的陵墓所在地。所以从地望和遗址的性质来说，位于金代桓州西北的羊群庙一带，应当是元代皇家贵戚祭天、祭祖之地。羊群庙的奎树沟"石人湾"，应是13世纪中叶至14世纪中叶元代上层贵族为祭祀其显赫祖先而建立的祭祀场所，反映了元代蒙古上层贵族对天神和祖先崇拜的思想。

从1992年开始对元上都进行调查，至2008年《元上都》出版，历经十余年，这座"拥抱着巨大文明的废墟"也渐渐被世人了解，十余载的发掘和研究中是否充满了酸甜苦辣？

任何一项考古工作都会有酸甜苦辣。元上都位于蒙古高原的南缘，平均海拔高度在1200米以上，地处高寒地带，交通又不甚便利，所以每年在此进行考古工作的有效时间往往不足4个月。初期的工作，我们住在蒙古包里，每到阴雨连绵的日子，蒙古包里阴冷潮湿，淋湿的衣服无处晾晒，冷风刮起时，我们就真正体会到什么是"凄风苦雨"了。不过考古发掘的生活既是艰苦的，也是充满欢乐的。6月的金莲川草原，百鸟云集，野花烂漫。每天清晨4点多，百灵鸟的鸣唱就会把大家从睡梦中唤醒，随后，阳光从正南北向建造的工作站的后窗户斜照进屋里，新的一天就这样开始了。一天工作结束后，考古队员们往往在返回的途中，顺便采摘鲜嫩的蘑菇，用新鲜的羊肉炒着吃，那实在是无比美妙的享受！

2012年元上都成功被列入《世界遗产名录》，成为内蒙古第一项也是目前唯一的一项世界文化遗产，在申报世界文化遗产的过程中，你们遇到过什么困难？您认为考古工作对现代社会的发展有什么意义？

申遗最基础的工作是对元上都遗址的保护工作，这就涉及搬迁问题。元上都遗址所在地，原本是内蒙古畜牧厅所辖五一种畜场下属的四分厂畜种改良基地，外城北部和宫城东北角居住着一百多户分厂农工。为了这些住户的搬迁，从自治区、盟旗领导，到畜牧厅和种畜场负责人，不知开了多少次协调会，又有多少次争吵得不可开交！最终，国家的利益、民族的荣誉战胜了眼前的困难。四分厂的搬迁和保护范围的划定，为元上都的申遗铺平了道路。另外，元上都属于土遗址，内蒙古冬季的融冻期以及风雨的侵蚀对遗址的破坏比较大，这也是一个保护难题，不过现在有定期的监控数据作为保护的依据。

一座在世界历史上产生过重要影响的帝国都城的考古工作，绝非靠某个部门或几个人的力量和智慧可以完成的。因此可以说，时至今日元上都考古所取得的成就和申遗成功，是国家文物局、内蒙古自治区各级政府、内蒙古文化、文物行政主管部门领导和文物考古部门的相关专业人员共同努力工作的结果。

我认为这种努力有深远的文化意义和历史意义。一座城，承载着一个王朝的记忆，蕴藏着一个朝代的辉煌，将这段历史展现给世人、将历史的精华传承下去是我们考古工作者的责任和义务，是现代城市的历史根基，是现代城市发展所需要的历史涵养。

上都城在元末的战火中消逝了，而它昔日的辉煌却永远地留在了马可·波罗及许多人的记述中。正如法国著名东方学家勒内·格鲁塞所言："这是一座拥抱着巨大文明的废墟。"探寻和解读这座"文明废墟"的过程，给我留下了许多难以抹去的回忆。

采访：孙丹
策划：乔玉
审核：刘国祥

（原载中国考古网，2016年7月6日）

道阻且艰，吾心依然
——中国人民大学魏坚教授专访

采访时间：2017年12月20日，魏坚老师讲座期间
受访者：魏坚教授
采访者：吉林大学文物爱好与保护者协会

一、考古研究

我们了解到您主要从事北方民族考古研究，特别是蒙元时期的考古研究，您觉得与国外考古领域的交流对您的研究有什么影响吗？

合作问题是目前最紧迫的一个问题。目前看来，各国学者之间必须要互通情报，必须要了解对方在做什么。早在2002年，我在蒙古国和日本学者共同发掘阿乌拉嘎遗址并进行了一次考古调查后，就在2003年给国家文物局写了一个报告，里面就提到了我们应该走出国门、到国外去做考古。

这些年在中国人民大学工作期间，我开始去蒙古国、俄罗斯西伯利亚等地进行学术考察和合作研究，不断拓展我们研究的领域，去了解我们所谓的"北方的更北方"。前几天我们请到俄罗斯西伯利亚联邦大学考古系主任曼德雷卡教授做了三天的讲座，主题是"叶尼塞河流域的考古"，每天七个小时，全面介绍了这个区域的考古历史和重要的考古发现。这个区域我们去考察了很多地方，这次经他系统讲解后，使我们开阔了眼界，知道了我们研究的重点应该在

魏坚老师接受同学们采访

哪里，该做什么。因为这个区域在中国历史上都有记载，他们出土的很多东西在我们一些发掘的地点也有发现。中国的内蒙古和蒙古国不但地域相接，文化面貌一致，实际上在蒙古国以北的俄罗斯南西伯利亚，跟我们在文化上也有许多是连在一起的。

我们要想做边疆考古，要想了解中国的事情，同时也要把中国以外的事情搞清楚，而且在了解自己的同时要扩大自己的视野和研究领域，因此就地域而言，整个北方都应该在我们的研究范围之内；从时代和民族上看，也不仅仅是蒙元时期，匈奴、鲜卑、突厥、回鹘等，好多北方民族都在我们研究的视野之中，因为这和中国的历史紧密相关。而且我认为，这不是一件特别难的事情，肯下功夫、肯交流就可以做到。所以交流真的是特别重要的。

我们办了一个刊物叫《北方民族考古》，我们的刊物今后也要不断翻译蒙古国、俄罗斯，甚至土耳其、中亚各个区域考古的文章，及时了解周边地区考古与历史研究的进展。当然我们也会把我们的文章介绍给他们翻译发表，这样彼此才会有深入的了解。不相互了解，研究是没有出路的。正如许宏先生写的书，书名是设问句：何以中国？我可以对四个字：因有边疆。没有边疆，没有边疆民族，哪里有相对的中原华夏呢？事物都是相对存在的。

您如何看待中国考古学界现阶段的理论建设与创新状况呢？

中国在理论方面的建树较少，这跟新中国成立以来，政治运动比较多有关，人们在理论探讨上怕犯错误，不敢碰带有指导性理论性的东西。这使中国在理论方面的研究，特别是考古学理论方法的研究方面的就相对滞后一些。改革开放以来，这种现象正在得到改观。当然，我还认为，国外的学者发掘工作做的相对较少，在逻辑和概念思维上有着更为充足的时间和研究探索的空间。而中国的学者，特别是在基层作发掘和研究工作的学者，以我在内蒙古文物考古研究所工作时为例，每年的发掘工作多得应付不过来，一年大约有300天在田野发掘和野外工作站，连考古报告都赶不出来，哪有时间探讨理论问题？这话说起来似乎也不太全面，甚至可能有些小家子气。但是，的确外国人在学科

魏坚老师在居延（2004年）

理方面有建树是有条件的,而且也是暂时的,今后这方面我们一定会加强,而且加强以后一定不会比他们差,因此也用不着盲目崇拜。

您为何在人大确立了"立足北方,重视西域,挺进中原,发展长江流域"的教学和科研方向?

如果简单地说,我们知道北京大学做的是中国考古,它们的重点主要在中原、在山西、在河南、在关中。吉林大学做边疆考古,囊括了陆疆和海疆。山东大学搞东方考古,西北大学搞西部考古,四川大学搞南方民族考古。这样,因我们地处北方,以及我过去的研究积累,开始我们就只能搞北方民族考古了。后来随着我们教师队伍的扩大,学科方向也拓展了,于是我们提出了"立足北方,重视西域,挺进中原,发展长江流域"学科方向。其实也是做别人还没有做或做的不多的地方。所以说北方民族考古是我们的立足点,但是很多区域和其他门类的东西我们也要做,只要是和我们牵扯到的我们都会做,这也是实事求是的立足当下,并考虑到将来发展的一个基本的学科定位。

中国人民大学历史学院08级本科生在北京通州考古实习(2010年)

二、公众考古

大众对于考古的了解来源逐渐从盗墓题材的小说、电影转变为考古纪录片和《国家宝藏》一类的电视节目，但有不少人认为这仍是一个怪圈：抓住人们共有的猎奇心和对高等级、高价值器物的喜爱与追求，而后吸引大众来关注考古发掘的进展与收获，但大家关注的似乎仍然是器物背后的传奇故事。您是如何看待这样的纪录片、电视节目的？

这本来是个很好的题目，但是一做就偏了。拿漂亮的经典的文物来吸引眼球，并在此基础上编织很多故事，而这些故事一编就没边没样了，这样虽然走出了盗墓笔记之类的东西，但仍然是在猎奇。公众媒体需要收视率，不编故事不猎奇几乎是不行的，所以说他们很难走出这个怪圈。

我们来说说公众考古。我首先不赞同"公众考古"这个提法，虽然现在很多机构和很多人都在做。我不是不赞同这样的事情，而是不赞同这个名词定义，因为这个词的含义跟我们目前实际所做的事情是不一致的，我们的考古学目前发展的有环境考古、植物考古、动物考古，也就是说我们要考察古代的环境、植物、动物。也就是说某某考古，就是考察古代的某某，以此类推公众考古就是考察古代公众？这一点我理解不了。因为我们考古学本来就是考察古代的人和人类社会的一门学科，考古学研究的就是这个。所以把这样一种向公众推广考古知识，宣传考古发现的形式叫作"公众考古"，我认为无论如何是说不通的，所以你不能按这个套路来把这样一种形式命名为公众考古，至少是逻辑不对，词不达意。

再者说，有人可能理解为"让公众参与进考古工作中来"，这个初衷似乎是好的。大家知道，我们考古发掘需要技工，需要民工，但他们不是考古的主体，他们只是按照考古领队和具体工作人员的要求做事，所以这些人仅仅是技工、民工，而不是考古工作者。也就是说，没有发掘资质的单位和没有考古领队负责的考古发掘项目都是不可以进行发掘的，老百姓更是不能参加——这是《中华人民共和国文物保护法》所规定的。当今，我们有责任对民众进行考古知识的宣传，目的是加强文物保护，对此我表示赞成，我认为这是我们的责任和义务，重要的是给它一个合适的名头，也就是一个合乎实际的称谓，使公众可以获得考古知识来保护文物，但是公众不能考古。

三、考古情怀

魏老师您在内蒙古工作时遇到了哪些困难呢？感受如何？

考古是一项艰苦的事业。我们常常是苦中作乐。我在鄂尔多斯工作时，是住窑洞，在草

魏坚老师与郑君雷老师在元上都（2017年）　　魏坚老师为吉林大学文保协会题词

原地带工作时会住蒙古包。窑洞自然是冬暖夏凉，但是那地方每天爬梁下沟，生活饮水都成问题；蒙古包平时不错，但夏天下起连阴雨时，蒙古包湿透了，雨水会漏进来，雨天的高原气温非常低，冷风一吹就像冬天一样，真是凄风苦雨呀！但是夏天的元上都金莲川草原，金莲花盛开的季节，随风摇曳，一片金黄，美得一塌糊涂。所以考古有苦的时候，也有美的时候。

北方气候干燥，夏天一晒爆一层皮，那会儿就是这个条件，很艰苦，但是也没觉得有多么苦。在居延时，沙漠戈壁的水碱性太大，喝了以后闹肚子、口腔溃疡、鼻子流血是必然的。荒漠中今天车跑过的地方明天可能就没路了，堆起一个流动沙山来，又不敢停车，停住就会陷下去，于是就直接冲到沙包顶上去，下面就是悬崖，再挖沙子把车放下来，就这么走。考古有它的艰苦，但是我喜欢在内蒙古的考古工作，那里天地广阔，文化多元，每个段落的东西都有，称得上是色彩纷呈。所以说，生活就是这样的：有艰苦环境就有艰苦环境中的收获，有了收获，艰苦就都不在话下了。虽然会蓬头垢面，但内心是丰富的。

最后，衷心感谢魏坚老师在百忙之中接受我们的采访，以及赠予文保协会的寄语！吉林大学文保协会定不负期盼，普及考古知识，传承中华文明。

采访：李悦旋、钟可

文字：钟可、李淑媛

摄影：夏福德

排版：钟可

（原载吉林大学文物爱好与保护者协会公众号"时空挖掘机"，2018年2月10日）

访谈 | 魏坚：不理解草原文明，就无法理解中国历史

编者按：魏坚，现任中国人民大学考古文博系主任、教授、博士生导师、北方民族考古研究所所长。此前长期在内蒙古文物考古研究所从事考古工作。澎湃新闻于今年四月专访了魏坚教授，他在受访时回顾了自己从吉林到内蒙古的人生轨迹，张忠培先生、林沄先生对他的影响，到人民大学之后结合人大的区位优势及自己的学术经历进而提出"北方民族考古"的学科发展方向，并就草原文明在中国历史中的重要性等问题谈了自己的看法与体会。

一、从吉林到内蒙古

您学生时代是在吉林大学度过的，吉林大学的老师们和学术氛围，给了您怎样的启迪？

1978年在"文革"后恢复高考的第二年，我以下乡知青的身份考入了吉林大学历史系考古专业，当时我填报的五所高校的十个专业方向中，几乎都是考古与历史，因为那个时候我十分单纯地认为，只有这个学科才是真正的学问。能够进入吉大学习考古，可以说是我人生中最重要的一个选择。

吉大特有的气质就是不尚奢华、不吹牛，踏踏实实做学问，这种气质润物细无声地影响着每一个学生的日常学习以及日后生活的每一个方面。长春的冬天比较长，那时的学生都穿着朴素，女生们几乎都是戴一副小套袖，胳膊下夹一个棉椅垫，中间夹着两本书，行色匆匆地忙着去读书。所以我说过，吉大是

大兴安岭岩画考察（2016年）

个读书的好地方，即便你没有能力考上吉大，到吉大旁听四年也能成为一个合格的毕业生。

吉大的考古也是朴实无华，吉大的考古就是在两位朴实无华的老师带领下发展起来的，这就是张忠培和林沄先生，他们也是我的两位导师。吉大考古的学生就是在这种氛围中养成了艰苦朴素的工作作风。我们出去考古实习的时候，都是自己背行李，准备生活用品，大家也从不乱花钱，当然那个时候也没钱可花。实习工地的食堂很多时候就是吃着小米饭和蒸鸡蛋羹，几乎没有肉吃，但我们都坚持过来了。

吉大考古的重要特色是重视田野，张忠培先生就是以田野考古为第一要务，我们四年的本科学习中，有三个学期是在田野度过的。正因为如此，才使吉大的考古走上了比其他大学发展更快的一条道路。从中国高校考古专业的发展来看，20世纪50年代就有了北大考古，到1973年吉大才开始考古专业的招生，这当然和张忠培先生的苦心经营分不开，到我们78级才是第5届学生。但是经过近20年的发展，到三峡考古的时候（注：始于20世纪90年代，在修建三峡大坝前开展的大规模考古发掘和文物保护工作），从考古领队到队员，据说百分之六七十都是吉大毕业的，这就是一个学科成功的见证。可以说，吉大有这样的成功，是靠着老师的带领，靠着艰苦朴素的作风，靠着踏踏实实地做田野，才成就了吉大特有的气质，也由此而影响、造就了她的学生。

您从吉大毕业以后去了内蒙古，在内蒙古的经历对您的学术研究有着怎样的影响？

从吉大毕业后我就回到了内蒙古。毕业的时候张忠培先生几次找我谈，希望我能留校工作，可能也是希望我能够带田野实习，当考古队长。可我在当时家里长辈的影响下，就想回天地广阔的内蒙古开始我的考古生涯。我就说我父母年纪大了，弟弟妹妹都还小，我要回家掌握门户去。此外，东北和内蒙古有着很不一样的文化传统和习惯，加上我从小在内蒙古的生活经历，促使我想回到家乡。

由于内蒙古广阔的地理范围和丰富的考古学文化遗存，我在内蒙古的工作从一开始就非常繁忙。在地方上做考古工作，不可能像国家院所——社科院考古研究所那样，分开做新石器、商周、汉唐的，研究方向和跨度分得很细很严格，在地方上做工作不可能分这么细。我上大学时候我的老师张忠培先生是研究新石器时代考古的，我跟着学习，田野工作做起来也得心应手。后来回到内蒙古工作，不同年代、多层堆积的遗址都会遇到，我们不可能只选择发掘自己愿意挖的段落，需要遇到什么遗址和墓葬都要去做，没有挑剔的余地。又赶上那些年配合基本建设的考古发掘比较多，因此，那些年我主持发掘的遗址、墓葬、城址就有六十多项，从旧石器时代的洞穴遗址到辽金元时期的城址和墓葬都有，出版的发掘报告和发表的文章在那个年代的省级考古所中也算是比较多的。那时候衡量我们学术研究的最高标准就是完成一部考古发掘报告，一部考古报告涵盖立项、发掘、整理、拼对复原和研究，再到多学科的合作研究，最后形成一本书需要长久的时间和多方面的工作才可能完成。每一部报告都需要主持者倾注心血，十分不易，因为这是最原始的资料和研究集成，具有极大的学术价值。完全不同于现在，只写几篇文章发在核心期刊上就可以了。这样的报告，我完成了大概五六部，应该说无愧于心了。

此外，那时候内蒙古每年都要举办各种类型的文物考古田野培训班，我们作为主要业务干部都要全力以赴地投入其中。时至今日，内蒙古各盟市旗县从事文博工作的专业人员，百分之六七十都做过我的学生。同时，我们在内蒙古大学还开办了研究生班，培养高层次的研究人才。可以说，作为一个热爱自己家乡的文物考古工作者，我们在20年前就把内蒙古100多个旗县区的文物所差不多都建立起来了，与全国相比处在前列。到今天为止，全国很多省份的地县级文物管理部门都不健全。

还有就是在内蒙古农村做知青的经历对我影响很大。那个年代，可能有一些人得到了锻炼，但也有人被耽搁了。我们把对这一段历史的评价暂且放下，我要说的是，那段生活对我后来从事考古研究有很大帮助，即便不从事考古，去做任何事情我认为都会有帮助。那时候我们关心国际局势、国家政策、经济发展、社会文化，这些都融合在我们的生活中，我们可以说是最接地气的。知青生活的经历，以及后来在乡下做考古工作，使我们和老百姓以及现实生活离得比较近，因此我也不会因为辛苦、待遇不好就轻易放弃。

二、"立足北方，重视西域"

人大的考古特色为北方民族考古，您作为学科带头人，能为我们介绍一下北方民族考古这个研究方向是如何产生的呢？

"北方民族考古"的研究方向，是我到人大之后根据过去的工作、研究经历提炼出来的。

第一，过去我在内蒙古做考古工作，地域上属于北方。内蒙古东西狭长，地域辽阔，又处于农牧交错地带，以阴山为界，南边宜农，北边宜牧，而这一地域自北方民族兴起以来，民族间的文化交融就从未间断。就我们做的研究而言，春秋战国以来这里发现的墓葬就体现着北方游牧文明与中原农业文明的相互交融，即便是形制上典型的汉墓，也会体现出北方民族，特别是匈奴的文化因素；匈奴的墓葬也常有汉文化因素，比如墓葬结构。此后历史时期的南北文化交融就更为普遍了，它们总是交织在一起。我在内蒙古做的发掘和研究工作都是北方的、民族的。但是，更早的新石器时代称"民族的"就不合适了。所以在我们现在的定位中，原始文化时期的研究强调北方，进入历史时期则强调民族。

第二，中国人民大学的区位也在北方。提出北方民族考古这个方向，直到后来向学校申请成立北方民族考古研究所，也是斟酌了许久。这样既能涵盖人大考古将来的主要研究方向，突出我们的特色，也能整合我们目前已经形成的学术积累。国内考古专业成立早，学科建设搞得比较好的高校都有体现自己特色的学术刊物。北京大学多年来从事中原地区新石器时代和夏商周的考古研究，他们有《中国考古》；吉林大学崛起了，因地处东北、重视边疆考古

魏坚在居延考察（2004年）

研究，于是办了《边疆考古研究》；山东大学占有东方，他们有《东方考古》；地处西边的西北大学，他们的刊物当然不能叫西方考古，所以叫《西部考古》；南边有近年来发展较快的四川大学，因为南方少数民族众多，于是他们的刊物叫《南方民族考古》；我们做北方民族研究，与其相对应，我们的出版物就叫《北方民族考古》。这样，我们就凑齐了《中国考古》《边疆考古》《东方考古》《西部考古》《南方民族考古》《北方民族考古》六个大方向的研究，犹如天地六合般的契合。这就是我们结合过去的工作经历和研究方向，形成的以北方民族考古为主的学术体系和研究方向，也成为人了大考古的特色和基本学科体系。

我们人大目前的学科目标是："立足北方，重视西域，挺进中原，发展长江流域"。到今天为止我们的教学科研都是按照这个目标体系来布局的。要想完成这样一个目标，就必须有一个齐心合力、团结做事的高水准团队。这些年我们通过人才引进，逐渐组建了一支水平突出、勤奋工作的团队，在学术界也赢得了一定的声誉。考古学是个靠团队力量来做事的行当，单枪匹马很难完成任务。因此，我们特别注重团结协作精神的培养，使教师队伍始终保持旺盛的工作热情和彼此包容的集体主义精神。外校来人大参会的学者们，特别是年轻学者们，都会有这样一种感受，到了人大就像回了家一样，气氛特别融洽。我本人是从艰苦的知青时代生活过来的人，如今就要想方设法创造条件，支持年轻学者们的工作，让年轻教师在学术上伸展拳脚，引进的老师们感到愉快，自然没有办不好的事，因此中国人民大学的考古文博学科才能发展得比较快。

您为学科发展、培养年轻学者方面做了很多工作，能否再请您介绍一下您自己的学术研究？

说到我自己的研究方向，在我大学刚毕业时，就发掘了一处春秋战国时期北方民族

的墓葬，我做了很认真的研究分析，没想到后来发表在了我们考古学领域最高级别的刊物《考古学报》上。当时，我的老所长李逸友先生拿着文章到北京去给编辑部看，编辑部开始说太长了，但最终三万多字几乎没动，很顺利地就发表了（注：《凉城崞县窑子墓地》，《考古学报》1989年第1期）。那是我发在国家级刊物上的关于北方民族研究的第一篇文章，主要观点是：崞县窑子这处墓地不应属匈奴墓葬，而可能是北狄，因为那时的历史文献还没有匈奴的称谓。直到公元前300年前后，即赵武灵王时才有了"匈奴"这个称谓。

1985年，我开始发掘庙子沟遗址，当时乌兰察布盟察右前旗文物所的同事送来几件仰韶时期的陶片和石器，我记得是在10月10日，单位派了个吉普车我们就去做调查了，发现是一处大型的仰韶晚期阶段的遗址和墓地，回去跟单位申请了800块钱，挖了半个月，获得了一大批有价值的出土物，因此也就搞清楚了遗址的性质，后来又连续发掘了两年。我们发现，遗址里的人骨并非正常埋葬，而是遗留在房址或者灰坑、窖穴内，而且遗址有人骨的房子里往往会有成套的器物，没有器物的房子也就没有人骨，应该是房子的主人带着器物离开了。综合多学科的研究，我推论遗址的毁灭是由瘟疫造成的。这是我研究用时最长的一个遗址，从1985年到2004年离开内蒙古，花费了近20年的时光，最终在2003年出版了考古发掘报告，确立了一个新的考古学文化——庙子沟文化，这应该是我的主要成果之一（注：《庙子沟与大坝沟——新石器时代遗址发掘报告》，中国大百科全书出版社，2003年）。在这部报告里，我把遗址里的资料全都发表了，还加了人骨研究、动物骨骼研究和环境考察等研究报告等，这在当时该是创新之举。

随后，我在内蒙古主持工作期间，和文化厅的分管领导提出了"两个重心转移"战略构想，即把重视农区转移到重视草原地带，把重视早期遗存转移到重视历史时期遗存的考古上来。其实，这种战略重心转移一时半会儿很难实现。一是多年形成的研究方向很难改变，二是一个遗址连续挖两三年都挖不完，自然没法转。1992年元上都发生了盗墓事件，我和自治区人大常委会的一位副主任及文化厅、公安厅的几个干部组成一个调查组，去处理这个盗墓事件，到现场后确定这是几处元代的祭祀遗址。因为元朝的皇帝都实行秘葬，这些祭祀遗址或许与秘葬有关。当时我就去考察了附近的元上都遗址，并被其雄浑壮阔的景象所震撼，随后查阅资料发

魏坚与席慕蓉在元上都哈登台敖包（2004年）

现，我的前辈很多人都去做过调查，但就是没有人坚持把它做下去。我在此前原本一直是在做新石器时代和商周阶段研究的，这样就直接转到了元代。在这个过渡期间，我还做了汉墓和鲜卑墓葬的发掘等，并很快就出版了两部研究报告（注：《内蒙古中南部汉代墓葬》，中国大百科全书出版社，1998年；《内蒙古地区鲜卑墓葬的发现与研究》，科学出版社，2004年）。

我从1992年到2004年，在元上都一共做了13年的考古调查、测绘、发掘和申遗工作，出版了元上都的考古发掘报告（注：《元上都》，中国大百科全书出版社，2008年），直到2012年在第36届联合国教科文组织大会上，成功申报世界文化遗产。这期间我还去了内蒙古最西端的额济纳旗，调查、测绘和发掘了居延地区的古代遗存，将发掘的一批汉代简牍，整理出版了《额济纳汉简》一书（注：《额济纳汉简》，广西师范大学出版社，2005年）。如果总结一下那些年的工作，那就是专注于内蒙古中南部地区新石器时代遗址的发掘研究，确立了几个新的考古学文化类型，建立了这一区域的考古学文化编年体系；发掘和研究汉墓，奠定内蒙古中南部汉代墓葬研究的基础；整理汉简，复原了汉代边防的鲜活历史；探讨鲜卑，基本厘清了鲜卑的考古学文化面貌和分期；着力元上都研究，用物质文化诠释了蒙元帝国发展的波澜壮阔，促使元上都申遗取得成功。正是因为有了这些基础，来到人大之后，我才能提出一个北方民族考古的学科方向，作为既定目标和指导方针。

三、"何以中国，因有边疆"

在古代，北方草原是连通中原地区和欧亚大草原的一个渠道，现在在"一带一路"倡议背景下，您觉得这个北方大草原会发挥什么样的作用呢？

应该说，在中华文明产生的几个大的地理单元中，北方草原也是重要区域之一，而在以前学术界重视不够。现在的研究认为，文明的产生大致可以分为三大类，即农耕文明、海洋文明和草原文明，它们的特质是不一样的。

我们读的二十四史基本都是中原王朝秉持下的产物，即使是少数民族建立的政权，史书的主要编撰者还是中原的汉人，史料的运用者也是中原人士。长期以来，因为边疆地区和少数民族的记载比较匮乏，所以经常被中原的史书加上一些想象的成分，甚至篡改和诋毁。你看，北方民族的称谓都不怎么好听：匈奴、鲜卑、突厥等。大概在20世纪90年代中期，香港商务印书馆的总编陈万雄先生准备出版一套"十三地域文化大系"，其中一册是《草原文化》，为此我们曾多次深入内蒙古的各地收集文物资料，因此有了许多共同的认识。随后我到香港做了一次演讲，充分阐释了我对草原文化的理解和认识，当时香港著名的学者饶宗颐先生、杨建芳先生和很多媒体朋友都出席了，陈先生很认同我的观点，并计划将来一定出版一部自己对草原文化认识的书。时光已经过了20多年，他的新书终于在去年完成了，邀我为他的新书作序。去年7月我去香港参加了他的新书出版首发式，并在演讲中阐释了我在序言中的基本观点。

我的同行许宏写了一本很畅销的书《何以中国》，我说作为设问句，若要回答的话，那就是"因有边疆"，因为如果没有边疆四域，也就无所谓中央之国。从新石器时代考古学文化的十大区系类型，到三皇五帝夏商周，中国就像滚雪球一样，不断慢慢地长大。史籍说"伊洛竭而夏亡"，可见夏的统治区域并非很广，从商的扩张到周的分封，再到秦汉统一，才逐渐形成了今天的中国。但是，我们现在表述中国的历代王朝时，常常开口就是"唐宋元明清"一以贯之，这样的表述，实际上并不能代表一个完整意义上的中国。唐朝疆域其实比汉朝小很多，宋可以代表中国吗？跟宋并存的还有契丹建立的辽、女真建立的金和党项建立的西夏，他们都是切实的存在，却常常被忽略，虽然后来补修了《辽史》和《金史》，但还是粗糙的错谬百出，西夏到现在也没有正式修史。

从各王朝的管辖面积来说，北宋只有280万平方千米，南宋才200万平方千米。就算后来灭亡了元朝，建立了"大一统"王朝的明朝，因为修了一道长城，干脆放弃了北方草原，到明朝统治的晚期，其面积也只有350万平方千米。大家都知道，今天的中国领土面积有960万平方千米，而清朝时是1350万平方千米，这是近现代以来，世界上民族国家政体逐渐形成后，国与国之间有了边界和条约约束后的结果。所以，如果我们只认为宋、明这样的王朝可以代表中国，而忽略了边疆民族建立的辽、金、西夏区域政权和元、清这样的统一王朝及其拥有的国土，我们就不要怪怨洋人瞧不起中国。

我们和苏联关系不好的时候，苏联就认为中国应该回到长城以南去！因为我们自己也经常不把长城以北当作自己的故土。还有一些学者居然把南宋的灭亡和元朝的统一，说成是"崖山之后无中国"。重庆合川钓鱼城申遗的开始阶段，在许多学者的论文和展板说明文字中，就经常很自然地出现"抗蒙山城""抗元山城"这样的词汇，这不就把中华民族内部的征战和抗日战争等同看待了吗？这实在是狭隘的民族观、狭隘的历史观！我认为，长城固然伟大，它是历史时期各政权和各族人民耗费巨资甚至于生命代价修筑的，但是它更多只是一个伟大的军事工程，而且主要是中原政权修建的。当然鲜卑入主中原后也在阴山以北修筑了长城，女真也曾修建被称作金界壕的长城，这些军事工程都是为了防御更北边强大的游牧部族的。因此，长城作为文化遗产应该给予保护，但把它上升到作为中华民族脊梁的高度却实在不合历史。

没有边疆，何以中国？中国的历史就是边疆民族不断融入发展的历史，特别是北方民族的南下和交融，才使中国不断发展壮大，由原来的华夏形成了现在的中华，造就了今天的多元一体，才葆有了不断攀升的原动力。所以要客观地看待这些事实，才能对中国的历史有清醒的认识。只有不断地进行学术探索才能使我们不断地更新我们的观念。近年来，我们的学术研究也在向外拓展，和蒙古国、俄罗斯有了更多的交流。这几年我们经常去蒙古高原的更北边——俄罗斯西伯利亚参加学术会议，你会发现所谓中国北边（蒙古高原）的更北边的西伯利亚是一片非常广袤的黑土地，有非常深厚的文化，所以才会支撑中国北方的蒙古高原。

蒙古高原上的游牧部族，向南可以接近农耕文明，获取农业区域的生活用品，向北进入西伯利亚，也可以获取生活必需品。这样你就会理解蒙古高原在文化互动中的作用了。

北方草原如此重要，我们作为学者，可以为此做些什么呢？

我有本还没有写完的书，叫作《碰撞与融合——蒙古高原文明探源》，书的中心内容主要是探讨北方民族不断南下，融合中原文化，逐渐形成今天中华民族多元一体格局的历史进程。文化的融合是相互的，中原和北方一直处在交融和互动之中。当然我不否认南方民族也有同样的现象，但是历史时期的融合主要还是从北往南。

此外，同样在北方兴起的民族，其表现由于分布地域和所受影响的不同，以及所处历史阶段或机遇的不同而结局并不完全一样。在诸多中国北方民族当中，最强的两个民族——匈奴和突厥最终都没有入主中原，这可能和他们遇到了强大的汉、唐王朝有关。在几个主要的北方民族中，若从其兴起的地理位置看，突厥位于最西端，她似乎一直也没有南下立足的意思，也没有在蒙古高原南部建立自己的王朝，前后两个突厥汗国也都是以漠北的西部为中心的，西迁的突厥一直向西到达博斯普鲁斯海峡，在土耳其建立了奥斯曼帝国，并最终全部伊斯兰化，也即是今天的土耳其。匈奴位于蒙古高原的中部，考古发现也多位于这个区域，在与汉朝和周边民族的争斗中，逐渐分成了漠南漠北的南北匈奴，南匈奴不断南迁与汉人融合，北匈奴则逐渐西迁，并由此灭亡了东、西罗马帝国，造成了世界性的民族大迁徙。只有位于最东边的鲜卑、契丹、女真、蒙古和满族，在兴起后统统南下，从地域性政权逐渐发展成为全国性政权。这就说明，中国北方诸民族，由于其所生活的地域不一样，与中原华夏的关系也有所不同，由于存在不同的向心力，因此其所向往的中心区域也不一样。即便是在蒙古高原的东部地区，以兴安岭为界，东、西两侧的民族与生业形态也不一样，兴安岭以西是以狩猎和畜牧业为主的猎牧民族，如东胡、鲜卑、乌桓、契丹、蒙古，兴安岭以东则是以农业和捕捞、狩猎为主的渔猎民族，如肃慎、邑娄、勿吉、女真和满族等。我们只有对北方真正了解之后，才会知道北方对中国的重要性，以及北方民族对中华多元一体格局形成的重要贡献。所以，我以自己多年从事北方民族历史文化研究的实践得出的认识是：不理解草原文明，就无法理解中国历史。

正因为如此，我来人大工作之后，就特别注意招收有志于做北方民族考古研究的研究生，特别是少数民族的学生。这些年招收的研究生中，很多蒙古族学生都来自新疆，他们不但懂蒙语，而且了解维吾尔语、哈萨克语、塔吉克语等，有语言优势，文化背景也相似。有一个蒙古族的学生从新疆师范大学毕业考过来的时候，汉语说得不流畅，经过在人大四五年的学习，各方面都有了很大的进步，现在已经读到了博士二年级，近期准备去俄罗斯交流两年，以加强对俄罗斯考古新资料的了解，同时辅修俄语。其实，我们在国家实

魏坚与贾笑冰在新疆呼斯塔遗址（2018年）

施"一带一路"倡议之前，为了新疆和中亚的考古，就已经在培养这方面的人才了。

这些年，我们按照2012年制定的学科规划之"新疆北疆考古工作规划"，在新疆阿勒泰、博乐、伊犁和昌吉奇台开展了发掘工作，都是为了配合"一带一路"的学术研究。2015年中蒙俄三国元首在俄罗斯乌法举行了合作共赢的元首会晤，此后三年来，我们开展了中蒙俄三国岩画联合考察，每年在一个国家考察和举行论坛，出版论文集，已经做完一轮了。我们还在学校申请到了赴蒙古高原考古的项目——"一带一路视野下的蒙古高原考古学研究"，目前主要是研究鲜卑从内蒙古东部南下进入到中原的问题。之前我在蒙古国看他们很多发掘，都把这类遗存当作匈奴而不是鲜卑，对此我们有不同看法。近年蒙古国的学者发掘了一片墓地，我认为可能属于鲜卑遗存，当时正好有个蒙古国的学生在我这里读研究生，因此，我指导他的硕士论文就是关于这个问题的讨论。学生写完后翻译成新蒙文交给他们，蒙古国的学者很惊讶。他们后来拿了30多个测试样品交给我们做测试，于是今年我们向学校申请了这个项目，并获得了批准。最近几年我们要去蒙古国开展发掘和研究工作。同时，我们还与瑞士日内瓦大学有合作，是"一带一路"视野下的中瑞合作研究，这样我们就可以带学生出去学习，进行国际交流。另外，今年我们还招了一个在我们这里交流两年、伦敦大学博士毕业学考古的比利时人来任教，她英语、法语、意大利语、汉语都很流利，还会拉丁语。我们要开展"一带一路"倡议下的学术研究，就需要有这样的国际眼光，才能发展得更好。

四、文献史学与考古学

考古学主要是用实物资料来研究历史的，如何看待文献中与考古发现不一致的记载呢？

我是个做考古的学者，从我对文献史料利用中遇到的问题出发，我更关心一部史书当中应该记载哪些内容。我们知道中国有令人骄傲的二十四史，但中国的文献中记载的常常都是民族间、政权间的战争和皇帝做了哪些事等，有些我们认为很有用的事却很少记录。

中蒙合作蒙古国艾尔根敖包墓地发掘（2018年）

蒙古国阿尔泰岩画调查（2018年）

比如，司马迁的《史记》被公认为最有价值的史籍，但汉朝与匈奴和亲、打仗，共存了几百年，却从没有写匈奴人长什么样；《唐史》也不记载安禄山的相貌。而这些细节是做历史时期考古的学者最想知道的。当然，对于较晚的史料，我们可以去看外国人的游记，比如马可·波罗的《东方见闻录》、柏朗嘉宾的《柏朗嘉宾蒙古行纪》和鲁布鲁克的《鲁布鲁克东游记》等，它们都详细记载了很具体的生活内容。当时我就问过几个做史学研究的大家，为什么中国如此漫长的史书编撰历史，却往往不记载我们今天学术研究最想知道的相关事情？这些史学大家说，因为中国编撰史书有一个传统叫作"常事不书"。这倒让我似乎找到了今天考古学产生、发展和存在的必要性了。

比如明朝为了防止蒙古的南下，就修了一道万里长城，把自己圈在了长城以南，采取闭关锁国的策略，把自己和北元完全分割开来。其实，当时的北元政权的年号还保留了一段，大汗世系也一直存在。实质上，长城只是一个军事防御体系，不是国界。如果我们以长城为界，认为只有明朝可以代表中国，北元是另外的国家，那不但将失去大片的国土，而且也不是历史事实。实际上，明朝和北元在长城两边的交流和贸易一直也没有间断。有关双方的买卖互市，也留下了很多记录。在明朝晚期的隆庆年间，终于达成"俺答封贡"，结束了双方200年的敌对状态，这是非常有意义的事情。互市有利于双方经济的发展和生活需求。一方的瓷器、绸缎等运过去，一方的牛马羊等运过来，换取日用品。过去总觉得汉人在商贸上要奸，经常欺负蒙古人，一块茶叶就换两头羊，其实不然，有些地方上的文献史料，就记载了在边关贸易中的一些事例。比如蒙古人卖马，假如十两银子一匹，拉给汉人看的马一定是好马，可一次订购二百匹的时候，实际只有少量是好马，大部分都是驽马。这个故事既反映了交易中的欺诈行为，也反映了边关贸易的繁荣，不是总在打仗，而是边民"往来长城下，边塞无烽火"的景象。所以，有些外国学者说中国以长城为边界的说法本来就是错误的。长城就是一个军事防御系统，在这个体系下的民族间往来一直没有间断过。战争是暂时的，但融合是长久的。

中国人民大学内蒙古乌拉特后旗宝尔汗山突厥墓调查（2007年）

中国人民大学内蒙古汉塞外列城北线长城调查（2007年）

　　文化的融合是一个长久的过程，中国北方兴起的民族在入住中原之后，一定要找一个中原体系的祖先来作为自己的祖先以得到认同，这是很正常的心态，因为文化、民族总是不断融合的，并非一成不变。中原地区的文化是继承仰韶文化而来，从体质人类学来讲属于蒙古利亚种的东亚类型。蒙古利亚种至少可以分成东亚、南亚、北亚、东北亚四种类型，而且这是在长期的发展过程中形成的。从我在内蒙古发掘的新石器时代的庙子沟遗址来看，它就是蒙古利亚种的北亚类型，后来这个区域的文化发展，也始终是东亚类型和北亚类型不断融合的过程。所以，汉文化是一个谱系形成的观点是不正确的。民族融合本来就是一个逐渐变大的过程，不一定非说谁和谁是一个谱系，即便不是一个谱系也可以成为一个大家庭，中华民族的形成是中国特殊的地理环境决定的，虽然这有点地理环境决定论的色彩，但是在人类早期，地理环境是起决定性作用的。

　　国外考古学界有学者提倡社会考古，强调"后过程主义"，而国内20世纪90年代也有学者提出应从文化考古向社会考古转变，但现今国内学界仍主要停留在文化历史考古的层面，对这种情况您怎么看待？

　　我认为中国考古学现在在世界上是有优势的。考古地层学的理论架构，中国考古学的满天星斗和区域类型的理论，足以让我们把中国的史前历史和当代结合起来，我们的发掘手段也不落后。至于说考古学理论的东西，我真不懂。我认为现在中国考古的这些理论足够用，而且我们也在不断学习。我们的考古工作者每天起来不断地挖、不断地整理、不断地写报告，研究历史发展的进程，还有那么多资料整理不出来，实在没有更多的时间去琢磨理论。我们创造的东西足够我们解释历史，而且我们也在不断地探索前进。考古上许多科技手段的运用给考古学研究提供了更广阔的空间，但地层学、类型学的方法还是不能丢，靠原始资料

和文化因素分析复原古代社会的方法也没有什么问题，所以我不反对在研究方法上有所创新，但不太赞成现在各种新颖绕口的引进新名词，我们完全可以用一个中文词语就表达得更好。总之，理论探讨是可行的，但是要搞出适合研究中国历史和现状的理论体系。

老师您怎么看待"公众考古学"？

首先要澄清一个词语，那不应该叫"公众考古学"。给公众普及考古知识，这种实践、这种现象该用什么词来指代它我现在也还没找到。我曾经在英国伦敦市专门去找发明"公众考古"这个词和做这样事情的鼻祖们讨论这个问题，最终也说不清楚它的实际内涵究竟是什么。特别是要把它叫作"公众考古学"那就更不合适了。因为公众不能考古，国家法律也不允许。《中华人民共和国文物保护法》以及后来的补充规定都有说明，考古发掘要由具有发掘资质的考古领队负责，领队需要经过培训并取得领队资格，发掘项目由国家批准才能拥有执照，考古发掘要由具有考古发掘团体领队资格的单位去申请（我们人大有）。只有在这种情况下才能去组织考古发掘，而且考古要严格遵守考古操作规程，挖多大面积、用多长时间、由谁来参与、文物保护的技术准备如何、报告什么时候整理发表？这一系列的事情都要有所准备后才能去发掘。所以，考古是在一定权限内由国家允许的行为，是有资格的人去做的事情，而不是谁都可以去做的。如果不是让公众去考古，那怎么可以叫公众考古呢？

实际上，现在所谓的"公众考古"，指的是向公众普及考古知识，并向公众宣传考古新发现，公众和媒体参与其中等，但那不是"公众考古"，更不是什么"公众考古学"。除了国家法律不会允许公众参与考古，从基本道理的推论上也是不合理的。比方说我们有动物考古，这是考察古代动物的；有植物考古，是来考察古代植物的；有环境考古，那是在研究古代环境。那公众考古干什么，研究考察古代公众吗？其实考古学本来就是在研究考察古代公众，这与你说的"公众考古"完全不同。公众可以参与考古，雇的工人还发工钱，但那不是学术研究而是发掘中的体力劳动。所以，向公众普及考古知识，让更多的老百姓懂得考古，使得从事考古的人和考古研究成果慢慢被社会所知晓，这是一个好事，大家由此去懂得保护文物、爱护文物，这是它的长处，这些年我们也正在这么做。所以，最为紧要的是给这样的活动找出一个合适的表述来。

您曾说过做一个考古人需要身体好、性格爽、喝烧酒、晒太阳。您觉得做一个合格的考古人需要具备哪些素质？

其实我说的是一个很普通浅显的道理。做考古没有个好身体怎么做？要身体健康、性格开朗，容易跟人打交道。晒太阳是必然的，野外作业，你今天怕晒黑了脸皮，明天怕皮肤粗糙了，后天担心爬山涉水腰腿疼的受不了，还怎么干考古？干考古不吃苦不晒太阳那是不行的。喝烧酒是调侃的话，能喝的多喝点，不能喝的少喝点。干考古就要热爱这个行当，从事发掘的考古人员每天和泥土打交道，看起来灰头土脸，但是从学术研究的角度看，其实很高雅。而且，如果一群人坐着聊天，做考古的人讲起历史来都是活生生的，在好多场合聊天，聊得好的一定是做考古的，因为见多识广，经历得多，故事自然也多。我们去发掘总会遇到各种突发的事情，比如农民说这个地不能挖，就需要你有处理应急事务的能力，需要你有更多的本事。所以，有人说学考古的学生要特招，我其实也优先招收身体棒、读书和生活兴趣广泛的同学。记得我念大学那会，莎士比亚全集要看，各种流行的小说都要看，连中医的书都拿来看。因为考古学是个包罗万象的学科，你什么都得知道点。所以，干考古是做真学问，要有真性情，而且你得热爱这个事业，对它有一种追求。我曾经在接受媒体采访时说，考古对一个痴迷的人来讲，就像早晨的阳光一样，每一天都是新的。考古的具体操作中，我们总是不知道下一步会发生什么，这样我们就总有一种憧憬、一种希望。一般来说，进了考古行当的人很少改行，因为她有吸引力。当然你如果想发财就不要待在这个行当里，这个行当里你若想发财就得进监狱。

人大考古已经在全国各地做了不少工作，考古学今后的前景如何？

今天中国的形成，通过考古发现与研究，现在已经越来越清楚。我认为中原仍然是"满天星斗"学说中的一个主要中心点，包括现在常说的二里头文化。我们以二里头文化

中国人民大学历史学院历史系本科生和考古文博系研究生2006年在河北徐水东黑山考古实习

为中心可以往周边看看：往北有山西陶寺遗址，这也是文明起源的中心之一；再往西北有陕北的石峁遗址，已经具有北方地带最大的石城聚落；往东南去就是浙江的良渚遗址，有庞大的城址和防洪大堤。这些大型的聚落都具备了早期国家的雏形。南方还有一个重要的地方就是湖北，也有人根据青铜器的发现，提出来中国的文化中心在湖北，这种说法有些片面。中国早期的文化是满天星斗式的，各个区域都有发展并最后逐渐形成了几个中心，所以我们才说中国的文化是多元一体的。

您之前提出了一个观点，就是彩陶文化的东来说和青铜文化西来说，能请您为我们介绍一下吗？

这个不是我提出来的，是专门研究这个问题的学者早几年就提出了。去年，我的师弟、新疆师范大学的刘学堂教授写了一本科普读物，叫作《彩陶与青铜的对话》。他本来文笔就比较好，在这个问题上有研究，写得也深入浅出，比较活泼。他邀我写书评，我看了样书感觉很好，就给他写了个书评，发在《博览群书》上（《博览群书》2016年11期）。这个问题现在学界已经没有什么异议了。安特生的"彩陶西来说"把彩陶的时间说得很晚，其实差了三四千年。后来我们证明彩陶更早是从中国往西传的，从河西走廊到新疆，新疆是必经之路。东边的彩陶早，西边的彩陶晚。同时，我们还要承认一个事实，青铜是由西向东传的。与埃及相比，我国铜的冶炼时间比较晚。埃及有6000年前的铜，我们没有；虽然我们很早就有铜器，但都是小件，而且很可能是北方的游牧民族带过来的。我们真正铸铜是到4000年前左右。不过，虽说我们的青铜铸造比较晚，但我们的失蜡法的青铜铸造却独树一帜，精巧的花纹无与伦比。与这两个问题相关的议题还有很多，比如，我刚参加了吉林大学关于动物考古的一个社科基金重大项目的开题。课题组提到，就动物的驯养而言，狗的驯化伴随了我们10000年以上，其他动物中，猪大概8000年，羊是5000年前开始的，且可以分为绵羊和山羊，都是从西边、从阿拉伯传过来的，小麦和大麦也是从西边传过来的。而粟和一些耐高寒的作物则是我们传到西方去的，这些都有非常多的证据，所以可以叫碰撞与融合。彩陶和青铜在新疆碰撞，那碰撞的源头在哪里呢？彩陶的源头在中原，青铜的源头在西亚一带。所以靠考古发掘和研究能说明很多问题，而且，我们可以把一些很重大的学术问题用一些很轻松的语言讲出来，向大众普及。

采访：邓啸林、张玉蕾、赵唱、杨红霞
转录：陈夏莹

（原载澎湃新闻网，2018年12月8日，本次收录略作修订）

- ★ 高山景行　私所仰慕——忆苏秉琦先生与内蒙古文物考古二三事　　334
- ★ 怀念老师张忠培先生　　337
- ★ 缅怀内蒙古文物考古事业的拓荒者李逸友先生　　341
- ★ 盖山林——矢志不渝的岩画考古学家　　343

追念篇

高山景行　私所仰慕
——忆苏秉琦先生与内蒙古文物考古二三事

1997年6月30日凌晨，当代著名的考古学家、中国考古学会理事长苏秉琦先生与世长辞。缅怀先生的卓越贡献和辉煌业绩，我们痛感中国的考古学界从此失去了一位杰出的理论家和指导者，面对这一无法弥补的巨大损失，知之者莫不扼腕，深深地陷入极度的悲痛之中。

先生生前十分关注内蒙古的文物考古事业，曾数次亲临内蒙古给予指导和帮助。我们这些后辈学子，有幸得见先生，亲临教诲，忆及当时情景，仍历历在目，至今难忘。

我们第一次在内蒙古接待先生是1984年的8月。早在1963年，先生就曾来过呼和浩特，据先生说，他是沿着裴老的足迹来的。那时，他在内蒙古大学作演讲，题目是"内蒙古考古与内蒙古历史"，当时的情景，我们自然无由得见。这次先生是第二次到呼市，应邀出席内蒙古文物考古研究所举办召开的"内蒙古西部地区原始文化座谈会"。同时到会的还有著名学者张忠培、俞伟超、严文明、刘观民、徐光冀、王克林、张学正等人。这么多专家学者齐集呼和浩特，共同探讨有关内蒙古原始文化诸问题，这对我们内蒙古来说，无疑是一次史无前例的考古学术盛会。当时的内蒙古已经在史前研究领域积累了一大批考古发掘的新资料，也区分出若干不同的考古学文化类别，但如何从宏观上把握这批资料，建立本地区原始文化的编年序列及文化谱系，老实说，我们自己解决得并不好。认识上歧见迭出，特别在文化命名方面，更是各抒己见，莫衷一是，名目之繁多，令人目不暇接。适时召开这样一次座谈会，请专家来会诊，就显得尤为必要，对于我们一批刚参加工作不久的年青学子来说，更是一次难得的学习机会。

会议期间，学者们参观了大量考古发掘的实物标本，实地考察了坐落在凉城县境内的老虎山遗址，并就本地区原始文化的产生、发展、文化特征以及同邻境地区考古学文化之关系等问题，展开了广泛热烈地讨论。先生在大会上作题为"燕山南北，长城地带考古工作的新进展"的讲话。当是之时，先生所倡导的"考古学文化区系类型论"已趋完善和成熟，这篇讲话正是这一理论在内蒙古地区的具体适用和实践。他将内蒙古东西两大地区考古学文化的区系类型问题置于周边地区的大环境中，进行具体分析，并作了提纲挈领的阐述，从而启发我们作更深刻的思考和探索。

追念篇

先生这次来呼，更多的时候是看器物、摸陶片，与陪同在侧的人谈思路、讲看法。他那严谨的治学精神、敏锐的观察能力、缜密的思维方式，探幽发微，深入浅出，都给我们留下了深刻的印象。每当我们有问题就教于先生，先生必定每问作答，不以浅薄见笑，不以轻率见叱，循循善诱，拳拳如严父慈母。以先生卓然超群的道德操守和博古通今的学术修养以及哲人般的头脑，在我们眼中，直如颜回视夫子，仰之弥高、钻之弥坚、瞻之在前、忽焉在后，堪称泰山北斗，一代宗师。谁能料到，生活中的先生竟是这般平易近人，谦和慈祥，朴素浑如田舍翁，和他在一起没有紧张不安之感。谦恭的人格魅力一旦体现在这位科学巨匠身上，又是这般和谐。世事就是这样的不可思议。

后来的事实证明，先生此行对内蒙古的文物考古事业产生了极大的推动力。从那时至今的十多年中，内蒙古的文物考古工作者，牢记先生留给我们的作业题目，在研究文明起源和中华大一统格局形成这一大课题的同时，更肩负着探索内蒙古古代文化在中华民族形成和发展过程中的历史地位和作用的委任。在先生创立的"区系类型论"、"多元一体论"、"古文化、古城、古国"三阶段论以及"古国、方国、帝国"三部曲论的指导和启发下，辛勤耕耘，终于结出了硕果。于是有了岱海、黄旗海地区锲而不舍的追求，有了黄河两岸遍地开花式的资料积累。与此同时，我们又把目光投向内蒙古东部区，进军西拉木伦河流域，加入到那里的三重大合奏中。考古新发现层出不穷，资料积累日见丰富，一时成为全国乃至世界瞩目的考古热点。短短的几年中，在内蒙古举办了一系列重要学术会议。1989年，内蒙古中南部地区考古学术研讨会在凉城县老虎山召开；1990年，内蒙古东部地区考古学术研讨会在赤峰召开；1991年，中国考古学会第八次年会在呼和浩特举行。而1992年的中国古代北方民族考古文化国际学术研讨会，更把内蒙古的考古学术研究推向了世界。回顾这十余年来走过的路，我们深切地感受到，内蒙古的文物考古事业之所以能迈上一个新的台阶，其中每一步都是和先生的密切关注和大力支持分不开的。

嗣后，先生又曾两至内蒙古，其一是1986年先生从甘肃返京，路经包头作了短暂停留。我们将先生关注的一部分陶器标本运抵包头，请先生指教。由于时间比较紧，来不及细看、鉴别，先生提出要这些器物的线图，以便回京细细研究。后来我将画好的图呈送先生，先生竟大为感动，连声地道谢。此后，先生每次见到我都提

1986年夏苏秉琦先生在包头市

335

起这件小事，说你给我画过图，我终生难忘，一点小事，足见先生为人之一斑。

1991年9月，中国考古学会第八次年会在呼和浩特召开，苏先生再一次光临呼和浩特。此时的先生已届耄耋之年，行动多有不便。但他老人家心里仍牵挂着内蒙古的文物考古事业，急于了解我们近期发现的新资料。记得先生看到林西县白音长汗遗址出土的一批兴隆洼文化墓葬材料，对其中的玉玦、玉管等随葬品极感兴趣，非常重视。当时早于红山文化的玉器制品尚未见诸报道，我们作为发掘者，通过种种迹象，判断这批东西的时代应比红山文化为早，但也不敢遽下断语。请教先生，得到了先生的赞许和鼓励。他断言红山文化发达的玉器必定有一源头，这个源头不久将会昭示于天下。后来查海遗址和兴隆洼遗址的重要发现，都充分证实了这一点。

我们同先生的直接交往虽然很少，但先生的学识、品行和人格，久为我们所敬仰。先生淡泊名利，一生无所求，但在事业上却卓有建树，他留给世人的是一份宝贵的学术遗产。先生的品行和学术成果，是一座永不磨灭的丰碑，内蒙古的莘莘学子，将永远怀念您。

（本文与郭治中合著，原载《内蒙古文物考古》总17期，1997年）

怀念老师张忠培先生

敬爱的老师张忠培先生离开我们已经整整四年了。2017年7月初，我与部分高校考古同行和来自台湾澎湖的朋友及中国人民大学考古专业的研究生共计40余人赴内蒙古正蓝旗元上都考察，返程时，5日上午在元中都所在地河北省张家口市张北县参加了"历史·考古·文保——元中都建城710年学术研讨会"。10点多，正在做大会发言的我手机震动了起来，结束发言后才知道是许伟老师打来的电话，再次接通后得到的是张忠培先生突然离世的消息！

当天午后，我和几位同事匆匆返回北京，6日一早就赶到了先生家向师母马老师和家人表达了哀悼之情！因我事先安排了在新疆的工作，且牵扯人事众多，故而没能等到参加送别张先生的仪式，但通过网络看到了当日的纪念活动场面，当日晚，我在朋友圈发文："2017年7月11日，京城近千人在八宝山送别恩师张忠培。有如此多的党和国家领导人与学界同仁送来挽联和参加送别仪式，作为一个考古人，实在是空前的！人品、骨气、学养、恩泽是忠培师留给我辈的最大遗产！因有事前约定来新疆公干，不能亲送恩师，心中抱憾！好在临行去家里吊唁并看望了师母。"

四年来，老师的谆谆教诲，老师的音容笑貌时时萦绕在我的脑海，挥之不去。若从张忠培先生对中国考古文博事业的贡献讲，《光明日报》的评价可以说是恰如其分："张忠培是继夏鼐、苏秉琦之后，中国考古学的核心人物之一。他创建了吉林大学考古专业，打造出中国考古教育和研究的重镇；他坚持务实求真，'让材料牵着鼻子走'，为考古学界端正学风作出了表率；他身体力行，注重田野考古，形成了自己的学术体系，为中国考古学的发展作出了重要贡献；他高度关注文物保护，奔走呼号，直言谏诤，使一批十分珍贵的遗址免遭破坏；他锐意改革，积极创新，推动了故宫博物院的科学化和规范化管理，为中国博物馆界提供了宝贵的经验。"[1]

在考古学术界，在公众场合，张先生是一个对考古学有着独到见解，沉稳大气，敢说真话，对我国考古文博事业的发展有深远影响力的前辈学者。特别是在他担任故宫博物院院长和中国考古学会理事长期间，学问、人品和担当得到了学术界和社会的广泛赞誉。而在私底下，在日常生活中，作为学生的我们，更多体验到的是老师朴实、率真的另一面，这或许更值得我们怀念。

---

[1] 《张忠培：师者 学者 尊者》，《光明日报》2017年8月1日第12版。

1978年秋季，我们20个同学进入吉林大学历史系考古专业学习时，张老师只有44岁。可能是由于安排前几届学生的考古实习和参加学术会议的原因，张老师的新石器时代考古课程经常是在晚上上课。他操着浓重的湖南长沙口音，大口地吸着香烟，分区域、按遗址，如数家珍般的带着我们遨游在新石器时代考古的海洋中。刚开始的时候，大家对有些词句听不懂，后来慢慢地也就适应了。但是，我们还会因为分不清"釜""壶""斧"的实际所指而面面相觑，不知所云，无法记笔记，因为张老师发的都是"fú"的音。看到大家茫然的表情，张老师会赶快站起来用粉笔在黑板上写"壶"字，并解释"我说的是陶壶（fú）嘛"。这样的情形还有很多。

张老师一直很忙，当他在校的时候，我们也经常因为一些学习上的问题去他的家里请教。那时候张老师住在文科楼南侧一栋旧楼底层的单间，面积很小，地面比外面的路面还低，活生生就是一个"半地穴式"居址。然而就是在那样的环境里，他不厌其烦地为我们解答问题。一来二去，张老师也会让我帮他用硫酸纸描绘一些器物图，而且觉得我做得还可以。随后他找出几篇考古报告来，让我依照地层学和类型学的原理，就其中的地层堆积以及出土物的共存关系给报告的分期与年代挑毛病。比如《磁县下潘汪遗址发掘报告》[1]，报告里同一单位的出土物放入不同期，同一期的遗存分属不同地层单位的情况比较多（现在看起来不一定不对），我认真读了报告，挑出40多处来，张老师十分高兴，说是比他挑出来的多。在考古专业1980年至1982年三个学期的考古实习中，我作为一个当过四年下乡知青的人，对田野工作以及和老乡打交道并不陌生，在出发装车、托运行李、农村安排住宿、接个电灯等方面都比较内行。张先生也许觉着我是个干考古的料吧，所以临近毕业时，几次找我谈话希望我留校，并说我可以读他的研究生，但我因为实在想回内蒙古发展而婉言谢绝了。事后听同学们讲，张老师说我"真不够意思"。

张老师十分关爱学生，用东北话说就是"护犊子"。我从1982年回到内蒙古文物工作队工作后，即参加了多次考古发掘，特别是在1983年承担了准格尔煤田黑岱沟露天矿区的配合基本建设考古调查工作。1984年8月，内蒙古自治区考古学会邀请苏秉琦等专家学者参加了在呼和浩特举办的"内蒙古西部地区原始文化座谈会"。与会学者观摩了有关遗址出土的陶器和青铜器等，并实地考察了老虎山、朱开沟等遗址，就内蒙古西部地区原始文化的产生、发展序列，以及与周边地区考古学文化的关系进行了热烈的讨论。本次会议上，我展示了在准格尔煤田调查所得的自仰韶早中期到仰韶晚期和龙山阶段的几处遗址的采集标本，同时阐释了自己的看法。前来参会的张忠培老师对我大为赞赏，并且说："看起来你回内蒙古是回对了呀！"有了这句话，我积压在心头两年多的愧疚和不安才终于冰释。临行张老师还专门嘱咐我：一定要抓紧内蒙古西部地区考古学文化编年体系的建立，同时要注意这一区域与周

---

[1] 河北省文物管理处：《磁县下潘汪遗址发掘报告》，《考古学报》1975年第1期。

2003年8月作者与张忠培先生在元上都金莲川草原

边地区的共性与差异。在随后二十年的考古实践中，无论是在鄂尔多斯高原的二里半与寨子塔，还是在黄旗海岸边的庙子沟与大坝沟，抑或是在金莲川上的元上都，每一次重要的考古发现，张老师都会亲临现场考察，提出指导性的意见。可以说，我在考古学探索中的每一步前行都离不开先生的关怀和谆谆教诲。1999年秋，张老师和乔梁从陕北到鄂尔多斯一路考察到庙子沟，第二天我把先生送至大同，至今犹记得先生见到田建文时的场景。田建文是张老师的研究生，已经毕业在山西省考古研究所工作多年，当时因遇车祸落下残疾刚有所康复，张老师看到田建文的状态后，一把揪住他的胳膊大声说道："你怎么成了这样！"顿时声音哽咽，眼泪哗哗地流了下来。在场的人无不动容。

张老师在学术上要求严格，定位弥高。张老师调到北京故宫博物院任职之后，在国内参加的各种学术活动越来越多，我们见面的机会也多了起来。每次见面他都要询问我鄂尔多斯二里半和寨子塔等遗址发掘资料整理工作的进展情况。20世纪90年代后期，当我某次兴冲冲地把大部分是辑录我在鄂尔多斯高原发掘的遗址资料的《内蒙古文物考古文集》（第二辑）送到北京张老师家中时，他不但没有表现出些许欣喜来，反倒批评我是"好马卖了个羊价钱"。其实，先生的意思是希望我把鄂尔多斯地区的发掘成果汇集成一本自己的专著，并能就考古学文化编年体系及与周边的关系做出明确的阐释。我对先生解释说当时的出版经费有限，我只能出一本大家都"利益均沾"的文集，而不能给自己出版一本专著。直到2003年我的《庙子沟与大坝沟——新石器时代遗址发掘报告》出版，并事先请先生作序，我才在先生名下交了一份令他稍许满意的答卷。当然，在其后的学术研究中，我还是依照先生的教诲，在内蒙古中南部考古学文化编年体系的建立与阐释上，尽到了自己的责任。

在我调入中国人民大学工作后，在创办考古学专业的问题上，我更是经常向先生求教，以促使人大考古快速发展。2012年年底，当我得知先生在"谱系论"、"国家论"和"文化论"三个研究方向上的最新研究成果后，当即邀请先生在中国人民大学作了"考古学视野下的国家"学术讲座，并请来了王炳华和孙家洲教授与谈。那次讲座可谓座无虚席，气氛热烈，先生在连续讲了两个多小时后依然神采奕奕，毫无疲惫之色。

2012年11月张忠培先生在中国人民大学作学术讲座

张忠培先生以他矢志不渝的奋斗精神，发展了苏秉琦先生的考古学思想。他认为："现代中国是历史中国的发展……现代中国是以汉族为主体的中华民族国家，现代中华民族是以汉族为主体的中华民族，现代中华民族文化是以汉文化为主体的中华民族文化，现代中国的历史是以汉族为主体的中华民族历史。这四个'现代'形成于秦、汉，在西周已初具规模，可以溯源于新石器时代。由于中华民族的诸民族文化与历史发展不平衡，自西周开始，中国就实行一国多制的政治体制。"①

张忠培先生的言传身教，使晚辈如沐春风，终身受益；张忠培先生的为人师表，严厉中的和蔼可亲，使学生们在他的培养下，从一开始就具备冲击学术前沿的能力。韩愈说："师者，传道授业解惑者也。"张忠培先生"传道"传的是考古学的"治学道统"，"授业"授的是考古学的"从业能力"，而"解惑"则解的是考古工作者的"古今之惑"！

2021年8月5日

于北京时雨园寓所

---

① 张忠培：《关于中国文明起源与形成研究的几个问题——在〈中原文物〉百期纪念暨中原文明学术研讨会上的讲话》，《中原文物》2002年第5期。

缅怀内蒙古文物考古事业的拓荒者李逸友先生

内蒙古自治区文物考古研究所原副所长、研究员、中国考古学会第一、二、三届理事会理事李逸友因突发心脏病，不幸于2002年5月6日在呼和浩特逝世，享年71岁。

李逸友，四川高县人，生于1931年8月。1949年、1950年曾先后就读于四川大学和北京大学的历史系。1951年春考入华北人民革命大学二部，同年夏季被分配到原绥远省人民政府学习委员会工作。翌年，参加在北京大学举办的第一届考古工作人员训练班，从此走上了文物考古工作的道路，成为新中国成立后内蒙古的第一代文物考古工作者。他从1953年开始负责筹建绥远省博物馆，1954年蒙绥合并后，历任内蒙古文物工作组副组长、文物工作队副队长、考古研究所副所长等职务，主管业务工作，直至1989年卸任，期间有许多年未设正职，内蒙古文物考古工作的全局基本上是由他来主持的。

20世纪50年代至60年代初，李逸友为开创内蒙古的文物考古事业，把主要精力都投入到田野考古调查和清理发掘中。他的足迹几乎遍及内蒙古大部分旗县，考察了一大批古遗址、古墓葬、古城址以及古长城等遗迹。其中最主要的有三处：原昭乌达盟全境的调查、额济纳河流域的调查、以呼和浩特为中心在附近各旗县的调查。这些调查的收获，空间上基本涵盖了内蒙古全境，时间上跨越原始社会到明清时期各阶段。其间还清理发掘了各个时期墓葬百余座，发掘了一部分史前遗址和城址。特别是1959年至1960年大规模发掘辽中京城址。1972年，他被下放到巴盟偏远农村劳动锻炼，劳作之余仍然调查了附近的秦长城；在油灯下研读《辽史》等古籍。一年后被安排到内蒙古大学蒙古史研究室，与周清澍等著名蒙古史学者同室研究长达5年，自谓获益匪浅。这中间也曾调查并测绘了元上都城址，调查呼和浩特辽白塔历代题记，但大部分时间用来读书，由于该室的特殊环境，有机会接触大量蒙古史等北方古代民族史籍，得以饱览群书，学术研究的重点开始向晚段辽金元方面转移。1978年，李逸友重新回到内蒙古文物工作队任副队长主持工作，当时百废待兴，庶务繁杂，他于百忙中仍坚持田野发掘和调查，亲自主持范杖子夏家店下层文化墓群、额济纳黑城元代亦集乃路遗址的发掘工作。从领导岗位退下来不久，1998年又发掘了元上都砧子山元代墓群。在退休之后，为了撰写《内蒙古文物地图集》中有关长城的词条，还亲自踏查了内蒙古和河北境内的长城遗迹，行程近几千千米。

1990年夏作者与李逸友先生在二里半工作站

李逸友一生勤勉治学，涉猎广泛。尤其对古城研究着力最勤，这方面的代表作有《辽代城郭营建制度初探》《内蒙古元代城址概说》《内蒙古历史文化名城》等论文和专著，在城名考辨、城市沿革、城市制度等方面的研究卓有建树。他将辽代的城市分为都城、州县城、头下城、奉陵邑、边防城等若干种，指出辽代城市制度和政治制度之间的关系，这些见解在学术上影响深远。李逸友还特别善于将考古资料同历史文献结合起来，对有关史实和文物典章制度进行考证。如他的《左衽小考》《契丹的髡发习俗——从豪欠营辽墓契丹女尸的发式谈起》《辽代带式考实——从辽陈国公主附与合葬墓出土的腰带谈起》《辽耶律琮墓刻石及神道碑铭》《北魏九十九泉御苑遗址》等，皆旁征博引，言之成理。他在古钱币和古长城的研究方面也有独到之处，《元代草原丝绸之路上的纸币——内蒙古额济纳旗黑城出土的元钞与票券》一文，因首次从出土实物中区分出盐引、代金券等也可作为货币流通，而荣获中国钱币学会首届优秀学术成果金泉奖。《中国北方长城考述》是他多年来潜心研究的心得总结，该文最精彩之处是对北魏长城的位置、走向及其和北方镇戍遗址之间关系的考辨，纠误批谬，发前人所未发，这是李逸友晚年在长城考古方面作出的一项杰出贡献。

李逸友从事文物考古工作50多年，发表各类文章百余篇，有论文集《北方考古研究》一部行世，收录了发表在1994年以前的主要论文41篇。另有专著《黑城出土文书（汉文文书卷）》一部、《内蒙古历史文化名城》一部，都是他多年来学术成果的代表作。李逸友为人正直谦和，不媚上，不凌下，湛然有傲骨。他博闻强记，思维缜密，其文一如其人，虽汪洋恣肆，却言必有据。他提携后学，不遗余力，曾主办多期文物干部培训班，传授考古学知识，为内蒙古培养了大批文物干部。他的骤然辞世，实在令人痛惜。

（本文与郭治中合著，原载《中国考古学年鉴·2003》，文物出版社，2004年）

盖山林
——矢志不渝的岩画考古学家

2020年2月9日，盖山林先生因呼吸衰竭，不幸在呼和浩特市去世，享年84岁。作为前辈考古学者，内蒙古文物考古研究所曾经的同事，住同一单元楼的邻居，噩耗传来，不胜悲痛！

盖山林先生，1935年生于河北省行唐县一个满族农民家庭。1953年9月至1956年3月在河北省保定银行学校就读中专。1956年8月至1960年9月就读于西北大学历史系考古专业，大学毕业后分配到宁夏回族自治区博物馆工作。1962年调至内蒙古文物工作队（今内蒙古自治区文物考古研究所）从事文物考古工作。

盖山林先生的考古工作可以分为两个阶段。在20世纪70年代中期以前，主要从事阴山南北北方民族的考古调查、发掘与研究工作，有《内蒙古自治区准格尔旗速机沟出土一批铜器》等论文发表；1976年以后，则主要从事岩画的考察和研究工作，发表的主要学术著作有《和林格尔汉墓壁画》《阴山汪古》《阴山岩画》《乌兰察布岩画》《中国岩画》《记在岩石上的历史图卷——中国岩画》《丝绸之路草原民族文化》《世界岩画的文化阐释》《蒙古族文物与考古研究》《中国岩画全集·北部岩画》《盖山林文集》等近30部学术著作。在国内外30余种报刊发表学术文章250余篇。许多学术论著被日本、韩国、俄罗斯、法国、意大利等国的学者所引用。由于其在中国岩画学术界的突出贡献和地位，国内外许多名人录介绍了其业绩，并入选意大利《世界岩画艺术名人录》、美国马奎司《世界名人录》、英国剑桥《世界名人录》等。1994年11月20日至24日，美国《世界日报》（汉文版）连续5天介绍了其学术研究及成果，被誉为"中国岩画学之父"。

盖山林先生1998年至2003年任民进内蒙古自治区委员会主委、内蒙古自治区八届政协副主席、民进中央常委；2003年至2008年任内蒙古自治区九届政协副主席。曾任七届、八届、十届全国政协委员，七届、八届内蒙古自治区人大常委会委员。

我所知道的盖山林先生，是一个朴实、低调和勤奋工作的人。

我于1982年7月自吉林大学历史系考古专业毕业，之后选择到内蒙古文物工作队工作。当时的内蒙古文物工作队大约有十四五名工作人员，对主要的业务干部基本都略有所闻。我回到呼和浩特后即被田广金先生派往凉城县老虎山发掘工地，带领来自各盟市的考古培

1998年夏在庙子沟遗址
左起：盖山林、邵清隆、魏坚

训班的学员，完成考古发掘的收尾工作。大约是在9月的一天，我从考古工地回到内蒙古博物馆后院的文物队办公室时，在院子里第一次遇到了盖山林先生。当时的盖先生正值中年，因刚刚从田野归来，一身朴素的野外装束，脚下一双半高腰的马靴，黑红的脸膛，高高的颧骨，戴一顶鸭舌帽，一副蒙古人的相貌，显得格外干练。当时他做调查、研究岩画的工作已有多年，我的三舅陈弘法曾帮助他翻译过很多苏联岩画研究的文章，所以当我和他打招呼并做自我介绍时，他很热情地拉着我的手，问询起我的情况，并告诉我内蒙古天地广阔，是做考古研究大有作为的地方，还鼓励我要多深入实践做出成绩来。此后的考古工作，因我们的研究领域不同而少有合作，但盖山林先生常年深入崇山峻岭，对岩画研究辛勤耕耘、矢志不渝的奋斗精神，给我留下了深刻的印象。

进入20世纪90年代以后，随着工作和生活条件的改善，我们都搬进了内蒙古文物考古研究所的宿舍楼，盖山林先生住三楼，我住四楼，我们成为了真正的邻居。由于内蒙古地域广阔，考古工作者又常年忙于野外工作，故而同一研究所的同事平时也难得相聚。加之盖山林先生一贯处事低调，和同事的交往也相对较少，用他自己的话说："我从小就是属于那种不善言谈的人，自然也就谈不上有口才，感觉自己比较呆板"，这当然有他自谦的成分。所以，每年的春节便成了大家聚会和交流的最好时机。我和我的大学同学郭治中同在内蒙古文物考古研究所工作，每年正月初一我们都会按常理相约去给老先生们拜年，而且因为住得近的缘故，早晨拜年的第一家，往往是我楼下的盖山林先生。进得门去，拜了大年，寒暄几句之后，盖先生一定是把我们引进他较为简朴的书房，拿出桌子上约半尺高的一摞文稿给我们看，同时嘴里还不停地谦虚："我这人天生愚钝，能力也差，写不出什么东西来。这不是，春节前只写了这么点东西，实在不好意思。请你们多提意见。"这时的我们，只有满脸的惶恐。自称"愚钝"之人，却能完成如此丰硕的学术成果，我等之辈，怎能不汗颜？对比之下只能是借还要去各处拜年之名赶快逃之夭夭。

岩画是绘画或刻制在岩体上的图画，它是人类文字出现之前文化的最大载体；岩画同时又是世界性的一种文化现象，是人类在长期劳动实践中创造的弥足珍贵的艺术珍品，它通过直观的和内在的图形表现了永不重复的远古现实，展示了人类的古代文明，为艺术史、考古学、人类学、民俗学、原始宗教史、美学等多学科的研究提供了无比形象化的资料。

1976年夏秋之际，一次到巴彦淖尔北部的乌拉特后旗去考察西汉武帝时修筑的塞外列城之时，一个意外的机会，使盖山林先生在阴山脚下乌拉特中旗的乌加河乡，考察了当年郦道元笔下的"石迹阜"和"画石山"所在地。至此之后，他用了四年时间系统地考察了阴山岩画，用了三年半时间考察了乌兰察布岩画，用了五年多的时间在阿拉善盟考察了巴丹吉林岩画，并陆续考察了锡林郭勒草原岩画以及其他地区的岩画，为的是寻回一个曾经存在而今已被遗忘的绚丽多姿的艺术世界。

在盖山林先生的眼里，岩画是一个梦。他在追溯自己发现岩画的过程时，曾写过一篇文章叫《我的岩画梦》。他说："我做了一个超长的梦，八千里路云和月，是岩画织成的七彩梦。"在盖山林先生的晚年，除专业以外，他更多的是思考一个人的价值，他认为人活着就应该有永恒的追求。

斯人已逝，幽思长存。

（原载《中国岩画》总16-17合刊，2020年）

1974年3月，呼和浩特市第一中学高中毕业前同班好友合影

1974年5月，呼和浩特市第一中学田径运动会4×100米接力赛冠军留念

1974年冬，土默特左旗兵州亥公社瓜房子大队下乡知青时基干民兵合影

1974年冬，土默特左旗兵州亥公社瓜房子大队部分下乡知青合影

1975年冬，在土默特左旗兵州亥公社瓜房子大队下乡时参加呼和浩特市知青"厂社挂钩"经验交流会议

1978年秋，参加高考录取后与部分下乡知青合影留念

岁月篇

1979年春，在吉林大学时游览长春南湖

1980年夏，河北蔚县三关遗址实习结束后在张家口周边考察（左起：田立坤、都兴智、郭治中、马德骞、魏坚）

1981年冬，在山西太谷县白燕遗址整理资料（前排左起：王培新、吴东风、翟德芳；后排左起：都兴智、魏坚、马德骞）

1982年春，参观安阳殷墟遗址陈列室（前排左起：王培新、郑振香、朱延平；后排左起：王妙发、郭治中、吴东风、魏坚）

1982年夏，在河北蔚县三关遗址整理发掘资料时

1982年夏，吉林大学考古七八级部分同学与老师毕业合影（前排左起：郭治中、王培新、朱延平、李季、吴东风、张建国；后排左起：马德骞、田立坤、魏存成、翟德芳、姚孝遂、朱泓、张忠培、魏坚、林沄、杨贵金、张玉石、高蒙河）

1982年冬，与内蒙古考古培训班学员赴山西白燕遗址与晋祠考察（左起：胡晓农、高毅、包青川、杨泽蒙、田广金、魏坚、朝克、胡延春）

1983年5月，在吉林大安县参加吉林省考古学会年会（左起：柳岚、何琳仪、魏坚、林沄、魏存成、杨晶）

岁月篇

1983年夏，在阿左旗与内蒙古西部文物干部培训班学员合影（中排左一：马英华；左三起：郭治中、魏坚）

1983年秋，准格尔煤田文物普查时跌落沟底额头受伤后留影

1983年秋，鄂尔多斯准格尔煤田文物普查（左起：魏坚、王志浩、巴图吉日嘎拉、布赫其劳）

1983年秋，准格尔煤田文物普查中现场清理绘图

1984年夏，在呼和浩特召开的内蒙古西部考古工地座谈会合影（前中：苏秉琦；前排左起：孙建华、顾智界、于可可、俞伟超、张忠培、杨建华；后排左起：郭治中、塔拉、许伟、张松柏、王志浩、张柏忠、魏坚、苏日泰）

1985年1月，参加在福州召开的全国配合基本建设考古工作会议（前排左起：孙守道、郭大顺、张忠培、俞伟超、苏秉琦、黄景略；后排左十一：魏坚）

1985年3月，山东兖州西吴寺国家文物局第二届田野考古领队培训班合影（前排左起：苏庆林、何德亮、何正雅、彭云、解华英、郑笑梅、黄景略、吴汝祚、叶学明、张学海、袁进京、郭引强；后排左起：许成、辛岩、安陆、马建华、黄小江、陈显丹、郭治中、吴东风、呼林贵、魏坚、姜涛、郭瑞海、张敏、何明、栗建安、贾庆元、杨亚长、陈德安、陈元甫）

岁月篇

1985年5月，山东兖州西吴寺国家文物局第二届田野考古领队培训班赴曲阜参观（前排左五：魏坚）

1985年冬，参加山西侯马考古工作会议（前排右一：魏坚）

1986年夏，苏秉琦先生等在包头市文物管理处合影（前排左起：田广金、郑隆、苏秉琦、刘观民、薛进义、郭素新；中排左三：刘幻真；后排左二：魏坚；左六：王志浩）

1986年夏，内蒙古文物普查领队培训班在二里半遗址实习考核后合影（前排右起：王志浩、刘幻真、陆思贤、丁学芸、王晓华、魏坚）

1987年，准格尔旗二里半遗址考古队早期居住的窑洞

1987年5月，庙子沟遗址远眺（东—西）

1987年夏，李仰松先生考察庙子沟遗址发掘现场

1987年冬，庙子沟遗址坡下断崖处合影（左起：王庆华、魏坚、杨春文）

1988年5月，与严文明先生在包头市青山宾馆

1988年9月，在南流黄河西岸的准格尔旗寨子塔遗址

1989年秋，国家文物局中国考古学理论高级研讨班学员在北京大学与领导和老师合影（左起：王军、王晓田、夏桐郁、林邦存、严文明、罗新、黄景略、赵福生、邹衡、魏坚、李伯谦、张敏、张柏、李季、葛英会、张江凯、张敬国、古运泉、林公务）

1989年秋，北京大学国家文物局中国考古学理论高级研讨班学员在庙子沟工作站（左起：林公务、张敬国、曹碧琴、张敏、林邦存、魏坚、古运泉）

岁月篇

1989年冬，北京大学国家文物局中国考古学理论高级研讨班学员参观上宅文化陈列馆（左起：林邦存、王晓田、赵福生、林公务、魏坚、古运泉、张敬国、张敏、罗新）

1990年6月，在清水河县后城嘴遗址（左起：胡汉光、魏坚、郭治中）

1990年8月，在商都县章毛勿素遗址（前排左起：富占军、魏坚、吉平）

1991年9月，与张忠培、黄景略先生在准格尔旗二里半工作站

1990年夏，与李逸友先生在准格尔旗二里半工作站窑洞前

1991年9月，在察右前旗庙子沟遗址保护标志前合影（左起：陈棠栋、黄景略、张忠培、魏坚）

1991年冬，内蒙古下乡工作团察右前旗乌拉哈乌拉乡工作队在驻地合影（左起：王美英、魏双平、石美、李冠世、苏玉锦、魏坚、曹晓梅）

1992年8月，与甘珠尔在元上都闪电河畔

1992年8月，在元上都文物保护标志前

1993年夏，参加内蒙古东部文物工作会在额尔古纳河上（左起：塔拉、赵芳志、魏坚）

1993年夏，参加内蒙古东部文物工作会在嘎仙洞遗址前

岁月篇

1993年11月，在准格尔旗寨子塔遗址考察石城遗址（左起：崔璇、魏坚、安家瑗、孙其刚）

1993年11月，与李逸友先生在济南参加中国考古学会第九次年会参观城子崖遗址

1994年1月，庙子沟遗址文物保护工作座谈会现场

1995年7月，与吉林大学七八级考古班部分同学在元上都金莲川草原（左起：魏坚、田立坤、朱泓、高蒙河、吴东风、李季、翟德芳、张玉石）

1995年夏，国家文物局领导考察巴彦淖尔盟乌拉特后旗霍各乞铜矿遗址（左起：王芬、刘红梅、成应朝、王德荣、朱盛泉、李季、魏坚、郭治中）

1995年11月，应邀访问日本旭通讯社

1996年春，内蒙古宣传文化部门领导考察庙子沟出土文物（左起：魏坚、焦雪岱、宁宝才）

1996年8月，内蒙古自治区文博界领导参观元上都工作站文物陈列（前排左起：齐白乙拉、焦雪岱、赵芳志、邵清隆、魏坚，等）

1996年8月，日本学者考察庙子沟遗址（左起：小田木治太郎、杨泽蒙、王仁旺、索秀芬、魏坚、大贯静夫、宫本一夫、山本忠尚、严文明、秋山进午、田广金、郭素新、今井晃树、广川守、浜名弘二、罗锦明）

1996年秋，在元上都新建的工作站前

1996年11月，在日本东京古代东方博物馆拜访江上波夫先生

岁月篇

1997年7月，专家领导考察元上都大安阁遗址（左起：徐苹芳、宿白、张文彬、赵芳志、刘来学、任亚珊；右起：魏坚、贺勇、孟宪民）

1998年夏，拍摄《草原文明》文化记录片采访林沄先生

1998年秋，与林梅村在元上都宫城

1999年5月，在庙子沟遗址北的黄旗海大河湾采集土样标本（左起：王辉、魏坚、杨晓燕、莫多闻）

1999年夏，与张忠培先生在庙子沟遗址工作站

1999年夏，河北清西陵《跨世纪的中国考古学》会议吉林大学考古七八级部分同学与张忠培先生合影（前排左起：乔梁、王妙发、张忠培、杨晶；后排左起：田立坤、郭治中、朱泓、朱延平、魏坚）

1999年夏,吉林大学考古专业师生在元上都考古实习参加锡林河考察(前排左起:赵明星、盛之翰、张帆、乌日罕、周高亮;后排左起:那玮、金君利、魏坚、吕军、周蜜、徐枫、邢建军)

2000年夏,锡林郭勒盟东乌旗金斯太遗址发掘全体考古队员合影(前排左五起:滕铭予、魏坚、汤卓炜、王晓琨)

2001年3月,与台湾文化界刘良佑先生等学者相聚(左起:李雅文、刘良佑、梁华栋、魏坚)

2001年夏,庙子沟遗址列为第五批全国重点文物保护单位立碑揭幕仪式

岁月篇

2001年秋，与额济纳旗文化局同仁在黑城遗址（左起：策仁扣、白丽萍、那玮、花金红、魏坚、徐枫、郭富宗）

2001年秋，作者在居延大方城遗址前

2002年2月，应邀访问美国哈佛大学指导博士研究生（左起：魏坚、牛宏仁、陈星灿）

2002年2月，应邀访问美国哈佛大学期间与夫人计红女士观看NBA球赛

2002年2月，应邀访问美国匹茨堡大学指导博士研究生（前排左起：许倬云与夫人、林嘉琳；后排左一、左二：魏坚与夫人；后排右四、右五：尹贵格与夫人）

2002年，作者与家人在元上都皇城东墙

2002年夏，全国政协委员考察元上都（左起：杨伟光、魏坚、于洋）

2002年7月，与林沄先生在元上都遗址东关

2002年10月，陪同内蒙古自治区储波书记考察额济纳旗黑城遗址

2003年春，与相关领导在元上都皇城南门瓮城门外合影（左起：魏坚、斯钦毕力格、苏俊、包志群）

2003年夏，在元上都遗址明德门外接受媒体采访

2003年夏，陪同泰国诗琳通公主参观元上都

岁月篇

2003年夏,自治区与乌兰察布市、旗领导考察庙子沟遗址（左起:那森、谢科重、艾丽华、高延青、魏坚、孙家潭）

2003年8月,与张忠培先生在元上都宫城遗址

2003年10月,在额济纳旗召开的"居延考古学术研讨会"现场（左起:吉迪、白音查干、魏坚、周南、林嘉琳）

2003年10月,考察居延绿城东高台墓葬群（左起:齐东方、林沄、魏坚）

2004年3月,在日本北海道参加学术会议（左起:白石典之、徐光辉、三宅俊彦、魏坚、内田宏美）

2004年3月,赴荷兰莱顿大学指导博士研究生（左起:朱莉、查林、魏坚）

2004年5月,在居延黑城遗址西墙内

2004年夏,国家和自治区领导视察元上都(左起:盛华仁、魏坚、储波、荣天厚)

2004年夏,在元上都小扎格斯台牧民的蒙古包前(左起:霍日查、魏坚、巴特尔)

2004年秋,与东风电视台摄制组在居延绿城子考古队驻地尼玛大叔家合影

2004年11月,为筹备中国人民大学博物馆赴内蒙古征集文物(左起:魏坚、王俊川、邵清隆、成崇德)

2004年11月,受邀参加美国大都会博物馆鲜卑文物展学术会议

岁 月 篇

2004年11月，在内蒙古巴彦淖尔市文物站征集文物时和工作人员合影（前排左起：刘文鹏、魏坚、刘红梅、成崇德、胡延春、周高亮，等）

2005年6月，在俄罗斯符拉迪沃斯托克参加学术会议（左起：臼杵勋、三宅俊彦、阿尔吉米耶夫、魏坚、白石典之）

2005年7月，在内蒙古乌兰察布市参加察哈尔文化研讨会与艾丽华交谈

2006年5月，在国家清史编委会接受媒体采访

2007年3月，带领中国人民大学考古文博系研究生在阴山以北汉塞外列城考古调查（左起：昌硕、贾霞、杨玥、董方旭、王晓琨、魏坚、阿勒腾、丁利娜）

2007年夏，与社科院考古所齐乌云等调查居延西夏遗址

2007年夏，居延遗址考察途中的午餐（后排左起：丁利娜、何京、齐乌云、魏坚）

2007年12月，与夫人计红女士应邀赴日本金泽大学参加学术会议

2009年11月，在韩国参观高丽大学考古工地（右起：魏坚、李弘钟）

2009年冬，中日居延考察队在卅井候官烽燧（左起：魏坚、古泽文、田然、井黑忍、相马秀广、森谷一树、伊藤敏雄）

岁 月 篇

2009年冬，中日居延考察队在考察途中（左起：伊藤敏雄、井黑忍、汤卓炜、森谷一树、魏坚、相马秀广、古泽文、白婷婷）

2010年2月，受邀赴日本奈良女子大学参加学术会议（左起：于志勇、魏坚、相马秀广、汤卓炜）

2010年4月，赴美国哈佛大学参加梵藏学术会议

2010年4月，在美国哈佛大学梵藏学术会议合影（左起：范德康、魏坚、霍巍）

2010年6月，与中国人民大学博物馆同仁在日本奈良考察（左起：魏坚；右起：潘平、吕小明）

2010年秋，中韩居延考察队在温都格城考察合影（左起：许义行、成正镛、吴奎珍、朴淳发、魏坚、李弘钟、赵祥纪、孔敏奎、玄大焕、赵胤宰、洪志润）

2011年9月，中国人民大学历史学院师生赴北京朝阳区松榆里考古实习出发前合影

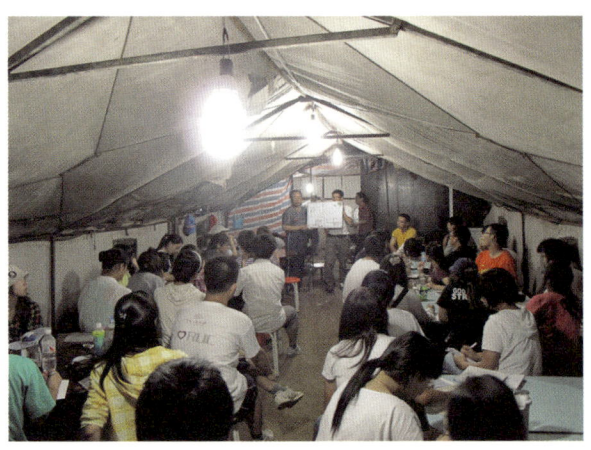

2011年9月，在松榆里考古工地现场教学

2012年9月，在辽宁凌海金宝岭考古实习和新疆籍学生在一起

2012年9月，在金宝岭遗址指导考古实习

2013年7月，在金宝岭遗址指导考古实习

2013年9月，在金宝岭遗址与台南艺术大学考古实习学生在一起

岁月篇

2013年10月，与席慕蓉在台北中角湾

2013年10月，在台北应邀为中角湾餐馆题字留念

2014年3月，在上海广富林遗址发掘现场（左起：官士刚、张林、佘俊英、魏坚、谌璐琳、张晓玮、王琳玮）

2014年4月，在中国人民大学主持王明珂先生的讲座

2014年6月，带领台湾逢甲大学、辅仁大学与中国人民大学师生考察元上都

2014年11月，中国人民大学考古文博系师生在以色列特拉维夫大学考察并参加遗址发掘（前排左四：李梅田；左五：魏坚）

2015年4月，在山西左云县调查北魏金陵（左起：杨天源、朱彦臻、魏坚、孟燕云、森谷一树）

2015年5月，在台北胡适纪念馆

2015年8月，与大学同学在长白山聚会（前排左起：朱延平、李季、王妙发、都兴智、郭治中、丛文俊、朱泓；后排左起：王培新、田立坤、翟德芳、高蒙河、张玉石、魏坚、吴东风、张建国、乔梁、韩世明）

2016年2月，在印度新德里参加中印岩画工作坊（右起：魏离雅、魏坚）

2016年4月，中国人民大学考古文博系师生赴阴山以北金元古城调查（左起：周雪乔、魏坚、森谷一树、刘未、冯宝、赵立波）

2016年5月，在郑州首届中国考古学大会获"金鼎奖"（左起：韩建业、陈晓露、魏坚）

2016年7月，与于建军在新疆吉木乃县通天洞遗址

2017年7月，中国人民大学考古文博系师生在蒙古国考察（左起：李梅田、刘未、张林虎、奥德巴托尔、魏坚、王晓琨、尼玛巴图）

岁 月 篇

2018年6月,与李季在乌兹别克斯坦参加学术会议

2018年7月,带中国人民大学考古文博系研究生赴瑞士日内瓦大学考察(右一:鲍默尔;左三:魏坚)

2018年8月,中国人民大学考古文博系师生在蒙古国艾尔根敖包墓地发掘现场(左起:特尔巴依尔、魏坚、尼玛巴图、恩和巴雅尔)

2018年8月,赴蒙古国阿尔泰山东麓考察(左起:特尔巴依尔、魏坚、特尔巴图、奥穆尔别克)

2018年12月,中国人民大学历史学院考古文博系全体教师合影(前排左起:李梅田、韩建业、魏坚、吕学明、陈胜前;后排左起:王晓琨、仪明洁、陈晓露、张林虎、刘未、曹斌、丁山、魏离雅)

2019年7月,中国人民大学新疆奇台县唐朝墩遗址发掘队员合影

2019年7月，中国人民大学与日内瓦大学校际交流赴云冈石窟考察

2019年10月，"第四届中国人民大学考古国际学术研讨会：2019蒙古、贝加尔西伯利亚与中国北方古代文化研究"与会人员合影

2019年11月，在台湾进行学术交流与逢甲大学师生合影（前排左起：刘安之、魏坚、胡志佳）

2020年12月，参加第十届北京高校研究生考古论坛的师生合影

2021年5月，在内蒙古额济纳旗居延遗址考古调查

2021年4月，在宁波中国人民大学考古发掘工地合影

2021年7月，新疆奇台县唐朝墩遗址考古发掘合影

后　记

从温暖和煦的春天到骄阳似火的夏日，又经过一个暑期的补充修改，我的《魏坚北方考古文选》三卷本中的拾零卷——《穹谷寥星》也终于编撰完成了。

《魏坚北方考古文选》分为史前卷、历史卷和拾零卷三册，已经出版的史前卷《长河沃野》和历史卷《大漠朔风》，基本涵盖了我从事考古工作近40年来，在中国北方地区考古学研究中的主要论文和学术成果，本册拾零卷《穹谷寥星》则是在更广阔的考古学视野下，对考古学研究及相近领域衍生成果的分类采撷。

既然名为拾零卷，当多半是与我考古学术研究主体相关或相近的文字。实际上，恰恰是因为有了这些文字的补充，我的学术研究才可能是完整和丰满的。

实因所涉内容过于庞杂，拾零卷分为了若干篇目。始末篇主要是对多年来若干重大考古发掘项目的始末和参与人员的介绍，因为现代考古学的发展需要的是团队合作，任何一项田野发掘和资料整理都不可能是一个人完成的；拾遗篇则是将最新发表的西夏长城考古成果和四十年来辽金元考古的研究综述合集于此；补阙篇是本人对庙子沟、居延和元上都等重要考古遗址发掘、研究的工作回顾和学术感悟；评介篇是对出版的与本人研究领域相关的重要学术专著的评介，表达了自己在北方民族考古领域的诸多学术观点，以及对北方民族在中华多元一体格局形成过程中所做历史贡献的论述；访谈篇是我在多年田野考古实践的基础上，通过一些学术访谈，系统地阐释了自己对一些重大历史问题的学术观点以及个人的学术成长历程；追念篇则是对在我考古生涯中于我有着感召和影响的已故学术前辈的追思与怀念。

春节放假前，博士生孟燕云、田小冬帮助拣选了文稿和图片；夏可一、陈卓尔、王牧贤、张旭和常宏伟等硕士生将一批旧文录为电子文本。春节后，已经在聊城大学工作的官士刚对全卷的注释做了统一和校对；在故宫工作的李雨濛对本卷的封面设计提供了很好的建议；远在比利时的本系外聘教师魏离雅帮忙校对了英文。对每一个人的付出，在此深表谢意！

本卷"文选"的编辑出版，缘起于中国人民大学历史学院"双一流"学科建设的积极支持和同仁们的劝勉，也得益于十六年多来在创建中国人民大学考古学科过程中，教学相长、师生共勉所获成果的积累。

承蒙科学出版社闫向东先生厚意，为本卷"文选"的出版提供了诸多方便。在本卷编辑出版过程中，责任编辑张亚娜、周赐在体例设计上提出了很好的建议，并做了大量认真细致的编校修订工作，扫除了许多原文存在的问题，为本卷"文选"增色不少。

在此，我谨对为本卷"文选"出版付出辛勤劳动的我的学生们、学界同仁和出版社的编辑一并表示诚挚的谢意！

于我而言，长河沃野和大漠朔风中的考古生涯已经逐渐成为过去，庙子沟、居延和元上都也终将成为学术探索中的一段记忆。

读万卷书，行万里路。考古学还有着无限广阔的未来等待着年轻学子们努力开拓。

2021年8月6日
于世纪城时雨园